民事執行・民事保全法

第2版

中西 正・中島弘雅
八田卓也・青木 哲

YUHIKAKU

第2版 はしがき

　このたびリーガルクエスト・シリーズ『民事執行・保全法』の第2版を上梓する運びとなった。

　本書は，民事執行・保全法のうち，重要と思われる制度に焦点を置き，制度や判例の背景にある理論の解説を重視するというスタイルで，執筆されたが，幸い，こうして版を改めることができ，執筆者一同，本書を支持して下さった読者の皆様に，心から感謝する次第である。

　第2版の主要な変更点を挙げれば，以下の4点になろう。

　第1に，第2版では，初版以降の法改正を取り込んだ。すなわち，①令和元年の民事執行法改正による債務者財産状況調査手続，暴力団員による買受け防止，子の引渡しの強制執行手続の整備，②平成25年改正による仮執行宣言付届出債権支払命令制度の導入，③平成29年の民法（債権関係）改正などについて，新たに解説を行った。

　第2に，初版以降の判例や学説の展開についても，必要な範囲で言及するよう努めた。また，学習の便宜も考え，判例百選への言及は『民事執行・保全判例百選〔第3版〕』の判例番号に改めた。

　第3に，本書に対して頂いた様々なご意見・ご批判を，できる限り本書の記述に反映させるよう努めた。一々お名前を挙げることはしないが，心よりお礼を申し上げたい。

　第4に，本書の内容をより的確で充実したものとすべく，青木哲教授（神戸大学）が執筆者として加わり，令和元年の民事執行法改正を中心に，本書全体にわたる内容につき，共同で改訂を担当した。

　最後になったが，第2版の刊行に当たっては，有斐閣書籍編集部の渡邉和哲さんに，大変お世話になった。この場をお借りして，厚くお礼を申し上げたい。

　2021年2月

執筆者一同

初版 はしがき

　本書は，法学部および法科大学院の学生諸君に，民事執行法，民事保全法を
講義する際の教科書として，また，学生諸君が民事執行法，民事保全法を自学
自習する際の教科書として，執筆されたものである。

■ 民事執行法・民事保全法の重要性

　民事執行法は，請求権や担保権などの私法上の権利を強制的に実現する手続
を規律し，民事保全法は，民事訴訟や強制執行などによる私法上の権利の実現
が不可能（無意味）にならないよう仮の救済を与える手続を規律するものであ
る。すなわち，民事執行法と民事保全法は，民事訴訟法とともに，私権を実現
する上で不可欠な手続を規律しているのであり，その重要性についてはあらた
めて説明するまでもないであろう。

　いわゆるバブル経済の崩壊以後，民事執行法や民事保全法は，わが国の金融
機能の再生に不可欠な不良債権処理のための有効な法的手段として注目を浴び，
1996 年，1998 年，2003 年，2004 年などに相次いで法改正が行われた。度重な
る改正により，その機能が著しく強化され，これらの法律の重要性は，現在に
おいてますます高まっているということができる。

■ 民事執行法・民事保全法を学習する意義

　民事執行法や民事保全法は，法科大学院の入学試験科目とされることもない
であろうし，新司法試験の試験科目でもない。しかし，それにもかかわらず，
これらの法律を学ぶことには，以下のような重要な意味がある。

　まず，上述のように，民事執行法，民事保全法は，私法上の権利を実現する上で必要・不可欠な法律であり，不良債権処理の重要な手段である。読者諸君が実務法曹となったとき，あるいはそれに先立ち司法修習を開始したときに，はじめて使う法律の中に，これらの法律が含まれていても，何の不思議もない。むしろ，実務法曹として職務を遂行していく過程では，これらの法律を頻繁に使うことになろう。したがって，これらの法律の基礎をしっかりと理解しておくことは，極めて重要である。

　次に，民事執行法，民事保全法を理解することは，民法，民事訴訟法，倒産法など，他の重要な法律を理解するために，必要不可欠である。民法であれば，たとえば，担保物権法を十分に理解するには，担保執行を中心に，民事執行法や民事保全法の理解が必要であるし，民事訴訟法であれば，当事者適格や判決効に関する議論等を理解する上で，請求異議訴訟，第三者異議訴訟，執行文付与に関する訴訟，執行力の主観的拡張などの，民事執行法上の制度・理論が重要になるし，当事者恒定を理解するには民事保全法の理解が不可欠である。

■ 本書の特色

　法律学を学習する過程で以上のような重要な意味を持つ民事執行法，民事保全法の教科書として執筆された本書には，以下の点に特色があると考えている。

　まず，民事執行法，民事保全法の制度や規定の中で，とりわけわれわれが基本的で重要だと考えた事項の趣旨，およびその背景にある理論に，重点を置いて解説することにした。法解釈上の問題点については，重要なものにつき，判例・通説を中心に，解説している。その反面，全体の紙幅との関係で，比較的簡単に説明を終えざるを得なかった事項もある。たとえば，強制管理については，コラムで扱うにとどめた。また，準不動産執行や各種財産権執行については思い切って説明を割愛した。その分，担保権制度を理解する上で不可欠な物上代位には相当の頁数を割いている。

　このようなスタイルにした理由は，何よりも，はじめて民事執行法，民事保

全法を学ぶという読者に対しては，制度の全体を均等に説明するよりも，それ
ぞれの法律の基本原理や，基本的で重要な制度・規定の趣旨を，重点的に解説
する方が，学習効果が上がると考えたからである。実務法曹として，民事執行
法，民事保全法を使いこなすためには，法学部や法科大学院の時点では理論
的・基礎的な事項を確実に習得することに努め，実務法曹になってから，これ
を基礎に，より発展的な事項，より実務的事項を学ぶのが，効率的な学習であ
ると，考えたのである。また，民法，民事訴訟法などを深く理解するために，
民事執行法，民事保全法を学ぶ場合でも，重要なのは，それぞれの法律の基本
原理や，基本的で重要な制度・規定の内容・趣旨である。

　次に，民事執行法において各論的な位置にある不動産強制競売，動産執行，
債権執行や，民事保全について解説を行うに際しては，なるべく，実際の手続
の流れを意識し，それに沿って説明しようと試みた。冒頭にケースを挙げ，本
文中でも設例を多く用いながら説明したのも，このような趣旨からである。理
論と実務を架橋する法科大学院教育では，実務の空間の中で理論がどのように
機能するのかを示すことが，重要であると考えたためである。ただ，執筆者は
いずれも研究者であるので，この試みがどこまで成功しているかという点につ
いては，読者の皆さんからのご批判を仰ぎたいと考えている。

　このほか，より発展的な事項，複数箇所に関連する事項はコラムに収めたこ
と，必要箇所には図を用いたこと，文書のひな形を載せたこと，『判例百選』
の項目を参照したこと，練習問題を設けたこと，理解を深めるために参考文献
を掲げたことなども，本書の特色である。

■ **本書を読むにあたって**

　本書を教科書として利用する読者には，まず制度の基本的な趣旨や手続の流
れを意識しながら本文の記述をよく読んでいただきたい。そのようにして「立
体的」に手続を把握することが，民事執行法，民事保全法の理解を着実にする
ために有効である。その際，条文は必ず『六法』に，そして判例についても，

少なくとも『判例百選』や『重要判例解説』にまとめられた事案と判旨にはあたって欲しい。さらに，発展的な学習のためコラムにも目を通してもらいたい。中には難解だと感じられるものもあるかもしれないが，それを読み込むことによって基本的な理解をさらに深めることができるだろう。そして章末に掲げられている参考文献にも，可能な限り目を通してほしい。これらの文献による研究が積み重ねた成果の上に本書を含む諸教科書の記述が成り立っているのであり，その原典にあたることにより，何気ないようにみえる教科書の記述の背後にひかえる問題の奥深さを知ることができる。練習問題は，自身の理解度の確認のために是非とも活用していただきたい。

いずれも，単なる暗記に留めず，法律を「理解」するための作業である。

本書が企画されてから完成するまでに約4年を要した。われわれは何度も集まって本書の内容につき検討し，執筆と修正を重ねたが，この間，書籍編集第一部の伊丹亜紀さん，植田朝美さんより，粘り強い叱咤・激励と，本書の企画，構成から，具体的な表現に至るまでの，多くの有益なご助力を受けた。お二人のご助力がなければ，本書が完成することはなかったであろう。このことにつき，執筆者一同，心よりお礼を申し上げたいと思う。

2010年2月

執 筆 者 一 同

コラム目次

凡　例

1 法令名の略記

　本文中に略記した法令名は，以下の通り。なお，（　）内の法令名は，原則として，有斐閣『六法全書』巻末の「法令名略語」によった。

民執法：民事執行法　　　　民保法：民事保全法　　　　民訴法：民事訴訟法

民執規：民事執行規則　　　民保規：民事保全規則　　　民訴規：民事訴訟規則

2 判例・雑誌名等の略記

　■ 判例の略記

＊最判平成 2・1・22 判時 1340 号 100 頁〔百選 101 事件〕

　　→ 最高裁判所平成 2 年 1 月 22 日判決，判例時報 1340 号 100 頁登載，民事執行・保全判例百選〔第 3 版〕101 事件として掲載

＊最決平成 31・4・26 判時 2425 号 10 頁〔重判令元民訴 9 事件〕

　　→ 最高裁判所平成 31 年 4 月 26 日決定，判例時報 2425 号 10 頁登載，令和元年度重要判例解説・民事訴訟法 9 事件として掲載

　■ 判例集・雑誌名の略記

民集：大審院民事判例集または　　　　　金商：金融・商事判例

　　　最高裁判所民事判例集　　　　　　金法：金融法務事情

高民：高等裁判所民事判例集　　　　　　自正：自由と正義

下民：下級裁判所民事裁判例集　　　　　ジュリ：ジュリスト

判時：判例時報　　　　　　　　　　　　曹時：法曹時報

判タ：判例タイムズ

3 判例解説・書籍名等の略記

＊百選：上原敏夫＝長谷部由起子＝山本和彦編『民事執行・保全判例百選〔第 3 版〕』（有斐閣・2020）

＊重判平（令）〇：『平成（令和）〇年度 重要判例解説』（ジュリスト臨時増刊号）

＊中野＝下村・民事執行法：中野貞一郎＝下村正明『民事執行法』（青林書院・2016）

＊LQ 民訴：三木浩一＝笠井正俊＝垣内秀介＝菱田雄郷『民事訴訟法〔第 3 版〕』（有斐閣・2018）

執筆者紹介

中 西　　正（なかにし　まさし）　同志社大学大学院司法研究科教授，神戸大学名誉教授
　1957 年生まれ
　執筆分担：2 章 2 節，3 章 1 節，5 章 1 節・2 節 **1**，6 章
　主要著作：『ロースクール倒産法〔第 3 版〕』（共著，有斐閣・2014）
　　　　　　『倒産法概説〔第 2 版補訂版〕』（共著，弘文堂・2015）
　　　　　　『倒産法演習ノート〔第 3 版〕』（共著，弘文堂・2016）
　　　　　　『ロースクール民事訴訟法〔第 5 版〕』（共著，有斐閣・2019）

中 島 弘 雅（なかじま　ひろまさ）　専修大学法学部教授，慶應義塾大学名誉教授
　1954 年生まれ
　執筆分担：2 章 1 節・5〜7 節，3 章 2 節，4 章，5 章 2 節 **2**
　主要著作：『体系倒産法 I〔破産・特別清算〕』（中央経済社・2007）
　　　　　　『現代倒産手続法』（共著，有斐閣・2013）
　　　　　　『改正民事執行法の論点と今後の課題』（共編著，勁草書房・2020）
　　　　　　『実務からみる改正民事執行法』（共編著，ぎょうせい・2020）

八田 卓也（はった たくや） 神戸大学大学院法学研究科教授

1972 年生まれ

執筆分担：1 章，2 章 3 節・4 節，3 章 3 節，5 章 3〜5 節

主要著作：「差押債権者による取立訴訟の判決効の他の債権者に対する拡張」伊藤眞
　　　　　ほか編『民事手続法学の新たな地平（青山善充先生古稀祝賀論文集）』（有斐
　　　　　閣・2009）

　　　　　「独立当事者参加訴訟における民事訴訟法四〇条準用の立法論的合理性に
　　　　　関する覚書」高橋宏志ほか編『民事手続の現代的使命（伊藤眞先生古稀祝
　　　　　賀論文集）』（有斐閣・2015）

　　　　　「民事訴訟法 296 条 1 項について──その沿革」高田裕成ほか編『民事訴
　　　　　訟法の理論（高橋宏志先生古稀祝賀論文集）』（有斐閣・2018）

　　　　　「破産法上の開始時現存額主義と民法上の一部弁済による代位の規律との
　　　　　関係についての一考察」三木浩一ほか編集『民事裁判の法理と実践（加
　　　　　藤新太郎先生古稀祝賀論文集）』（弘文堂・2020）

青木 哲（あおき さとし） 神戸大学大学院法学研究科教授

1976 年生まれ

主要著作：「不動産執行における執行債務者と所有者の関係について」民事訴訟雑誌
　　　　　58 号（2012）

　　　　　「請求の目的物の所持者に対する判決効について」徳田和幸ほか編『民事
　　　　　手続法制の展開と手続原則（松本博之先生古稀祝賀論文集）』（弘文堂・2016）

　　　　　伊藤眞＝園尾隆司編集代表『条解民事執行法』（共著，弘文堂・2019）

　　　　　山本和彦編『令和元年改正民事執行法』（共著，きんざい・2020）

第 *1* 章

序

―― 民事執行，民事保全手続の全体像

第1節　民事執行,民事保全手続の民事手続の中での位置づけ

1　民事執行の概念

　「民事執行」とは，民事執行法により規律されている①強制執行手続，②担保権の実行手続，③形式的競売，④債務者の財産状況の調査にかかる手続の四つの手続の総称である。

　①強制執行手続とは，私人の権利を強制的に実際に実現することを内容とする手続である。**②担保権の実行手続**とは，文字どおり担保権を実行するための手続である。**③形式的競売**とは，たとえば，民法497条による弁済供託の前提としての競売や，民法258条2項による共有物分割の前提としての競売などのことを指す。これらの競売は，私人の権利を実現するためになされるものではない。しかし，私人の権利を実現する手続である強制執行手続のうち，金銭債権の実現を図る手続では，後にみるように，金銭債権満足のための原資は債務者の財産を「競売」等で売却することにより捻出することが中心となっている。

1

弁済供託の前提としての競売なども，同じ換価の手段である以上，この金銭債権満足のための競売に則って行うことが便宜である。そこで，これら競売の手続は金銭債権満足のための競売に準じることにして，民事執行法の規律に服せしめることとされた。金銭債権の満足を目的としない競売なので，「形式的」競売と呼ばれている。④**債務者の財産状況の調査にかかる手続**とは，強制執行手続の前提として，債権者が債務者の財産状況についての情報を得るための手続である。

　以上の四手続のうち，①強制執行手続，②担保権の実行手続については，頭だしとしてももう少し説明が必要かと思う。また，⑤**民事保全手続**の位置づけもここで説明しておく必要がある。

　以下，強制執行手続，担保権の実行手続，民事保全手続について，その民事手続の中での位置づけを説明する。

② 自力救済の禁止と国家機関による権利実現の必要性

　法治国家は，自力救済を禁止するのが原則である（もっとも禁止の程度には，国によって温度差がある。特に英米法では禁止の程度は緩い。それと比べれば大陸法国は厳しいが，それでもドイツやフランスなどは一定限度の自力救済は認めている。その中で，日本は自力救済を徹底して禁止する最も厳しい立場をとっているといわれる）。

　自力救済が禁止されるということは，私人は権利を持っていてもそれを自ら力づくで実現することは許されない，ということを意味する。自力救済を禁止しているのは国家であるので，国家は自力救済の代替手段として，権利実現のための手続を用意する義務を当然に負うこととなる。強制執行手続，担保権の実行手続，民事保全手続は，この権利実現のための手続の一貫である。

③ 民事手続の中での強制執行手続・民事保全手続の位置づけ

　民事に関する紛争の解決のための手続を，民事手続という。しかし，権利者の視点からすれば，民事手続は，民事上の権利の実現のための手続とみることもできる。そして，民事手続は，判決手続，強制執行手続，民事保全手続，倒産処理手続からなるといわれている。したがって，この民事手続の中に，強制執行手続，民事保全手続は位置づけられる。

⑴　判決手続・強制執行手続・民事保全手続の有機的関連

　AがBに対し100万円の支払を求める権利を有し，その100万円の弁済期限はとうに過ぎているにもかかわらずBは支払おうとしないとする。Aの自力救済は禁止されているので，国家が代わりに権利実現をしなければいけないことは，前述のとおりである。

　しかし，国家機関としてみれば，Aが本当にBに対し100万円の支払を求める権利を有しているかは分からない。Aが嘘をついているかもしれないからである。そこで，まず，Aが本当に100万円の支払を求める権利を有しているかどうかを調べる必要がある。これを行うのが，判決手続である。A・Bの主張を聞き，証拠も調べ，本当にAがBに対して100万円の支払を求める権利を有しているかどうかが裁判所により判断される。その結果やはりAはBに対して100万円の支払を求める権利を有しているとなれば，「BはAに100万円支払え」という判決が出される。

　前記の判決が出された場合に必要になるのが，①**強制執行手続**である。なぜなら，Bに100万円の支払を命じる判決が出されても，そのままではBがその判決に自ら従わない限り，判決はただの紙切れに過ぎないからである。その限りで強制執行手続は，「BはAに100万円支払え」という判決が出された場合に，それをBの意思に反してでも強制的に実現するための手続であるということができる（ただし⇨13頁 **1**）。具体的には，金銭の支払を命じる判決の場合であれば，債務者であるBの財産（たとえばBの土地）を「**差し押さえ**」（Bが自由に処分できないようにし）た上で，それを競売にかける等してお金に換え（「**換価**」），そうやって得られたお金をAに与える（「**満足**」）という形で，手続は進行する。

　判決手続と強制執行手続があれば，権利実現のための手続として十分かといえばそうではない。たとえば，BがAに訴えられた場合，あるいは訴えられそうな場合，Bは自分の財産が差押えられて換価されることを嫌い，その財産を隠匿したり兄弟に譲り渡したりしてしまうかもしれない。また，強制執行を開始する前にBの事業が悪化し，Bが無一文になるかもしれない。Bが無一文になれば無い袖は振れない。いくら100万円を支払えという判決があり，それを強制的に実現するための手続が用意されていても，100万円の支払を受け

る権利は実現できなくなってしまう。

　そこで，Ｂが財産を他人に譲り渡したりする，あるいはＢが無一文になる前に，Ｂの有する財産についてそれをＢの財産として固定する，という手続が必要になる。この手続が⑤**民事保全手続**である。この例のように金銭債権の実現が目的である場合，民事保全手続では，Ｂの財産を「**仮差押え**」する（＝Ｂが自由に処分できないようにし，かつＢの財産から散逸しないようにする），ということが行われる（詳細は⇨333頁以下・第6章）。こうすれば，強制執行開始までにかかる時間を気にすることなく，Ａは訴訟に専念することができる。

　事例は変わるが，Ｃが自分の土地をＤが不法占拠しているとして，土地の明渡しを求めたいと考えているとする。このとき，ＣがＤを訴えたとしても，Ｃ→Ｄの訴訟の口頭弁論終結前にＤが土地の占有をＥに移転してしまえば，ＣがＤに対して「土地を明け渡せ」という確定判決を得てもその判決は無意味に帰する。もはや現在土地を占有しているのがＤでない以上，Ｄに対する土地明渡しの強制執行は不可能であるし，口頭弁論終結前のＤの承継人であるＥにはＣ・Ｄ間の判決の執行力は及ばないのでＤに対する判決をもってＥに対する土地明渡しの強制執行はできず，結局Ｄ相手の明渡判決では，Ｃが土地の占有を回復することは不可能になるからである。

　これに対し，法は，「占有移転禁止の仮処分」というのを用意している（詳細は⇨375頁(2)）。Ｃが，ＤがＥに土地占有を移転する前にこの「占有移転禁止の仮処分」を得ておけば，占有移転禁止の仮処分後のＤからの占有取得者Ｅには，Ｃ・Ｄ間の判決の執行力が及び，ＣはＤに対し明渡しを命ずる判決をもってＥに対し明渡しの強制執行をかけることができるようになっているのである。

　これらのように，権利の強制的実現を前もって保障しておく（＝「保全しておく」）ための手続が，民事保全手続である。

(2)　強制執行手続と倒産処理手続

　経済主体の経済的破綻を処理する倒産処理手続においても，権利の強制的実現はなされる。清算型の倒産処理手続では，経済的に破綻した債務者（以下，単に「債務者」という）の積極財産をまとめて換価し，それにより得られた金銭

を債務者の債権者に一般的に平等に分配するからである。

　このように倒産処理手続は，債務者の積極財産を包括的に換価し債務者に対する債権者の債権を包括的に満足させる手続といえる。それに対し強制執行手続は，債務者の積極財産の一部のみを個別に換価し債務者に対する強制執行を申し立てた債権者（およびその強制執行手続に対する参加を申し立てた債権者）を個別に満足させる。この包括性，個別性という点で，倒産処理手続と強制執行手続は区別される（前者を「**包括執行**」，後者を「**個別執行**」と呼んだりする）。

　しかし，金銭債権満足のための強制執行手続は，強制執行を申し立てた債権者だけが満足の対象となるわけではなく，その手続による満足には他の債権者も参加することができる。また，日本の強制執行手続は平等主義を採用しており，強制執行を申し立てた債権者も，その手続に参加した債権者も平等に満足を受ける（詳細は⇨131頁以下・第3章）。そして，金銭債権満足のための強制執行手続は，実際には債務者が経済的に破綻している場合に行われることが多い。これらのことから金銭債権満足のための強制執行手続は，実際には債務者の特定の財産を原資とした倒産処理の手続としての機能も担っている（それゆえ，「ミニ倒産処理手続」と呼ばれることがある）。

4 担保権の実行手続

　AがBに対して1000万円の支払を求める債権を有しており，その債権を被担保債権としてBの有する甲土地につき抵当権が設定・登記されているとする。この場合Aは，Bに対する1000万円の債権の満足のために，裁判所に申し立てて甲土地を売却する等してお金に換えてもらい，そのお金の付与を受けることができる。

　担保権は，原則債務者の特定財産ないし一般財産からの優先弁済権を内容としている。前記の例のように，その優先弁済権を実現するために担保権の引き当てとなっている債務者の特定財産（一般の先取特権の場合のみ一般財産）から優先的に担保権者を満足させるための手続が，②**担保権の実行手続**である。

　担保権の実行手続は，強制執行手続と，権利（特に金銭債権）の強制的実現を内容とする手続であるという点で共通する。しかし，担保権の実行手続が，債務者の特定の財産（一般の先取特権の場合を除く）を引き当てとして，担保権

を有する債権者を優先的に満足させるための手続であるのに対し，強制執行手続は，債務者の有する一般財産を引き当てとして，債務者に対する一般債権者を他の債権者と平等に満足させる手続であるという点に相違点がある。

　なお，担保権は優先弁済権を有するのが通常だが，留置権のみその例外である。留置権は，債務者が債務を弁済するまで留置権対象物を留置する（返さない）という権利のみを内容とし，優先弁済権を含まないとされる（民295条1項参照）。しかし，債務者が債務を弁済しない限り目的物をずっと留置しておかなければならないというのは留置権者に酷なので，留置権は目的物をお金に換える権利（換価権）までは含むと解されている。そしてこの換価権に基づき，留置権者は競売を申し立てることができる（民執195条）。この競売は債権の満足を目的としたものではないので「担保権の実行手続」ではなく，**1**（⇨1頁）でみた「③形式的競売」に含まれるが，実際には換価によって得られた金銭は，留置権者の元へいく。したがって，留置権者は，自己の債権を自働債権，債務者の換価金返還請求権を受働債権とした相殺をすることにより，「事実上」優先弁済を受けることができるという構図が成立している。

第2節　民事執行，民事保全手続に関する法律の沿革

1　現在の規律

　現在，民事執行（①強制執行手続，②担保権の実行手続，③形式的競売，④債務者の財産状況の調査にかかる手続）の根拠法（規則を含む。以下同じ）は，**民事執行法**（昭和54年法律第4号）・**民事執行規則**（昭和54年最高裁規則第5号）であり，⑤民事保全手続の根拠法は，**民事保全法**（平成元年法律第91号）・**民事保全規則**（平成2年最高裁規則第3号）である。

　現在のこのような法体制になるまでには，一定の紆余曲折があった。

2　民事執行法制定まで

　歴史を遡るに，明治23年制定の民事訴訟法の第6編に①強制執行手続および⑤民事保全手続に関する規定が置かれたのが，民事執行・民事保全手続に関

して法律が置かれた最初である。ついで，明治31年に競売法という法律が制定され，この法律が②担保権の実行手続および③形式的競売について規律することになった。民事訴訟法第6編＝①強制執行手続・⑤民事保全手続，競売法＝②担保権の実行手続・③形式的競売という二元体制が出来上がったのである。民事訴訟法はドイツ法を範として起草されたものであり，それに応じ，①強制執行手続・⑤民事保全手続はドイツ法に倣った手続となった。他方で競売法はフランス法を範に起草され，したがって，②担保権の実行手続・③形式的競売はフランス法に倣った手続となった。このようにして，ともに権利（金銭債権）の強制的実現のための手続であるという点では共通する①強制執行手続と②担保権実行手続が異なるモデルに基づいて構築されることとなった。これは両者の間に深刻な歪みをもたらした。特に，①強制執行手続では「債務名義」制度がとられ，②担保権の実行手続では「債務名義」制度がとられなかったことは大きな影響を及ぼした（「**債務名義**」制度については⇨13頁**1**，32頁以下・第2章第3節。また，「債務名義」制度をとるかとらないかについての強制執行手続と担保権実行手続の差異について詳しくは⇨283頁以下・第5章第1節）。

　その歪みの調整が積年の課題となり，その課題を解決すべく，①強制執行手続，②担保権の実行手続を単一の法律で規律することが企図された。その企図叶い，昭和54年に制定されたのが，現在でも民事執行の根拠法となっている民事執行法である（①強制執行手続，②担保権実行手続，③形式的競売を包含する法律として制定された）。民事執行法は，旧法（民事訴訟法）下の強制執行手続の欠点といわれていた事項にも大胆なメスを入れた。

　一番の課題であった「債務名義」制度をとるか否かについての①強制執行手続と②担保権の実行手続の統一という問題については，形式的には前者では「債務名義」制度をとり後者ではとらないという区別は民事執行法の下でも結局維持されることになった。しかし，②担保権の実行手続においても，法定文書の提出を要求する等，「債務名義」制度を有する①強制執行手続と実質的にはほぼ同様の規律が採用された（もっともこのような形式と実質の乖離が生み出した問題もある。以上につき，詳しくは，⇨283頁以下・第5章第1節）。

3 民事保全法の制定まで

　民事執行法の制定に伴い，⑤民事保全手続の一部も民事執行法で規律されることになった（民事執行法と，民事訴訟法第6編にまたがって規律されることとなったわけである）が，内容的な改正はなされなかった。しかし，民事保全手続についても問題点が多く指摘され，その指摘が平成元年の民事保全法の制定につながった。⑤民事保全手続を規律する単一の法律がつくられ，旧法下の問題点とされた事項が多く解決された。

　以上のようにして，民事執行法・民事保全法の二法典による規律という現在の体制が出来上がった。

4 その後の改正

　現在に至るまで，民事保全法は基本的に大きな改正はうけていない。それに対し民事執行法は，2回の中程度の改正と，3回の大改正を現在まで経てきている。

　1回目の大改正は平成8年になされた。いわゆる「住専国会」において，住専破綻処理の一環として債権回収を容易にするため，強制執行手続において「執行妨害」対策を強化する改正がなされた。

　1回目の中程度の改正は平成10年になされた。金融機関の経営不安の懸念が深刻化したため，その再生と早期健全化を目的としていわゆる金融再生関連法が制定されたのに伴い，債権回収をよりスムーズにするための改正が執行法関連でもいくつかなされた。

　2回目の大改正は，平成15年に行われた。「執行妨害」対策がさらに強化され（⇨258頁 **2**），間接強制制度の活用範囲の拡大が図られたほか（⇨255頁・第4章第1節），新たに④財産開示手続の制度が導入されるなどした（⇨72頁 **3**）。

　2回目の中程度の改正は平成16年になされた。不動産強制競売における売却準備手続等における若干の改正（⇨149頁 **4**）や，少額訴訟債権執行制度（⇨247頁 **2**）の導入などがなされた。

　3回目の大改正は，令和元年になされた。債務者の財産状況の調査手段が強化されたほか（⇨72頁 **3**），子の引渡しの強制執行の手続が整備される（⇨276

頁・第4章第4節）などした。

　以上のような改正を経て，現在の民事執行法，民事保全法に至っている。

第3節　執行手続の種類・態様

1 執行手続の種類

(1)　強制執行手続の種類

　強制執行手続は，権利を強制的に実現することを内容とする手続だが，実現しようとする権利（これを「執行債権」と呼ぶ）の内容に応じ，(a)金銭執行と，(b)非金銭執行の二つに大別される。

　(a)　**金銭執行**は，金銭債権の実現のための手続である。

　この金銭執行はさらに，金銭債権実現のための原資を債務者のいかなる種類の財産から捻出するかに応じ，①不動産執行（民執43条～111条），②準不動産執行（同112条～121条，民執規74条～98条の2），③動産執行（民執122条～142条），④債権およびその他の財産権に対する執行（同143条～167条の16）に区別される。

　①**不動産執行**は，債務者の「不動産」を弁済原資とする手続である。この不動産執行はさらに，ⓐ不動産を売却等により換価して弁済原資を捻出する**強制競売**（民執45条～92条。⇨131頁以下・第3章第1節）と，ⓑ不動産を管理して収益を上げることにより弁済原資を捻出する**強制管理**（同93条～111条。⇨200頁 **3-8**）に分かれる。②**準不動産執行**は，登記・登録制度があるために不動産に準じた扱いが適した船舶・航空機・自動車・建設機械・小型船舶といった財産を弁済原資とする手続で，強制競売の手続に準じつつ対象財産の個性に応じた特則が設けられている。③**動産執行**は，債務者の「動産」を弁済原資とする手続である（⇨201頁以下・第3章第2節）。動産執行では，基本的に債務者の動産を売却等により換価する手続しかない（動産を「管理」して収益を上げて弁済原資を捻出するという手続はない）。④**債権その他の財産権に対する強制執行**は，金銭債権等，債務者の有する債権や，債務者の有するその他の財産権を弁済原資とする手続である。債権その他の財産権から弁済原資を捻出する手段はいろいろ

存在する（⇨214頁以下・第3章第3節）。

(b) **非金銭執行**は，金銭債権以外の権利を実現するための手続である。

非金銭執行は，実現しようとする権利の内容により，さらに，①物（不動産・動産）の引渡・明渡請求権についての執行（民執168条〜170条・173条），②作為・不作為請求権についての執行（同171条〜173条），③子の引渡しの強制執行（同174条〜176条），④意思表示を求める請求権の執行（同177条）に分かれる。

①物の引渡・明渡請求権についての執行とは，物（不動産・動産）をよこせ，という給付請求権を実現するための手続である（⇨257頁以下・第4章第2節）。**②作為・不作為請求権についての執行**とは，物の給付請求権以外の作為（「〜せよ」）や不作為（「〜するな」）を求める権利を実現するための手続である（⇨262頁以下・第4章第3節）。**③子の引渡しの強制執行**とは，子の親権者等が現に子を養育監護している者に対して有する子の引渡しを求める請求権を実現するための手続である（⇨276頁以下・第4章第4節）。子の引渡しを求める請求権は，広い意味では作為請求権に含まれるが，特殊な考慮が必要となるため，令和元年の改正によりその実現のための独立の手続が用意された。**④意思表示を求める請求権の執行**とは，債務者に特定の意思表示をするよう求める請求権の実現のための手続であり（⇨273頁**5**），その中心を占めるのは，登記申請に必要な登記所への意思表示を求める請求権の実現のための手続である。意思表示を求める請求権も，広い意味では作為・不作為を求める権利の一種ではあるが，その固有の性質から独立の手続に服せしめるのが妥当と判断された。このことからも分かるように，①〜④の手続の区別は，権利実現のための手段の違いにより生じている区別である。

(2) 担保権の実行手続の種類

担保権の実行手続は，もっぱら金銭債権の満足を内容とした手続である（その意味で，金銭執行に対応する）。金銭執行が，弁済原資となる財産の種類に応じて区別されるように，担保権の実行手続も弁済原資となる財産の種類に応じた区別がある。

まず，不動産からの満足を目的とした手続として(a)**不動産担保権の実行**があ

図表 1-1　民事執行手続の種類

民事執行	強制執行	金銭債権の実行（金銭執行）**3章**	**3章1節** 不動産に対する強制執行（不動産執行）	強制競売
				強制管理
			船舶・航空機・自動車・建設機械・小型船舶に対する強制執行（準不動産執行）	
			3章2節 動産に対する強制執行（動産執行）	
			3章3節 債権およびその他の財産権に対する強制執行（権利執行）	債権執行：金銭債権に対する債権執行
				債権執行：動産・船舶等の引渡請求権に対する債権執行
				各種財産権執行
				少額訴訟債権執行
		非金銭債権の実行（非金銭執行）**4章**	**4章2節** 物の引渡・明渡請求権についての強制執行	不動産等の引渡し・明渡しの執行
				動産の引渡しの執行
				第三者占有物の引渡しの執行
			4章3節 作為・不作為請求権についての強制執行	代替的作為請求権の執行
				不代替的作為請求権の執行
				不作為請求権の執行
				意思表示を求める請求権の執行
			4章4節 子の引渡しの強制執行	
	担保権の実行（担保執行）**5章**		**5章2節** 不動産担保権の実行（不動産担保執行）	担保不動産競売
				担保不動産収益執行
			船舶・航空機・自動車・建設機械・小型船舶の競売	
			5章3節 動産競売	
			5章4節 債権およびその他の財産権に対する担保権の実行（債権担保執行）（物上代位 **5章5節** を含む）	

※　本書で解説がなされている箇所を（○章○節）のように示した。

る（民執 180 条～188 条。⇨ 290 頁以下・第 5 章第 2 節）。この不動産担保権の実行は，目的財産を売却等により換価する①**担保不動産競売**（⇨ 290 頁 **1**）と，目的財産を管理して収益を上げることにより弁済資金を捻出する②**担保不動産収益執行**（⇨ 304 頁 **2**）の 2 種類にさらに分かれる（担保不動産競売は，金銭執行における強制競売に対応し，担保不動産収益執行は，強制管理に対応する）。

　ついで，動産からの満足を目的とした手続として(b)**動産競売**がある（民執190条～192条。⇨307頁以下・第5章第3節。金銭執行における動産執行に対応する）。金銭執行の場合と同様，動産を管理して収益を上げることにより弁済資金を捻出するという手続はない。

　また，動産ではあるが登記・登録制度があるため不動産に準じる扱いが適した財産からの満足を目的とした手続として(c)**船舶・航空機・自動車・建設機械・小型船舶の競売**（民執189条，民執規174条～177条の2）がある。

　最後に，債権その他の財産権からの満足を目的とした手続として(d)**債権およびその他の財産権に対する担保権の実行**がある（民執193条。⇨314頁以下・第5章第4節。金銭執行における債権およびその他の財産権に対する強制執行に対応する）。

② 執行の態様

　強制執行手続・担保権の実行手続は，権利の強制的実現を図る手続であるが，その強制的実現の手段（執行の態様）には3種類があるとされている。

　第1は(a)**直接強制**である。これは，目的財産に対する債務者の支配を強制的に排除して請求権を実現する執行方法のことで，金銭執行，物の引渡・明渡請求権の執行の，中心的な執行手段である。

　第2は(b)**代替執行**である。これは，債権者または第三者が債務者に代わって作為を行うことを許し，それによって生じる費用を債務者から取り立てるという形の執行方法のことで，代替可能な（＝債務者以外の人が代わって行うことができる）作為債権の執行の中心的な執行手段である。

　第3は(c)**間接強制**である。間接強制は，債務者がなすべき債務を履行をしなかったり遅滞したりした場合に強制金（債務の履行を確保するために相当と認められる一定額の金銭）を取るという形で，間接的な圧力をかけるという内容の執行方法である。従来は，自由意思に対する抑圧の程度が高いという理由から，代替性のない（＝債務者しか行うことができない）作為請求権の執行や不作為請求権の執行等でしか用いられてこなかったが，平成15年の民事執行法の改正で，代替性のある作為請求権の執行や物の引渡・明渡請求権の執行にも用いることが可能になり，また平成16年の民事訴訟法の改正で，一部の金銭執行にも用いることができるようになり，間接強制の機能範囲の拡大がなされている

（⇨ 255 頁以下・第 4 章第 1 節）。

　以上の 3 種類の執行の態様のほか，意思表示を求める請求権の執行は意思表示があったものと擬制するという形でなされる。また，令和元年の民事執行法改正により創設された子の引渡しの強制執行においては**子の引渡しの直接的な執行**という執行手段が用意されている。子の引渡しの直接的な執行は間接強制と並んで子の引渡しの強制執行の手段として認められているもので，執行裁判所が決定により執行官に子の引渡しを実施させることを内容とする（民執 174条 1 項 1 号）。部分的には代替執行や直接強制と共通する側面もないではないが，子の引渡しを内容とするというその特殊性から，上記のいずれとも異なる手段として規定されている（⇨ 276 頁以下・第 4 章第 4 節）。

第 4 節　強制執行手続の基本構造と理念

1 強制執行手続の基本構造

　ここでは，以下の章を読む大前提として理解しておくべき，強制執行手続の基本構造について説明する。

　前掲 6 頁 **2** でも言及したが，強制執行手続は，明治 23 年の民事訴訟法第 6編の制定以来，その基本構造として「債務名義」制度をとっている。「債務名義」制度とは，どういう内容か。

　前掲 2 頁 **2** でも説明したとおり，自力救済の禁止に対応し国家は権利の強制的実現のための国家による手続を用意しなければならない。しかし，この権利の強制的実現のための手続の国民による利用は，国民が真に権利を有する場合にのみ利用するべきである。ところが，国家機関は国民が真に権利を有しているかどうか即座には分からない。そこで，権利の強制的実現を求める国民が真に権利を有しているかを判断する仕組みが必要となる。

　他方で，権利の強制的実現はできるだけ迅速になされることが望ましい。

　この二側面の要請（権利の強制的実現は権利があってはじめて正当化されるという要請と，権利の強制的実現はできるだけ迅速になされることが望ましいという要請）を同時に満たすため，法は，権利が真に存在するかどうかを判断する「**権利判定**

機関」と，権利が真に存在すると「権利判定機関」が判断した場合にその強制
的実現に徹する「**権利実現機関**」を峻別する，という仕組みを用意した（これ
が「債務名義」制度である）。

　すなわち，国民が権利の強制的実現を求める場合まず「権利判定機関」にお
いて権利の存否の判断がなされる。そして，「権利あり」との判断がなされた
場合，その判断が文書により「権利実現機関」に伝達される。「権利実現機関」
は，「権利判定機関」による権利ありとの判断を示す文書（この文書を「債務名
義」と呼ぶ）が適式に成立している限り，原則として自ら権利の存否を判断す
るようなことはしないで，権利があるものとして，その強制的実現に専念する。
このような仕組みが「債務名義」制度である。これにより権利が存在する蓋然
性がある場合にのみ権利の強制的実現がなされ，かつ権利の強制的実現は迅速
になされる，という要請が同時に満たされることになるわけである。

　「債務名義」制度による「権利判定機関」と「権利実現機関」の分離という
仕組みは，このような要請を満たすほか以下のような機能も果たす。第一に，
権利実現機関が権利の存否を判定しなくてもよくなるため，法律の専門家以外
の者（たとえば執行官）を権利実現機関の担当者とすることができる。第二に，
同一の権利をもとにした強制執行が複数考えられる場合，複数の強制執行の前
提として一つの権利判定機関で一元的に権利の存否を確認することができるた
め権利関係の判断を効率的に行うことができる。

　前掲3頁 **3** (1)では分かりやすさの便宜のため，強制執行手続とは判決で認
められた権利を実現するための手続である，というように，権利判定機関が判
決手続としての裁判所であり，「債務名義」が判決である場合を念頭において
説明したがこれは実は正確ではない。「権利判定機関」としての資格を有する
「機関」は，判決手続としての裁判所以外にも存在し，それに応じ，「債務名
義」となり得る文書も判決以外に存在する（和解調書や，仮執行宣言付支払督促や，
執行証書等。何が「債務名義」としての資格を有するかは，原則として民事執行法22
条が定めている。詳細は⇨34頁 **2**）。

　すなわち，強制執行手続は，権利を強制的に実現することを内容とする手続
であるが，その権利の強制的実現につき，権利の実際の存在の要請と可及的迅
速な実現の要請から，強制執行手続の前提として「権利判定機関」による権利

存否の判断がなされることになっており，そしてその「権利判定機関」は判決手続としての裁判所に限られないのだ，ということを理解する必要がある。

2 強制執行手続の理念

(1) 違法執行と不当執行の区別

前記の強制執行手続の基本構造の帰結として生じるのが，まず「**違法執行**」と「**不当執行**」の区別である。

すなわち，強制執行手続を担当する権利実現機関は，権利判定機関が発行する債務名義が存在する限り強制執行を行ってよい（強制執行は「適法」である）。権利実現機関による強制執行が「違法」になるのは，大雑把にいえば適式な債務名義が存在しない場合に限られる。

しかし，権利判定機関による「権利あり」との判断が誤りである場合もある。その場合にも前記のとおり，債務名義が適式に成立している以上，権利実現機関による強制執行は「違法」ではない。しかし，「権利がある場合にのみその強制的実現は認められる」という大原則からすれば，そのような執行は最終的には何らかの形で阻止ないし是正されなければならない執行である。このような執行を「不当執行」という。

すなわち，権利判定機関と権利実現機関の峻別という「債務名義」制度の必然的帰結として，「違法ではないが（止めなければならないという意味で）不当ではある」執行というのが存在することになるわけである。

このように執行の違法（＝債務名義に基づかない執行）と，執行の不当（＝債務名義に基づくが権利の裏づけのない執行）の区別が生じることをまず確認しておく（詳細は⇨78頁以下・第2章第6節）。

(2) 強制執行手続の理念

(a) 迅速・廉価の相対的重視

次に，**1** で述べた強制執行の基本的構造は，強制執行手続は権利判定機関における「権利あり」との判断を大前提に動くことを意味している。すなわち，「権利があるかどうか」を判断する判決手続では，迅速・廉価といった理念のほかに，公平・適正といった理念が非常に重要視されるのに対し，「権利があ

る」という大前提で動く強制執行手続においては，「ある」と判断された「権利」をできるだけ迅速・廉価に実現するという，「迅速」・「廉価」の理念が前面に押し出され，「公平」・「適正」といった理念は相対的に背後に退くことになる。前記 **4**（⇨8頁）でみた民事執行法の改正が，執行妨害対策を内容としていることは，「迅速」「廉価」な強制執行を目指す立法者の姿勢を端的に示していると思われる。

(b) 債務者・第三者の保護

しかし，「権利あり」という大前提で動くからといって，ブルドーザーのごとくそれにより不利益を受ける利害関係人の声を無視してつき進んでよいというわけではない。

前述のとおり「権利あり」との「権利判定機関」の判断が誤りであることもあるし，また，債務者の財産だと思って執行された財産が第三者の財産であった，というような場合もあるからである。このような場合に債務者とされた人や第三者の利益を保護する手段を，民事執行法は用意する必要がある（⇨90頁 **6**，105頁 **7**）。

さらに，確かに「権利あり」との「権利判定機関」の判断が間違っていないとしても，それを強制的に実現することが債務者の生活の困窮等をもたらす場合には強制執行を行うことを考え直す必要がある。これには債務者保護という理由もあるが，かかる債務者に対する強制執行がなされ債務者が生活に困窮することにより国家に対し生活保護が求められるとそれは国民全体の負担になるという側面もある。このような債務者の生活の困窮防止措置として現行法が用意しているものとしては，差押禁止財産（つまり強制執行することができない財産）の法定や（⇨69頁 **1**，205頁(4)・224頁(iii)），事案に応じた差押禁止財産の範囲の変更（⇨205頁(4)）などがある。しかし，この側面の日本法の手当ては必ずしも十分とは言いがたいのが実情である（令和元年の民事執行法改正で差押禁止財産にかかる規律の強化が議論されたが，最終的な改正は比較的小幅のものに留まった。⇨224頁(iii)，226頁(i)，236頁(i)）。もっともこのような意味での「債務者保護」は，権利の実現を望む債権者の利益と鋭く対立する部分があり，手当ての仕方が難しい分野だということはできる。

参 考 文 献

2 節

□ 立法の沿革について

1 中島弘雅＝内田義厚＝松嶋隆弘編『改正民事執行法の論点と今後の課題』(勁草書房, 2020) 1 頁 [中島弘雅]。

2 竹下守夫「民事執行法の成立と将来の課題」同『民事執行における実体法と手続法』(有斐閣, 1990) 1 頁。

3 今津綾子「民事執行法等の改正」法学教室 470 号 (2019) 52 頁, 青木哲「民事執行法の改正：債務者の財産状況の調査を中心に」ジュリ 1537 号 (2019) 58 頁。

4 節

□ 強制執行手続の基本構造について

1 竹下守夫「民事執行の正当性と適法性の保障」竹下守夫＝新堂幸司編『民事執行法を学ぶ』(有斐閣, 1981) 18 頁。

2 中野＝下村・民事執行法 23 頁以下。

□ 強制執行手続の理念について

3 山本和彦「強制執行手続における債権者の保護と債務者の保護」竹下守夫先生古稀祝賀『権利実現過程の基本構造』(有斐閣, 2002) 273 頁。

第 2 章

強制執行手続の開始と進行

──不動産執行の場合を念頭に置きながら

第1節　執行機関と執行当事者

1 執 行 機 関

⑴　意義と種類

　私法上の請求権の実現を目的とする強制執行，担保権の実行，その他いわゆる形式的競売も含めて，これらを広義の民事執行というが，いわゆる大陸法系に属するわが国では，近代以降，自力救済の一種としての私人による自力執行は禁止されている（⇨2頁**2**）ので，民事執行は，国家の機関によってなされる。民事執行を担当する国家機関を執行機関というが，それには**執行裁判所**と**執行官**とがある（民執2条）。

　ところで，強制執行は，私人の権利（請求権）の終局的な実現を目的とするものであるから，できるだけ簡易・迅速に行う必要がある。そこで，法は，執行手続を担当する執行機関（権利実現機関）と，権利の存否を判断する国家機

関（権利判定機関）とを分離し，執行機関としては，後者の国家機関で作成された債務名義があれば，それを形式的に審査した上で，簡易・迅速に執行手続を行うことにしている。

　執行裁判所と執行官はともに執行機関であり，その間に主従の関係はなく，それぞれ職務を分掌している。

> ### 2-1　裁判所書記官の職務
>
> 　裁判所書記官は，その職務遂行にあたっては，裁判官の命令に従い，これを補助する立場にある（裁60条参照）。しかし，民事執行手続には，判決手続に比べると，複雑・高度な法的判断を必要としない定型的な行為が多いので，民事執行法および民事執行規則は，その制定の際に，多くの事項を裁判所書記官の固有の権限とした。たとえば，執行裁判所が行う行為のうち，差押えの登記・登録およびその抹消の嘱託（民執48条・54条・150条，民執規84条），催告（民執49条2項），公告（民執49条2項・64条5項，民執規36条），配当額等の額の供託（民執91条・142条2項・166条2項など），債権者・債務者に対する売却代金の交付または供託金の支払委託（民執規61条）などが，それである。また，執行証書以外の債務名義に関する執行文付与の事務（民執26条1項。⇨58頁**2**）も，裁判所書記官の固有の権限に属する。しかし，その後も，裁判所書記官の固有の権限の範囲の拡大傾向は続き，平成16年の法改正では，さらに，費用予納命令（同14条），配当要求終期の決定・延期（同47条・49条），物件明細書の作成・備置き（同62条），売却実施命令・売却決定期日の指定（同64条），代金納付期限の指定・変更（同78条），配当表の作成（同85条5項）など，執行手続の進行管理や付随的あるいは準備的な事項等が裁判所書記官の権限とされるとともに，平成16年の法改正で新設された少額訴訟債権執行では（債権執行は，本来，執行裁判所の職分管轄に属するはずであるが），裁判所書記官に執行機関の地位までも認められるに至った（同167条の2）。

(2)　執行裁判所の職分

　執行裁判所とは，民事執行のうち，裁判所の職分とされた執行行為を実施し，執行官の執行行為の共助・監督を行う裁判所のことである（民執3条）。原則として，地方裁判所の管轄であり，単独裁判官によって構成される（裁25条・26条1項）。

　執行裁判所の職分管轄に属するものは，高度な法律判断を必要とする観念的なものが中心であり，具体的には，不動産執行（民執43条以下），債権その他

の財産権の執行（同143条以下），代替執行（同170条・171条），間接強制（同172条），不動産に設定された担保権の実行（同188条），債権その他の財産権に設定された担保権の実行（同194条），形式的競売（同195条）などがある。また，執行官の執行行為の共助・監督として，夜間・休日に人の住居に立ち入ってする執行の許可（同8条1項），執行異議の裁判（同11条），差押禁止動産の範囲の変更の裁判（同132条）などを担当する。執行裁判所が執行として行う裁判は，任意的口頭弁論（民訴87条1項但書参照）に基づいて決定によってなされる（民執4条）。

(3)　執行官の職分

　執行官とは，裁判所において，主として裁判の執行・裁判所の発する文書の送達等を行う同名の国家公務員によって構成される単独制の司法機関のことをいう（裁62条3項）。地方裁判所によって任命され，そこに配属されるが（同62条1項），裁判官の補助機関ではない。一定の場合には，裁判官・検察官・裁判所書記官の監督を受けることがあるが，自らの責任において調査・決定する独立の国家機関であり，その権限は裁判官といえども代行することはできない。特別職の国家公務員であるが，一般の公務員とは異なり，国庫からの俸給は受けず，取り扱った事務ごとの手数料をその収入とする点に特徴がある（同62条4項）。

　執行官の職分管轄としては，主として事実行為を必要とする執行行為が中心である。具体的には，動産執行（民執122条以下），動産引渡の執行（同169条），不動産・動産等の明渡・引渡執行（同168条），動産担保権の実行（同192条）などを担当する。また，執行裁判所の執行処分に伴う補助的処分として，目的財産の公租公課証明書の交付請求（同18条2項・3項），競売・入札の実施（同64条3項）等も行う。

　なお，執行官と執行債権者との関係は，執行法上の職務関係であって，私法上の委任関係ではない。

2 執行当事者

(1) 意 義

　強制執行手続は，私法上の請求権の強制的実現を図るための手続である。そのため，判決手続と同様に，対立する二当事者をその主体として観念することができる。これを執行当事者という。

　一般に，強制執行を求める者のことを「**執行債権者**」または単に「**債権者**」というが，執行手続の各段階に応じて，たとえば，「**差押債権者**」，「**配当要求債権者**」などと呼ばれる。これに対し，強制執行の相手方は，一般に「**執行債務者**」または単に「**債務者**」と呼ばれる（なお，担保権実行としての競売手続では，「**所有者**」と呼ばれる）。

(2) 当事者能力と訴訟能力

　執行当事者も，判決手続におけると同様に，当事者能力を有していなければならない（民執20条，民訴28条・29条）。執行当事者には，民執法上の権利義務の主体となる能力が必要であるからである。

　訴訟能力についても，民事訴訟法の規定が準用されている（民執20条）。債権者は，執行の申立てや配当要求をする関係上，常に訴訟能力が必要である。これに対し，債務者については，見解が分かれている。ある学説は，債務者は，単に執行を受忍すべき立場にあるにすぎないので，必ずしも常に訴訟能力が必要なわけではないが，裁判の受領その他の告知を受けたり，債務者が積極的に執行行為（たとえば執行抗告・執行異議の申立て）をする場合（同5条・10条・29条・32条1項・45条2項・46条1項・145条3項・155条1項・161条2項・171条3項・172条3項など）には，訴訟能力が必要であるという。しかしながら，債務者の積極的な関与なしに行われる執行処分であっても，その執行手続を常に監視し，当該処分の適否を争うべき場合かどうかを判断できる態勢にある必要があることから，債務者についても，訴訟能力が必要であると解すべきである。

　なお，当事者能力や訴訟能力の有無は，職権調査事項であり，当事者能力や訴訟能力の不存在を看過してなされた執行は無効である。

(3)　執行当事者の確定

　強制執行は，後述（⇨55頁**1**）のように，原則として，執行文の付された債務名義の正本（執行正本）に基づいて実施する（民執25条本文。ただし，執行の迅速性・簡易性等の理由から，執行文の付与が不要とされる債務名義もある。同条但書参照）ので，誰が執行当事者であるかは，誰が債権者または債務者として執行文に記載されているかによって確定する（同26条2項）。

(4)　執行当事者適格

　特定の請求権の執行手続において，債権者または債務者となることのできる資格のことを執行当事者適格という。強制執行は，執行文の付された債務名義の正本（執行正本）に基づいて行われるので，誰が執行当事者適格者であるかは，債務名義の執行力の主観的範囲（⇨47頁**3**(1)）によって決まる。民執法23条は，執行力の主観的範囲についての規定を置いている。執行文の付与を求める者およびその相手方が執行当事者適格を有するかどうかは，執行文を付与する際に執行文の付与機関が判断することになる（民執26条）。

> **2-2** **第三者の執行担当**
>
> 　執行債権者は，執行債権の実体法上の債権者であるのが通常であるが，執行債権の実体法上の債権者ではない者であっても執行債権者としての執行当事者適格が認められる場合がある。このような場合のことを「第三者の執行担当」と呼んでいる。
>
> 　問題となり得る場面としては，①原告Xが訴訟担当者として取得した勝訴判決に基づいて，Xは強制執行をすることができるか，②原告Aが取得した勝訴判決に基づいて，Aから委託を受けたXは強制執行をすることができるか，③原告Xが取得した勝訴判決に基づいて，口頭弁論終結後に訴訟物であった債権がXからAに債権譲渡担保に供されていたとしても，Xは強制執行をすることができるか，の三つを挙げることができる。
>
> 　①については，Xは「当事者」（民執23条1項1号）に該当するから，執行当事者適格は問題なく認められそうにも思えるが，Xが株主代表訴訟（会社847条）を提起した株主であった場合は，勝訴判決は株式会社宛てに給付すべき旨の主文になっているため，自己宛に給付すべき旨の主文ではないにもかかわらず，Xに執行当事者適格を認めてもよいかどうかが問題となる。②については，Xは「当事者」ではないから，執行力の主観的拡張の要件を満たさなけ

れば執行当事者適格は認められない（詳細については，⇨48頁(3)）。問題になり
そうなのは「承継人」（同23条1項3号）に該当するか否かであるが，委託を受
けただけで「承継人」に該当するといえるか，いえないとすれば委託以外に何
が必要なのかが問題となる。③については，Xは「当事者」に該当するから，
執行当事者適格は問題なく認められるため，執行当事者適格の問題ではなく，
債権譲渡担保に供されていたことが請求異議事由（同35条）に該当するか否か
が問題となる。

(5)　執行開始後の債務者の死亡と執行の続行

　執行開始後に，債権者または債務者について執行当事者適格の承継があった
場合に，執行の続行を求める債権者は，承継執行文（⇨62頁(3)）の付された債
務名義の正本を提出するなどの当事者変更の手続をとる必要があるが（民執規
22条），債務者が死亡した場合については特則を設けている。それによると，
強制執行の開始後に債務者が死亡しても，承継執行文がなくてもそのまま執行
を続行することができる（民執41条1項）。この場合に，相続人の存在または
所在が不明なときは，相続財産または相続人のために特別代理人が選任される
（同41条2項）。ちなみに，担保権実行としての競売についても同様である（同
194条）。

> **2-3**　**強制執行における許可代理**
>
> 　執行裁判所で行われる民事執行手続では，訴え（たとえば，請求異議の訴え
> 〔民執35条〕，第三者異議の訴え〔同38条〕，配当異議の訴え〔同90条〕など）または
> 執行抗告（同10条）の手続を除き，民訴法54条1項により代理人となること
> のできる者（法令による訴訟代理人〔支配人，船長など〕および弁護士）以外の者も，
> 執行裁判所の許可を受けて，代理人となることができる（同13条1項，民執規9
> 条）。執行手続は，債務名義で確定された請求権の存在を前提として開始され
> るものであり，手続の内容も定型的に法定されている場合も多く，当事者の能
> 力によって左右されることが少ないので，民事訴訟手続におけるほど代理人の
> 資格を制限する必要はないと判断されたためである。ちなみに，平成16年の
> 法改正によって，認定司法書士（法務省の指定する研修課程を修了し法務大臣が認定
> した司法書士）は，少額訴訟債権執行手続において，請求の価額が140万円を
> 超えないものについては，許可がなくても代理人になれることになった（司書
> 3条1項6号ホ，裁33条1項1号）。

第 2 節　強制執行の要件

1 強制執行の要件

(1)　は じ め に

　強制執行は請求権の強制的実現，すなわち国家権力が債務者の財産関係に介入して請求権を実現することを，目的としている。したがって，このような国家権力の介入を正当化する理論的根拠は何か，が問題となろう。このような正当化根拠を，**強制執行の要件**という。他方，強制執行を開始する際，執行機関がその具備を判断しなければならないと民執法により定められている要件を，**強制執行開始の要件**と呼ぶことにする。強制執行の要件が理論上の概念であるのに対し，強制執行開始の要件は実定法上の概念である。

(2)　強制執行の要件

　強制執行の要件としては，①当該請求権（その強制執行が求められている請求権）が存在すること，②当該請求権が即時に請求できる状態にある（無条件で履行期も到来している）こと，③債権者（執行手続を求める者）が当該請求権を行使でき，債務者（執行手続を受ける者）が当該請求権に対して責任を負っていること（執行当事者適格の存在）が，挙げられる。これらの要件を欠けば当該強制執行が債務者に対して不当執行（⇨79 頁 **1**，89 頁 **5**）となることについては，説明を要しないであろう。

　強制執行が請求権を強制的に実現する民事手続であることに対応して，強制執行の要件には実体的要件と手続的要件がある。このような観点からは，①〜③は実体法のレベルの問題であるので，強制執行の実体的要件ということもできる。強制執行の手続的要件は，強制執行開始の手続的要件と概ね同じであるので，**3**（⇨28 頁）で説明することにする。

　なお，以上に加え，④当該強制執行の対象たる財産が当該請求権について責任財産であることも強制執行の要件とすることがある。しかし，これが欠ければ，債務者でなく，当該財産に関して権利・利益を有する者に対する不当執行

となる（⇨105頁 **7**）点で，①〜③の要件と区別されるべきである。

2 強制執行の要件を判断する仕組み ─────────

(1)　は じ め に

　強制執行の要件の趣旨（強制執行を正当化する根拠，不当執行を避けるための要件）からすれば，執行機関は，強制執行の要件の存在を確かめた上で強制執行を開始し，開始後に弁済などによりこれらが欠落したと認めれば手続を停止し，それまでになされた執行処分を除去しなければならない。さもなければ，不当執行を回避することができないからである。とするなら，強制執行の要件と強制執行開始の要件は一致しなければならないことになる。

　ところが，民執法では，強制執行開始の要件は，そのように規律されていない。執行機関は，①当該請求権の存在，②当該請求権の即時請求可能性，③当該請求権につき執行当事者適格が存在することなどについては，②に属する民執法30条1項・2項や31条1項・2項の要件を除けば，直接判断することはない。強制執行が開始された後に強制執行の要件が消滅した（例，強制執行開始後に弁済により当該請求権が消滅した）場合も，同様である。

　不当執行の回避は民執法上，最も重要な要請であるにもかかわらず，執行機関が強制執行の要件を直接判断しないのは，なぜだろう。それは，執行機関は実体権の存否（強制執行の要件もこれに該当する）など優れて法的な判断は原則として行わないからである（その趣旨については13頁 **1** を参照）。強制執行の要件は，法的判断に適した，執行機関とは別の機関（権利判定機関）が判断し，執行機関はその機関の判断に従うこととされた。つまり，強制執行の要件は存在すると権利判定機関が判断したことが，強制執行開始の要件とされたのである。

　以下では，確定判決が債務名義である場合を例にとり，強制執行の要件である請求権の存否，即時請求可能性の存否を判断する仕組みを，簡単に説明したい。

(2)　請求権の存否

　当該確定判決には，強制執行にかかる請求権が存在する旨の受訴裁判所＝権利判定機関の判断が示されている。

　強制執行を求める債権者は，事件記録を保管する裁判所の書記官から当該確

定判決に執行文を付与してもらう（民執26条1項）。書記官（執行文付与機関とい
う）は，調査の結果その判決が「確定判決」と判明すれば（第1審や第2審の判
決正本だけでは確定したか否か明らかでないし，確定したとしても再審などで取り消さ
れている可能性もある。詳細は⇨59頁**3**），執行文を付与する。この執行文の付
された確定判決と共に，強制執行手続開始の申立書を，強制執行を管轄する執
行機関に提出する。そして，執行機関は，執行文の付された確定判決の正本が
提出されていることを確認し，さらに必要な場合には他の要件の充足を判断し
て，強制執行を開始する。以上の過程で，執行機関が請求権の存否につき判断
することはない。その判断は，確定判決を出した受訴裁判所が既に行っている
からである。確定判決はこのような判断を執行機関に伝達する役割を果たす。
執行機関は，債権者より提出された判決が「確定判決」であるか否かの判断す
ら行わない。執行文付与の際その判断はなされており，執行機関はこれに従う
のである。執行文はこのような書記官の判断を執行機関に伝える役割を果たす。
　判決の確定から強制執行開始までの間に，弁済などにより強制執行にかかる
請求権が消滅する場合もある。しかし，執行機関はこのような問題に関しても
直接判断を行わない。それは，この強制執行を止めるために債務者が提起する
請求異議の訴え（⇨90頁**6**）において，執行機関とは別の受訴裁判所が権利判
定機関として判断する。債務者勝訴の判決が確定し請求権の不存在が確定した
場合には，債務者は確定した勝訴判決を執行機関に提出し，執行機関はこれを
確認すれば当該強制執行を停止し，それまでになされた執行処分を取り消すの
である（同39条1項1号・40条1項。詳細は⇨116頁**1**）。確定した債務者勝訴の
判決も，請求権が存在しないという権利判定機関の判断を執行機関に伝える役
割を果たしている。

(3)　即時請求可能性の存否

　強制執行の要件の中には，より複雑な仕組みで判断されるものもある。即時
請求可能性という強制執行の要件に属する，民執法27条1項を例に説明すれ
ば，以下のようになろう。
　債権者が，確定した停止条件付将来給付判決を有しているとする。停止条件
が成就し，即時請求可能性の要件が具備されれば，債権者はまず条件成就を証

明する文書を書記官に提出する。書記官は，その文書により条件成就が証明されていると判断すれば，条件成就を証する執行文（条件成就執行文⇨60頁(2)）を付与する（同27条1項）。執行機関は，執行文の付された確定判決の提出を受け，これを確認すると，強制執行を開始する。この場合，（条件成就）執行文は，条件が成就した旨の書記官の判断を，執行機関に伝える役割を果たす。

　しかし，債務者が停止条件は成就していないと考えるなら，この強制執行を阻止すべく，執行文付与に対する異議の訴え（同34条）を提起し，停止条件成就の有無につき受訴裁判所の判断を仰ぐことになる（停止条件成就の証明責任は債権者にある）。債権者が条件の成就を証明し，債務者敗訴の判決が確定した場合には，強制執行はそのまま進行する。しかし，債権者が条件の成就を証明できず，債務者勝訴の判決が確定した場合には，債務者は確定した勝訴判決を執行機関に提出し，執行機関はこれを確認すれば既に開始された強制執行を停止し，それまでに進行した手続を取り消す（同39条1項1号・40条1項。逆に債権者が執行文付与を求める訴えを提起する場合など，詳細は⇨63頁(2)）。

　以上のように，停止条件の成就については，執行機関は，一次的には執行文付与機関の，当事者間に争いがあれば権利判定機関の判断に従うことになる。このような仕組みとされた理由については，第4節**3**（⇨(2)60頁以下）を参照。

3　強制執行開始の要件

⑴　は じ め に

　強制執行を開始するために必要で，執行機関がその具備を判断せねばならないと民執法上定められている要件を，強制執行開始の要件という。

　2で述べたように，強制執行開始の要件は，強制執行の理論的正当化根拠である強制執行の要件に対応する，実定法上の概念であるが，執行機関は実体権にかかる判断は原則として行わないという原則を反映して，強制執行の要件を判断する権限は，大部分，執行機関ではなく，権利判定機関に，あるいは，一次的には執行文付与機関，最終的には権利判定機関に，付与されている。これに対応して，強制執行の要件の存在（具備）は，強制執行開始の要件としては，その大部分が，強制執行の要件が具備されたという権利判定機関などによる判断を示す文書の存在に，置き換えられている。

　しかし，確定期限の到来（民執30条1項），担保の提供（同30条2項），反対給付またはその提供のあったこと（同31条1項），代償請求の場合の本来の請求に関する強制執行不奏功（同31条2項）等は，即時請求の可能性という強制執行の要件に対応する要件であるが，優れて法的な判断は要しないこと，あるいは権利判定機関や執行文付与機関に判断させると不都合が生じること等の理由から，執行機関が直接その存否を判断することとされた。つまり，これらの要件の存在自体が強制執行の要件とされている。

(2) 実体的要件

(a) 執行文の付与された債務名義の正本(執行正本)の存在（民執25条本文）

　強制執行にかかる請求権の存在，執行当事者適格（⇨23頁(4)）などの強制執行の要件に対応する。優れて法的な判断を要するため，請求権の存在については権利判定機関に判断の権限が付与され，執行機関は権利が存在するという権利判定機関の判断を確認するだけである。また，債務名義が確定した給付判決の場合，原告・被告が執行債権者・執行債務者に対応していれば執行当事者適格が存在することになるが，このような判断も，執行文を付与する際に執行文付与機関によりなされている。

(b) 承継執行文・条件成就執行文の存在

　執行当事者適格（承継執行文），即時請求の可能性（条件成就執行文）などの強制執行の要件に対応する。不確定期限の到来，停止条件成就，そして執行力の拡張を基礎づける民執法23条1項3号の要件具備については，優れて法的な判断を要するため，第一次的には執行文付与機関が判断し（同27条1項・2項），執行機関はこれらの要件が具備されている旨の執行文付与機関の判断（承継執行文・条件成就執行文）を確認するのみである。なお，執行文付与機関の判断につき当事者に不服がある場合には，これらの要件具備の問題は権利判定機関が判断し，執行機関もその判断に従うことになる（詳細は⇨60頁(2)・62頁(3)）。

(c) 確定期限の到来（民執30条1項）

　(c)ないし(f)は，即時請求の可能性に対応する。強制執行にかかる請求権に確定期限が付されている場合（例，確定期限付の将来給付判決），その到来は権利判定機関や執行文付与機関の判断によるまでもなく，執行機関が強制執行開始の

際に容易に判断できるので，確定期限の到来自体が強制執行開始の要件とされた。すなわち，執行機関自体が確定期限の到来を判断することとされた。これに対し，当該請求権に不確定期限が付されている場合は，その到来は優れて法的な判断となるので，執行文付与機関に判断させることとなり，前記(b)の要件とされたわけである。

(d)　担保の提供（民執 30 条 2 項）

　担保を供することを条件に仮執行が認められたとき（民訴 259 条 1 項）のように，強制執行が担保を立てることに係っている場合，立担保の有無は，債権者が提出する文書（担保を立てたことを証する文書）に基づき，執行機関が判断することとされた。立担保は，停止条件成就の一態様ではあるが，判断は容易で，執行文付与機関に判断させる必要はないからである。

(e)　反対給付またはその提供のあったこと（民執 31 条 1 項）

　債務者の給付が債権者の反対給付と引き換えにすべき場合（例，債務名義が引換え給付を命ずる確定判決である場合），反対給付の履行（の提供）は即時請求可能性という強制執行の要件であり，その具備を誰が判断するかが問題となる。債務の本旨に従った履行（の提供）の存否は優れて法的な問題であることから，承継執行文などの場合と同様，一次的には執行文付与機関の権限，最終的には権利判定機関の権限とすることも考えられよう。しかし，そうすると，債権者は，まず履行（履行の提供）をし，それを証する文書を執行文付与機関に提出し，執行文の付与を受けてから，強制執行開始の申立てを行うことになるので，事実上，先履行を強制され，実体法が同時履行の抗弁権を保障した趣旨が実現されないこととなる。そこで，この問題は執行機関が判断すること（強制執行開始の要件）とされ，執行機関は反対給付の履行（の提供）を確認すると直ちに強制執行を開始することができるとされた。

(f)　代償請求の執行の場合（民執 31 条 2 項）

　債務名義に 2 個の請求権（請求権 A と請求権 B）が表示され，まず本来の請求権（請求権 A）につき強制執行を行い，それにつき強制執行が目的を達成できない場合（強制執行不奏功の場合）に，これに代えて，代償請求権（請求権 B）につき強制執行をなすべき場合がある。X が Y に絵画・甲の引渡しを求め（請求 A），絵画・甲の引渡しの執行が不能のときは金 1000 万円を支払えとの請求

（請求 D）を併合し，双方を認容する判決（主文が「1　Y は X に絵画・甲を引き渡せ。2　その執行が目的を達しないときは，これに代えて金 1000 万円を支払え」という判決）が確定した場合が，その例である。実体法的には，請求権 B が請求権 A の塡補賠償請求権であり，訴訟法的には，請求 A が現在の給付請求で，請求 B が，停止条件（請求 A につき強制執行不奏功となれば条件が成就する）付きの将来給付請求であり，両者は単純併合であると，法律構成できる。

　本来の請求の強制執行不奏功は，代償請求に付された停止条件であるから，条件成就執行文の考え方に従えば，執行文付与機関（最終的には権利判定機関）が判断すべきこととなる（民執 27 条 1 項参照）。しかし，これを最もよく判断し得るのは執行機関であるという理由から，権利判定機関や執行文付与機関ではなく，執行機関に判断の権限が付与された。つまり，本来の請求の強制執行不奏功は，代償請求の強制執行開始の要件とされたのである。先の例でいえば，絵画の引渡執行を開始した執行官が，当該絵画を発見できないときは，その場で本来給付の強制執行不奏功を認定して，1000 万円の金銭債権を実現するため動産に対する金銭執行を開始することができる。

⑶　手続的要件

　強制執行も民事手続であるので，理論的には，手続的に強制執行を正当化するという意味での，手続的要件も存在し得る。しかし，手続的な要件は，基本的には執行機関が判断するため，強制執行の要件と強制執行開始の要件を分ける実益はないので，ここでまとめて説明することにしたい。

⒜　債務名義が強制執行に先立ちまたは同時に債務者に送達されていること（同 29 条前段）

　債務者に防御の機会を与えるためである（手続保障）。したがって，確定判決の場合のように，債務名義が既に債務者に送達されているときには，改めて送達する必要はない。ただし，条件成就執行文や承継執行文が付与された場合には（同 27 条参照），これらの執行文と，付与を受ける際に債権者が執行文付与機関に提出した文書も，送達しなければならない（同 29 条後段）。これらなくして，債務者は当該強制執行の内容を知ることができず，十分な防御ができないからである。

(b)　**強制執行開始の申立てのあること**（民執 2 条）

民事執行には，民事訴訟と同様に処分権主義が妥当しているからである。

(c)　**当事者および強制執行の目的財産に日本国の民事執行権が及ぶこと**

(d)　**申立てを受けた執行機関が管轄を有すること**

なお，民執法上の裁判所の管轄は，専属管轄である（民執 19 条）。

(e)　**執行当事者能力の存在**（民執 20 条，民訴 28 条・29 条）

(f)　**執行障害が存在しないこと**

　執行障害とは，当該債務名義に基づく強制執行が全体として許されなくなる事由で，執行機関は職権で調査はできるが，調査の義務はなく，提出された文書や公告等により了知したときに対応すればよいものをいう。この点で，強制執行の停止（民執 39 条）や，執行処分の取消し（同 40 条）とは異なる。債務者に倒産処理手続が開始された場合（破 42 条 1 項，会更 50 条 1 項，民再 39 条参照），包括的禁止命令がなされた場合（破 25 条，会更 25 条，民再 27 条），企業担保権実行手続が開始された場合（企業担保 28 条）などが，これに該当する。

　たとえば，強制執行開始決定時（厳密には審理の基準時）に，債務者に対し既に破産手続開始決定がなされていれば，執行裁判所がこれを了知していた場合には強制執行開始申立てを却下するし，看過して開始決定をすれば，その後了知した時点で強制競売の手続の取消し（民執 53 条）などをすることになる。

第 3 節　債 務 名 義

1　債務名義の役割

(1)　債務名義の意義

　債務名義は，強制執行の基礎となる文書である。一般に，一定の私法上の請求権の存在と範囲を表示した公の証書で，法律がこれに執行力を認めたものを債務名義という，と定義されている。

　まず債務名義には，一定の私法上の請求権が表示される。この請求権が，強制的実現の対象となる（執行債権）。そして，前記第 2 節（⇨ 25 頁以下）にあるとおり，原則として，執行機関は，執行債権たる私法上の請求権の存否という

実体判断を行わない。それは「債務名義」の存否により代替され，債務名義が存在しなければ，執行機関は強制執行を開始せず，債務名義が存在すれば，執行機関は，（31頁(3)で述べたように執行機関に判断が留保されている要件の具備等を条件として）執行に着手する。このように債務名義たる文書が存在すれば強制執行が行われ得ることを，文書の効力とみて「**執行力**」という。

　以上によれば，債務者が任意に履行しない請求権の実現を求める債権者が，強制執行手続を利用しようと考えた場合には，まず，債務名義を取得する必要がある。

　強制執行に債務名義が必要となるのは，執行機関（権利実現機関）と権利判定機関の分離という仕組みを採用した帰結でもある。執行機関が強制執行を開始することが正当化されるためには執行債権が存在する必要があるが，その存否の判断は別機関たる権利判定機関が行うため，権利判定機関の判断の結果が執行機関に伝達される必要が生じる。その伝達手段の役割を，債務名義が果たすのである（⇨13頁**1**）。

⑵　債務名義の執行力の正当化根拠

　前述のとおり，権利判定機関が，執行債権があると判断した場合には「債務名義」が発行される。しかし，債務名義が存在するからといって，執行債権が存在するとは限らない（たとえば，債務名義発行後に執行債権が弁済されれば執行債権は消滅するし，権利判定機関による執行債権ありとの判断が誤っている場合もある。後者の場合には執行債権が存在しないにもかかわらず「債務名義」が発行されるわけであるが，このようなことも起こり得る。詳しくは⇨78頁以下・第6節）。このような場合でも，「債務名義」が存在する以上，執行機関は強制執行手続を開始し得る。強制執行を阻止したければ，債務者の側で「請求異議の訴え」を提起して執行債権の不存在を主張していく必要がある（詳しくは⇨90頁**6**）。

　このように執行債権が現実には不存在でも「債務名義」さえあれば強制執行をすることができ，それを阻止するためには訴え提起という債務者の側のイニシアティブが必要となる，という規律は，「債務名義」たる文書が存在する以上，執行債権の存在の蓋然性は高いであろうこと，および「債務名義」作成の際に債務者に対して主体的関与の機会が保障されていることにより，正当化さ

れる。すなわち，債務名義作成の際に，債務者が執行債権の不存在を主張する機会を一旦保障され，それにもかかわらず執行債権ありとの判断がなされ債務名義が発行された以上，その後，執行債権が不存在であることを理由として強制執行を阻止することは，これを債務者側の負担とすることが，債権者・債務者間の公平に叶う，というわけである（逆にいえば，債務名義作成の際に債務者の関与の機会が保障されなかった場合には，当該債務名義に基づく強制執行は正当化されないことになる）。

② 各種の債務名義

「債務名義」となる文書は，法定されている。民執法 22 条 1 号〜7 号に列挙されているもののほか，特別法により，執行力のある債務名義と同一の効力を有するとされる文書が，債務名義となる。以下，個々の債務名義についてみていくこととする。

(1)　確定判決（民執 22 条 1 号）

判決は，確定すれば，債務名義となる。**確定判決**は，最も典型的な債務名義といえる。ただし，確定判決であっても，債務名義となるのは，強制的実現になじむ給付を命じる給付判決に限られる。

(2)　仮執行宣言付判決（民執 22 条 2 号）

判決は，確定前であっても，判決主文において**仮執行宣言**（民訴 259 条 1 項・2 項）が付されれば，債務名義となる。強制的実現になじむ給付を命じる給付判決に限られる点は，確定判決と同様である。

なお，このときに付与されるのは，「仮」執行宣言であるが，仮執行宣言付判決に基づく強制執行自体は，確定判決に基づく強制執行と変わらず，最終的な満足まで至る。しかし，仮執行宣言付判決に対し上訴がなされ，上訴審で当該仮執行宣言付判決の本案部分が取り消された場合には，債権者は，執行によって得たものを返還し，また執行による損害を賠償しなければならない（民訴 260 条 1 項・2 項。無過失責任と考えるのが判例・通説である。大判昭和 12・2・23 民集 16 巻 133 頁参照）。このように，仮執行宣言付判決が債務名義となる場合には，

それに基づく強制執行は終局的であるが，債権者の満足自体は終局的ではなく，暫定的なものに留められている。

(3)　抗告によらなければ不服申立てをすることができない裁判（民執22条3号）

抗告という形で不服申立てをすることができるとされている性質の決定・命令で，強制的実現になじむ給付を命じるものは，債務名義となる。具体例としては，不動産の引渡命令（民執83条1項⇨186頁(8)），訴訟費用の償還を命じる決定（民訴69条），代替執行の費用前払決定（民執171条4項），間接強制金の決定（同172条1項）などがある。

(4)　仮執行宣言付損害賠償命令（民執22条3号の2）

犯罪被害者等の権利利益の保護を図るための刑事訴訟法等の一部を改正する法律（平成19年法律第95号）により，刑事被告事件の被害者等は，当該刑事被告事件の係属する裁判所に対して，被告人に対する**損害賠償命令**の申立てをすることが可能となった。申立てに基づき損害賠償命令が出され，不服申立期間内に適法な異議申立てがなく命令が確定した場合には，当該命令は確定判決と同一の効力を有するもの（犯罪被害保護33条5項，民執22条7号。⇨46頁(11)）として債務名義となる（ただし既判力はないと解される）。損害賠償命令に対し適法な異議申立てがあった場合には，事件は通常の民事訴訟手続（判決手続）に移行する（犯罪被害保護34条）が，裁判所が損賠賠償命令を出すにあたって仮執行宣言を付することができ，この仮執行宣言が付された場合には，**仮執行宣言付損害賠償命令**は，それ自体として債務名義となる。仮執行宣言が付された損害賠償命令は，当然ながら，適法な異議申立てにより事件が通常の民事訴訟手続に移行してもそれにより債務名義としての効力を失うことはない（同33条4項）。

(5)　仮執行宣言付届出債権支払命令（民執22条3号の3）

消費者裁判手続特例法（平成25年法律第96号）により，相当多数の消費者が消費者契約に関して金銭的被害を受けた場合に集団的にその被害を回復する手続が新設された。この手続は2段階構成となっている。第1段階は，厳しい認

定要件を満たした消費者団体（特定適格消費者団体）の提起する，被害を被った消費者に共通する事項の確認を求める訴え（共通義務確認の訴え）にかかる訴訟手続である。この手続で請求認容判決が確定すると，手続は第2段階に進む。第2段階は，個々の被害消費者の授権に基づき特定適格消費者団体が被害消費者の金銭支払請求権を届け出て，それらの金銭支払請求権の存否や額を審理・判断する手続である。この手続はまず決定手続として行われ（簡易確定手続），裁判所が一定額の金銭支払請求権の存在を認めた場合には，加害事業者に対して金銭の支払を命じる決定を出す。これが届出債権支払命令である。裁判所はこの届出債権支払命令に仮執行宣言を付すことができ（消費者被害回復44条4項），仮執行宣言が付された届出債権支払命令はそれ単体として債務名義となる。

　なお，届出債権支払命令に対しては異議の申立てが可能であり異議が申し立てられると訴訟手続（異議後の訴訟という）により債権の存否・額が審理・判断されることになるが（それにより仮執行宣言付届出債権支払命令の債務名義としての効力が失われるわけではないのは当然である。消費者被害回復46条5項参照），適法な異議が出されなければ届出債権支払命令は確定し，確定判決と同一の効力を有するものとして債務名義となる（同46条6項，民執22条7号。⇨ 46頁(11)）。

(6)　仮執行宣言付支払督促（民執22条4号）

　金銭その他の代替物または有価証券の一定数量の給付を目的とする請求については，債権者が迅速に債務名義を取得する手続が用意されている。それが**支払督促**である（民訴382条以下）。債権者が支払督促を申し立てた場合，原則として実体審理（請求権の存否の審理）を経ることなく「支払督促」が裁判所書記官により発せられる。支払督促の債務者への送達後2週間以内に，債権者による異議（督促異議）が申し立てられなければ，支払督促に仮執行宣言が付与される（同391条1項）。仮執行宣言付与後も，督促手続は終結せず，債務者は督促異議を申し立てることができるが（申し立てれば手続は通常訴訟に移行する），債権者は，**仮執行宣言付支払督促**を債務名義として強制執行の申立てをすることができることになる。

　なお，仮執行宣言付支払督促は再び債務者に対して送達されるが，この送達

から2週間以内に督促異議が提起されなければ，支払督促は確定する（民訴393条・396条）。確定した支払督促は，確定判決と同一の効力を有するもの（⇨46頁(11)。同396条，民執22条7号）として，債務名義となる。ただし，既判力は有しないと解されている。

支払督促は対象となる請求権についての実体的審理なく発せられ，債務者の主体的関与の保障は，支払督促送達後の債務者への督促異議申立ての機会の保障にのみ存し，請求権存在の蓋然性も，この機会の保障とその不利用（督促異議の申立てのないこと）にのみ依存している。その意味で，請求権存在の蓋然性は必ずしも高いとはいえない。支払督促がその対象を金銭その他の代替物または有価証券の一定数量の給付を目的とする請求に限っているのは，これらの請求権であれば，その強制的実現が誤っていた場合の損害の回復が比較的容易であるという考えに基づいている（これが支払督促の債務名義性を裏から支える関係に立つ）。

(7)　訴訟費用・執行費用の額等を決める裁判所書記官の処分 （民執22条4号の2）

訴訟費用等の各当事者による具体的な負担額（民訴71条1項），債務者が支払うべき執行費用の額のうち金銭執行において同時に取り立てられたもの以外のもの（民執42条2項・4項），強制執行のもととなった債務名義が取り消された場合の債権者による債務者への執行費用の償還の額（同42条3項・4項）については，裁判所書記官がこれを定めることになっている。この裁判所書記官の処分も，債務名義となる。

(8)　執行証書 （民執22条5号）
(a)　意義・趣旨

民執法22条5号の要件を備えた公正証書のことを，**執行証書**という。公正証書とは，公証人が所定の方式に従って作成した文書である。

執行証書の作成には，裁判所は関与しない。そのため，極めて簡易・迅速な債務名義の作成が可能となる。この簡易・迅速な債務名義取得手段の提供というのが，法が執行証書を債務名義として認める趣旨である（この点で，支払督促と共通する面がある）。

(b)　要　　件

　公正証書が執行証書となる要件（民執22条5号の要件）は，(i)公証人がその権限の範囲内で適式に作成した公正証書であること，(ii)金銭その他代替物もしくは有価証券の一定数量の給付を目的とする請求が記載されていること，(iii)債務者が直ちに強制執行に服する旨の陳述（執行受諾文言という）が記載されていることである。

　(i)　**公証人がその権限の範囲内で適式に作成した公正証書であること**
債権者・債務者による作成の嘱託が必要である。この嘱託は，代理によって行われてもよい（公証31条ほか参照。⇨ 2-4 ）。

> **2-4　代理人が本人と称してした作成嘱託の有効性**
>
> 　代理嘱託が可能であることとの関係で，代理人が代理人であることを明かさず本人と振る舞って作成嘱託をした場合の執行証書の有効性が議論されている（いわゆる署名代理，署名代行による作成嘱託に基づく執行証書の有効性）。すなわち，債権者Aないし債務者Bの代理人たるCが，代理人としてではなくAないしB本人として作成嘱託をした場合に，これに基づき作成された執行証書は債務名義としての資格を有するか。一般に，署名代理による法律行為は有効であると解されているが，執行証書の局面ではどうか，という問題である。学説上は，有効説・無効説が対立している。判例は，無効説に傾く。最判昭和51・10・12民集30巻9号889頁［百選2①事件］は，債務者側の署名代理について，最判昭和56・3・24民集35巻2号254頁［百選2②事件］は，債権者側の署名代理について，執行証書を無効としている。有効説は，署名代理であっても，代理人は有効な代理権を有していることを理由とする。これに対し無効説は，代理による公正証書作成嘱託の場合には特別の手順が踏まれるようになっているにもかかわらず（具体的には，代理形式に拠った場合，作成嘱託にあたり代理人は代理権限を証明する委任状を提出し，印鑑証明書等の提出により委任状の真正を示す必要があるほか〔公証32条〕，本人に対して執行証書作成後3日以内に通知がなされる〔公証施規13条の2〕），代理人が本人であると振る舞って作成嘱託をした場合には，これら代理による作成嘱託の場合の特別の手順が潜脱されることを理由とする。問題は，代理による作成嘱託の場合の特別の手順が，作成嘱託が本人の意思に基づくことを担保するために必要・重要な機能を果たしているかどうか，であろう。すなわち，署名代理の場合自体は作成嘱託が本人の意思に基づくので問題はないが，署名代理を認めることにより無権代理による作成嘱託を助長することがないかどうかが，ポイントになると考えられる。

(ii)　「金銭その他代替物若しくは有価証券」の「一定数量」の給付を目的
とする請求が記載されていること　　この記載された請求が，執行債権となる。

第一に，執行証書が作成できるのは，金銭その他の代替物もしくは有価証券
の給付を目的とする請求に限られる（その理由は，⇨ 41 頁(c)）。

第二に，「一定数量」の記載が必要である。ここで「一定数量」の記載とは，
執行債権の額がいくらであるかがきちんと特定されるような記載であることを
意味するとされる（したがって，金額自体が明記されている必要はなく，計算式でも
構わない）。「一定数量」の記載の要求の趣旨は，①債務者に対し，具体的にど
れだけの額について強制執行がなされるのかを警告し，認識させること，②
（実体的判断能力を有しない）執行機関に対し，執行債権の額を伝達すること，の
2点にある。

「一定数量」の記載（すなわち執行証書上の執行債権額の特定）があったといえ
るかどうかが問題となる事例がある。典型例として，事後求償権に関する執行
証書を取り上げる（ほかには，割賦払契約における代金支払債務についての執行証書
などがある）。

2-5　**事後求償権に関する執行証書**

　BがCからオートバイを割賦払により購入する契約を締結し，信販会社A
がBの代金債務を連帯保証したが，その際にA・B間で，A→Bの求償権に
つき執行証書が作成された。その後，Bが分割払を怠ったために期限の利益を
喪失し，CがAに対して連帯保証債務の履行を求めたために，Aが代金を支
払い，Bに対して求償した。この場合の求償権につき，Aは先に作成した執行
証書を用いて強制執行をすることができるか，というのがここでの問題である。

　事後求償権に関する執行証書では，主債務（原債権）の額のみが記載される
のが通常である。なぜなら，事後求償権は，前記例でいえば，Aが現実に弁
済した額に応じて金額が定まるため，執行証書作成の時点すなわち連帯保証を
する時点では事後求償権の額は確定しておらず，執行証書に記載のしようがな
いからである。

　そこで，執行証書上は，執行債権たる事後求償権自体の額の特定記載はなく，
事後求償権に関する執行証書は債務名義としての要件を充たさないのではない
か，ということが問題となる。素直に考えればそのようになろうが，これに対
しては，求償権（の元本）の額は，主債務（原債権）の額を超えようがないので，
主債務額が記載してあれば，執行債権の最高限度が示されたものとして，特定

記載の要件を充たすと解することができる（債務者に対する警告機能としては，これで十分である。執行機関に対する伝達機能の点については，後述のように執行文付与の際に具体的金額が証明・特定されるので，その点も問題ない），とする見解が有力化している（判例として，大阪高決昭和60・8・30判タ569号84頁［百選3①事件］，福岡高判平成2・4・26判時1394号90頁［百選3②事件］がある。背景には，事後求償権に関する執行証書を許さないと，連帯保証を受けられず延いては融資を受けられないという形で債務者の不利益となる，事後求償権に関する執行証書を許さなければ実務は事前求償権に関し執行証書を作る方向に向かうことが予想されるがその方が債務者にとって不利益である，といった事情がある）。

　なお，この肯定説は，事後求償権についての執行証書に基づく強制執行にあたっては，民執法27条を類推し，特殊執行文（⇨62頁(3)）の取得が必要であるとする（前記の裁判例では具体的に民執法27条の何項を類推するかは明示されていない。事後求償権が条件付債権であると構成するとすれば同27条1項を類推し，条件成就執行文を必要とすることになろう。原債権についての執行証書についての承継執行に類比するとすれば，同27条2項を類推し，承継執行文を必要とするということになろう）。そして，執行債権たる具体的な事後求償権の額は，この執行文付与手続の段階で債権者が主張・立証すべきものとしている。

　⒤　**債務者が直ちに強制執行に服する旨の陳述（執行受諾文言）が記載されていること**　　債務者による執行を受諾する旨の意思表示の記載である。この債務者による執行受諾の意思表示が，執行証書の債務名義性を支える根幹となっている（⇨41頁(c)）。

　この執行受諾の意思表示には，民法の意思表示に関する規定（具体的には，意思表示の瑕疵〔通謀虚偽表示による無効・錯誤無効・詐欺脅迫による取消し〕，代理に関する規定）の適用があるとされる。したがって，錯誤無効の場合や詐欺取消しがなされた場合，無権代理により執行受諾の意思表示がなされた場合には，有効な執行受諾の意思表示がないものとして，執行証書は⒤の要件を充たさないことになる（錯誤につき，最判昭和44・9・18民集23巻9号1675頁）。なお，代理に関する規定については，表見代理に関する規定が執行受諾の意思表示に適用されるかについて争いがある。判例（最判昭和33・5・23民集12巻8号1105頁，最判昭和42・7・13判時495号50頁，最判昭和44・10・31判時576号53頁）は，これを否定する。それに対し学説上は，肯定説が有力である。

2-6 執行受諾の意思表示への表見代理法理の適用の是非

　前述のとおり，判例は執行受諾の意思表示への表見代理法理の適用を否定するのに対し，学説上は，肯定説が有力である。

　この問題は，執行証書の作成が，執行債権発生のもととなる契約の締結と同時になされた場合を念頭に議論されている（無権代理であることが前提である）。この場合，執行債権発生のもととなる実体法上の契約については表見代理の適用があるので，表見代理が成立する場合には，実体法上執行債権は存在することになる。

　判例が否定説に立つのは，おそらく，執行証書作成の手続履践の厳格性を確保しようという意図に出たものであろう。否定説に立った場合には，執行受諾の意思表示の無権代理を主張して債務者が請求異議の訴えを提起した場合には，表見代理の成否を問題とすることなく，請求認容判決が出され，債務者は当該執行証書に基づく強制執行を一旦は阻止することができる（執行受諾が無権代理による場合には，執行証書の成立に瑕疵があるとして，請求異議事由になる。詳しくは⇨ 96頁(iii)参照）。

　これに対し学説上肯定説が有力なのは，次の理由による。執行受諾の意思表示への表見代理の適用を否定しても，実体法上執行債権は存在する以上，債権者が当該執行債権につき給付の訴え（この訴えは，請求異議訴訟終了後の別訴であることもあれば，請求異議の訴えに対する反訴であることもあり得る）を提起すれば，認容判決が出され，結局は債権者は債務名義を取得することになる。すなわち，否定説は，債務者保護につながらない上，債権者にとって迂遠な帰結をもたらすだけである。

　以上の学説の批判には，もっともな面があるが，新たな債務名義の取得という負担を厭う債権者がいる場合は否定説が債務者保護につながらないとはいえないこと，また，肯定説に立つと，債権者が，請求異議の訴えに対する抗弁として表見代理を主張した上で，これが排斥されて請求異議の訴えが認容されても，再度表見代理を主張して給付の訴えを提起するという態度に出ることを封じることができない可能性があること，には留意が必要である（執行受諾の意思表示の相手方〔通常公証人とされる。中野＝下村・民事執行法199頁〕と，表見代理によって保護される主体との齟齬という理論的問題もないではない）。

(c)　執行証書の特徴・問題点

　執行証書の特徴は，①取引の初め（紛争が生じる前）に作成されることが多いこと（他の債務名義は原則として紛争発生後その解決として作成されることが予定されている），②公証人は，原則として請求権があるかどうかの実体的な審理は行

わないこと，である。すなわち，執行証書の債務名義性を支えるものは，執行
債務者が強制執行に同意していること，そしてその意思を公証人が確認するこ
とになっていること，に尽きる（その場合には，債権存在の蓋然性もある程度あり，
また債務名義作成の際の債務者の主体的関与の機会も保障されているといえるだろうと
いうことである）。究極的には債務者の意思が，執行証書の執行力の担保手段と
なっているといえる（この点が，支払督促と大きく異なる）。

　しかし，特に，代理による執行証書作成の場合，債務者自身は公証役場に赴
かないので，執行証書の意味をよく理解しないで執行証書の作成嘱託を委任す
ることがあり得る。また，印鑑登録証明書や印影の偽造の可能性も低くなく，
無権代理や本人詐称による執行証書作成の蓋然性も高い。結局，執行証書にお
いては，債務者の主体的関与の機会の保障の程度は低く，それに伴い，執行債
権存在の蓋然性も高くはないといえよう。執行証書は，簡易迅速に債務名義を
作成できるという点で債権者にとっては便利なものであるが，債務者にとって
はすこぶる危険なものである（もっとも，債権者が簡易・迅速に債務名義を取得で
きることは取引コストを下げることにつながり，債務者のメリットにもなるという側面
もある）。

　このように執行証書においては，執行債権存在の蓋然性が必ずしも高くない
ことから，現行法上，執行証書の対象とすることができる執行債権は，損害回
復が容易な請求権に限られている。金銭その他の代替物もしくは有価証券の給
付を目的とする請求のみが執行債権たり得るというのはこの趣旨である。

　立法者はこのような形で債務者保護を図ったといえるが，それで債務者保護
として十分かどうかについては疑問が提起されている（債権者の無過失賠償責任
や，公証人の教示義務などを導入すべきだという議論がある）。その一方で，執行証
書の債権者にとっての便宜性の高さに鑑み，執行証書の対象たり得る執行債権
の範囲を拡張しようという議論もある。もっとも両者は対立する議論ではなく，
執行証書の対象となる執行債権を拡張した上で，対象執行債権の限定とは異な
る形で充実した債務者保護を図るという方向も考えられないではない。

(9)　確定した執行判決のある外国裁判所の判決（民執 22 条 6 号）
　外国裁判所の判決（以下，外国判決）は，単独では債務名義とならず，**執行判**

決と揃って，はじめて債務名義となる。なお，人事訴訟事件・家事事件についての国際裁判管轄を整備する法改正（平成30年法律第20）に伴い，民執22条6号に「家事事件における裁判を含む」との括弧書きが加わったが，その実質に変化はない。

(a)　趣　　旨

債務者に給付を命じる判決が外国裁判所で出された場合でも，債権者が，命じられた給付の内容の日本国内での実現を欲する場合がある。そもそも給付内容が日本国内でのみ実現可能である場合（差止請求などの場合にこのようなケースが考えられる）のほか，判決が金銭の支払を命じる判決である場合で，債権者が，債務者の日本国内にある財産からの満足を欲する場合などが，その例として考えられる。

このような場合に，既に給付を命じる判決を外国で得ている債権者に対し，改めて一から日本国内で債務名義を取得するよう要求するのは，当該債権者にとって二度の手間を要求するものであり相当でないため，民執法は，当該外国判決自体にも日本国内での債務名義としての資格を与えることにした。

しかし，外国判決といってもいろいろなものが考えられ，すべての外国判決に日本国内での執行力を認めることは妥当でない。よって，民訴法118条各号の要件を充たした外国判決のみに，債務名義としての資格が与えられている（なお，外国判決の承認は自動承認であり，承認要件を充たす外国判決は当然に日本国内でも執行力を有すると解するのが通説である）。その際，当該外国判決が民訴法118条各号の要件を充たすかどうかを審査する必要があるが，権利判定機関と執行機関の分離の考えに鑑み，当該審査を執行機関に委ねることは妥当でないため，この審査は，判決手続で行うものとされた（**執行判決訴訟**。承認要件を充たす外国判決は当然に日本国内でも執行力を有すると解する通説に従えば，執行判決訴訟の性質は確認訴訟ないし命令訴訟であるということになろう）。要件を充たす場合には，執行判決が出され，その執行判決と外国判決が揃ってはじめて債務名義となる。

(b)　執行判決訴訟

執行判決訴訟は，強制執行を求める債権者が，強制執行をかけたい相手方（債務者）を被告として提起する。

　執行判決訴訟における審理の対象は，基本的に，当該外国判決が民訴法 118 条各号の要件を充たすかどうかである（確定しているかどうかも審査の対象となる。確定していない場合には，請求棄却ないし訴え却下の判決が出される。民執 24 条 5 項）。

　外国判決については民訴法 118 条各号の要件該当性のみが審査対象であり，これらの要件に関わらない限り外国でなされた裁判の当否（事実認定，法規の解釈・適用の正当性など）の審査には立ち入らない（同 24 条 4 項。実質的再審査禁止の原則）。ただし，118 条 2 号（手続保障）・3 号（うち特に手続的公序）との関係では，外国裁判所の手続過程自体も審査の対象となる。なお，118 条 2 号のうち実体的公序との関係で，外国判決で懲罰的損害賠償が命じられた場合にこの部分につき執行判決をすることが許されるかが問題とされている（否定例として，最判平成 9・7・11 民集 51 巻 6 号 2573 頁がある）。

　118 条各号の要件を充たさないと判断された場合には，請求棄却の判決が出される（民執 24 条 3 項）。118 条各号の要件を充たすと判断された場合には，執行判決が出される（主文で，当該外国判決に基づく強制執行を許す旨が宣言される。民執 24 条 6 項）。

　この執行判決が確定した場合，または仮執行宣言が付与され発効した場合には，執行判決付の外国判決が債務名義となる（民執 22 条 6 号は，確定した執行判決のみを挙げているが，仮執行宣言付執行判決も含む趣旨と解するべきである）。

　なお，外国判決の基準時後の新事由（弁済等）を，執行判決訴訟において被告が抗弁として主張できるかが問題とされているが（本来これは請求異議事由であるからである。詳細は⇨ 94 頁(i)），ここでは肯定説が通説である（すなわち，基準時後に弁済があった場合には，被告はこれを理由として請求棄却判決を得ることができる。類似の問題に，執行文付与の訴えに対し，請求異議事由を抗弁として主張できるか，という問題がある。⇨ 103 頁(6)(a)）。

⑽　確定した執行決定のある仲裁判断（民執 22 条 6 号の 2）

　仲裁判断も，仲裁判断単独では債務名義とならず，確定した**執行決定**と揃ってはじめて債務名義となる。

(a)　趣　　旨

　仲裁判断は，重要な紛争処理制度であり，確定判決と同一の効力を有すると

される（仲裁45条1項本文。ただし，同45条2項各号の事由がない場合に限る）。こ
れによれば，仲裁判断には執行力も認められ，仲裁判断は単独で債務名義とな
るということになりそうである。しかし，仲裁は原則私人の間でのみ行われる
ものであり仲裁判断を出すものも私人である。手続・判断が適正になされたと
いう保障が必ずしもなく，一定の事由があれば仲裁判断は取り消されることに
なっている（仲裁44条1項）。このことにも鑑み，仲裁判断については，国家
機関たる裁判所において仲裁判断に通用力を認めるべきでない事由（承認・執
行拒絶事由と呼ばれる。同45条2項各号。同44条1項各号の取消事由にほぼ相当す
る）がないかどうかを判断し，そこでかかる事由がないと判断された場合に限
って，債務名義となることにした。この仲裁判断の承認・執行拒絶事由がない
かどうかを判断する手続が**執行決定手続**であり，かかる事由がない場合には，
執行決定が出され（同46条8項），この執行決定が確定してはじめて，仲裁判
断に基づく強制執行が可能となる（同45条1項但書，民執22条6号の2）。かつ
ては，仲裁判断の承認・執行拒絶事由の存否は判決手続によって審査されてい
たが，判断の迅速化の要請が国際的潮流となり，平成15年の仲裁法制定とと
もに，決定手続により審査することとされた。

　(b)　**執行決定手続**

　仲裁判断に基づき強制執行を申し立てたい債権者が申立人となり，債務者を
相手方として申し立てをすることにより，執行決定手続は開始する（仲裁46条
1項）。執行決定手続は，前記のとおり決定手続である。

　執行決定手続の審査対象は，仲裁判断が適式に成立したかどうか（仲裁39
条・38条），および仲裁法45条2項各号に掲げられた承認・執行拒絶事由の存
否である（このうち同45条2項1号～7号に掲げる事由については，申立人にその存
在につき主張責任・証明責任がある。同46条8項）。執行決定手続は，口頭弁論ま
たは当事者双方が立ち会うことができる審尋の期日を経る必要がある（同46条
10項・44条5項）。

　仲裁判断は，それが外国仲裁判断であるか内国仲裁判断であるかを問わず執
行決定手続の対象となり（仲裁45条1項括弧書），仲裁判断が適式に成立し，仲
裁法45条2項各号の事由が存しなければ，執行決定が出される（同46条8項）。
執行決定に対しては即時抗告が可能であり（同46条10項・44条8項），執行決

定が確定してはじめて，執行決定付きの仲裁判断が債務名義となる。

　なお，外国仲裁判断の場合，条約の適用がある場合には条約の規定の方が仲裁法に優先して適用される（すなわち，条約の決定に従って，執行力が付与される。条約が仲裁法よりも緩い要件で執行を認めている場合に問題となる）。条約としては特にニューヨーク条約が重要であるが，ニューヨーク条約の承認・執行拒絶事由と仲裁法の承認・執行拒絶事由は一致するので，ニューヨーク条約の適用対象となる外国仲裁判断は，仲裁法の規定による執行決定の付与をもって債務名義性を取得すると考えてよい。

　仲裁判断成立後の新事由（弁済等）を，債務者側が執行決定の棄却事由として主張できるかが，外国判決に対する執行判決の場合と同様に問題となるが，執行決定については，これが決定手続であることに鑑み（したがって実体関係の終局的判断ができない），消極に解するのが通説である（したがって債務者は，請求異議の訴えを提起して，執行を止めていくしかない）。

⑾　確定判決と同一の効力を有するもの（民執22条7号）

　様々な法律で，「確定判決と同一の効力を有する」と規定されている文書も，債務名義となる。ただし，強制的実現に親しむ給付請求権を表示する場合に限られる。

　例としては，和解調書（⇨128頁・**資料**①。民訴267条），確定した支払督促（民訴396条），確定した損害賠償命令（犯罪被害保護33条5項），適法な異議申立てのなかった労働審判（労審21条4項，民訴267条），請求認諾調書（民訴267条），調停調書（民調16条・24条の3第2項，民訴267条，家事268条1項），調停に代わる決定（民調18条5項，民訴267条），和解に代わる決定（民訴275条の2第5項・267条），各種倒産手続における倒産債権者表上の確定債権の記載（破124条3項，民再104条3項，会更150条3項），倒産債権査定申立てについての決定（破131条2項，民再111条2項，会更161条2項），否認の請求を認容する決定（破175条4項，民再137条4項，会更97条4項），倒産手続における役員に対する損害賠償請求権の査定の裁判（破181条，民再147条，会更103条，会社899条5項）等がある。

(12)　**執行力のある債務名義と同一の効力を有する文書**

　民執法以外の法律で，「執行力のある債務名義と同一の効力を有する」旨規定されている文書がある。この文書も，債務名義となる。具体例としては，財産上の給付を命じる審判（家事75条。なお，同268条1項括弧書も参照）などがある。

3　債務名義の執行力の主観的範囲

(1)　**執行力の主観的範囲**

　債務名義の執行力（⇨32頁(1)）は，誰と誰との間で生じるのか，というのが，執行力の主観的範囲の問題である。すなわち，当該債務名義を用いて強制執行ができるのは，誰が誰に対してなのか，という問題である（⇨23頁(4)）。

　執行力の主観的範囲については，民執法23条に規定がある。これによれば，

　(a)　執行証書以外の債務名義については，①債務名義に表示された当事者（民執23条1項1号），②債務名義に表示された当事者が他人のために当事者となった場合のその他人（同項2号。いわゆる訴訟担当の場合の被担当者がこれにあたる），③前記①・②にあたる者の債務名義成立後の承継人（同項3号。判決の場合には，口頭弁論終結後の承継人。これに関する判例として，最判昭和48・6・21民集27巻6号712頁［百選6事件］参照），④前記①〜③にあたる者のための請求の目的物の所持人（ただし，債務者側のみ），に執行力が及ぶ。すなわち，①〜③に相当する者が，①〜④に相当する者に対して，当該債務名義を用いて，強制執行をすることができる。

　(b)　これに対し，執行証書については，①執行証書に表示された当事者，②前記①にあたる者の執行証書作成後の承継人に，執行力が及ぶ（民執23条2項）。すなわち，執行証書に表示された当事者およびその承継人が，執行証書に表示された当事者およびその承継人に対して，強制執行をすることができる。

(2)　**相対効の原則と執行力の主観的拡張**

　債務名義作成過程における債務者の主体的関与の機会の保障が債務名義の執行力の正当化根拠となっていること（⇨33頁(2)）に鑑みても，執行力は，債務名義に表示された当事者かぎりに及ぶ，というのが原則である（相対効。前記

(a)(b)のうちいずれも①の場合)。

　しかし，民執法は，その例外として，一定の場合に，債務名義に表示された当事者以外にも執行力が及ぶことを認めている（**執行力の主観的拡張**。前記(a)②〜④，(b)②)。たとえば，AがBを相手に，土地の明渡しを命じる確定判決を得た場合に，この訴訟の口頭弁論終結後にBがCに土地の占有を移転してしまったとする。そのような場合にAがBに対する判決を債務名義としてCに対して土地明渡しの強制執行をかけられないとすれば，AがBに対し，土地明渡しを命じる判決（債務名義）を得た意義が著しく減じられる。こういった事態を防ぐというのが，執行力拡張の趣旨である。

(3) 執行力の拡張の態様

　執行力の主観的拡張の態様は，判決の既判力の主観的拡張のそれと異なる。

　原告Aの被告Bに対する給付訴訟の認容判決の既判力が，Cに不利に拡張するという例を用いれば，判決の既判力の拡張は，A・C間の後訴が生じた場合に，Cは当該後訴において，A・B間の前訴で確定された権利関係を争えない，という形で生じる。すなわち，既判力拡張の効果は，Cが観念的に，A・B間の前訴で確定された権利関係を争えないということに尽き，Cが物理的に不利益を被るわけではなく，また，A・C間の後訴で自動的にCが敗訴することになるわけでもない。

　これに対し，AのBに対する債務名義の執行力がCに対して不利に拡張するということは，AがBに対する債務名義を用いて，Cに対して強制執行をすることができるということを意味する。すなわちCは，強制執行という物理的な不利益を，執行力拡張自体の効果として直接に受ける（そのコロラリーとして，口頭弁論終結後の承継人に対する既判力の拡張におけるいわゆる形式説は，執行力拡張の局面ではとり得ない）。

　また，既判力が拡張される場合には，拡張事由の有無は拡張先である後訴裁判所で判断されるのに対し，執行力拡張の場合は，一次的には，承継執行文付与手続（⇨62頁(3)）において執行文付与機関により拡張事由の存否が審理される。その結果，執行力拡張においては，どの範囲までの審理を執行文付与機関に要求できるか，という問題が生じ，特に承継執行文について，権利確認説・

起訴責任転換説の対立を生んでいる。**権利確認説**は，執行力の拡張事由のすべてを執行文付与機関が確認しなければならないとするのに対し，**起訴責任転換説**は，執行力拡張事由のうち，執行債権者が証明責任を負うものさえ確認できれば，執行文付与機関は承継執行文を付与してよい，とする。

2-7 権利確認説と起訴責任転換説

権利確認説・起訴責任転換説の対立は，前記(1)に挙げた執行力の主観的範囲が及ぶ者のうち，(a)③・(b)②のような，債務名義作成後（判決の場合には口頭弁論終結後）の承継人への執行力の拡張の仕組みについての見解の対立である。ここでの議論は，執行力を不利に受ける側における執行力の拡張を念頭においてなされている。なお，この議論を理解する前提として，執行文付与手続に関する解説（⇨55頁以下・第4節）を参照のこと。

以下，もともとの債務名義上の債権者をA，債務者をB，Bからの債務名義成立後（または口頭弁論終結後）の承継人をCとする。

なお，権利確認説も起訴責任転換説も，【A→B請求権】に【執行力拡張事由】が加わることにより【A→C請求権】が生じる，という前提に立っていると考えられる。

① 権利確認説は，概要次のように考える。すなわち，【A→C請求権】の存在が確認できて，はじめて承継執行文は付与されるべきである。そのためには【A→B請求権】に加えて【執行力拡張事由】が存在する必要がある。したがって，まず，承継執行文の簡易付与の手続では，執行文付与機関は，執行力の拡張事由のすべてを審理する。執行文付与機関が，執行力の拡張事由があると判断できない場合には，Aは，承継執行文の簡易付与を受けることができず，執行文付与の訴えの認容判決を経てはじめて承継執行文の付与を受けることができる。執行文付与の訴えの認容判決が出されるためには，この手続の中で【A→C請求権】の存在が認められる必要がある。新堂幸司「訴訟当事者から登記を得た者の地位」同『訴訟物と争点効(上)』（有斐閣，1988）297頁，竹下守夫『民事執行における実体法と手続法』（有斐閣，1990）72頁が，この説をとる（吉村徳重「執行力の主観的範囲と執行文」同『民事判決効の理論(下)』〔信山社，2010〕109頁も参照）。

② これに対し，起訴責任転換説は，次のような説である。すなわち，Aは，執行力の拡張事由のうち，自分が証明責任を負う事実について，その存在を証明する文書を提出するか，それが明らかであることを執行文付与機関に示すことができれば，承継執行文の簡易付与を受けられる。これができない場合Aは執行文付与の訴えを提起する必要があるが，そこでの審理対象は，Aが証

明責任を負う事由に限られる（要点訴訟）。執行力の拡張がＣが証明責任を負う事実の不存在にかかる場合，この事実は審理の対象にならない。Ｃが当該事実を主張して強制執行を回避するには，請求異議の訴えを提起してその認容判決を得る必要がある（反対名義。この反対名義提出の機会が事後的に付与されることに，起訴責任転換説は，執行力拡張の正当化の契機をみる）。中野貞一郎「執行力の範囲」同『民事手続の現在問題』（判例タイムズ社，1989）258頁，中野＝下村・民事執行法124頁，鈴木正裕＝青山善充編『注釈民事訴訟法(4)』（有斐閣，1997）417頁〔伊藤眞〕等が，この説をとる。

③　権利確認説と起訴責任転換説は，Ｃが，自分が証明責任を負う固有の防御方法を有する場合にその対立が先鋭化する。すなわち，この場合，起訴責任転換説では，Ｃが証明責任を負う防御方法につき，何らの審理もなされないまま，承継執行文が付与されることになるのに対し，権利確認説では，Ｃが証明責任を負う防御方法についても何らかの形で審理がなされ肯定されてはじめて，承継執行文が付与される。

④　権利確認説と起訴責任転換説との対立には，(1)執行力の拡張をどう理論的に正当化するか，という理論的問題と，(2)執行力拡張の一次的判断主体である執行文付与機関の判断能力の限界という実際上の問題の二つが大きく影響を及ぼしている。権利確認説は(1)の視点を重視し，執行力拡張が正当化されるためには，反対名義提出機会の事後的保障だけでは不十分であり，【Ａ→Ｃ請求権】の存在が手続上是認される必要があると考えるのに対し，起訴責任転換説は(2)の視点を重視し，執行文付与機関レベルで執行力拡張がなされる場合が現実に生じるためには，審理事項を限定する必要があるという考察を出発点に置いているということができる。

２-８　口頭弁論終結後の承継人に対する既判力の拡張に関する近時の議論の強制執行の局面への影響

　ＸがＹに対し所有権に基づく土地明渡請求訴訟（前訴）の請求認容確定判決を受けたとする。この訴訟の事実審口頭弁論終結後に，ＹがＺに同土地を譲渡して占有を移転したため，ＸがＺに対し同土地の所有権に基づく明渡請求訴訟（後訴）を提起した場合に，Ｚが，Ｙであれば前訴確定判決の既判力により封じられる主張，たとえば前訴の事実審口頭弁論終結前の同土地のＸ→Ｙ売買の主張をすることが封じられるか，という問題が近時民事訴訟法上の難問として議論されるようになっている（LQ民訴457頁以下参照。以下この事例を「民訴事例」という）。前訴の訴訟物は，ＸのＹに対する所有権に基づく明渡請求権であり，後訴の訴訟物はＸのＺに対する所有権に基づく明渡請求権である。

後訴の要件事実は［後訴の口頭弁論終結時のＸの土地所有権の存在］＋［Ｚによる占有］であり，［ＸのＹに対する所有権に基づく土地明渡請求権の存在］と［その後のＹからＺによる占有移転］ではないと一般に考えられており，であるとすれば前訴と後訴は訴訟物同一・先決・矛盾のいずれにも該当せず，前訴確定判決の既判力は後訴に作用しない。後訴におけるＺによるいかなる主張も前訴確定判決によって封じられないと考える（以下，このように考える立場を既判力作用否定説という。反対にＹであれば否定される主張はＺも否定されるとする見解を既判力作用肯定説とする）のが理論上素直な帰結だとも思われるからである。ここではこの問題の執行法への影響を考えてみよう。

①　影響は複層的であるが，まず，執行法においてこれが問題となるのが以下の二つのような場合であることを確認しておきたい。

(1)ＸがＹに対し所有権に基づく土地明渡請求訴訟（前訴）の請求認容確定判決を受け，前訴事実審口頭弁論終結後にＹがＺに同土地を譲渡して占有を移転したという事実関係を前提に，ＸがＹに対する前訴請求認容判決を債務名義として承継執行文の付与を受けてＺに対して同土地明渡しの強制執行をかけたのに対し，Ｚが請求異議の訴えを提起し，前訴事実審口頭弁論終結前のＸ→Ｙ売買等の基準時前の請求異議事由として主張した場合（これが許されるか）。

(2)ＸがＹに対して占有移転禁止の仮処分（⇨375頁(2)参照）の執行を受けた上でＹに対して所有権に基づく土地明渡請求訴訟（前訴）を提起し請求認容確定判決を受け，占有移転禁止仮処分の執行後前訴事実審口頭弁論終結前にＹがＺに同土地を譲渡して占有を移転した事実関係を前提に，ＸがＹに対する前訴請求認容判決を債務名義として承継執行文の付与を受けてＺに対して同土地明渡しの強制執行をかけたのに対し，Ｚが請求異議の訴えを提起し，前訴事実審口頭弁論終結前のＸ→Ｙ売買等の基準時前の事由を主張した場合（これが許されるか）。

②　以上を確認した上で話を本題に戻すと，ここでまず問題となるのは，上記①(2)の場合にＺに対して前訴確定判決の既判力がそもそも拡張するか，である。(1)の場合にはＺが口頭弁論終結後の承継人（民訴115条1項3号）に該当してＸ＝Ｙ訴訟の既判力の拡張を受けると考えられることに疑いがない（ただしいわゆる形式説が前提である）。しかし，(2)の場合，Ｚは文言上は民訴法115条1項1号〜4号のいずれにも該当しない。よってＺは既判力の拡張を受けないと考えるのが素直な帰結であるようにも思われるからである。これについては，議論があり，否定説も主張されているが，Ｚに対する執行力拡張の趣旨等に照らし，既判力の拡張も肯定する見解も有力に主張されている（ただし一定の場合

に制限する見解もある。山本和彦ほか編『新基本法コンメンタール民事保全法』（日本評論社，2014）250頁以下〔菱田雄郷〕参照）。

③　①(2)についてＺに対する既判力の拡張を肯定できた場合には，①(1)(2)の扱いを共通にできることになる。その場合に問題となるのは，Ｚに対する既判力の拡張は肯定できたとして，民訴事例と同様に，Ｚによる後訴に前訴の既判力が作用するか，である。①(1)(2)の場合の後訴はＺによる請求異議の訴えである。請求異議の訴えの訴訟物については議論があるが通説である異議権説に立つと，後訴の訴訟物である異議権は，ＸのＺに対する所有権に基づく土地明渡請求権不存在を前提とすると考えられる。すると，①(1)(2)の場合にも，民訴事例と同様に前訴と後訴は既判力が作用する関係に該当しないことになる。しかし，これらの場合（特に(2)の場合）に既判力拡張を否定することは，Ｚに対して執行力が拡張するとしてＸ→Ｙ請求認容判決を債務名義としてＸ→Ｚの強制執行を可能とした趣旨を著しく減殺することにならないだろうか。他方でこのような政策的考慮のみで理論を乗り切ることができるのかも，また問題である。民訴事例における既判力作用否定説・肯定説の対立は，このような形で承継執行の局面で先鋭化すると言える。

④　さらに，そもそも①(1)(2)の場合にＸ→Ｙ請求認容確定判決の執行力がＺに拡張するかも問題とする余地がある可能性がある。ＸがＺに対して行う強制執行の執行債権は，ＸのＺに対する所有権に基づく土地明渡請求権である。しかし，このＸのＺに対する所有権に基づく土地明渡請求権は，ＸがＹに対して所有権に基づく土地明渡請求権を有しており，前訴事実審口頭弁論終結後にＺがＹの地位を承継しても，そのことにより発生するわけではない（ 2-7 で権利確認説・起訴責任転換説の共通の前提とした【Ａ→Ｂ請求権】＋【執行力拡張事由】＝【Ａ→Ｃ請求権】という図式が実は間違っているのではないか，ということである）。だとすると，ＸのＹに対する所有権に基づく土地明渡請求権の存在を表示する債務名義が存在し，それに対する条件成就執行文付与の過程で債務名義成立（正確には基礎となる事実審口頭弁論終結）後にＺがＹの地位を承継したことが明らかとされても，それから実体法上ＸのＺに対する所有権に基づく土地明渡請求権の存在が確認できることになるわけではない。にもかかわらずＸのＺに対する強制執行を許容するとすれば，実体法上その権利が確認されたとはいえない権利について強制執行をすることにはならないのか，問題とする余地があるからである（なお，このことは，権利確認説ではなく起訴責任転換説をとれば解決するというわけではない。起訴責任転換説に立ったとしても，そもそも執行文付与の前提となる有理性ある主張をＸができたことにならないからである）。

⑤　以上のように口頭弁論終結後の承継人に対する既判力・執行力の拡張の問

題は複層的であり極めて難問である。その複層性を意識しつつ，問題に対して，政策論的にも理論的にも正当化に耐え得る解決を見出すことが期待される（その先駆的考察として中西正「既判力・執行力の主観的範囲の拡張についての覚書」河上正二ほか編『要件事実・事実認定論と基礎法学の新たな展開』（青林書院，2009）612頁）。

2-9　権利能力なき社団に対する債務名義に基づく不動産執行

　権利能力のない社団は権利義務の帰属主体となり得ない以上，本来であれば金銭債務の主体とはならない。しかし，このような社団も所定の要件を満たせば訴訟上の当事者能力を取得するため，権利能力なき社団に対して金銭の支払を命じる確定判決が出されることがある。他方で，上記の通り権利能力なき社団は権利義務の帰属主体とならないことから，実質上権利能力なき社団に帰属している不動産であっても，登記実務上権利能力なき社団名義の登記はできず，代表者等の名義での登記しか認められていない。ここから，権利能力なき社団に対して金銭の支払を命じる確定判決等の債務名義を取得した債権者が，実質上権利能力なき社団に帰属している不動産を対象財産としてどのように金銭執行をかけていくことができるか，という問題が生じる。執行債権者の申し立てた不動産に対して金銭執行をかけることができるかは外観主義により判断され，不動産の登記簿上の名義人と債務名義上の執行債権者が一致していないと当該不動産に対する金銭執行はできないというのが大原則だからである（⇨71頁**2**）。

　これについて学説上は，この場合の権利能力なき社団に実質的に帰属している不動産の登記名義人は「請求の目的物を所持する者」（民執23条3項）に準じるとして，債権者は，権利能力なき社団に対する債務名義に，不動産登記名義人に対する承継執行文を付与してもらい，当該不動産に対して不動産執行をかけていくことができるとする見解が有力であった（ただし，民執法23条3項の請求の目的物の所持人は，直接には，債務名義の対象となっている財産自体を「所持」している者を意味するが，権利能力なき社団に対して金銭の支払を命じる債務名義との関係での不動産登記名義人は，債務名義の対象となっている金銭債務についての責任財産を「所持」しているに過ぎず，かかる取扱いは民執法23条3項・27条2項の類推適用により基礎づけられることになる）。この理解によった場合，執行債務者は不動産登記名義人だということになる。

　しかし，最高裁は，この場合には，権利能力なき社団に対して金銭の支払を命じる債務名義に，当該不動産が当該社団の構成員全員の総有に属することを確認する旨の執行債権者と当該社団および不動産登記名義人との間の確定判決その他これに準じる文書を添付することにより，当該不動産に対する不動産執

行を申し立てることができ，この場合の執行債務者は当該社団であるとした（最判平成 22・6・29 民集 64 巻 4 号 1235 頁［百選 7 事件］）。

4 債務名義の無効と強制執行の効果

　債務名義のもととなった実体権（執行債権）が実は存在しない，という場合には，債務名義に基づき強制執行がなされても，債務者は，請求異議の訴えを通じてこの強制執行を止めることができるほか（⇨ 90 頁 6 (1)），強制執行が終了してしまった後でも事後的に原状の回復を図ることができる（既判力が生じる確定判決が債務名義となっている場合，債務者が請求異議の訴えを提起して敗訴判決が確定している場合は別である。後者につき，詳しくは ⇨ 90 頁 6）。

　しかし，金銭執行が債務者財産の売却手続まで進み，売却（正確には買受人による代金納付）も終了してしまった場合には，請求異議の訴えの請求認容判決が確定しても売却の効果は覆らない（売却代金の債権者への配当を止められるに過ぎない。⇨ 185 頁 (d)）。強制執行終了後も，債権者に対して不当利得返還請求をしていくことはできても，売却された目的物を買受人から取り戻すことはできない。これが大原則である。

　このような債務者救済の限界を克服するため，債務名義の作成過程に重大な瑕疵がある場合には，債務名義が無効になる結果金銭執行における売却の効果も無効になり，債務者が売却された財産を取り戻すことができるとする法理が，最高裁の判例により形成されている（なお，担保権実行手続の場合については，⇨ 288 頁 (3)）。

　最高裁は，まず，氏名冒用訴訟（正確には支払督促の前身たる支払命令）で債務名義が取得され，おそらく債務者が強制執行の進行自体も知らなかったという事例において，かかる場合には，債務名義の効力は債務者に対しては及ばず，同人に対する関係では無効であると解するのが相当であるとし（債権者・債務者間の信義則を理由とする），債務者は，金銭執行で売却された不動産を，買受人から取り戻すことができるとした（最判昭和 43・2・27 民集 22 巻 2 号 316 頁［百選 8 事件］）。さらに，印鑑偽造による無権代理に基づき作成された執行証書を債務名義とする金銭執行の事例（この事例では，強制執行手続の進行自体は債務者は知っていたと推察される）で，売却された不動産を債務者が買受人から取り

戻すことができるとした（最判昭和50・7・25民集29巻6号1170頁）。後者の判決は，債務者が強制執行手続の進行を知っており，請求異議の訴えを提起して強制執行を止めようと思えばできたのにそれをしなかった場合にも，債務名義に瑕疵があれば売却は無効になるとした点に，意義がある。

　なお，債務名義が確定判決の場合，以上のような瑕疵は再審事由にもなるが，再審の訴えにより債務名義を取り消しても，請求異議の訴え同様既になされた売却の効果を覆すことができないので，債務名義自体を無効とすることには債務者救済の観点からは独自の意味がある。債務名義が確定判決の場合には，債務名義の無効は判決の無効を意味するとも言えるので，債務名義無効の法理は，判決無効の法理と密接な関連性を有する（判決無効の法理については，LQ民訴467〜472頁）。

第4節　執行文の付与

1 執行文付与の必要性

　執行文とは，債務名義の執行力の存在および範囲を公証する文書のことをいう。

　債権者は，債務名義を取得すれば，直ちに，強制執行を申し立てることができるわけではない。強制執行は，原則として，執行文の付された債務名義の正本（これを「**執行正本**」という）に基づいて行うこととされており（民執25条），債権者が強制執行を申し立てるには，取得した債務名義に，この「執行文」を付与してもらう必要がある。

(1)　執行文が必要とされる理由

　強制執行開始の前提として「執行文」が必要な理由は，下記のとおりである。

(a)　債務名義の執行力の確認

　第一に，前述（⇨13頁**1**・32頁**1**）のとおり，本来，執行機関は，債務名義の提出があれば，執行債権が存在するものとして強制執行を開始してよい（債務名義の「執行力」）。

　しかし，債務名義としての外観を備えた文書があったとしても，当然に当該文書が執行力を有するとは限らない（たとえば，仮執行宣言が付されていない判決は，確定していなければ執行力を有さず，これに基づく強制執行は許されないが，判決が確定しているかどうかは，債務名義となる判決正本自体からは判明しない）。そこで強制執行開始の前提として，債務名義としての外観を備えた文書（たとえば判決正本）が，真に執行力を有するかを確認する必要がある。理論的には執行機関自身に執行力の存否を判断させることも可能であるが，執行機関をして権利の実現に専念せしめるという理念および判断機関としての適切性の観点から，立法者は，執行力の存否は，執行機関とは別に設けた執行文付与機関に判断させることとした。すなわち，執行機関は，債務名義の外観を備えた文書が真に執行力を有するかどうかは，執行文付与機関の発行する「執行文」の存否により確認する。裏からいえば，執行文には，債務名義に執行力が備わっていることを公証する（＝執行機関に伝達する）という役割がある。これが，強制執行に執行文が必要となる第一の，すべての強制執行の場合に共通する最も基本的な理由であり，執行文の最も基本的な役割である。

(b) **債務名義の記載上，請求権が，債権者が証明すべき事実の到来にかかる場合**

　第二に，債務名義の記載上，請求権が，債権者が証明すべき事実の到来にかかるという場合がある（たとえば，「AはBに対し令和○年○月○日までに移転料として金○○円を支払うこと。BはAに対し，右金員の支払を受けたときから○日以内に本件建物を明け渡すこと」という債務名義が作成された場合には，債務名義上，AのBに対する建物明渡請求権は，移転料の支払を停止条件としており，債務名義の記載上，請求権が，債権者が証明すべき事実の到来にかかる場合にあたる）。この場合には，債務名義が執行力を有するだけでなく，前記事実が到来してはじめて強制執行の開始が許されるべきであるが，当該事実の到来の有無も，民執法は，執行機関ではなく，執行文付与機関で判断することとした。したがって，債権者が，当該事実が到来したとして強制執行を申し立てるには，その前提として執行文を得る必要がある。

　裏返せば，債務名義の記載上，請求権が，債権者が証明すべき事実の到来にかかるという場合には，執行文が付与されている限り，執行機関は当該事実が

56

到来していることを前提として強制執行にあたってよい。ここでは執行文は，前記(a)の役割に加え，債務名義の記載上，債権者が証明すべきとされている請求権を条件づける事実が到来していることを公証する（＝執行機関に伝達する）役割も担う。

(c)　**債務名義に記載された当事者以外の者が執行当事者となる場合**

　第三に，債務名義に基づく強制執行が許されるのは，強制執行の積極・消極の主体に，債務名義の執行力の主観的範囲が及ぶ場合に限られる（⇨ 25 頁(2)③の要件）。債務名義に当事者として記載された者を当事者として強制執行が申し立てられる場合には，これらの者に債務名義の執行力が及ぶことに疑いはない（⇨ 47 頁(1)(2)）。

　しかし，債務名義に記載された当事者以外の者が強制執行を申し立てる場合，または債務名義に記載された当事者以外の者を相手に強制執行が申し立てられる場合には，これらの者に債務名義の執行力が及ぶことは自明の理ではなく，強制執行の前提としてこの点を確認する必要が出てくる。民執法はその判断も，執行機関ではなく執行文付与機関に委ねた。したがって，債務名義に記載された当事者以外の者が強制執行を申し立てる場合，あるいは債務名義に記載された当事者以外の者を相手に強制執行が申し立てられる場合には，その前提として，これらの者を名宛人とした執行文を得る必要がある。

　裏からいえば，執行機関としては，強制執行を申し立てる者，または強制執行を申し立てられる者が債務名義に表示された当事者と異なっていても，これらの者を当事者として強制執行をすることができる旨記載した執行文があれば，これらの者に執行力が及ぶことを前提として強制執行にあたってよい。ここでは，執行文は，前記(a)の役割に加え，執行文の積極的・消極的主体に執行力が及んでいることを公証（＝執行機関に伝達）する役割を担っている。

(2)　**執行文の必要性の例外**

　以上の規律の例外として，少額訴訟の確定判決，仮執行宣言付少額訴訟判決，支払督促については，債務名義の内容そのままの強制執行が求められる場合には，執行文は不要である（民執 25 条但書）。これは，少額訴訟・支払督促の目的である簡易・迅速な権利実現を貫徹するためであるといわれる。

　また，各種の手続法規において「執行力のある債務名義と同一の効力を有する」ものと規定された文書（給付を命じる家事審判〔家事 75 条〕，民事訴訟法上の規定による過料等を執行する検察官の命令〔民訴 189 条 1 項・303 条 1 項 5 項〕等）が債務名義となる場合も，解釈により，執行文は不要であると解されている。

　これらの場合には，債務名義の正本自体が，「執行正本」となる。

　ただし，前記の債務名義に執行文の付与が不要とされるのは，債務名義の内容そのままの強制執行が求められる場合（執行文が債務名義の執行力を確認する役割のみを担う場合）に限られる。請求権が債務名義の記載上債権者が証明すべき事実の到来にかかる場合（⇨ 60 頁(2)の場合，56 頁(b)参照），債務名義に表示された当事者以外の者を当事者として強制執行が申し立てられる場合（⇨ 62 頁(3)の場合，57 頁(c)参照）には，執行開始の前提として請求を条件づける事実，執行力の主観的範囲が及ぶ事実の存在を執行機関が確認するために，執行文が必要となる。

② 執行文付与の申立て

(1)　申　立　て

　執行文は，強制執行を申し立てようとする債権者が，執行文付与機関に対して申し立てて付与してもらう。申立ては書面で行う必要がある（記載事項・添付書類を含め，民執規 16 条 1 項 2 項参照。なお，債務名義の正本は添付しなくてよい。ただし，正本を添付しない場合には，併せて正本交付申請〔民訴 91 条 3 項参照〕を行う）。

(2)　執行文付与機関

　執行文付与機関は，債務名義が執行証書以外の場合には，当該債務名義にかかる事件記録のある裁判所の**書記官**である。執行証書が債務名義である場合には，執行証書の原本を有する**公証人**である（民執 26 条 1 項）。

　前述 (a)（⇨ 55 頁）のとおり，執行文付与手続の基本的役割は，債務名義とされるものが執行力を有するか（その債務名義に基づいて本当に強制執行をしてよいかどうか）を調べることである。この審査は，当該債務名義にかかる事件記録や，原本があるところで行わせるのが適当であるという判断から（確定判決

が債務名義である場合についていえば，判決が確定しているか，等が判断要素になるが，これは，当該判決の事件記録に基づいて判断をするのが確実性が高い），上記の各機関が，執行文付与機関とされている。

3 執行文付与機関による執行文付与の要件

(1) 一 般 要 件

どの強制執行でも，債務名義とされるものが執行力を有することが，強制執行の前提として必要となる（⇨55頁(1)）。したがって，債務名義とされるものが執行力を有することが，執行文付与の最も基本的な要件となる。

この要件は，具体的には，以下の3点から成り立つ。

① 債務名義となり得る性質の文書が存在すること（判決であれば，確定しているか，仮執行宣言が付されていること。執行証書なら，民執22条5号の外観を備えていること）。

② 強制執行に親しむ請求権が記載されていること。

③ その執行力が既に発生し，なお存続していること（確定判決なら，再審によって取り消されていないこと。仮執行宣言付判決なら，上訴審による本案判決の破棄・訴えの取下げなどにより，失効していないこと。また，請求異議の訴えの認容判決がないこと）。

すべての強制執行の場合に共通する執行文付与の要件なので，これを，**執行文付与の一般要件**という。

通常の強制執行の場合，債務名義に表示された当事者が，債務名義に表示された当事者を相手に，債務名義に記載された内容そのままの強制執行を求める。この場合には，債務名義の執行力さえ確認できれば強制執行を開始してよいので（請求権の存在以外の実体的要件，すなわち，即時請求可能性や執行当事者適格も，執行機関に判断が留保されている民執法30条・31条等の要件を除き，債務名義の執行力が確認されれば，その具備が認められる。⇨25頁以下・第2節），執行文付与の一般要件が具備されていれば，執行文は付与される。この場合に付与される執行文を「**単純執行文**」（⇨129頁・**資料**②）と呼ぶ。

> **2-10** 転換執行文
> AがBに土地を貸し，Bが当該土地上に建物を建築し所有・居住していた

が，Bが賃借料を延滞する等したため，Aが賃貸借契約を解除し，Bに対し建物収去土地明渡しを求める訴えを提起し，請求認容判決が出されて確定したとする。その後Bが建物買取請求権を行使した場合には，AはBに対してもはや建物収去土地明渡しを求めることはできず，建物退去土地明渡しを求めることができるに過ぎなくなる。

このとき，Aは，Bに対し建物収去土地明渡しを命じる前記確定判決に単純執行文の付与を受けて，Bに対する建物退去土地明渡しの強制執行をかけることができるか，という問題がある。

これを肯定するのが実務である。この実務の立場は，建物収去土地明渡請求訴訟の訴訟物は，土地明渡請求権であり，「建物収去」はその執行態様を示したものに過ぎないとする考えを前提とする。強制執行により実現されるのが建物収去から建物退去に変わっても，実現される請求権はあくまで土地明渡請求権で変化はない以上，単純執行文による強制執行が可能である，というわけである。しかし，これに対しては，建物収去土地明渡請求訴訟の訴訟物はあくまで建物収去土地明渡請求権であり，債務名義たる請求権認容確定判決に表示されるのもBに対する建物収去土地明渡請求権であるのに対し，強制執行により実現されるのは建物退去土地明渡請求権というそれと異なる権利である以上，単純執行文に基づく建物退去の強制執行は許されない，とする反対説がある。この立場は，しかし，強制執行を一切許さないのではなく，本件のような場合には，Aは「AはBに対し本債務名義により建物退去土地明渡しの強制執行をすることができる」とする執行文の付与を受けて建物退去土地明渡しの強制執行ができる，とする。この反対説は，このような場合に付与される執行文を**「転換執行文」**と呼び，学説上は有力な支持を得ている。

この問題は，建物収去土地明渡請求訴訟認容判決確定後に，被告が建物買取請求権を行使して請求異議の訴えを提起した場合に，建物収去土地明渡しを命じる判決の執行力はどこまで排除されるか（⇨102頁 **2-15** 参照），という問題にも関連する。上記の転換執行文を肯定する有力説によれば，建物収去土地明渡請求権と建物退去土地明渡請求権とは実体法上異なる権利であるという立場を前提としつつ，この場合建物収去土地明渡しを命じる判決の執行力は建物収去を命じる限度でのみ排除される（したがって建物退去土地明渡しを命じる限度では執行力は排除されない）という帰結を導くことができるといわれている。

(2)　請求権が債権者が証明すべき事実の到来にかかる場合

債務名義の記載上，請求権が債権者が証明すべき事実の到来にかかる場合に

は，前述 (b)（⇨ 56 頁）のとおり，当該事実の存在が確認されてはじめて，執行文が付与され，強制執行の開始が可能となる。この場合に付与される執行文を，「**条件成就執行文**」という（「**補充執行文**」と呼ばれる場合もある）。

　条件成就執行文は，将来給付判決の対応物と考えると分かりやすい。すなわち，将来給付の訴えに対する認容判決において，債権者が証明すべき事実の到来が，給付の条件とされる場合がある。この場合には，請求権の要件のうち債権者が証明すべき事実の到来以外の要件の存在は判決において確認され，債権者が証明すべき事実の到来の有無のみが，その後の判断に留保されている。このようにその後に判断が留保された「債権者が証明すべき事実の到来」という要件の具備を確認するのが条件成就執行文だ，というわけである。

　(a)　条件成就執行文の執行文付与の要件は，①執行文付与の一般要件が備わっていること，②債務名義に記載された債権者が証明すべき事実が到来したことを証明する文書が提出されたこと，である（民執 27 条 1 項）。

　本来であれば，債務名義上条件とされている事実が到来したことの証明自体を執行文付与の要件とすべきであるが，執行文付与機関が書記官・公証人であり，判断能力が限定されているために，証明手段が文書に限定されている。

　(b)　注意すべきは，条件成就執行文として前記①②の要件の具備が要求されるのは，(ア)債務名義の記載上，(イ)請求権が債権者が証明すべき事実の到来にかかる場合，に限られることである。すなわち，(ア)請求権が債権者の証明すべき事実の到来にかかっていても，それが債務名義に記載されていない場合には，執行文付与の一般要件さえ充たせば，執行文は付与される（単純執行文）。(イ)請求権が債務者が証明すべき事実の不存在にかかる場合にも，同様である。

> **2-11　過怠約款**
>
> 　過怠約款とは，債務者の債務の不履行を執行の要件とする債務名義上の条項をいう。例として，割賦払金の支払を 2 回怠った場合には買主は期限の利益を喪失し，残債務を直ちに支払う旨が債務名義に記載されている場合などがある。
> 　このような場合，債務名義の記載上，過怠（債務不履行）が請求の条件になっているため，債権者が，債務者の過怠の事実を証明する文書を提出して条件成就執行文を得る必要があるか，が問題となる。
> 　そして，過怠約款における過怠については，その不存在（＝債務の履行）につき債務者が証明責任を負っていると理解するのが一般的であり，それに対応し，

債権者は条件成就執行文の付与を申し立てる必要はないとするのが，判例（最判昭和 41・12・15 民集 20 巻 10 号 2089 頁［百選 10 事件］）である。

しかし，それでは債務者は，債務をきちんと履行していても強制執行手続を開始される危険に晒され，かつ，それを止めるには，請求異議の訴え（民執 35条）を提起しなければならない。これを不当とし，回避すべきだとする説が学説上有力化している（竹下守夫『民事執行法の論点』〔有斐閣，1985〕84 頁）。この説は具体的には，過怠の不存在につき債務者が証明責任を負うとし，債権者が執行文付与の段階で過怠の存在を証明する文書を提出する必要はないとしながら，民執法 177 条 3 項を類推適用し，執行文付与機関が債務者に対して，一定の期間を定めて過怠の事実がないことを証明する文書を提出するよう催告することとし，執行文付与手続の段階で，債務者に過怠の事実の不存在を立証して執行を止める機会を与えることを提唱する（これに対する批判として，松本博之「過怠約款と執行文」同『証明軽減論と武器対等の原則』〔日本加除出版，2017〕179 頁がある）。

(3)　債務名義に記載された当事者以外の者が執行当事者となる場合

債務名義に記載された当事者以外の者が強制執行を申し立てる場合，または債務名義に記載された当事者以外の者を相手に強制執行が申し立てられる場合には，強制執行の積極的主体となる者が，強制執行の消極的主体となる者を名宛人として，執行文付与の申立てをする。この場合には，これらの者に執行力の主観的範囲（⇨ 47 頁 **3**）が及ぶことが確認されてはじめて，執行文が付与される（⇨ 57 頁(c)）。この場合に付与される執行文を「**承継執行文**」（⇨ 130 頁・**資料**③）という。承継執行文は，執行力の主観的範囲が，債務名義に表示された当事者以外の者に拡張されることに伴って存在意義を有する制度である。

承継執行文の執行文付与の要件は，①執行文付与の一般要件が備わっていること，②執行文付与の申立人・名宛人に執行力の主観的範囲が及ぶことを証明する文書が提出されたか，これらの者に執行力の主観的範囲が及ぶことが執行文付与機関に明白であること，である（民執 27 条 2 項）。

本来であれば，執行文付与の申立人・名宛人に執行力の主観的範囲が及ぶことの証明自体が要件とされるべきであるが，条件成就執行文の場合と同様，執行文付与機関の判断能力に限界があるために，証明手段が限定されている。

なお，(2)の条件成就執行文，(3)の承継執行文を合わせて，単純執行文と対置

する意味で，**特殊執行文**と呼ぶ。特殊執行文では，執行文付与の一般要件に加え，＋αの要件が必要となる。この＋αの要件を，（**執行文付与の**）**特別要件**と呼ぶ。(2)・(3)で②としたものが，この特別要件にあたる。

4 執行文の付与

　執行文の付与には，執行文付与機関の判断のみにより執行文が付与される場合（**執行文の簡易付与**という）と，執行文付与の訴えを通じて執行文が付与される場合の二通りがある。

(1)　執行文付与機関による執行文の付与（執行文の簡易付与）

　執行文付与機関に対し，適式な執行文付与の申立てがなされ，執行文付与機関が前述 **3** 各記載の要件を充たすと判断した場合には，執行文付与機関は執行文を付与する（充たさないと判断した場合には，執行文の付与を拒絶する）。

　具体的には，「債権者○○は債務者△△に対してこの債務名義により強制執行をすることができる」と，債務名義の正本に付記する（民執26条2項）。この債務名義の正本に付記される文言が，執行文である（なお，実務では，「執行文用紙」というのを用意していて，それに必要事項を記入し〔⇨129頁・**資料②**，130頁・**資料③**〕，それを債務名義の正本末尾に綴じて契印する形をとっている）。

(2)　執行文付与の訴え（民執33条1項）

　特殊執行文の簡易付与の要件は，債権者が証明すべき条件の到来や，執行文付与の積極的・消極的主体に執行力が主観的に及ぶこと（これらを以下，便宜的に**「特別要件の基礎となる事実」**と呼ぶ）自体ではなく，これらの事実を証明すべき文書の提出またはこれらの事実の明白性である。それに伴い，特別要件の基礎となる事実は存在する（債権者が証明すべき条件は到来している等）にもかかわらず，特殊執行文付与の特別要件は具備していない（債権者がそれを証明する文書を有しない等）という場合が考えられる。この場合には，執行文付与機関は特殊執行文の付与を拒絶せざるを得ない。しかし，特別要件の基礎となる事実は存在する以上，既得の債務名義を生かし，これに対する執行文の付与を得て強制執行を行う手段を認めるべきである。その手段として民執法が認めるのが，

執行文付与の訴えである（単純執行文では問題とならず，特殊執行文でのみ必要となる）。請求権の条件の成就の有無といった実体判断を行う必要があるので，判決手続という形をとる。

(a)　当事者・請求の趣旨等

執行文の付与を求める債権者が原告となり，「……（＝付与を求める執行文の内容）との執行文の付与を求める」旨を請求の趣旨にすえ，執行文の付与を求める相手を被告として，訴えを提起する。管轄は，請求異議の訴えと同一である（民執33条2項・35条3項。請求異議の訴えの管轄については，⇨100頁(a)）。訴え提起の前提として，一旦執行文付与機関に執行文の付与を申し立てて拒絶される必要はない（同33条1項参照）。

(b)　審 理 対 象

執行文付与の訴えにおける審理の対象の中心は，特別要件の基礎となる事実の存否である。すなわち，条件成就執行文が求められる場合には，請求を条件づける事実の到来の有無であり，承継執行文が求められる場合には，承継執行文が求められる者に執行力が及んでいるかどうか，である。このように審理対象を絞った要点訴訟となっている。ただし，執行文付与の一般要件も，審理対象となる（なお，承継執行文が求められる場合の審理対象につき，学説上争いがあることは，**2-7**〔⇨49頁〕でみた。また，請求異議事由を執行文付与の訴えに対する抗弁として主張できるかどうかについても議論がある。⇨103頁(6)(a)）。

(c)　証 明 責 任

請求を条件づける事実の到来の有無については，その到来につき債権者側が証明責任を負う。執行力の拡張事由については，実体法上債権者側が証明責任を負うとされているものについては債権者が証明責任を負い，債務者が証明責任を負うとされているものについては債務者が証明責任を負う。原告・被告という地位ではなく，主張する法的効果という実体法上の地位により証明責任が定まることに注意が必要である（執行文付与の訴えの裏返しである執行文付与に対する異議の訴え——執行文付与の訴えと原告・被告が入れ替わる関係に立つ——においても，証明責任の所在は同一である。⇨**5**）。

(d)　判 　 決

特別要件の基礎となる事実，執行文付与の一般要件のいずれかの存在が認め

られない場合には，裁判所は請求棄却判決を出す。それに対し，双方とも存在すると裁判所が判断した場合には，「執行文付与機関は，……との執行文を付与しなければならない」旨の判決を出す（なお，執行文付与の訴えの性質は，確認訴訟であるとするのが通説であるが，命令訴訟であるとする説も有力である）。この場合，この判決が確定すればその判決内容が執行文付与機関を拘束する。すなわち，債権者は，執行文付与の訴えを認容する確定判決を得て，それに基づき執行文付与機関に執行文付与の申立てをすることにより，判決内容どおりの執行文の付与を得ることができる。

5 執行文付与に関する不服申立て

　以上により，執行文は付与され，または執行文の付与が拒絶される。

　ここで，執行文付与の要件が存在しないのに執行文が付与された場合，執行文付与の要件が存在するのに執行文が付与されなかった場合に（違法な執行文の付与，違法な執行文付与の拒絶），債務者・債権者がその是正を求める手段を認める必要がある。以下，この手段について，概観する。

(1)　債権者側

　債権者側としては，執行文の簡易付与の要件（単純執行文では，一般要件。特殊執行文では，一般要件＋特別要件）が備わっているにもかかわらず，執行文付与機関が，執行文の付与を拒絶した場合に，その是正を求める必要が生じる。その手段としては**執行文付与拒絶に対する異議**がある（民執 32 条 1 項）。

　執行文付与機関による執行文付与の拒絶が，申立ての要件である。拒絶した執行文付与機関が書記官である場合には，その所属の裁判所，公証人である場合にはその役場所在地を管轄する地方裁判所に対して申し立てる（同 32 条 1 項）。

　審理は決定手続で行われ，執行文の簡易付与の要件が備わっているかどうかが，審理対象である（ただし特殊執行文では，債権者は，特別要件の基礎となる事実を直接立証して執行文付与拒絶の取消しを求めることも許されると解されている。執行文付与の訴えとの違いは，決定手続で審理されることから早期に決着がつく反面証拠方法が実質文書に限定されること，結果として出る決定に既判力がないこと，である）。

簡易付与の要件が存在する場合には，裁判所は，申立てを認容し，「執行文付与の拒絶処分を取り消す」旨を宣言する。異議を認容する決定は，執行文付与機関を拘束する。以上に対し，簡易付与の要件の存在が認められない場合には，裁判所は異議を棄却する。第1審限りで，その決定に対する不服申立ては認められない（同32条4項）。

(2)　債務者側

債務者側としては，二つの場合に不服申立てをする必要が生じる。(a)執行文の簡易付与の要件が備わっていないにもかかわらず執行文が付与された場合，(b)特殊執行文について，執行文付与の特別要件の基礎となる事実が存在しないにもかかわらず，特別要件自体は存在するために執行文が付与されてしまった場合，である。

(a)　執行文付与に対する異議

執行文の簡易付与の要件が備わっていないにもかかわらず，執行文が付与されてしまった場合に，債務者が不服を申し立てる手続が，**執行文付与に対する異議**（民執32条1項）である。単純執行文と特殊執行文のいずれの場合にも使える。

申立先は，債権者の提起する執行文付与拒絶に対する異議と同様である（民執32条1項）。執行文付与機関による執行文の付与があったことが，申立ての要件となる。申立ての時期に制限はないが，当該執行正本に基づいた強制執行が完了した場合には，申立ての利益が消失する。

審理は決定手続で，対象は，簡易付与の要件が備わっているかどうかである（ただし特殊執行文では，債務者は，特別要件の基礎となる事実の不存在を直接立証して執行文付与の取消しを求めることも許されると解されている。なお，決定手続で審理されることから早期に決着がつく反面証拠方法が実質文書に限定されること，結果として出る決定に既判力がないこと，の2点において後述する執行文付与に対する異議の訴えによる場合との相違がある）。備わっていない場合には，裁判所は申立てを認容し，「執行文付与を取り消し，その執行正本に基づく強制執行を許さない」旨を宣言する。簡易付与の要件が備わっている場合には，申立てを棄却する決定を出す。第1審限りで，決定に対する不服申立てはできない（民執32条4項）。

図表 2-1　執行文付与に関する救済の手続

手続の種類	救済対象者	内　容	対象執行文
2章4節 4 (2) 執行文付与の訴え （民執 33 条）	債権者	特殊執行文の簡易付与の要件（特別要件）の「基礎となる事実」は存在するにもかかわらず，特別要件を具備しておらず（それを証明する文書が存在しない等），執行文の簡易付与が不可能な場合に，債権者が執行文の付与を求めるための手続	特殊執行文
2章4節 5 (1) 執行文付与拒絶に対する異議（民執 32 条） ＊決定手続 →早期に決着：証拠方法に制限：既判力なし	債権者	執行文の簡易付与の要件が備わっているにもかかわらず，執行文付与機関が，執行文の付与を拒絶した場合に，債権者がその是正を求めて不服を申し立てる手続（特殊執行文では，特別要件の基礎となる事実を直接立証して執行文付与拒絶の取消しを求めることも可能）	単純執行文 特殊執行文
2章4節 5 (2)(a) 執行文付与に対する異議（民執 32 条） ＊決定手続 →早期に決着：証拠方法に制限：既判力なし	債務者	執行文の簡易付与の要件が備わっていないにもかかわらず，執行文が付与された場合に，債務者がその是正を求めて不服を申し立てる手続（特殊執行文では，特別要件の基礎となる事実の不存在を直接立証して執行文付与の取消しを求めることも可能）	
2章4節 5 (2)(b) 執行文付与に対する異議の訴え （民執 34 条）	債務者	特殊執行文の簡易付与の要件（特別要件）の「基礎となる事実」が存在しないにもかかわらず，特別要件自体は存在するために，執行文が付与されてしまった（ないし，付与されそうな）場合に，債務者が執行文付与の排除を求める訴え	特殊執行文

※ 本書で解説がなされている箇所を（◯章◯節）のように示した。

(b)　執行文付与に対する異議の訴え

　特殊執行文の簡易付与においては，債権者が執行力拡張や条件成就の事実を証明する文書を提出するなどし，執行文付与の一般要件と特別要件を充たせば，特殊執行文は付与される。しかし，証明文書等があっても，それが事実であるとは限らない。したがって，証明文書の提出等により特殊執行文の簡易付与があった場合に，債務者が，特別要件の基礎となる事実はないとして，執行文付与の排除を求める手続を用意する必要がある。それが**執行文付与に対する異議の訴え**（民執 34 条 1 項）である（ただし債務者は，証明文書等の執行文の簡易付与の要件が備わっていないにもかかわらず執行文付与機関により執行文が付与されたという場合でも，執行文付与に対する異議に代えて，より強力な手段である執行文付与に対する異議の訴えを不服申立て手段として用いることはできる）。特殊執行文の基礎となるべき「執行力拡張」「債権者の証明すべき事実の到来」の存否という実体審

理を行う必要があるので，判決手続の形式をとる。

　（i）　**当事者等**　　債務者が原告となり，執行文の付与を受けた債権者を被告とする。管轄は，執行文付与の訴え同様，請求異議の訴えと同一である（民執34条2項・33条2項）。条文上は，訴え提起の要件として，執行文の付与が既にあったことが必要だとされている（同34条1項。ただし，執行文の付与前であっても強制執行をかける気配をみせるものがあれば，民執法34条を類推して執行文付与に対する異議の訴えの提起を認めるべきであるとするのが，通説である）。提訴期間の制限はないが，当該執行文の付与された債務名義に基づく強制執行が完了してしまったら，訴えの利益がなくなる。

　（ii）　**審理・判決等**　　審理の対象となるのは，特殊執行文の特別要件の基礎となる事実の存否である。証明責任が，原告・被告といった訴訟上の地位ではなく，実体法上の地位により定まることについては，執行文付与の訴えのところで説明した（⇨ 64頁(c)）。たとえば，条件成就執行文においては，請求を条件づける事実の証明責任は被告たる債権者側が負う。

　特殊執行文の特別要件の基礎となる事実が存在しない場合には，裁判所は請求を認容し，「その執行文の付された債務名義の正本に基づく強制執行を許さない」旨宣言する判決を出す。債権者は執行正本を有しているのでそれに基づき強制執行は開始し得るが，債務者が執行文付与に対する異議の訴えを認容する確定判決の正本を執行機関に提出すれば，強制執行は終局的に停止する（民執39条1項1号・40条1項。強制執行の停止の仕組みにつき，詳しくは⇨ 120頁(3)）。

> **2-12**　**破産手続における非免責債権に基づく強制執行の方法**
> 　破産手続における破産債権者表の記載は，破産手続が終結等した場合には，確定した破産債権との関係では確定判決と同一の効力を有するものとして債務名義となる（破221条1項，民執22条7号）。他方で，当該破産者について免責許可決定が確定すると，その旨が一般的に破産債権者表に記載され，実体的にも非免責債権を除いて強制執行が不能な債権に変わる（破253条1項3項。免責の実体法上の性質については債権を消滅させるとするものと自然債務になるとするものとに見解が分かれている）。ここから，破産債権者が自己の破産債権が非免責債権であると考え，破産債権者表を債務名義として破産者に対して強制執行をしたいと考えた場合に，どのような手続によるべきかが問題となる。
> 　この点については，執行文付与機関となる書記官に非免責性の実体判断をさ

せることは相当でないとして，破産債権者は執行文付与の訴えを提起し，その
手続の中で非免責性を主張・立証し，執行文付与の訴えの請求認容判決を得，
それに基づき執行文の付与を受けた上で強制執行の申立てをするべきであると
する見解も有力に主張されていた。

　しかし，最高裁は，執行文付与の訴えの審理対象は特別要件の基礎となる事
実に限定されるとして，このようなルートによることを否定した（最判平成
26・4・24民集68巻4号380頁〔百選13事件〕）。当該判決は，破産債権者は執行
文付与機関である書記官に対して執行文の簡易付与を求めるべきであり，書記
官は破産債権者表等の記載内容から非免責性が認められる場合には執行文を付
与するべきであるとする。これによれば，書記官が非免責性が認められないと
判断して執行文の付与を拒絶した場合には，債権者は執行付与拒絶に対する
異議を申し立ててその判断を争うか，債務者に対して改めて給付訴訟を提起し
て請求認容判決を得た上でそれを債務名義として強制執行をかけていくことに
なる。

第5節　執行の対象

1 執行対象としての責任財産

(1)　責任財産の意義

　強制執行の対象（執行対象）として請求権の満足に用いられるべき財産のこ
とを「**責任財産**」という。責任財産は，強制執行の基本となる債務名義によっ
て決まってくる。たとえば，物の引渡・明渡請求権についての強制執行では，
執行対象となるべき財産は債務名義に表示される。これに対し，作為・不作為
請求権についての強制執行のように財産を目的としない強制執行では，責任財
産は観念できない。もっとも，代替執行の費用や間接強制金の取立てとの関係
では，金銭執行と同様に責任財産を観念することができる。

(2)　責任財産の範囲

　金銭執行（金銭の支払を目的とする強制執行）では，原則として，債務者に属
するすべての財産が責任財産を構成するが，一定の債権については，責任財産
の範囲が特定の財産に限定されている場合もある（後述の**有限責任**）。また，執

行対象が動産または債権であるときは，民執法（131 条・152 条）上，または様々な法政策的理由から差押えが禁止され，責任財産から除外されている場合がある（**差押禁止財産・債権**。詳細については，⇨ 205 頁(4)・224 頁(d)(iii)）。

　責任財産を構成するのは，強制執行開始当時（差押え時）に債務者に属する財産である。債務者が執行開始前に既に処分してしまったものは，責任財産とはならない。ただし，債権者を害することを知りながら特定の財産を処分したような場合には，債権者は詐害行為取消権（民 424 条）を行使して，その財産の責任財産への回復をはかることができる。また，事前に詐害的な処分を予測できるときは，仮差押え・仮処分の執行（保全執行）をしておけば，その時点で責任財産を固定することもできる。さらには，債権者代位権（民 423 条）を行使して，債務者が取得することのできる財産を責任財産に取り込むこともできる。

(3) 有 限 責 任

　前述のように，債務者の財産であっても，そのすべてが責任財産を構成するわけではなく，一定の債権については，責任財産の範囲が特定の財産に限定されていることがある。これを**有限責任**という。有限責任には，①債権について特定の財産でのみ責任を負うもの（商 804 条，船主責任制限 33 条）と，②債務者の固有の財産から区別される一定の範囲の財産でのみ責任を負うものがある。たとえば，X が Y に対して貸金返還請求訴訟を提起していたところ，訴訟係属中に Y が死亡し，同訴訟を承継した Y の相続人 Z が限定承認（民 922 条）の抗弁を提出し，裁判所がそれを認めた場合には，相続人 Z に対して，「相続財産の限度で」債務を支払うよう命じる判決を出すが，かかる場合が②にあたる。

　有限責任は，執行債権の実体法的な属性であるから，有限責任を執行機関が調査・判定するのは適切ではない。したがって，有限責任であることが債務名義や執行文に明示されていない場合には，執行機関は，責任の限定がないものとして取り扱えばよく，自ら調査したり判断する権限も義務もない。その結果，仮に責任財産以外の財産に執行がなされても，その執行は当然には違法とならない。ただし，この場合，債務者は，既判力によって妨げられない限り，責任の限定を請求異議の訴え（民執 35 条）によって主張し，責任財産以外の財産に

対する強制執行の不許を求めることができる（⇨90頁**6**）。反対に，債務名義
や執行文に有限責任であることが明示されている場合に，それを超えてなされ
た執行に対して，債務者は，執行異議（同11条）によってその違法を主張でき
るほか，債務者は，責任財産以外の財産については，執行手続上，第三者とし
ての地位に立つものとみることができるから，第三者異議の訴え（同38条）を
提起して，当該財産に対する強制執行を排除することができる（⇨105頁**7**）。

2 執行対象財産の選択と責任財産帰属性の判断

　金銭執行の場合には，債権者は，債務者のどの財産を執行の対象として差押
えをするのかを選択することができる。

　債権者は，強制執行の申立てをする際に，執行対象財産を特定しなければな
らないが，動産に対する執行（動産執行）では，個々の動産を特定する必要は
なく，差押えの場所（たとえば，債務者の住所地）を特定し，その場所に存在す
る動産を対象にして，執行官が，執行債権額と執行費用額に満つるまで（民執
規99条・100条），適宜，対象物を選択して差押えを行う。

　金銭執行の対象となる財産は，執行債務者に属する財産（責任財産）でなけ
ればならない。したがって，執行機関としては，差押えの対象とされた財産が
債務者の責任財産に属するかどうかを調査しなければならないが，この点につ
き，民執法は，形式的な建前を採用し，ある財産が執行債務者の責任財産に属
するという外観があれば，それに基づいて適法に強制執行が開始できるものと
している（外観主義）。執行機関は，迅速性，形式性ないし明確性の要請に応え
なければならず，執行の対象が債務者の財産であることにつき，その実体的適
否を終局的に判断するのに適していないからである。したがって，執行対象が
不動産の場合には債務者名義の登記（民執規23条），動産の場合には債務者の
占有（民執123条1項）といった外形的事実があれば，それぞれ債務者の責任財
産に属するものとして執行手続が開始される。また，執行対象が債権の場合に
は，基本的に，差押えの対象とされた債権が債務者に属するとの執行申立書の
記載（民執規21条3号・133条）によって被差押債権を特定し，執行機関たる執
行裁判所としては，被差押債権の存否や帰属の有無を審査せずに（民執145条2
項），執行を開始する。これに対して，債務者や第三債務者が，執行対象財産

71

が責任財産に属さないことを主張して，強制執行の排除を求めるには，第三者
異議の訴え（同 38 条）を提起しなければならない。

　もっとも，債権者には，債務者がどのような財産を有しているのかが分から
ないことが多いので，その場合には，債権者は，次述の財産開示手続を利用し
て，債務者に財産を開示させることができる。

③ 債務者の財産状況調査手続

(1)　法改正の必要性

　金銭債権について債務名義を得た債権者が強制執行を申し立てるためには，
原則として，差押えの対象となる財産を特定しなければならない（民執規 21 条
3 号・99 条・133 条）。しかし，情報の匿名化・秘匿化が進む現代社会において，
債権者が自力で債務者の財産状況に関する情報を入手することは困難を伴う。
そのため，債権者としては，せっかく勝訴判決を得たにもかかわらず，権利の
強制的実現ができないという問題が生じる。この問題を解決し，権利実現の実
効性を高める目的で，平成 15 年の民執法改正で導入されたのが，財産開示手
続である（改正前民執 196 条以下）。しかし，これまで財産開示手続の利用状況
は芳しくなかった。そこで，令和元年改正民執法は，①財産開示手続の実効性
を向上させるため，同手続を見直し強化するとともに，新たに②債務者以外の
第三者からの債務者情報の取得手続を新設した。その際，改正民事執行法は，
「第 4 章　財産開示手続」を，「第 4 章　債務者の財産状況の調査」と改めた上
で，その第 1 節に「財産開示手続」の規定を置き，第 2 節に，新設の「第三者
からの情報取得手続」の規定を置いている。

(2)　財産開示手続

(a)　旧法の規律と実施状況

　令和元年改正前の財産開示手続は，仮執行宣言付判決，支払督促，執行証書
を除く，執行力ある債務名義の正本（執行正本）を有する債権者または一般先
取特権者が，①過去 6 か月以内になされた強制執行における配当手続で完全な
弁済を得られなかったとき（強制執行不奏功），または②知れている財産に対し
て強制執行を実施しても完全な弁済を得られないことの疎明があったときに，

執行裁判所が, 実施決定をすることにより開始するとされていた (改正前民執197条1項・2項)。

実施決定を受けた開示義務者 (債務者, 法定代理人, 法人の代表者) は, 裁判所で開かれる開示期日 (非公開で〔民執199条6項〕, しかも, 閲覧等の制限がある〔同201条〕) に出頭し, 宣誓の上で自己の財産について陳述し, 裁判所または申立人の質問に答える義務 (財産陳述義務) を負い, 正当な理由のない不出頭, 宣誓拒絶, 陳述拒絶または虚偽陳述に対しては, 30万円以下の過料が科されることになっていた (改正前民執206条1項)。他方, 債権者も, 財産開示により得られた情報を本来の目的外で使用することは許されず (民執202条), 目的外使用・提供をしたときは, 30万円以下の過料が科された (同206条2項)。なお, 一度財産の開示がなされると, 原則として, その後3年間はその債務者に対し財産の開示を命ずることはできないことになっていた (同197条3項)。

しかし, 前述のように, 令和元年改正前における財産開示手続の運用状況は芳しくなく, 財産開示手続はその本来の目的を果たしているとはいえない状況にあった。その原因としては, 財産開示手続の実施要件 (改正前民執197条1項〜3項) が厳しいことや, 財産開示手続の実施決定をしても, 開示義務違反に対する制裁が過料にとどまる (同206条1項) ために, 債務者の財産について陳述すべき財産開示期日に出頭しない開示義務者が多いこと等が挙げられていた。その一方で, 近時, たとえば, 夫婦の離婚後に, 子を監護すべき親 (母) が非監護親 (父) に対して子の養育費等の扶養料の支払を求めたり, 子が扶養義務者 (親) に対して扶養料の支払を求めたのに対し, 非監護親や扶養義務者が, これを支払わないまま所在不明となり, 監護親や子が泣き寝入りせざるを得ない実例が数多く報告されており, 養育費等の扶養料の履行の確保が, 子の利益保護の観点から重要な課題となっていた。そこで, 今回の改正法では, ①財産開示手続の申立権者の範囲を拡大するとともに, ②開示義務者の手続違反に対する罰則を強化することにより, 財産開示手続がより利用しやすく実効性の高い手続となるようにした。

(b) **令和元年改正法の要点**

財産開示手続に関する改正点は, ①申立権者の範囲拡大 (民執197条1項本文) と, ②罰則の強化 (刑事罰の導入。民執213条) である。

　①申立権者の範囲拡大は，基本的には，実効性の向上というよりも，強制執行手続とその準備のための財産開示手続とで，申立てに必要な債務名義の種類に差を設ける合理性は乏しいとの考え方に基づく。とりわけ，執行証書（民執22条5号）については，平成15年の民事執行法改正の審議の際に，悪質な貸金業者が不当に財産開示を求めることが危惧され，財産開示の申立てに必要な債務名義から除外された経緯がある。しかし，平成18年の貸金業法の改正により，貸金業者が貸付契約について債務者等から執行証書の作成に関する委任状を取得することを禁止する措置がとられ（貸金業20条），貸金業者による濫用の危険が後退する一方で，近時，離婚した夫婦間の養育費等の支払の合意に執行証書の活用が推奨されるなど，執行証書をめぐる社会情勢が大きく変化したことが考慮されたものである。

　②罰則の強化は，財産開示手続の実効性の向上を意図したものである。改正前民事執行法206条1項は，開示義務者の不出頭や虚偽陳述に対して30万円以下の過料を課しているにすぎなかったが，実際の開示状況，不出頭率に鑑み，罰則を強化し，6か月以下の懲役または50万円以下の罰金（刑事罰）が科されることになった（民執213条1項5号・6号）。そして，その効果は既に現われているようである。

(3)　第三者からの債務者財産情報取得手続

(a)　立法の経緯

　平成15年改正民執法では，公的機関からの債務者財産情報取得手続の導入は見送られたが，今回の改正では，情報取得により得られる利益が個人情報の保護により得られる利益を上回るときは，目的外利用の合理性を見出し得るとの立場から，公的機関から不動産および給与債権にかかる情報を，また，民間企業（銀行等，振替機関等）から預貯金債権および振替社債等に関する情報を取得する手続が設けられた。

(b)　不動産に関する情報取得手続

　この手続は，登記所に債務者の不動産情報の提供を命じるものである。不動産登記法上，不動産ごとに登記記録が作成されるため（不登2条5号），従来から，債務者の不動産情報を取得する必要性は高かったにもかかわらず，いわゆ

る名寄せによる不動産情報の取得ができなかった。今回の法改正でそれが可能
となった。

　(i)　**対象となる情報の内容**　　改正民執法205条1項によると，登記所が
提供すべき情報は，債務者が所有権の登記名義人である土地または建物等に対
する強制執行または担保権の実行の申立てをするのに必要な事項である。具体
的には，土地の場合には，所在，地番等の情報，建物の場合には，所在，家屋
番号等の情報である（民執規189条）。

　(ii)　**申立権者と情報取得の要件**　　申立権者は，執行力ある債務名義の正
本を有する金銭債権者および一般先取特権者である（民執205条1項）。不動産
情報取得手続は，強制執行の準備として行われるので，強制執行を開始できる
状態であることが必要である（同条1項但書）。また，改正法205条1項各号は，
この手続の申立て要件として，財産開示手続の実施要件（同197条1項・2項）
の充足，すなわち，先に実施した強制執行の不奏功または知れている財産に対
する強制執行では完全な満足が得られないことの疎明を要求している。

　(iii)　**財産開示手続の前置**　　一般に，個人情報を保有する行政機関は，守
秘義務（個人情報保護義務）を負っており，原則として，その本来の目的外で他
者に情報を提供することは制約されている（行政個人情報8条1項等）。そのた
め，申立てに際しては，財産開示手続の前置が必要である（民執205条2項）。
この手続前置により，債務者が不動産情報を債権者に対して秘匿する正当な利
益がなくなり，登記所としても，守秘義務の実質的利益が消滅すると考えられ
るので，債権者に対する情報提供が正当化されると説明される。

　不動産情報取得手続の申立ては，前置される財産開示手続の期日から3年以
内に行わなければならない（同205条2項）。

　(c)　**給与債権（勤務先）に関する情報取得手続**

　民法上の扶養義務等にかかる請求権（民執151条の2第1項各号）または人の
生命もしくは身体の侵害による損害賠償請求権を有する債権者が，債務者の給
与債権に対して強制執行を申し立てるには，債務者の勤務先を特定する必要が
ある。しかし，その把握は必ずしも容易ではない。他方で，民法上の扶養義務
等にかかる債権については，要保護性の観点から，差押えを容易にする方策が
強く求められていた。そこで，改正法は，それらの債権の履行確保を図るため，

市町村，日本年金機構または厚生年金保険の実施機関から，債務者の給与債権（勤務先）に関する情報を取得する手続を創設した（民執206条）。

　(i)　**対象となる公的機関と情報の内容**　市町村と厚生年金保険の実施機関とでは，その保有情報に違いがある。市町村は，そこに住所がある給与所得者の勤務先情報を有している。ただ，その情報は主に給与支払者から毎年1月に提出される給与支払報告書（地税317条の6第1項）等により得られるものなので，現在の就業先が判明するとは限らない。他方，厚生年金保険の実施機関には，日本年金機構，国家公務員共済組合，国家公務員共済組合連合会，地方公務員共済組合，全国市町村職員共済組合連合会，日本私立学校振興・共済事業団がある。ただ，その中には，被保険者情報を管理しているだけで，債務者に対する厚生年金保険の実施事務を行っていないものも含まれている。そのため，債務者情報を管理していない機関に情報提供を求めても，債務者の勤務先情報を得ることはできず，また，債務者が厚生年金保険に加入していないときは，勤務先情報は得られない。したがって，勤務先情報取得手続の申立てに際しては，各公的機関が保有する情報の違いを踏まえた上で適切な機関を選択する必要がある。

　(ii)　**申立権者と情報取得の要件**　申立権者は，夫婦間もしくは親子間等の扶養義務にかかる請求権（民執151条の2第1項各号）または人の生命もしくは身体の侵害による損害賠償請求権を有する有名義債権者である。債務者が他に財産を有するのに給与債権の差押えがなされると，債務者の生活が脅かされたり，事実上，使用者から解雇される等の弊害が生じかねないので，要保護性の高い債権者に限って申立権を認める趣旨である。

　給与債権の情報取得手続は，強制執行の準備として行われるので，強制執行開始要件が具備されていることが必要である（民執206条1項但書）。また，民執法206条1項は，給与債権に関する情報取得手続申立ての要件として，不動産情報取得手続と同様に，財産開示手続の実施要件の充足，すなわち，先に実施した強制執行の不奏功または知れている財産に対する強制執行では完全な満足が得られないことの疎明（同197条1項1号・2号）を要求している。

　(iii)　**財産開示手続の前置**　一般に，市町村や厚生年金保険の実施機関は，債務者の給与債権等の情報について債務者に対して守秘義務（個人情報保護義

務）を負っており，原則として，その本来の目的外で他者に情報を提供することは制限されている（行政個人情報8条1項等）。そのため，民執法206条2項は，不動産に関する情報取得手続に関する規定（民執205条2項）を準用して，財産開示手続を前置させている。

(d)　預貯金債権等に関する情報取得手続

（i）　**手続導入の経緯**　　この手続は，銀行等が保有する債務者の預貯金債権や，振替機関等が保有する債務者の国債や上場株式等に関する情報取得を可能とするものである。弁護士会照会（弁護23条の2）によって同様の情報を取得できる場合もあり，また，単位弁護士会と銀行等との協定により照会に応じてもらえる場合もある。しかし，守秘義務を理由に照会に応じない銀行もある。また，現在の裁判実務では，預貯金債権に対する強制執行の申立てをするには，差押えの対象となる預貯金債権の取扱店舗を具体的に特定しなければならない。この点につき，最高裁は，取扱店舗を限定せずに複数の店舗に預金債権があるときは，支店番号の若い順序による旨の全店一括順位付け方式による債権差押命令の申立てを不適法としてきた（最決平成23・9・20民集65巻6号2710頁［百選48事件］）（詳しくは，⇨217頁 **3-11** ）。しかし，他方で，近時，金融機関における情報管理体制をめぐる状況が変化し，金融機関の本店に対して照会をすれば，すべての支店で取り扱われている債務者の預貯金情報を包括的に検索した上で回答できるようになってきた。また，同様に，個人および法人が保有する振替社債等の金融資産についても，振替機関の本店で各支店が扱っている情報を検索できるようになっている。かかる社会的背景事情の変化を踏まえ，今回の法改正で，債務者の預貯金債権および振替社債等に関する情報取得手続が新設された（民執207条）。

（ii）　**対象となる「銀行等」・「振替機関等」と情報の内容**　　ここにいう「銀行等」には，銀行を含む各種金融機関のほか，郵便貯金簡易生命保険管理・郵便局ネットワーク支援機構も含まれる（民執207条1項1号上段）。「銀行等」が提供すべき情報とは，債務者の預貯金債権の存否のほか，その取扱店舗，預貯金債権の種別，口座番号および額である（民執規191条1項）。他方で，金融機関が独自に収集した債務者の資産・与信情報は，対象外である。

　民執法は，「振替機関等」から「振替社債等」の情報を取得する手続も定め

ている（民執 207 条 1 項 2 号）。「振替機関等」とは，「振替機関」および「口座
管理機関」を指す（社債株式振替 2 条 5 項）。現在，振替機関としては，株式会
社証券保管振替機構と日本銀行がある（同 2 条 2 項，48 条）。「口座管理機関」
とは，証券会社等の金融商品取扱業者，銀行，長期信用銀行，信託会社等を指
す（同 2 条 4 項）。他方，「振替社債等」とは，上場株式，社債，地方債，国債
等を指す（同 279 条）。

　　(iii)　**申立権者と情報取得の要件**　　申立権者は，執行力ある債務名義の正
本を有する金銭債権者および一般先取特権者である（民執 207 条 1 項・2 項）。預
貯金債権等に関する情報取得手続も，強制執行の準備として行われるので，強
制執行を開始できる状態であることが必要である（同 207 条 1 項但書）。

　　(iv)　**財産開示手続の前置不要**　　預貯金債権等に関する情報取得手続では，
不動産情報取得手続や給与債権情報取得手続と異なり，実施に当たり財産開示
手続の前置は不要である。これは，預貯金債権等は，その処分が容易であるた
め，財産開示手続を先に実施すると，その間に債務者によって隠匿等されてし
まうおそれがあるからである。

　　(v)　**不服申立て**　　預貯金債権等に関する情報取得手続における申立て却
下決定に対して，債権者は執行抗告ができる（民執 207 条 3 項）が，債務者は，
申立てを認容する決定に対して執行抗告はできない。預貯金債権等は，その処
分が容易であるので，抗告を認めてしまうと，その間に債務者によって預貯金
債権等が隠匿等されてしまうおそれがあるからである。

第 6 節　執行の救済

1　執行処分の瑕疵と救済方法

　民事執行は債務者の意思に反してでも行うことができるものであるから，そ
のためには，それを正当化できるだけの根拠がなければならない。債務者とし
ては，正当化根拠もなしにその生活領域への強制的介入を受忍すべきいわれは
ないからである。

　ところで，民事執行に関して行われる執行処分とは，狭義では，一定の法律

上の効果を発生させる具体的な行為（たとえば，差押え，換価，配当等の処分のほか，執行申立ての却下，執行処分の停止・取消しなど）を指すが，広義では，法律効果を伴わない事実行為を含むことがある（たとえば，執行官の抵抗排除など）。いずれにせよ，①執行機関のした執行処分やその懈怠（執行機関が執行処分をしないこと）が，民事執行に関する手続法規に違背している場合や，②執行処分自体は，執行法上適法であるが，実体法上は違法である場合（たとえば，債務名義は存在しているものの，実体法上，執行債権が存在しないにもかかわらず，執行処分が行われた場合や，執行対象財産が債務者の責任財産に属しないにもかかわらず，執行処分が行われた場合）が，執行処分に瑕疵がある場合にあたる。前者①を「**違法執行**」といい，後者②を「**不当執行**」というが，両者を合わせて「執行処分の瑕疵」という。本節では，執行処分に瑕疵がある場合の救済方法についてまとめて概説する。

2 違法執行に対する救済方法——執行抗告と執行異議

　国家機関である執行機関のした執行処分やその懈怠が，民事執行に関する手続法規に違背していても，たとえば，債務名義の作成過程で債務者の手続保障をまったく欠いている場合（具体例については⇨54頁**4**）のほかは，当然無効ではなく，原則として有効である。しかし，執行処分ないしその懈怠により不利益を受ける者（債権者，債務者あるいは第三者）は，執行抗告または執行異議によって，その違法性を主張し，執行処分の取消しを求めることができる。

　執行抗告は，執行処分のうちの執行裁判所の行う特定の裁判に対する上級審への不服申立方法（上訴）であり，特別の定めがある場合にのみ許される（民執10条）。これに対し，**執行異議**は，主として，①執行裁判所のした執行処分で執行抗告ができないもの，および，②執行官のした執行処分およびその懈怠に対して，執行裁判所に，その是正を求める不服申立方法である（同11条1項）。

　なお，違法な執行処分によって損害を受けた者は，国に対して国家賠償を請求することができる。もっとも，判例では，民執法上の不服申立手段（方法）を求めなかった場合には，執行裁判所が自ら執行処分を是正すべき場合等特別の事情があるときを除き，国家賠償を求めることはできないと解されている

図表2-2　違法執行に対する救済の手続

手続の種類	救済対象者	内　容
2章6節 3 執行抗告 （民執10条） ＊決定手続	債権者 債務者 第三者	＊執行裁判所の行う特定の裁判に対する，上級審への不服申立て ＊法に特別の定めがある場合のみ執行抗告が可能
2章6節 4 執行異議 （民執11条） ＊決定手続	債権者 債務者 第三者	＊執行裁判所の執行処分で執行抗告をすることができないものに対する，執行裁判所への不服申立て ＊執行官・書記官の執行処分も対象となる

※ 本書で解説がなされている箇所を（○章○節）のように示した。

（最判昭和57・2・23民集36巻2号154頁［百選12事件］）。債権者に故意または過失があった場合には，債権者も損害賠償義務を負うことになる。

3 執行抗告

(1) 意　義

前述のように，執行抗告は，執行裁判所の行う特定の裁判に対する上級審への不服申立方法（上訴）であり，特別の定めがある場合に限り，執行抗告が許される（民執10条）。決定に対する不服申立方法である点で即時抗告に類似しているが，旧強制執行法下において即時抗告が濫用され，執行手続の遅延を招いていたことへの反省から，民執法は，特別の定めがある場合にしか不服申立方法としての執行抗告を認めないことにした。そのため，執行抗告には，①抗告理由の明示（抗告理由書の提出強制），②不適法な申立てに対する原裁判所による簡易却下，③執行停止効の否定（同10条2項〜6項）など，一般の即時抗告にはない特徴がある。

(2) 執行抗告の対象となる裁判

民執法上，執行抗告ができる裁判は個別に規定されており，それ以外の裁判に対しては，執行抗告をすることはできない（民執10条1項）。したがって，それ以外の裁判に対しては執行異議（⇨ 86頁 **4**）が認められるにとどまる。ただし，①執行異議に基づいて執行裁判所が民事執行の手続を取り消す決定をした場合，②民事執行の手続を取り消す執行官の処分に対する執行異議の申立てを却下する決定をした場合，および③執行異議に基づいて執行官に民事執行

の手続の取消しを命ずる決定をした場合には，いずれの場合も民事執行手続が終了してしまうだけでなく，執行債権者に重大な結果をもたらし，かつ，他の救済手段も認められていないので，例外的に執行抗告ができる旨の一般的規定が置かれている（同12条1項。ただし，執行取消文書の提出により執行処分を取り消す執行裁判所または執行官の処分に対しては，執行抗告を申し立てることはできない〔同40条2項〕。詳細については，⇨ 121頁(4)(a)〕。

　執行抗告の対象となるのは，基本的に，民事執行の申立てによって開始する具体的な執行手続に関する執行裁判所の裁判である。したがって，執行開始前の執行準備のための裁判（たとえば，船舶執行申立前になされる船舶国籍証書等の引渡命令）や執行手続終了後になされる裁判（たとえば，当事者等に対する過料の裁判）は，執行抗告の対象ではなく，即時抗告（民訴332条）の対象となる（民執115条5項）。

　執行抗告の対象となる裁判は，次の3種類に分類できる。

(a)　**民事執行手続全体または特定の債権者との関係で，当該手続における最終処分となるもの**

　違法な裁判を是正する最後の機会となることから，執行抗告の対象とされたものである。たとえば，執行手続不開始の裁判すなわち執行の申立てまたは配当要求を却下する裁判（民執14条5項・45条3項・47条7項・51条2項・105条2項・154条3項），民事執行手続を取り消す決定，執行手続を取り消す執行官の処分に対する執行異議の申立てを却下する裁判および執行官に執行手続の取消しを命ずる決定（同12条1項。前述），執行手続終了の効果を伴う裁判または（直ちに手続終了効が生じるわけではないが）以後執行抗告の対象とすべき適当な処分が残っていない裁判，具体的には，執行抗告の申立てを却下する原裁判所（執行裁判所）の決定（同10条8項），不動産の売却の許可・不許可の決定（同74条1項），債権差押命令・転付命令・譲渡命令等の申立てについての裁判（同145条6項・159条4項・161条3項），財産開示手続の実施申立てについての裁判（同197条5項）などである。

(b)　**実体権の存否の判断を内容とする裁判で，債務名義(民執22条3号)となるものまたはその効果が重大であるもの**

　たとえば，不動産引渡命令の申立てについての裁判（民執83条4項），差押

動産の引渡命令の申立てについての裁判（同 127 条 3 項），代替執行における授権決定または費用前払命令の申立てについての裁判（同 171 条 5 項），間接強制の申立てまたはその変更を求める申立てについての裁判（同 172 条 5 項），担保権に基づく動産競売開始の許可申立てについての裁判（同 190 条 4 項）などである。

(c)　中間的な特別の執行処分で，その段階で執行抗告を認めて決着をつける必要のあるもの

たとえば，売却のための保全処分に関する裁判（民執 55 条 6 項），買受人等のための保全処分に関する裁判（同 77 条 2 項・55 条 6 項），強制管理中の建物の使用許可や収益分与に関する決定（同 97 条 3 項・98 条 2 項），執行の目的物である船舶の航行許可の申立てについての裁判（同 118 条 2 項）などである。

(3)　執行抗告の手続
(a)　抗告権者・相手方・抗告理由

執行抗告を申し立てることができるのは，その裁判によって不利益を受ける者（債権者，債務者または第三者）である。たとえば，不動産引渡命令（民執 83 条 4 項）を受けた占有者，債権差押命令（同 145 条 6 項）の送達を受けた第三債務者などがそれにあたる。抗告審は，必ずしも二当事者対立構造を前提としているわけではないが，不動産引渡命令や債権差押命令に対して執行抗告がなされた場合には，裁判の性質上，不動産引渡命令や債権差押命令の申立人（債権者等）が，抗告審において相手方となる。

執行抗告の理由は，原則として，原裁判の手続的な瑕疵に限られる。もっとも，実体的な執行開始要件のうち，執行機関が自ら調査すべき事項とされている事実（たとえば，債権執行において執行債務者の給付が反対給付と引換えにすべき場合〔同時履行の抗弁権や留置権が認められている場合〕において反対給付またはその提供のあったこと〔民執 31 条 1 項〕など）については執行抗告で争うことができるが（同 145 条 6 項），執行債権の存在や執行対象財産の帰属などの実体的な事由を執行抗告で争うことはできない（これに対し，担保権の実行手続では，後述のように，執行異議や執行抗告で実体的な事由を主張することができる）。

⒝　**執行抗告の申立て**

執行抗告は，裁判の告知を受けた日から1週間の不変期間内に，抗告状を原裁判所（執行裁判所）に提出してしなければならない（民執10条2項。ただし，民執規5条参照）。抗告状を誤って抗告裁判所に提出した場合に，不適法却下すべきか，それとも民訴法16条を類推して原裁判所に移送すべきかが問題となるが，直ちに不適法却下すべしとする最高裁判例がある（最決昭和57・7・19民集36巻6号1229頁）。

抗告人は，抗告理由を記載した抗告状を原裁判所に提出しなければならず（民執10条2項），抗告状に抗告理由の記載がない場合には，抗告状を提出した日から1週間以内に抗告理由書を原裁判所に提出しなければならない（理由書提出強制。同10条3項）。濫抗告を防止し，抗告審の調査範囲を明示された抗告理由に限定することにより，抗告審の審理ひいては執行の迅速を確保するためである。抗告状または抗告理由書には，原裁判の取消しまたは変更を求める事由を具体的に記載する必要があり，その事由が法令の違反であるときはその法令の条項または内容および法令に違反する事実を，事実の誤認であるときは誤認にかかる事実を摘示しなければならない（同10条4項，民執規6条）。

⒞　**執行手続の進行**

執行手続の遅延防止の観点から，執行抗告がなされても，執行停止の効力（民訴334条1項）は生じない。もっとも，執行手続上の特定の裁判については，確定しなければその効力を生じないとされており，この場合には，執行抗告によって確定が遮断され，その裁判の効力は生じない。たとえば，民事執行手続を取り消す決定，執行手続を取り消す執行官の処分に対する執行異議の申立てを却下する裁判および執行官に執行手続の取消しを命ずる決定（民執12条），売却または買受人のための保全処分の取消しまたは変更を命ずる決定（同55条5項・7項・77条2項），売却の許可または不許可決定（同74条1項），不動産引渡命令（同83条5項），転付命令（同159条5項）などがそれである。しかし，告知によって直ちに効力が生じる裁判については，抗告裁判所は，執行抗告についての裁判が効力を生じるまでの間，担保を立てさせまたは立てさせないで，原裁判の執行の停止もしくは民事執行の手続の全部もしくは一部の停止を命じ，または担保を立てさせてこれらの続行を命じることができる（同10条6項）。

しかも，事件の記録が原裁判所に存する間は，原裁判所（執行裁判所）も同様の処分をすることができる（同 10 条 6 項）。この決定に対しては，不服申立てをすることはできない（同 10 条 9 項）。

(d)　原裁判所における処理

原裁判所（執行裁判所）は，執行抗告がなされると，①抗告人が抗告理由書を提出しなかったとき，②抗告理由の記載が，民執規 6 条の定める要件を充たしていないとき（原裁判の取消し・変更を求める事由が具体的に記載されていないとき），③執行抗告が不適法で補正ができないことが明らかであるとき（たとえば，申立期間の徒過），④執行抗告が執行手続を不当に遅延させる目的でなされたものであるときは，執行抗告を却下しなければならない（執行抗告の簡易却下制度。民執 10 条 5 項）。原裁判所の却下決定に対しては執行抗告が認められる（同 10 条 8 項）。

原裁判所（執行裁判所）は，再度の考案（民執 20 条，民訴 333 条）により執行抗告に理由があると認めるときは，原裁判を更正（取消しまたは変更）することができるが，理由がないと認めるときは，その旨の意見を付して事件を抗告裁判所に送付する（民執規 15 条の 2，民訴規 206 条）。もっとも，原裁判所から民事執行事件の記録がなくなると，執行手続が事実上止まってしまい，執行手続の迅速な進行が妨げられるので，原裁判所が民事執行事件の記録を抗告裁判所に送付する必要がないと判断したときは，抗告事件の記録だけを送付すれば足りる（民執規 7 条）。

(4)　抗告審の審理および裁判

(a)　抗告審の審理

抗告審の審理については，民執法に特別の規定がないので，執行抗告の性質に反しない限り，民訴法の抗告に関する規定が準用される（民執 20 条）。したがって，抗告裁判所は，抗告につき口頭弁論によらないで審理することができる（同 20 条，民訴 87 条 1 項但書）。口頭弁論を経ないときは，当事者（抗告人・相手方）その他利害関係人を審尋することができる（民執 20 条，民訴 335 条）。特に抗告手続の相手方や原裁判の取消し・変更に利害関係を有する者については，手続の迅速性・密行性を害しない限り，審尋を行うべきであろう。なお，

抗告裁判所は，簡易な証拠調べとして，参考人（当事者が申し出た者）や当事者本人を審尋することもできる（民執 20 条，民訴 187 条）。

　抗告裁判所は，抗告状または抗告理由書に記載された理由に限って調査をする（民執 10 条 7 項本文）。ただし，原裁判に影響を及ぼすべき法令の違反または事実の誤認の有無については，職権で調査することができる（同項但書）。もっとも，抗告人は，原審で提出していなかった事実や証拠を提出したり，原裁判後，抗告理由書の提出までに生じた事実を主張することもできる。

> **2-13** 抗告理由書提出期間経過後の抗告理由の追加
> 　抗告理由書提出期間経過後に新たな抗告理由を追加できるかという問題がある。抗告理由を主張できる期間が限定されている点（告知を受けた日から最長でも 2 週間）を考慮すると，抗告理由書提出期間経過前に存在した抗告理由で抗告人の責めに帰することができない事由により期間内に提出できなかった理由や，期間経過後に生じた理由については，期間経過後の提出（追完〔民訴 97 条〕）を認めてよいように思われる（転付命令に対する執行抗告手続において，抗告理由書提出期間経過後に民執 159 条 7 項所定の抗告理由を追加できるかどうかについて判例は分かれており，東京高決昭和 56・12・11 判時 1032 号 67 頁［百選 62 ①事件］は追加を認めるが，東京高決昭和 57・3・15 下民 33 巻 1 = 4 号 110 頁［百選 62 ②事件］は否定する）。

(b) 抗告審の裁判

　抗告審の裁判は，決定でなされる（民執 20 条，民訴 328 条参照）。執行抗告が不適法であれば却下し，抗告に理由がなければ棄却する。執行抗告に理由がある場合，または職権調査により原裁判に取消事由があることが判明した場合には，原裁判を取り消すことになる。さらに，原裁判が当事者の申立てについてなされたものであるときは，改めて申立てに対して応答する必要が生じるので，取消しに加え，自判または差戻しをする必要がある（民執 20 条，民訴 306 条〜309 条・331 条）。

　執行裁判所は，原則として地方裁判所であり，執行抗告について抗告裁判所となるのは，高等裁判所であるため，再抗告はできない（裁 7 条 2 号）。しかし，高等裁判所の決定について判例と相反する判断がある場合その他の法令の解釈に関する重要な事項を含むと認められる場合には，その高等裁判所の許可を得て最高裁判所に許可抗告をすることができる（民執 20 条，民訴 337 条）。また，

憲法違反を理由とする場合には最高裁判所に特別抗告をすることもできる（民執20条，民訴336条）。なお，執行抗告のできる裁判が確定した場合においても，**準再審**の申立てが認められる余地がある（民執10条10項，民訴349条）。

4　執　行　異　議

(1)　執行異議の対象となる処分等

　執行異議が認められるのは，次の場合である。まず第一に，執行異議は，**執行裁判所のした執行処分で執行抗告ができないもの**に対して認められる（民執11条1項前段）。これは，執行処分をした執行裁判所に対する不服申立てであり，再度の考案の申立て（民訴333条）に相当する。裁判の形式をとるもの（たとえば，不動産競売開始決定〔民執45条1項〕，売却基準価額の決定〔同60条〕など）だけでなく，その他の行為およびその懈怠も，執行異議の対象となる。

　第二に，**執行官のした執行処分およびその遅怠**に対しては，執行異議だけがその是正を求める唯一の不服申立方法である（民執11条1項後段）。これは，実質的には上訴に相当する。執行官が，執行裁判所の行う執行手続の一部としてなす処分も執行異議の対象となる（ただし，執行官の処分を前提とする執行裁判所の事後の処分に対して執行抗告や執行異議が認められている場合を除く）。

　第三に，**執行機関としての裁判所書記官が行う執行処分**も，執行異議の対象となるが（民執167条の4第2項），**裁判所書記官が執行裁判所の行う執行手続の一部としてなす処分が執行異議の対象となる場合もある**（同47条4項・49条5項・62条3項・64条6項・78条6項など）。

　執行異議の対象は以上のように多様であるが，執行処分の中には，暫定性や手続安定の要請から一切，不服申立てが認められない裁判（たとえば，民執10条9項・11条2項・36条5項・44条4項・119条2項・144条4項など）もあり，それらに対しては執行抗告も執行異議もできない。

(2)　執行異議の手続
(a)　申立権者・相手方・異議事由

　執行異議の申立てができるのは，執行処分またはその懈怠によって不利益を受け，その是正を求めるにつき法的利益を有する者である。債権者・債務者だ

りでなく，第三者も執行異議を申し立てることができる。執行異議によって開
始する異議審は，必ずしも二当事者対立構造を前提としているわけではないが，
異議の内容により申立人と対立する利害関係を持つ者が特定できる場合には，
その者が異議審における相手方となる。なお，執行官の執行処分に対して執行
異議を申し立てる場合，執行官はその相手方とはならない。

　異議事由は，規定上明確ではないが，原則として，執行処分の形式的・手続
的な瑕疵に限られ，実体法上の事由は異議事由にならない（ただし，担保権実行
に関しては，担保権の不存在または消滅を執行異議の事由にすることができる〔民執
182条・189条・191条〕。また，形式的競売についても同様である〔同195条〕）。少し
具体例を挙げておくと，執行を受ける債務者は，たとえば，強制執行の要件が
欠缺している（執行正本の欠缺，債務名義の送達の欠缺など）にもかかわらずなさ
れた不動産競売開始決定，執行停止・取消文書の存在を無視した強制執行，
個々の執行処分に関する手続規定の違反（差押禁止財産の差押え，動産の競り売り
における公告の欠缺など）などを異議事由とすることができる。また，債権者は，
たとえば，執行官が執行の申立てを却下したり，執行裁判所や執行官が執行処
分を行わない場合や，執行停止要件（同39条・183条・192条・193条2項）が備
わっていないにもかかわらず執行を停止した場合などに執行異議の申立てがで
きる。さらに，第三者も，たとえば，債務者と誤認されたり，自己に対する執
行正本に基づかないで強制執行を受けた場合や，自己の所持する動産に対して
その意思に反して差押えがなされた場合など，違法な執行処分によってその利
益を害された場合には，執行異議が可能である。当該執行処分に対して第三者
異議の訴え（同38条）を提起できるときでも，第三者の執行異議を否定する理
由とはならない（大決昭和10・3・26民集14巻491頁）。

(b)　**執行異議の申立てと執行手続の進行**

　執行異議の申立てについては，特に期間の制限はないが，異議の利益が生じ，
かつ，それが存続する間に申し立てることが必要である。すなわち，原則とし
て，執行処分の実施後，これを包含する執行手続が完結する前に，執行異議を
申し立てなければならない。もっとも，違法な執行処分がなされるおそれがあ
り，しかも事後にタイムリーに執行異議を申し立てる余地がないような場合に
は，執行開始前であっても予防的に執行異議の申立てができると解されている。

　執行異議の申立ては，執行裁判所が実施する期日においては口頭ですることもできるが，それ以外の場合には，書面で行う必要がある（民執規 8 条 1 項）とともに，異議事由を明示しなければならない（同 8 条 2 項）。

　執行異議の申立てがなされても，執行停止の効力（民訴 334 条 1 項）はなく，執行手続は当然には停止しない。しかし，執行裁判所は，申立てによりまたは職権で，執行異議についての裁判が効力を生じるまでの間，担保を立てさせまたは立てさせないで，執行処分である裁判の停止もしくは民事執行の手続の全部もしくは一部の停止を命じ，または担保を立てさせてこれらの続行を命じることができる（民執 11 条 2 項・10 条 6 項前段）。この決定に対しては，不服申立てをすることはできない（同 11 条 2 項・10 条 9 項）。

(3)　異議審の審理および裁判

(a)　異議審の審理

　異議審では，書面審理が基本であるが，必要に応じて，口頭弁論を開くこともできる（民執 4 条）。また，必要であれば，利害関係を有する者その他の参考人を審尋することができる（同 5 条）。特に異議申立てを認容して執行処分を取り消すべきときは，相手方の審尋を行うべきである。

　審理の範囲は，申立ての際に明示した異議事由に限られず，異議申立人は，他の異議事由の追加主張ができる。

(b)　異議審の裁判

　異議審の裁判は，決定でなされる（民執 4 条）。執行異議が不適法であれば申立てを却下し，異議に理由がなければ棄却する。執行裁判所の執行処分に対する異議に理由があるときは，その執行処分を取り消しまたは変更する。また，執行裁判所の執行処分の懈怠を理由とする場合には，執行裁判所は自ら執行処分をすることになる。さらに，執行官または裁判所書記官の執行処分に対する異議において，異議に理由があるときは，その執行処分を許さない旨を宣言し，もしくは執行官・裁判所書記官に執行処分の取消しを命じ，また，執行処分の懈怠を理由とする場合には，執行処分をなすべき旨を宣言することになる。この執行異議の裁判に既判力が認められるかという問題があるが，否定すべきであろう。

　なお，異議審の裁判に対しては，原則として不服申立て（執行抗告や通常抗告）はできない（かかる制限も合憲であることにつき，最決昭和58・7・7判時1093号76頁）。ただし，前述のように（⇨80頁**3**(2)），①執行異議に基づいて民事執行の手続を取り消す執行裁判所の決定，②民事執行の手続を取り消す執行官の処分に対する執行異議の申立てを却下する裁判，③執行異議に基づいて執行官に民事執行の手続の取消しを命ずる決定に対しては，例外的に執行抗告をすることができる（民執12条1項）。

5　不当執行に対する救済方法──請求異議の訴えと第三者異議の訴え──

　民執法は，前述のように，執行機関と権利判定機関の分離という建前から，債務名義と執行文の存在があれば，執行機関は強制執行を開始できることにしている（民執25条）。しかし，その結果，たとえば，債務名義成立後の請求権の消滅，その態様の変更等，債務名義成立時と執行着手時の実体関係が合致していない場合であっても，当該債務名義に基づき民執法上適法に執行が行われることがあり得る。かかる場合に，債務者が，特定の債務名義（同22条2号または4号に掲げる債務名義で確定前のものを除く）につき，それに表示された請求権の存在または内容についての異議，または裁判以外の債務名義（執行証書，和解調書，認諾調書，調停調書など）につきその成立に関する異議を主張し，強制執行の不許を宣言する判決を求めて，債権者を相手方として提起する訴えが，**請求異議の訴え**（同35条）である。

　他方で，民執法は，執行手続の効率性の要請から，債権者が執行の対象とした財産が，債務者の責任財産に属するかどうかの判定について，ある財産が債務者の責任財産に属するという外観があれば，それに基づいて適法に強制執行を開始できるとする建前（**外観主義**）を採っている。その結果，債務者の責任財産に属さない第三者の財産や，債務者の責任財産に属する財産であっても，その上に第三者が法的に保護される地位を有している財産に対して執行が行われることがある。かかる場合に，第三者が，当該執行の対象となった財産について自己の有する権利が不当に侵害されることを主張して，その執行の不許を宣言する判決を求めて，債権者を相手方として提起する訴えが，**第三者異議の訴え**（民執38条）である。

図表 2-3　不当執行に対する救済の手続

手続の種類	救済対象者	内　容
2章6節 6 請求異議の訴え (民執 35 条)	債務者	債務名義にかかる請求権の存在・内容について異議がある場合に，債務者が，その債務名義に基づく強制執行の不許を求める訴え
2章6節 7 第三者異議の訴え (民執 38 条)	第三者	強制執行の目的物について権利を有する第三者が，その権利が不当に侵害されることを主張して，その強制執行の不許を求める訴え

※ 本書で解説がなされている箇所を (○章○節) のように示した。

　請求異議の訴えも第三者異議の訴えも，本来，執行担当機関が，その職務行為をなすにあたり，自ら調査・判断すべき，その職務行為の前提要件たる事項のうち，慎重な審理・判断を要するものを，判決裁判所が，事前または事後に，判決手続によって判断し，その結果に従って，執行関係をコントロールすることを目的とするものであるということができる。このように，不当執行に対する救済は，基本的に執行手続とは別の訴訟手続によることになるので，違法執行の救済方法である執行抗告や執行異議によることはできない（もっとも，後述のように，かかる区別は，債務名義を要件としない担保権実行の手続には，必ずしも妥当しない）。

　なお，不当執行によって損害を受けた債務者または第三者としては，請求異議の訴えや第三者異議の訴えとは別に，不当執行を行った債権者に対して，損害賠償請求や不当利得返還請求をすることもできる。

6 請求異議の訴え

(1) 制度趣旨

　請求異議の訴えは，元々は，特定の債務名義上存在するものとして表示されている給付請求権の存否や内容について訴訟手続で審理し，その結果，給付請求権の不存在が判明した場合に，これを既判力をもって確定するとともに，その結果に従い，当該債務名義に基づく執行の不許を執行機関に向けて判決主文で宣言することを目的とする（民執 35 条 1 項前段）。これが，本来型の請求異議の訴えである。

　しかし，請求異議の訴えは，裁判以外の債務名義（執行証書，和解調書，認諾調書，調停調書など）について，その成立についての瑕疵を訴訟手続で主張する

ためにも利用することができる（民執35条1項後段）。この種の債務名義につい
てはその成立過程で裁判所によるチェックも十分ではなく，また，上訴や異議，
再審なども許されないので，債務名義に示された請求権が実体関係と一致しな
いことを理由に，当該債務名義に基づく執行の不許を執行機関に向けて宣言す
ることにしたものである。その意味で，準再審に代わる機能を持ち，転用型の
請求異議の訴えといえる。

(2)　本訴の適用範囲

このように請求異議の訴えは，当該債務名義に基づいて特定の請求権の実現
のために強制執行を行うことの実体的当否および裁判以外の債務名義の成立の
瑕疵の有無を，判決裁判所が，口頭弁論に基づいて確定し，その結果に従い執
行の許否を規律（コントロール）することを目的としており，債務名義の存在
を前提とするが，債務名義の種類は問わない。ただし，仮執行宣言付判決およ
び仮執行宣言付支払督促については，それぞれ上訴または異議により当該債務
名義に基づく執行を阻止できるので，請求異議の訴えは許されない（民執35条
1項括弧書）。また，債務名義たる和解調書（民訴267条参照）成立後に，債務者
が和解無効確認の訴えを提起したり，無効を理由に口頭弁論期日指定の申立て
をしている場合にも，それらの手続が終了していない限り，請求異議の訴えは
却下を免れないと解されている。

これに対し，債務名義たる単一の文書に表示された数個の請求権の一部，ま
たは債務名義に表示された1個の請求権の一部（たとえば，1000万円の貸金返還
請求権のうちの400万円分）について執行の阻止を求める形の請求異議の訴えは
適法である。既に執行が開始されている場合に，債務名義自体に基づく執行の
排除（阻止）ではなく，具体的な執行行為（特定の財産に対する差押えなど）の排
除のみを求めて請求異議の訴えを提起することはできないが，特定の財産に限
定して債務名義に基づく執行の排除（阻止）を求める請求異議の訴えは認めら
れるべきである。高額の債務名義に基づいて少額の財産が差し押さえられた場
合に，かかる訴えが認められると，提訴手数料や執行停止のための担保提供額
（民執36条1項）を低く抑えることができるメリットがあるからである。また，
執行制限契約に違反して行われた執行の排除（阻止）を求める場合や，債務名

義・執行文に表示されていない有限責任を主張して執行の排除（阻止）を求める場合，特定の債務名義に基づく強制執行が権利濫用または信義則違反にあたる場合など，法律上ほかに適当な救済方法がない場合にも，請求異議の訴えが許される（⇨ 94 頁(4)(b)）。

なお，担保権の実行手続には債務名義は不要であること，担保権の実行手続における担保権の不存在または消滅は執行抗告または執行異議によって主張することができること（民執182条・189条・191条・193条2項），また，担保権不存在確認の訴えが認められていること（同183条・189条・192条・193条2項）からみて，担保権の実行手続では，請求異議の訴えは認められないと解される。

(3) 訴えの法的性質

請求異議の訴えの法的性質をどのように捉えるかについては，その訴訟物や判決効とも絡んで様々な見解が主張されている。伝統的には，①この訴えは，債務名義の有する執行力を排除し，当該債務名義に基づく強制執行が許されない旨の宣言を求めることを目的とし，その請求認容判決の確定により，債務名義の執行力の排除という形成的効果を生ずるから，形成訴訟であるとする**形成訴訟説**が多数説である。しかし，この説は，請求権の不存在が確定されるからこそ執行が許されないことになるという執行不許の真の理由を，その理論構成に組み入れておらず（請求権自体は訴訟物ではないとする），そのため，この訴訟の請求認容判決が確定しても，請求権の不存在の判断について既判力が生ぜず，後で敗訴原告が請求権の不存在を主張して不当利得返還請求をすることを妨げられないという難点があると指摘されている（そのため，請求異議訴訟における請求棄却判決の既判力が債務者の事後的な不当利得返還請求権等にも及ぶと解することによって，形成訴訟説に対する批判をかわそうとする**新形成訴訟説**も主張されている）。そこで，②この訴えは，債務名義に表示された実体法上の給付義務の不存在確認を求める確認の訴えであるとする**確認訴訟説**や，③給付請求権自体を訴訟物として，その不行使を求める訴えであるとする**消極的給付訴訟説**，さらには，④この訴えの持つ機能から，給付請求権の不存在確認という確認的作用と債務名義の執行力の排除という形成的作用とを併せ持つ特別な訴えであるとする**救済訴訟説**などが主張されるに至っている。

　しかし，前述のように，請求異議の訴えが，当該債務名義に基づき特定の請求権の実現のために強制執行を行うことの実体的当否および裁判以外の債務名義の成立の瑕疵の有無を，判決裁判所が，口頭弁論に基づいて確定し，その結果に従い執行の許否を規律（コントロール）することを目的としているという点を直視すると，⑤この訴えは，執行の許容性の要件たる事項（請求権の存否，裁判以外の債務名義の有効性など）を審判の対象（訴訟物）とし，これを既判力をもって確定するとともに，その結果に従い，その債務名義に基づく執行の許否を，執行機関に向けて（執行機関に対する拘束力をもって）判決主文で宣言する（指示する）という構造を持つ特別な訴えであるとする**命令訴訟説**が，もっとも事柄の本質を捉えているように思われる。

> **2–14** 請求異議訴訟と強制執行の停止・取消しとの関係
>
> 　債務者は，請求異議の訴えを提起すると，受訴裁判所に執行停止の仮の処分をするよう申し立て，受訴裁判所は，債務者の主張に法律上理由があり（主張された事実が存在すると仮定すれば請求認容となり），主張された事実が疎明されたと判断すれば，担保を立てさせまたは立てさせないで，強制執行を一時（終局判決まで）停止する仮の処分を発令できる（民執36条1項前段）。債務者は，この裁判の正本を執行裁判所に提出し，これを受けて執行裁判所は強制執行を停止する（同39条1項7号）。その間に請求異議訴訟の審判が行われ，受訴裁判所は，請求認容判決の場合は一時停止の仮の処分を認可する裁判をし（同37条1項），請求認容判決が確定すれば，債務者はこの判決の正本を執行裁判所に提出し（同39条1項1号），これを受けて執行裁判所はこれまでになされた執行処分を取り消すことになる（同40条1項）。他方，受訴裁判所が請求を棄却する場合は，一時停止の仮処分を取り消し（同37条1項），強制執行は再開されることになる。

(4)　請求異議訴訟の訴訟物と異議の事由

(a)　訴訟物と「異議」および「異議の事由」

　請求異議の訴えにおける審判の対象（**訴訟物**）は，「**異議**」（異議請求）である。ところで，民執法は，異議について，(i)請求権の存在についての異議，(ii)請求権の内容についての異議，そして(iii)裁判以外の債務名義の成立についての異議の3態様に分けているが（もっとも，後述のように，これ以外にも請求異議の訴えが許される事由もある），これら3種類の異議は，実は，それぞれ法的主張として

の性質が異なる。すなわち，(i)は，債務の弁済などによる請求権の消滅や契約の無効・取消しなどによる不成立に基づき当該債務名義による執行の絶対的排除（阻止）を求めるものである。(ii)は，弁済の猶予などによって債務名義による執行の一時的排除（阻止）を求めるものである。また，(iii)は，たとえば，執行証書の作成嘱託の際に代理した者が無権代理であることや和解調書の合意内容が錯誤（民95条）に基づくことなどを理由に当該債務名義による執行の排除（阻止）を求めるものである。そして，それぞれの「異議」において，債務の弁済や，弁済の猶予，代理権の欠缺，錯誤による取消しなどは，「異議」を理由あらしめる具体的事実である。

　しかるに，民執法は，確定判決についての「**異議の事由**」は口頭弁論終結後に生じたものに限られるとする（民執35条2項）とともに，数個の「異議の事由」は同時に主張すべきものと規定している（異議事由の同時主張強制。同35条3項・34条2項）。そのため，民執法35条2項にいう「異議の事由」が何を意味するかが，請求異議訴訟の訴訟物は何かという点とも絡んで問題となる。

　請求異議訴訟の訴訟物としての「異議」の単複異同の決定基準については，旧強制執行法時代から争いがあり，民執法の下でも，①請求権の存在についての異議，請求権の内容についての異議，裁判以外の債務名義の成立についての異議という各異議の態様ごとにそれぞれ別個の訴訟物とみる**異議態様（実体関係）説**と，②主張される異議の種類・内容にかかわらず，特定の債務名義につき執行（力）の排除を求める法的地位が包括的に一つの訴訟物を構成する（したがって執行力の排除を求められている債務名義の単複異同が訴訟物の単複異同を決する）とする**債務名義説**が有力に主張されている。ただ，債務名義説は，訴訟物の構成が概括的に過ぎ，同時主張強制の規定（同35条3項・34条2項。⇨99頁(4)(d)）の存在と調和しない憾みがあるので，民執法35条1項所定の各異議の態様ごとに訴訟物を別個とみる異議態様（実体関係）説が妥当であろう。そして，同条2項（同35条3項によって準用される34条2項も同じ）にいう「異議の事由」とは，この異議を理由あらしめる個々の攻撃方法を指すと考えられる。

(b)　請求異議の態様（種類）

　請求異議は，その異議事由によって，次のような態様に分かれる。

(i)　請求権の存在についての異議

　請求権の存在についての異議として

は，第一に，請求権の発生自体を妨げる事由がある。たとえば，契約の不成立，通謀虚偽表示（民94条），錯誤（同95条），公序良俗違反（同90条），無権代理（同113条）などがそれにあたる。もっとも，これらの事由は，請求権の発生自体を妨げる事由なので，請求異議の対象となっている債務名義が既判力を有し，標準時前の事由の主張が制限されるときは，請求異議の事由とはならない（⇨97頁(c)）。第二に，請求権を消滅させる事由がある。たとえば，弁済（民473条），相殺（同505条），更改（同513条），免除（同519条），取消し（同96条），解除（同540条），消滅時効の完成（同166条）などがそれにあたる。やはり既判力のある債務名義については，これらの事由がどの時点で生じたかによって，請求異議の事由となるかどうかが異なってくる。

　(ⅱ)　**請求権の内容についての異議**　　請求権の内容についての異議は，請求権ないし責任の態様が，債務名義に記載されたものと実際には異なっているという主張である。たとえば，期限の猶予（民135条），停止条件の付加（同127条）などがこれにあたる。

　無留保の給付判決に基づく強制執行に対して，限定承認（民922条）をした相続人が請求異議の訴えを提起できるか否かについては，争いがある。責任の限定は執行文の中に明示すべきであるから，執行文付与に関する異議（民執32条）または執行文付与に対する異議の訴え（同34条）によるべきであるとする説や，相続人は相続財産の範囲内でのみ責任を負うにすぎず，これ以外の財産に対する執行からの救済は，第三者異議の訴え（同38条）によるべきであるとする説もあるが，次の理由から，請求異議の訴えによると解すべきである。第一に，責任の範囲を相続財産に限定することは，本来，請求権の実体法的な属性の問題であるから，限定承認の成否を執行文付与の問題として執行文付与に関する異議の決定手続で処理をするのは妥当ではなく，判決手続たる請求異議訴訟における異議の事由とするのが適切であるという点である。第二に，限定承認を主張する債務者（相続人）が求めているのは，「相続財産以外の財産に対する強制執行の一般的不許」であるから，特定の財産に対する強制執行の不許を求める第三者異議の訴え（同38条）は，この場合，必ずしも適切な救済方法とはいえないという点である。もっとも，現実に差し押さえられた特定財産が相続財産か相続人の固有財産のいずれに属するかが争われている場合には，限

定承認をした債務者は第三者異議の訴えを提起することができると解される。

　債務名義に表示された請求権が差押えや仮差押えを受けた場合に，請求異議の訴えを提起できるか否かについては争いがある。債務者は差押え・仮差押えの事実を理由に執行異議または執行抗告をなし，執行手続が満足的段階に進むことを阻止できるにすぎないとするのが，判例（仮差押えにつき，最判昭和48・3・13民集27巻2号344頁［百選53事件］）・通説である（⇨222頁(b)(ii)）。

　(iii)　**債務名義の成立についての異議**　裁判以外の債務名義（たとえば，執行証書，和解調書，認諾調書，調停調書など）については，債務名義の成立についての異議も請求異議の事由となる（民執35条1項後段）。この種の債務名義は，当事者とりわけ債務者の意思にその正当化根拠があり，しかも，その取消し・変更を求めるための上訴・異議などによる不服申立方法もないことから，債務名義の成立についての瑕疵を，請求異議の事由にしたものである（**準再審に代わる請求異議の転用**）。たとえば，執行証書の場合には，公証人に執行証書の作成を嘱託し，また公証人に対する執行受諾の意思表示をする際に，代理人として関与する者に代理権の欠缺があるときは，請求異議の訴えにより執行力を排除することができる（最判昭和32・6・6民集11巻7号1177頁）。また，意思表示に錯誤（民95条）がある旨の主張も許される（最判昭和44・9・18民集23巻9号1675頁）。和解調書や調停調書に対しても，錯誤（民95条），無権代理（同113条）などを理由として，請求異議の訴えを提起することができる。

　請求異議は必要的口頭弁論に基づき判決をもって裁判するものであるから，これらの債務名義の成立についての瑕疵であっても，形式的な瑕疵にすぎず口頭弁論による審理の必要のないものについては，執行文付与に対する異議（民執32条）によるべきである。たとえば，執行証書に表示された請求権が特定を欠いていたり，その金額が一定性の要件（⇨39頁(b)(ii)）を欠く場合や，執行証書に契印（公証39条5項・40条1項）や公証人・作成嘱託者の署名捺印（同39条3項）を欠く場合，公証人が届出印鑑（同21条）を使用しないで執行証書を作成した場合，執行証書作成のための委任状の印影と印鑑証明書（同28条2項参照）の印影が相違することを看過した場合などである。もっとも，これらの瑕疵を理由に請求異議の訴えが提起されてきたときに，これを不適法却下するのは行き過ぎであろう。

　(iv)　**その他の請求異議**　　以上の法定の異議事由のほかにも，請求異議の事由となるものがある。たとえば，①当事者間に特定の債務名義なり執行債権につき不執行の合意がなされている場合である（最決平成18・9・11民集60巻7号2622頁［百選1事件］）。また，②債務名義自体の取得自体は適法であっても，その後の事情の変更により，当該債務名義による強制執行が信義則違反または権利濫用にあたる場合にも，執行債務者は，そのことを主張して請求異議の訴えを提起することができる（最判昭和37・5・24民集16巻5号1157頁，最判昭和43・9・6民集22巻9号1862頁）。

　③債務名義の不当取得，たとえば，債権者が相手方や裁判所を欺罔して確定判決を不当に取得したことが請求異議の事由になるかどうかについては，争いがある（既判力を有しない債務名義の場合には，請求権の不存在ないし債務名義の成立の瑕疵を直接請求異議の事由にすることができる）。判例（最判昭和40・12・21民集19巻9号2270頁）は，これを認めることは，再審の訴えによらずにその既判力を排除することになるので，直ちには請求異議の事由とはならないとする（もっとも，判例の立場を是認しつつも，当事者の手続保障がまったく欠けていた場合には，請求異議で争うことができるとする学説もある）。しかし，判決が不当取得され，債務者が債権者に金銭を支払った後に，債権者を相手に損害賠償請求訴訟を提起した事案につき，再審事由がある場合には，再審のルートを経ることなく，直接不法行為に基づく損害賠償請求を認める判例（最判昭和44・7・8民集23巻8号1407頁）を踏まえ，判決の不当取得の場合にも，いわゆる「隠れたもしくは影の再審というかたちでの請求異議の訴え」提起の可能性を認める見解もある。

　(c)　**異議の事由の時的制限**

　債務名義が既判力を有する場合には，その基準時（標準時）によって，それ以前に生じていた異議事由の主張は，原則として許されない。確定判決であれば，その訴訟の事実審の口頭弁論終結後に生じた事由でなければならない（民執35条2項）。口頭弁論終結前に生じていた事由については，債務者は前訴の口頭弁論で主張することができたはずであり，これをせずに不利益を受けたとしても，それは自己責任と考えられるからである。これに対し，執行証書や仮執行宣言付支払督促など既判力を伴わない債務名義については，請求権の不成

立・無効その他債務名義成立前に存在した事由を請求異議事由として主張することは妨げられない。和解調書，認諾調書，調停調書など，確定判決と同一の効力を有する債務名義（同22条7号）についても，既判力否定説を前提にすると，時間的な制限はないことになる。

　このように債務名義が確定判決のように既判力を有する場合には，請求権の存在についての異議の事由のうち，請求権の発生自体を妨げる事由の主張は，既判力の遮断効によって排斥される。これに対し，請求権の消滅事由は，口頭弁論終結後に生じたもの（たとえば，弁済）は，既判力に抵触しないから，請求異議事由となる。同じく請求権の消滅事由でも，既判力の基準時前に既に存在していた形成権（取消権，解除権，相殺権，建物買取請求権など）を基準時後に行使した場合に，これを請求異議の事由として主張することができるか否か，については争いがある。①**取消権**および**解除権**については，その行使が基準時後であっても，これが基準時前に存在し，いつでも行使し得たのであれば，請求異議事由として主張できないと解される。そうでなければ，より重大な瑕疵である当然無効の事由（虚偽表示など）が遮断されることと釣り合いがとれないし，基準時前の形成権行使に何ら支障はなく，形成権の行使を事後に留保することについて合理的必要性も認められない以上，前訴が請求の当否について最終的な決着をつける機会であったとみるのが妥当であるからである（詐欺による契約の取消権につき，最判昭55・10・23民集34巻5号747頁）。②**相殺権**については，反対債権を持つ被告は，それが基準時前に相殺適状にあっても，基準時後に相殺の意思表示をして，請求異議事由として債務の消滅を主張し得るとするのが判例（最判昭和40・4・2民集19巻3号539頁）・通説である。相殺の場合には，訴求債権それ自体の瑕疵によるのではなく，反対債権と訴訟物たる訴求債権についての紛争は本来別個の紛争であるから，双方について一挙に決着をつけることを被告に強いるのは無理であるからである。これに対しては，被告が相殺適状にある反対債権を知っていた場合に限り失権し，異議の事由として主張できなくなるという少数説もないではない。しかし，相殺をするか否か，いつ相殺するかの自由を債務者に与えている実体法の趣旨に反するし，また，知・不知で分けるとすると，その証明が困難であり，無用の紛糾を招くおそれがある。したがって，相殺権については，被告の自由が尊重されるべきであり，

相殺適状の知・不知を問わず，基準時後の行使により相殺の効果を主張して，異議の事由とすることができると解すべきである。③借地借家法13条所定の**建物買取請求権**は，借地人に最低限家屋の価値だけは資本を回収する途を保障しようという，社会法上の特別な考慮により認められた形成権であり，しかも，その効果は詰まるところ発生した代金の確保に尽きるため，基準時後に行使を認めても弊害は少ないことや，建物収去土地明渡請求の前訴では予備的抗弁として建物買取請求権を行使すると自らの立場を弱めるおそれがあり，訴訟戦術上提出しにくいことなどを考慮すると，請求異議訴訟での主張を許すべきである（最判平成7・12・15民集49巻10号3051頁［百選16事件］）。

　相続債務についての給付訴訟で，相続人が限定承認（民922条）の抗弁を提出しなかったために無留保の給付判決が確定した場合に，基準時前に存在した限定承認を請求異議の事由として主張できるか否かについては，争いがある。限定承認のような有限責任の抗弁は，被告にとって敗訴を前提としてのみ意味があり，既判力の遮断効に服させるのは酷であるとする見解もある。しかし，責任の範囲を相続財産に限定することは，本来，請求権の属性の問題であり，債権者の給付請求に対して防御的機能を有しているので，基準時後の限定承認の主張は，前訴判決の既判力によって遮断されると解すべきである。

(d)　「異議の事由」の同時主張強制

　民執法は，「異議の事由」が数個あるときは，執行債務者はそれらを同時に主張しなければならないと規定している（民執35条3項・34条2項）。ここにいう「異議の事由」が何を意味するかについては，前述のように請求異議訴訟の訴訟物の問題も絡み争いがあるが（⇨93頁(4)(a)），異議の態様（種類）によって訴訟物の単複異同を決定する**異議態様（実体関係）説**に立つと，この規定の趣旨は，請求異議訴訟の繰り返しによる執行の遅延を防止するために，請求異議をめぐる紛争を1個の訴訟に集中して解決することにあるから（別訴禁止），「同時に」とは，同一訴訟を意味し，また，同時に主張することを強制される数個の「異議の事由」とは，訴訟物となる，請求権の存在についての異議，請求権の内容についての異議，裁判以外の債務名義の成立についての異議の各態様を意味する。したがって，この見解によると，異議の事由の同時主張強制は，訴訟物を超えた特別の失権効を定めたものと理解される。また，債務の弁済や

弁済の猶予など，異議（請求）を理由あらしめる具体的事実は，攻撃防御方法の提出時期の規律に服することになる（民訴156条・156条の2・157条・157条の2参照）。もっとも，一つの債務名義を対象とする限り，請求異議訴訟の訴訟物は，その理由を問わず同一であるとする**債務名義説**に立った上で，民執法35条3項は，同34条2項と相俟って，請求異議の訴えと執行文付与に対する異議の訴えとの間で別訴禁止を定めた規定であると理解する有力学説もある。

(5)　訴　訟　手　続

(a)　管　　轄

　請求異議の訴えでは，債務名義上の実体的権利関係と実際の権利関係との不一致をめぐって攻防が行われる。実体的権利関係についての審理が必要となるため，通常の判決手続によって審理が行われる。そのため，強制執行を担当する執行機関とは関係なく，債務名義の種類に応じて決まる管轄裁判所に請求異議の訴えが提起される（民執35条3項・33条2項）。具体的には，①確定判決，仮執行宣言付判決，抗告に服する決定・命令，執行判決付外国判決，執行決定付仲裁判断，および確定判決と同一の効力を有するもののうち後記⑥に含まれないものについては，第一審裁判所，②仮執行宣言付損害賠償命令については，損害賠償命令事件が係属していた地方裁判所，③仮執行宣言付支払督促については，支払督促を発した裁判所書記官の所属する簡易裁判所，④裁判所書記官の訴訟費用額等の確定処分については，その処分をした裁判所書記官の所属する裁判所，⑤執行証書については，債務者の普通裁判籍の所在地を管轄する裁判所（普通裁判籍がないときは請求の目的または差押えの対象となり得る債務者の財産の所在地を管轄する裁判所），⑥和解調書および調停調書については，和解・調停が成立した簡易裁判所・地方裁判所・家庭裁判所（簡易裁判所で成立した和解・調停にかかる請求が簡易裁判所の管轄に属さないときはその簡易裁判所の所在地を管轄する裁判所）が管轄する。一般的には専属管轄であるが（同19条），請求の価額により簡易裁判所か地方裁判所かが定まる場合は，任意管轄である。

(b)　訴えの提起

　債務名義に債務者として表示された者（またはその承継人その他債務名義の執行力の拡張を自己に対し受ける者。民執23条）は，当該債務名義が成立し有効に存

在する限り（換言すると，強制執行を開始できる効力がある限り），執行文の付与前または執行開始前であっても，当該債務名義に債権者として表示された者（またはその承継人その他債務名義の執行力の拡張を自己に対し受ける者。同23条）を被告として，請求異議の訴えを提起することができる。ただし，当該債務名義に基づく強制執行が完結した場合には，執行の排除（阻止）を求める利益を欠き，（不当利得返還請求または不法行為による損害賠償請求の訴えに変更しない限り）不適法却下となる。

　(c)　**執行停止等の仮の処分**

　請求異議の訴えが提起されても，当該債務名義に基づく強制執行の開始・続行は，当然には妨げられない。しかし，強制執行が続行されると，訴え提起による執行阻止の目的が達成できなくなる。そこで，債務者の利益保護のために，執行を暫定的に停止し，取り消す仮の処分が認められている（民執36条）。

　(i)　**受訴裁判所による仮の処分**　　請求異議の訴えが提起された場合において，異議のため主張した事情が法律上理由があるとみえ，かつ，事実上の点につき疎明があったときは，受訴裁判所は，原告の申立てにより，終局判決における仮の処分（民執37条1項）をするまでの間，①債務者に担保を立てさせもしくは立てさせないで強制執行の停止を命じ，または，②これとともに，債権者に担保を立てさせて強制執行の続行を命じ，もしくは，③債務者に担保を立てさせて既にした執行処分の取消しを命ずることができる。急迫の事情があるときは，裁判長も，これらの処分を命ずることができる（同36条1項）。この仮の処分は決定で行い，これに対する不服申立てはできない（同36条2項・5項）。また，急迫の事情があるときは，執行裁判所も，同様の処分を命ずることができ，この場合は，訴えの提起前でもよい（同36条3項）。しかし，執行裁判所による仮の処分は，受訴裁判所による仮の処分（同37条1項）を得るまでの暫定的措置なので，執行裁判所が定めた期間内に受訴裁判所の裁判を得てその正本を執行機関に提出する必要がある（同36条4項）。

　(ii)　**終局判決における執行停止等の裁判**　　請求異議の訴えにおいて，終局判決をするときは，受訴裁判所は，本案についての結果に応じて，新たに執行停止等の仮の処分を命じ，または，既にした仮の処分を取り消し，変更もしくは認可することができる（民執37条1項前段）。これらの裁判については，職

権で仮執行宣言を付し，直ちに執行停止等の効力が生じるようにしなければならない（同項後段）。これらの裁判に対しても不服申立てはできない（同 37 条 2 項）。

(d) **審理および裁判**

請求異議の訴えの審理は，通常の訴訟手続で行われる。裁判所は，審理の結果，異議を理由ありと認めるときは，当該債務名義に基づく強制執行を許さない旨を判決主文で宣言する。しかし，執行手続を現実に停止し，または既に行われた執行処分を取り消すためには，執行不許を宣言した確定判決または仮執行宣言付判決の正本を執行機関に提出しなければならない（民執 39 条 1 項 1 号・40 条 1 項）。また，請求異議の訴えは，前述のように，執行の許容性の要件たる事項（請求権の存否，裁判以外の債務名義の有効性など）を訴訟物とし，これを既判力をもって確定することをも目的としているから，請求権の存否や裁判以外の債務名義の有効性などについての判断についても既判力が生じる。

> **2-15** **建物買取請求権が行使された場合の債務名義の執行力**
>
> 土地の所有者が借地人を相手に提起した建物収去土地明渡請求訴訟において建物収去土地明渡しを命じる判決が出され確定した後に，借地人が建物買取請求権の行使を理由に請求異議訴訟を提起し（これが許されることについては，前述⇨97 頁(c)），裁判所が請求認容判決をする場合には，「建物退去土地明渡しの限度を超えては強制執行を許さない」旨の判決が出されることになる。この場合，「建物収去土地明渡し」を命ずる債務名義の執行力は，建物収去を命ずる限度で失われるにとどまり，「建物退去土地明渡し」の範囲では，執行力はなお維持されていると解されている（東京高判平成 2・10・30 判時 1379 号 83 頁，福岡高判平成 7・12・5 判時 1569 号 68 頁など参照）。もっとも，これに対しては，請求異議は全部認容であり，前訴判決の執行力は全面的に排除されるので，土地所有者は，建物退去土地明渡しの別訴を提起すべきであり，その中で同時履行の関係にある売買代金との引換え給付判決をするとの見解や，建物買取請求権の行使により法律上当然に建物の売買が成立し，その売買代金を支払うのと引換えでなければ強制執行ができないはずであるから，請求異議の一部認容判決でそのように執行力を変更させるとする見解なども主張されている。
>
> **参考文献**
> ＊高橋宏志『重点講義民事訴訟法(上)〔第 2 版補訂版〕』（有斐閣，2013）625 頁。

(6)　執行文付与をめぐる訴えと請求異議の訴えとの関係

(a)　執行文付与の訴えと請求異議事由の抗弁

　執行文付与の訴えにおいて、債務者たる被告が、債務名義上の請求権（実体権）についての条件成就や承継関係（民執27条参照）の攻撃防御方法以外に、実体上の請求異議事由（請求権の不存在・変更・消滅など）を、抗弁として提出できるか、という問題がある。判例（最判昭和52・11・24民集31巻6号943頁［百選14事件］）・多数説は、否定説に立つが、肯定説も有力である。

　否定説は、執行文付与の訴えの目的は、執行文によって公証されるべき執行力の存否を確定することにあり、執行債権の存否は審判の対象ではないから、請求異議事由は抗弁となり得ないとする。これに対し、**肯定説**は、執行文付与の訴えの目的は、承継人に対する請求権の存在を保障することにあり、審判の対象も実体権の存否に及ぶべきであると主張する。すなわち、執行文付与機関を裁判所書記官とする現行執行制度の下では、手続的な制約から、債務名義の執行力を前提とした承継関係の判断に限られるが、受訴裁判所による判決手続たる執行文付与の訴えでは、審判の対象をその点に限定する必要はなく、前主に対する債務名義による承継執行の許否を判断するためには、むしろ承継人に対する請求権の存否についても審理すべきであり、請求異議事由の抗弁の提出も許されるというのである。もっとも、仮に否定説に立っても、執行文付与の訴えに対して被告が反訴として請求異議の訴えを提起できるから、実際上の違いは少ないとの指摘もある。

　なお、肯定説に立った場合には、さらに、執行文付与の訴えにおける事実審の口頭弁論終結時までに存在していた請求異議事由を主張して、後に請求異議の訴えを提起できるか否か（請求異議事由の提出権能が訴訟上失権するか否か）をめぐって見解が分かれる。執行文付与の訴えの審理経過を問うことなく一律に失権させる**失権肯定説**と失権を否定する**失権否定説**があるほか、執行文付与の訴えで請求異議事由を主張しないときは、後にその事由に基づき請求異議の訴えを提起できるが、既に一つでも請求異議事由を主張しているときは、当該事由だけでなく、他の事由に基づき請求異議の訴えを提起できなくなるとする**折衷説**も主張されている。

(b)　執行文付与に対する異議の訴えと請求異議の訴えとの関係

　債務者が，執行文付与に対する異議の訴えにおいて請求異議の事由を併せて主張し，また，請求異議の訴えにおいて執行文付与に対する異議事由を併せて主張することが許されるか，という問題もある。この点については，訴権競合説，法条競合説，折衷説の対立がある。

　訴権競合説は，執行文付与に対する異議の訴えは，条件成就または承継を理由に執行文が付与された場合に，債務者が特別要件の基礎となる事実はないとして，執行文付与の排除を求めることを目的としているのに対して，請求異議の訴えは，請求権自体の不存在等を主張して，当該債務名義に基づく執行を排除（阻止）することを目的としており，両者はその目的を異にするから，一方の訴えにおいて他方の異議事由を主張することはできず（最判昭和41・12・15民集20巻10号2089頁［百選10事件］，最判昭和55・5・1判時970号156頁［百選15事件］），一方の訴えで敗訴判決を受け判決が確定した後でも，他方の訴えを提起することは妨げられないとする（最判昭和55・12・9判時992号49頁）。また，両方の異議事由を主張すれば訴えの併合にあたり（最判昭和43・2・20民集22巻2号236頁），一方の異議事由を他方の異議事由に変更すれば，訴えの変更にあたるとする。

　これに対し，**法条競合説**は，両訴とも債務者が実体上の事由を主張して，現在特定の者に対して，または特定の者のために債務名義が執行力を有しないことを確定することを目的とする点で両者間に本質的な差異は認められないことを理由に，執行文付与に対する異議の訴えで，条件成就の成否や承継の存否のほかに，請求異議事由を主張することができるし，その訴訟で請求異議事由を主張しないまま敗訴すると，後に請求異議事由に基づき請求異議の訴えを提起することができなくなると主張する。

　さらに，**折衷説**は，一方の訴えにおいて他方の異議事由を主張することは許されるが，両者は本質的に別個の訴えであるから，原告たる債務者は他方の異議事由の主張を強制されるわけではなく，他方の異議事由を主張しないまま敗訴したとしても，他方の訴えの提起を妨げられないと主張する。

　判例・通説は，訴権競合説を採るが，異議事由ごとに厳格に提起すべき訴えを細分化する取扱いに対しては，執行手続のスムーズな進行を妨げることにな

りかねないとの批判もなされている。

7 第三者異議の訴え

(1)　概念・制度趣旨

　第三者異議の訴えは，第三者が，他人間の強制執行により執行の対象（目的
物）となった財産について，自己の有する権利ないし保護されるべき法的地位
を有しており，それが不当に侵害されていることを主張し，特定の債務名義に
基づく特定の財産への執行の排除（阻止）を求めて，債権者を相手方（被告）
として提起する訴えである（民執38条）。請求異議の訴えや執行文付与に対す
る異議の訴えが，特定の債務名義に基づく執行の可能性を一般的に排除（阻
止）することを目的とするのに対して，第三者異議の訴えは，特定の財産に対
する執行を排除（阻止）することを目的とする点で，違いがある。

　民執法は，執行手続の効率性の要請から，債権者が執行の対象とした財産が，
債務者の責任財産に属するかどうかの判定につき，ある財産が債務者の責任財
産に属するという外観があれば，それに基づいて適法に強制執行を開始できる
とする建前（**外観主義**）を採用した。その結果，債務者の責任財産に属さない
第三者の財産や，債務者の責任財産に属する財産であっても，その上に第三者
が法的に保護される地位を有している財産に対して執行が行われることがある。
前者の例としては，たとえば，Ｘ が Ｙ に対して有する500万円の貸金返還請
求権にかかる債務名義に基づき，Ｙ 名義の所有権登記のある甲土地に対して
不動産強制競売を申し立て，競売開始決定がなされたが，甲土地は，実際には
Ｚ の所有に属している場合が考えられる。また，後者の例としては，たとえば，
Ａ が Ｂ に対する150万円の貸金返還請求権にかかる債務名義に基づき，Ｂ の
Ｃ に対する150万円の売買代金請求権に対して差押命令を申し立て，執行裁判
所が，差押命令を発令したが，Ｂ の Ｃ に対する売買代金請求権に対して Ｄ が
質権（債権質）を有している場合が考えられる。かかる場合に，第三者が，当
該執行の対象となった財産について自己の有する権利ないし保護されるべき法
的地位が不当に侵害されることを主張して，その執行の不許を宣言する判決を
求めて提起する訴えが，第三者異議の訴えである。第三者異議の訴えは，この
ように，対第三者関係における執行の実体的適否を終局的に確定し，その結果

に従って執行手続を規律（コントロール）し，もって，執行対象の面で，請求権を実体法どおりに実現するための手段であり，その制度的使命は，強制執行の対象面での正当性（終局的意味における合法性）を保障するため，執行の対第三者関係における実体的適否を判決手続で確定し，その結果を執行手続に反映させることにある，といってよい。

　第三者異議の訴えは，すべての民事執行に対して認められる。金銭執行はもちろんのこと，非金銭執行，担保権実行手続（民執194条），留置権による競売および換価のための競売（形式的競売。同195条），保全執行（民保46条）に対しても提起できる。

(2)　訴えの法的性質と訴訟物

　第三者異議の訴えの法的性質については，請求異議の訴えと同様に，その訴訟物や判決効とも絡んで，様々な見解が主張されている。すなわち，①この訴えの訴訟物は，第三者の実体法上の権利に基づく異議権であり，第三者異議の訴えは，その異議権の行使により，特定の目的物に対する執行を違法にする形成判決を求める訴えであるとする**形成訴訟説**，②この訴えは，執行の目的物が債務者の責任財産に属さないことの消極的確認，または執行の目的物が原告である第三者に属することの積極的確認を求めるものであり，当該財産に対して執行が許されなくなるのは，確認判決が執行機関に及ぼす反射的効果であるとする**確認訴訟説**，③この訴えが，沿革的に，執行手続における第三者の所有権の保護を目的とする妨害排除の訴えとして発生・発展してきたものである点をも踏まえ，第三者異議の訴えは，執行債権者に対して当該目的財産に対し執行してはならないという不作為を求める訴えであるとする**給付訴訟説**，さらには，④この訴えは，当該財産が責任財産に属さないことの確認的作用と，当該財産に対する執行の排除という訴訟上の形成的作用の二つの目的を有する特殊な訴えであるとする**救済訴訟説**などが主張されている。

　しかし，前述（⇨105頁(1)）のように，第三者異議の訴えが，対第三者関係における執行の実体的適否を終局的に確定し，その結果に従って執行手続を規律（コントロール）し，もって，執行対象の面で，請求権を実体法どおりに実現するための手段であるという点を直視すると，⑤この訴えは，当該強制執行

の原告（第三者）に対する関係での実体的違法の主張，より正確には，「債務名
義に表示された請求権の実現のため，当該目的物に対してなされた強制執行が，
原告に対する関係で，実体法上違法であるとの主張」を訴訟物とし，これを既
判力をもって確定するとともに，判決で認められた実体的権利関係の下で執行
関係がいかにあるべきかを執行機関に向けて判決主文で宣言（指示）するとい
う構造を持つ特別な訴えであるとする**命令訴訟説**が，最も事柄の本質を捉えて
いるように思われる。

(3) 異 議 事 由

　第三者異議の訴えの請求原因となる異議事由につき，民執法38条1項は，
第三者が強制執行の「目的物について所有権その他目的物の譲渡又は引渡しを
妨げる権利を有する」ことと規定しているが，後述のように，所有権を有して
いるからといって必ずしも常に異議事由となるわけではない。むしろ，現在で
は，第三者が執行対象物につき一定の権利ないし保護されるべき法的地位を有
し，それが侵害され，かつ，その侵害につき執行を受忍する理由がない場合に，
第三者異議の訴えが認められると解されている。したがって，第三者は，この
訴訟の本案審理において異議事由を主張しなければならないとされているが，
実際には，第三者は執行対象物をめぐる自己の権利ないし法的地位が対執行債
権者との関係で実体法上侵害されていることを主張すればよく，強制執行が第
三者の権利ないし法的地位との関係で実体法上許されないと解されるかどうか
で，第三者異議の訴えが認容されるかどうかが決まる。しかし，強制執行が実
体法上許されない場合には，法的に保護された第三者の地位（＝実体権）の侵
害があるのが普通なので，以下，典型例を紹介する。

(a) 所 有 権

　執行対象について第三者が所有権を有することは，典型的な異議事由であり，
最も実例が多い。動産執行では，買受人の即時取得により第三者は所有権を失
うことになるし，不動産執行でも，第三者は所有権の行使に事実上障害を受け
るからである。しかし，所有権に対抗できる利用権（賃借権，地上権など）に基
づく明渡し・引渡しの強制執行（民執168条）のように，所有権を害しないと
きは，異議事由とならない（東京高判昭和52・2・22下民28巻1＝4号78頁）。共

有者の一部に対する債務名義に基づき共有物に対して行われた強制執行に対して，他の共有者は単独で第三者異議の訴えを提起できる（大阪高判昭和52・10・11 判時 887 号 86 頁）。

　第三者の所有権は，差押債権者に対抗できるものでなければならない（後述の他の物権についても同様である）。ただし，差押債権者がいわゆる「背信的悪意者」として民法 177 条の第三者から除外される場合には，対抗要件がなくても，第三者異議の訴えを提起できる。第三者が執行対象物につき仮登記を有するにすぎない場合に，第三者異議の訴えを提起できるかどうかについては争いがある。一般には，仮登記に対抗力がないことから消極説が有力であるが，差押債権者は，仮登記権利者が実体上所有権を取得していれば，本登記承諾請求を拒否できないし（不登 109 条），仮登記権利者としても執行を阻止できなければ，所有権を事実上害されるので，積極説（東京高判昭和57・11・30 高民 35 巻 3 号 220 頁）が妥当である。

　執行の対象が債権その他の財産権であるときに，第三者がその権利が自己に属することを主張する場合も，物に対する所有権を主張する場合と同様に，第三者異議の事由となる。ただし，第三者異議訴訟の被告たる差押債権者が第三者の対抗要件を争うときは，差押えに先立つ対抗要件具備（民 467 条，動産債権譲渡特例 4 条 1 項）の事実を主張・立証しなければならない。

(b)　占　有　権

　債務者以外の第三者が占有している財産に対して執行が行われる場合には，第三者の占有権は異議の事由となり得る。ただ，不動産の強制競売の場合には，執行機関またはその補助者による執行目的物の占有が執行内容となっていないから，占有権の侵害はなく，第三者異議の訴えは問題とならない。しかし，不動産の強制管理（民執 93 条以下）では，債務者の不動産を第三者が占有している場合に，第三者異議の訴えが問題となる。すなわち，管理人は，第三者が占有する不動産については，債務者に対する引渡義務の履行を占有者に請求できるにとどまり，自ら直接にその占有を奪うことはできない。にもかかわらず，管理人が第三者の承諾なしに執行官の援助の下にその占有を解くときは，占有者は，執行異議はもちろんのこと，必要に応じて第三者異議の訴えを提起することができる。動産執行では，差押えに際して第三者の承諾が必要であるから

（同 124 条），承諾のない差押えに対して第三者異議の訴えを提起できる。もっとも，占有権に基づく第三者異議の訴えを許すことは，執行妨害に格好の手段を与えかねないので，第三者異議の事由があると認められるためには，執行行為によって占有権が侵害されていることのほかに，差押債権者に対し占有侵害を受忍すべき理由のないことが必要であると解すべきである（最判昭和 38・11・28 民集 17 巻 11 号 1554 頁）。

(c)　**用益物権および対抗力ある賃借権**

不動産執行における強制競売では，用益物権（地上権，永小作権）および対抗力を備えた賃借権で，差押債権者・仮差押債権者に対抗できるものは存続し，対抗できないものは売却によって消滅する（民執 59 条 1 項・2 項）ので，第三者異議の訴えは許されない。これに対し，目的物の占有・収益による強制執行（不動産執行における強制管理）では，これらの権利が侵害されることがあるので，第三者異議の事由となる場合もある。

(d)　**担保物権**（典型担保権）

担保物権のうち，目的物の占有使用権能を有しない担保物権は，原則として，目的物自体に対する他の債権者による強制執行に対して第三者異議の訴えを提起できない。

不動産執行では，抵当権や先取特権，使用・収益をしない旨の定めがある不動産質権は売却によって消滅するか，買受人に引き受けられ，消滅する担保物権のうち差押えまたは仮差押前に登記されたものは配当に加えられる（民執 59条 1 項・2 項・87 条 1 項 4 号・2 項）。ただし，抵当権の効力の及ぶ動産（附加物・従物）を他の債権者が差し押さえたり，引渡しの強制執行をしてきたときは，抵当権者は，抵当物件の担保価値の減損を受忍するいわれはないから，第三者異議の訴えを提起できる（最判昭和 44・3・28 民集 23 巻 3 号 699 頁，東京地判平成元・5・30 判時 1327 号 60 頁ほか）。

動産執行では，先取特権者または質権者には配当要求が認められている（民執 133 条）ので，それらの者は，原則として，第三者異議の訴えを提起できない。これに対し，占有・使用を目的とする留置権者・質権者は，目的物の占有・収益の方法による強制執行に対して第三者異議の訴えを提起できる。たとえば，債権質の質権者は，差押後も，自己の取立権（民 366 条）の行使を妨げ

られないが，差押命令ないし転付命令によって事実上取立てを妨げられる
（⇨ 206 頁(5)）ので，第三者異議の訴えを提起することができる。

　(e)　**非典型担保権**

　仮登記担保，譲渡担保，所有権留保等の目的財産が他の債権者によって差し
押さえられた場合に，これらの担保権者が第三者異議の訴えを提起できるか。
法形式ではなく，担保という実質を重視して，それに相応しい保護を与えれば
足りると考えれば（担保的構成），第三者異議の訴えは，原則として，認められ
ないことになるが，個別の検討を要する。

　(i)　**仮登記担保**　　不動産の仮登記担保（代物弁済予約，停止条件付代物弁
済，売買予約）の取扱いについては，多くの問題があったが，仮登記担保法の
制定により，立法的解決が図られた。すなわち，①担保仮登記がされた土地・
建物に対して債務者の他の債権者が強制競売等を申し立て，競売開始決定があ
った場合に，その決定が仮登記担保権者の清算金支払債務の弁済前（清算金が
ないときは，清算期間の経過前）にされた申立てに基づくときは，仮登記担保権
者は仮登記に基づく本登記を請求できず（仮登記担保 15 条・13 条・16 条），②開
始決定が清算金の弁済後（清算金がないときは，清算期間の経過後）にされた申立
てに基づくときは，仮登記担保権者は，その土地・建物の所有権の取得をもっ
て差押債権者に対抗することができる（同 15 条 2 項）。したがって，②の場合
には，第三者異議の訴えを提起できる。

　(ii)　**譲渡担保**　　不動産の譲渡担保では，登記名義は担保権者に移転して
いるから，担保設定者（債務者）の一般債権者が担保目的物に対して執行をし
てくることはほとんどない。逆に，目的物を担保権者の財産としてその債権者
が差し押さえてくることはあり得る。この場合，設定者は被担保債権の限度で
差押債権者の債権を弁済して，不動産を受け戻した上で，第三者異議の訴えを
提起できる（ただし，差押えの登記がなされたときは，第三者異議の訴えを提起する
ことはできない。最判平成 18・10・20 民集 60 巻 8 号 3098 頁 ［重判平 18 民 6 事件］）。

　動産の譲渡担保では，占有が担保権者に移転しているときは，担保権者がそ
の動産を任意提出しない限り，設定者の一般債権者が目的物を差し押さえるこ
とはできない。これに対し，動産の占有が設定者に留保されている場合におい
て，設定者の一般債権者が差押えをしてきたときに，譲渡担保権者にどのよう

な救済方法を認めるかが問題となる。旧法時代から見解の対立がみられ，譲渡担保が所有権移転の形式をとることを重視して，第三者異議の訴えを認める見解が支配的であったが，譲渡担保の実質が担保であることを重視して，旧法時に存在した優先弁済請求の訴え（旧民訴565条）によるべきであるとする見解が有力となった。しかし，動産執行の実態をみる限り，優先弁済請求の訴えは有効に機能していないとの反省から，譲渡担保権者が不当に利益を得る場合でない限り，第三者異議の訴えを認めるべきである（もっとも，目的物の価値が被担保債権額を上回るときは，一部認容として優先弁済の訴えに応じた判決をすべきである）とする見解も主張されていた。

　しかるに，民執法は，優先弁済請求の訴えを廃止する一方で，少なくとも明文上は譲渡担保権者を動産執行における配当要求権者から外している（民執133条参照）。このような新しい状況を受け，最高裁は，特別の事情がない限り，第三者異議の訴えにより強制執行の排除を求めることができるとしているが（最判昭和56・12・17民集35巻9号1328頁，最判昭和58・2・24判時1078号76頁），目的物の価額と被担保債権額との差額に注目し，前者が後者に満たないときに第三者異議の訴えを認めたとみられる裁判例（最判昭和62・11・10民集41巻8号1559頁［百選17事件］）もある。学説では，①第三者異議の訴えによるべしとする見解が有力であるが，②所有権を理由とする譲渡担保権者の第三者異議の訴えに対して，一部認容として優先弁済を認める判決をすべしとする見解（優先弁済請求説），③配当要求を認める説（配当要求は明文上は先取特権者または質権者に限られているが〔同133条〕，これを譲渡担保権者に類推適用する），④被担保債権額が目的物の価額を超え剰余がないときにのみ第三者異議の訴えを認め，そうでない場合には配当要求によるべきであるとする折衷説なども主張されている。

　いずれの見解を採るべきかが問題となるが，要は，譲渡担保権者の把握する担保価値が一般債権者の強制執行にかかわらず維持され，その実現が確保される必要があるとともに，他面，目的物の価額が譲渡担保の被担保債権額を上回る場合に，その余剰価値までが譲渡担保権者に不当に持っていかれ，一般債権者の利益が害されないようにする必要がある。かかる両面の要請に応えるためには，配当要求を認めたり，優先配当を判決で命じるだけでは必ずしも十分で

はなく，第三者異議の訴えを認める必要があろう。ただし，目的物の価額（売得金額）が譲渡担保権者の被担保債権額を上回る場合には，第三者異議請求に対する一部認容として，執行不許に代えて，譲渡担保権者が被担保債権額の限度で優先弁済を受け得る旨の判決をなすべきである。また，第三者異議訴訟の被告たる執行債権者としては，執行債務者が譲渡担保権者に対して差額清算金支払請求権を有する場合にこれを差し押さえて取り立てる方法（民執145条・155条・157条），あるいは，譲渡担保権者に被担保債権額を弁済して（第三者弁済。民474条1項）目的物を受け戻し，強制執行を続行する方法により，目的物の余剰価値を自らのイニシアティブで手中に収めることができると解すべきである。

　(iii)　**所有権留保**　　売買代金債権を担保するため目的物の所有権を売主に留保する形式の非典型担保である。動産についても不動産についてもなされる。留保売主が留保所有権を主張して第三者異議の訴えを提起できるかどうかは，おおむね譲渡担保権に準じて考えることができる。ただし，①留保売主は，目的物につき専門知識および販売ルートを持ち，目的物を執行による売却よりも有利に処分できる場合が多いので，第三者異議の訴えによる執行の排除に特別の利益があり，また，②被担保債権は売買代金債権であり，目的物の価額との均衡もとれているので，第三者異議の訴えを認めても，買主の一般債権者の不利益は小さいという特徴を有する。反面，留保売主は，同時に，動産売買の先取特権者（民321条）であるのが通常であり，買主の一般債権者の執行手続においてその資格に基づき配当要求ができる（民執133条）という特徴もある。

　なお，いわゆるネーム・プレートなどにより，目的物が所有権留保物件であり債務者（買主）の所有に属しないことが明認できる場合に，これを差し押さえるのは違法であり，留保売主は，執行異議（民執11条）を申し立てることができる。

　(f)　**債権的請求権その他**

　第三者の有する権利が債権的請求権であっても，目的物が債務者の責任財産に属していないときは，第三者異議の事由となる。たとえば，転貸借の目的物に対して転借人の債権者が金銭執行をしてきた場合には，転貸人は，第三者異議の訴えを提起して，その執行を排除（阻止）できる。

　処分禁止仮処分の執行後にその目的物に対し他の債権者の強制執行が開始された場合に，仮処分債権者は，仮処分自体を理由として第三者異議の訴えを提起できるかも問題である。多数説は，これを消極に解している。しかし，差押え自体は排除できないが，換価・配当等の手続に対して第三者異議の訴えを認めるべきであるとする見解も有力である。

(4)　訴訟手続

(a)　管轄裁判所

　この訴えは，訴訟物の価額に関係なく，執行裁判所の専属管轄に属する（民執38条3項）。第三者異議の訴えは，目的物の権利・法律関係をめぐる争いがその審理対象となるので，目的物の所在地を管轄する裁判所を管轄裁判所とするのが適切であるからである。ここにいう「**執行裁判所**」とは，目的物所在地の地方裁判所のことをいう。

(b)　当事者

　(i)　**原告適格**　　原告適格を有するのは，執行対象物（目的物）をめぐる自己の権利ないし法的地位が対執行債権者との関係で実体法上侵害されていると主張する第三者である。債務者も，たとえば，相続において限定承認（民922条）がなされ，有限責任が債務名義または執行文上明示されているにもかかわらず，債務者の固有財産に対して差押えが行われた場合には，第三者異議の訴えを提起することができる（これに対し，無留保の給付判決に基づく強制執行に対して，限定承認をした相続人が第三者異議の訴えを提起できるか否かについては，争いがある。⇨95頁(b)(ii)）。特定物引渡執行が債務名義に表示された目的物以外の物件に対して行われた場合にも，債務者は第三者異議の訴えを提起することができる。

　(ii)　**被告適格**　　被告適格を有するのは，第三者異議の訴えによって排除（阻止）しようとしている強制執行を追行する執行債権者である（配当要求権者には被告適格はない）。執行機関は，被告とはならない。

　執行債務者は第三者異議訴訟の被告適格を有しない。しかし，第三者が執行債権者に対してこの訴えを提起している場合において，債務者がこの原告（第三者）の異議事由たる権利関係（たとえば，所有権）を争うときは，原告は，執

行債務者を被告として実体法上の権利関係（たとえば，所有権）の確認または目的物の引渡し等の給付を求める訴えを提起する必要があるので，原告（第三者）はかかる訴えを第三者異議の訴えに併合して提起することができる（民執38条2項）。専属管轄の訴えには，併合請求の裁判籍に関する民訴法7条は適用されないのが原則である（民訴13条1項）ため，執行裁判所の専属管轄に属する第三者異議の訴えについて，明文でその例外を認めたものである。この債務者に対する訴えは，通常の確認または給付の訴えであり，第三者異議の訴えとは通常共同訴訟の関係に立つ。

(c)　**訴えの提起**

第三者異議の訴えは，特定の財産に対する執行の排除（阻止）を目的とするから，執行が現実に開始されるまで執行対象が特定しない金銭執行の場合には，第三者異議の訴えを提起する必要がない。強制執行が開始されてはじめて，訴えの利益が生じる。これに対して，特定物の引渡し・明渡しの強制執行の場合は（民執168条・169条），既に債務名義上で執行対象財産が特定しており，また執行が開始されると極めて短時間で執行が完了してしまうという手続の性質上，執行開始前でも，また執行文付与の前でも，第三者異議の訴えを提起できると解すべきである。

第三者異議訴訟の係属中に執行が完了してしまうと，第三者異議の訴えは訴訟の対象を欠き，訴えの利益がなくなるので，不適法となる。この場合，第三者たる原告は，第三者異議の訴えを，不当利得返還請求または不法行為による損害賠償請求の訴えに変更するほかない（民訴143条）。排除すべき強制執行の終了後に提起された第三者異議の訴えは，利益なしとして不適法却下されるべきである（裁判例は請求を理由なしとして棄却している場合が多いが，異議訴訟の対象がなくなるわけではないから，理論的には疑問である）。

第三者異議の訴えが提起されても，当然には強制執行の開始・続行は妨げられない。しかし，強制執行が開始・続行されると，訴え提起による執行阻止（排除）の目的が達成できなくなる。そこで，請求異議の訴えの場合と同様に，債務者の利益保護のために，執行を暫定的に停止し，取り消す仮の処分が認められている（民執38条4項・36条。⇨ 101頁(6)(c)）。

⒟　審理および裁判

　⒤　**審　理**　　第三者異議訴訟の審理は，通常の訴訟手続で行われる。本案の審理は，第三者異議の訴えの性質上，原告の主張する，当該目的物に対する執行を阻止（排除）すべき異議事由の存否についてなされ，債務名義の効力に関する事由については審理されない。

　審理の過程で，被告たる債権者は，原告の主張する異議事由に対抗できるすべての事実を主張できる。被告（執行債権者）は，異議事由の主張が信義則に反するとの抗弁を提出することができる（最判昭和41・2・1民集20巻2号179頁参照）。

　法人格否認の要件が存在する場合において，執行債権者が債務名義上の債務者の財産に対して強制執行を行ったところ，法人格を否定されるべき第三者が執行対象物は自己の所有または占有に属することを理由に第三者異議の訴えを提起してきたときに，被告から提出された法人格否認の抗弁を認めて，第三者の請求を棄却できるか否かについては争いがあるが，原告の法人格が執行債務者に対する強制執行を回避するために濫用されている場合には，原告（法人格濫用者）は，執行債務者と別個の法人格であることを主張して，強制執行の不許を求めることはできず，棄却を免れない（最判平成17・7・15民集59巻6号1742頁［百選18事件］）。

　所有権に基づく第三者異議の訴えに対して，被告（債権者）は，原告の所有権の取得行為が詐害行為にあたるとして取り消す旨（民424条）の抗弁を提出できるか，という問題がある。抗弁として詐害行為取消権の主張ができるとする見解もあるが，判例は，詐害行為取消権の裁判上の行使は，必ず訴えによることを要し，抗弁の方法によることはできないと解している（最判昭和39・6・12民集18巻5号764頁。もっとも，同じ沿革を有する倒産法上の否認権の行使は，抗弁によっても可能である〔破173条，民再135条，会更95条〕）。これに対し，被告（債権者）が反訴として詐害行為取消訴訟を提起することは，反訴の要件（民訴146条・300条）を具備する限りは可能である。この場合において，併合審理の結果，口頭弁論終結時に詐害行為取消しの要件が認められ，原告の所有権の取得を否定すべきことが裁判所に明らかなときは，第三者異議の訴えは棄却を免れない（最判昭和40・3・26民集19巻2号508頁）。しかし，両訴が別個に提起さ

れたときは，弁論が併合され1個の判決で裁判がなされるのでない限り，詐害行為取消判決の確定なしに，第三者異議の訴えを棄却することはできない（最判昭和43・11・15民集22巻12号2659頁）。

　(ii)　**判　決**　裁判所は，審理の結果，異議事由があると認めるときは，特定の財産（目的物）に対する執行を許さない旨を判決主文で宣言する。しかし，執行手続を現実に停止し，または既に行われた執行処分を取り消すためには，執行不許を宣言した確定判決または仮執行宣言付判決の正本を執行機関に提出しなければならない（民執39条1項1号・40条1項）。

　前述のように，第三者異議の訴えの訴訟物を，「債務名義に表示された請求権の実現のため，当該目的物に対してなされた強制執行が，原告に対する関係で，実体法上違法であるとの主張」であると理解すると（⇨106頁(2)），この訴訟の請求認容判決は，債務名義に表示された特定の請求権のために，当該目的物に対しなされた執行が，実体法上違法であるとの判断について既判力が生ずる。これに対し，第三者異議訴訟の請求棄却判決は，債務名義に表示された特定の請求権のために，当該目的物に対してなされた執行が，実体法上適法であるとの判断について既判力が生ずることになる。そのため，請求棄却判決が確定し，執行が終了した後に，当該第三者が，執行債権者に対し，損害賠償請求や不当利得返還請求をしようとしても，執行の実体的違法の主張は既判力に抵触し，許されないことになる。以上に対し，請求認容判決，請求棄却判決ともに，原告が訴訟の中で主張した異議事由の存否の判断には既判力は生じない。

第7節　執行手続の停止・取消しと終了

1 執行手続の停止・取消し

(1)　執行の停止・取消しの意義

執行の停止とは，法律上の事由により執行機関が執行を開始・続行しないことをいい，他方，**執行の取消し**とは，執行機関が既にした執行処分の全部または一部を除去することをいう。

　執行の停止には，終局的停止（民執39条1項1号～6号・40条1項）と，将来

の続行可能性のある一時的停止（同39条1項7号・8号）の区別がある。終局的
停止の場合には，既になされた執行処分の取消し（執行の取消し）が併せてな
される（同40条1項）。なお，執行機関が事実上執行行為の実施に出ないこと
は，ここにいう停止ではなく，また，強制執行は当事者双方の継続的な手続追
行行為を必要としないので，判決手続におけるような意味での中断・中止（民
訴124条以下）はない。

　また，執行の停止には，特定の債務名義に基づく全体としての執行または
個々の強制執行手続につきその全体を停止する場合（全部停止）と，執行債権
者（差押債権者・配当要求債権者）・執行債務者・執行債権・執行対象の一部につ
き強制執行を停止する場合（一部停止）とがある。

　執行の停止・取消しは，原則として，執行債務者または第三者が法定の執行
停止文書・執行取消文書（民執39条1項各号）を執行機関に提出して強制執行
の停止を申し立てた場合になされる（同39条・40条）。債権者が，執行機関以
外の者によって作成された法定文書（執行正本）を執行機関に提出して強制執
行を申し立てないと，執行手続が開始しないのと同様である。しかし，執行停
止の申立てないし文書の提出がなくても，執行機関が職権で執行を停止・取消
しの措置をとる場合もある。たとえば，執行機関が，債務者に対する破産手
続・再生手続・会社更生手続の開始などの執行障害事由や，執行処分を当然に
無効とする事由（たとえば，執行正本の欠缺）の存在に気づいた場合などである。

(2)　執行停止文書・執行取消文書

　民執法39条1項は，同項各号所定の法定文書の提出があったときは，執行
機関は強制執行を停止しなければならない旨を定めているが，そのうち同項1
号～6号所定の文書は，強制執行を停止するだけでなく，既にした執行処分の
取消しもしなければならない**執行取消文書**である。これに対し，7号および8
号所定の文書は，手続続行の可能性を残す**執行停止文書**である。

(a)　執行取消文書

　執行機関は，執行取消文書のいずれかが提出されたときは，強制執行を停止
するだけでなく，既にした執行処分の取消しをもしなければならない。

(i)　**債務名義（執行証書を除く）もしくは仮執行宣言を取り消す旨または強**

制執行を許さない旨を記載した執行力のある裁判の正本（民執 39 条 1 項 1 号）

　債務名義を取り消す裁判とは，上訴・再審・特別上告・仮執行宣言付支払督促に対する異議などにより，原判決または支払督促を取り消す裁判のことをいう。仮執行宣言を取り消す裁判とは，仮執行宣言のみを取り消す裁判（民訴 260 条 1 項・3 項）のことである。また，強制執行を許さない旨の裁判とは，請求異議の訴え，執行文付与に対する異議または異議の訴え，第三者異議の訴え，執行異議，執行抗告などに基づいてなされた強制執行を許さない旨を宣言する裁判のことを指す。ここにいう「執行力のある裁判の正本」とは，確定または仮執行宣言の付された裁判の正本のことであり，広義の執行力を意味する。したがって，「執行力のある債務名義の正本」とは異なる。

　⑪　**債務名義にかかる和解，認諾，調停または労働審判の効力がないことを宣言する確定判決の正本（民執 39 条 1 項 2 号）**　これは，和解，認諾等の無効確認訴訟を前提とするものである。

　⑫　**民執法 22 条 2 号～4 号の 2 までに掲げる債務名義が訴えの取下げその他の事由により効力を失ったことを証する調書の正本その他の裁判所書記官の作成した文書（民執 39 条 1 項 3 号）**

　⑬　**強制執行をしない旨または執行の申立てを取り下げる旨を記載した裁判上の和解調書・調停調書・労働審判書・労働審判調書の正本（民執 39 条 1 項 4 号）**　これは，いわゆる不執行の合意または執行申立ての取下げの合意が裁判上の和解または調停において成立している場合や，同趣旨の労働審判ないしそれに代わる調書がある場合には，それらに基づく請求異議認容判決の確定や債権者の執行申立ての取下げを待たずに，それらの調書等の提出があれば，直ちに執行を阻止できることを明らかにしたものである。

　⑭　**強制執行を免れるための担保を立てたことを証する文書（民執 39 条 1 項 5 号）**　これは，仮執行宣言付判決に仮執行免脱の宣言（民訴 259 条 3 項）が付けられている場合のその立担保を証する文書のことである。

　⑮　**強制執行の停止および執行処分の取消しを命ずる旨を記載した裁判の正本（民執 39 条 1 項 6 号）**　たとえば，上訴，再審等の不服申立てや各種異議訴訟の提起に伴う仮の処分がなされた場合がこれにあたる（民訴 403 条 1 項 1 号～6 号，民執 36 条 1 項・37 条 1 項・38 条 4 項など）。これらの裁判を，民執法 39

条1項7号所定の強制執行の一時停止のみを命ずる裁判の正本と区別したのは，7号所定の文書には執行取消しの機能（民執40条1項）を認めないことによる。

(b)　**執行停止文書**

執行機関は，執行停止文書のいずれかが提出されたときは，強制執行を停止する。手続続行の可能性を残す一時的停止にとどまるので，既にした執行処分を取り消す必要はない。

(i)　**強制執行の一時停止を命ずる旨を記載した裁判の正本（民執39条1項7号）**　強制執行の一時的停止を命じるが，併せて執行処分の取消しまで命じていない裁判（一時的執行停止命令。民訴403条1項1号～6号，民執10条6項・11条2項・32条2項・36条1項・37条1項・38条4項・132条3項など）の正本は，執行停止文書にすぎず，これが提出された場合には，執行機関は，既にした執行処分を取り消すことはできない。

(ii)　**債権者が，債務名義成立後に，弁済を受け，または弁済の猶予を承諾した旨を記載した文書（弁済受領文書・弁済猶予文書。民執39条1項8号）**　弁済の受領や弁済の猶予について争いがあれば，請求異議の訴えを提起し，併せて執行停止の仮の処分（民執39条1項6号または7号）を求めることができるが（⇨101頁(5)(c)），すぐに訴えを提起できないような場合のために，債権者作成の弁済受領文書や弁済猶予文書の提出があると，債務者保護のため執行を一時停止できることにしたものである。

(ア)　弁済受領文書　債権者が債務名義の成立後に執行債権全部の弁済を受けた旨を記載した文書である必要があるが，ここにいう弁済には，本来の弁済だけでなく，代物返済や第三者弁済はもちろん，免除・相殺・転付命令・他の強制執行手続における配当受領等により執行債権が消滅した場合も含まれる。また，私文書でもよいが（民執183条1項3号との対比），弁済供託の供託書のようにその記載自体から弁済効につき争いがあることが明らかな文書はこれにあたらない（広島高決昭和39・1・10下民15巻1号1頁）。弁済受領文書の提出による執行停止は4週間に限られる（同39条2項）。したがって，その間に執行債権者が執行の申立てを取り下げないときは，債務者は請求異議の訴えを提起して，執行停止の裁判（同39条1項6号7号）を得る必要がある。

(イ)　弁済猶予文書　債権者が債務名義の成立後に弁済の猶予を承諾した

旨を記載した文書である必要があるが，執行制限を約した証書等を含むと解されている。弁済猶予文書の提出による執行停止は，同一の執行手続につき回数にして 2 回，期間にして通算 6 か月に制限されている（民執 39 条 3 項）。

(3)　執行停止の方法

(a)　執行停止の措置

強制執行は，執行機関の行為であるから，執行の停止（取消し）権限を有するのは，執行機関である。判決裁判所が執行の停止を命ずる裁判をしたとしても，当然に執行が停止されるわけではない。執行の停止を命ずる裁判の正本（民執 39 条 1 項 7 号・8 号）が執行機関に提出された場合にはじめて，執行機関は以後執行を開始したり続行することができなくなる（大阪高決昭和 60・2・18 判タ 554 号 200 頁［百選 19 事件］）。

執行の停止・取消しについて，執行機関が具体的にどのような措置をとるべきかは，強制執行の種類や執行手続がどの段階にあるか（民執 72 条・76 条 2 項・84 条 3 項・4 項・91 条 1 項 3 号など）などの事情によって異なる。

執行官による強制執行では，執行処分を単にその後実施しないという消極的行為によって執行の一時的停止を達成できるが，執行裁判所による強制執行では，何らかの積極的行為（たとえば，執行停止の宣言・取立て禁止の裁判・期日指定の取消し・配当等の額の供託など）を必要とすることが多い。

執行の停止文書が提出されても執行機関が停止の措置をとらないときは，債務者または第三者は，執行異議（民執 11 条）を申し立てることができる。また，適式・有効な執行停止文書の提出がないのに執行機関が執行を停止し，もしくは法定の停止期間や回数を超えて停止しているときは，執行債権者も同様に執行異議を申し立てることができる（⇨ 86 頁 **4** (2)(a)）。

強制執行が停止された後，停止事由が消滅しもしくは停止期間（4 週間。民執 39 条 2 項・3 項）が経過したときは，執行債権者は，新たに執行処分の実施を求め，あるいは強制執行の続行を求めることができる。

(b)　執行停止の効力の制限

執行停止文書（民執 39 条 1 項 7 号・8 号。⇨ 119 頁(2)(b)）の提出による執行の停止は，執行対象財産ないし執行段階との関係で，その効力が制限される場合が

ある。

　(i)　**不動産に対する強制競売の場合**　売却終了後は，民執法 39 条 1 項
8 号所定の執行停止文書（弁済受領文書・弁済猶予文書）を提出しても，原則と
して執行停止の効力はなく，売却許可決定の取消し・失効または売却不許可決
定の確定の場合にのみ停止の効力が認められる（民執 72 条 3 項。船舶・航空機・
自動車・建設機械についても同様である〔同 121 条，民執規 84 条・97 条・98 条〕）。売
却決定期日の終了後に，民執法 39 条 1 項 7 号所定の執行停止文書（執行の一時
停止を命ずる裁判の正本）を提出した場合も，同様である（詳細については，
⇨ 184 頁(7)。これに対し，不動産の強制管理の場合には，民執 39 条 1 項 7 号または 8
号所定の執行停止文書が提出されても，そのときの態様で続行されうる。同 104 条 1 項。
ただし，同 108 条参照）。

　(ii)　**動産執行の場合**　民執法 39 条 1 項 7 号または 8 号所定の執行停止
文書が提出されても，差押物について著しい価額の減少を生ずるおそれがある
とき，またはその保管のために不相応な費用を要するときは，差押物を売却す
ることができる（民執 137 条 1 項）。ただし，執行官は，売却金を供託しなけれ
ばならない（同 137 条 2 項）。

　(iii)　**債権執行の場合**　転付命令が発令された後に，執行債務者が民執法
39 条 1 項 7 号または 8 号所定の執行停止文書を提出したことを理由に執行抗
告を申し立ててきたときは，抗告裁判所は，他の理由により転付命令を取り消
す場合を除き，執行抗告についての裁判を留保しなければならない（民執 159
条 7 項）。転付命令が短時間のうちに執行が終了してしまう手続であることを
考慮して，転付命令発令後の事由に基づく執行抗告を特別に許して執行債務者
の保護を図る一方で，債権者の利益をも考慮して，いきなり転付命令を取り消
すのではなく，執行停止文書の帰趨が決まるまで，転付命令を未確定状態にし
ておくことにしたものである。

(4)　執行処分の取消し

(a)　執行取消しの措置

　執行を取り消す権限を有するのも，執行機関である。執行の取消しは，強制
執行の終局的停止を伴う執行取消文書（民執 39 条 1 項 1 号〜6 号。⇨ 117 頁(2)(a)）

121

が提出された場合（同40条1項）のほか，執行債権者が強制執行の申立てを取り下げた場合，執行機関が執行処分を当然に無効とする事由（たとえば，執行正本の欠缺）の存在に気づいた場合などになされる。

　執行処分の取消しも，取り消されるべき執行処分をした執行機関が，既にした執行処分の存在を失わせる措置を講ずることによって実施するのが原則であり，どのような措置をとるべきかは，執行処分の種類や手続の段階によって異なる（詳細については，⇨184頁(7)）。

　執行裁判所による強制執行では，執行処分たる裁判を取り消す裁判が必要となる（ただし，執行裁判所の執行処分に対する執行抗告または執行異議に基づき執行裁判所またはその上級裁判所が取消しの決定をしたときは，これによりその執行処分は当然に取り消されたものと解すべきである）のに対し，執行官による強制執行では，差押えの表示を撤去（除去）して差押物を返還するなどの事実行為が必要となる。

　執行の取消文書が提出されても執行機関が停止の措置をとらないときは，債務者または第三者は，執行異議（民執11条）を申し立てることができる。しかし，執行取消文書の提出により執行処分を取り消す執行裁判所または執行官の処分に対しては，執行裁判所の取消決定であると執行官の取消処分であるとを問わず，執行抗告（同10条）を申し立てることはできない（同40条2項）。これは，執行取消しの要件が明確なので，他の取消処分と同様の救済方法（同12条）を認める必要はないとの考慮に基づくものであり，執行手続が取り消されて手続が確定的に終了するに至れば，取消処分に対し執行異議（同11条）を申し立てる余地もない（ただし，執行異議を認める説もある）。

(b)　執行取消しの効力

　取り消された執行処分は，終局的にその効力を失う（民執12条2項・40条2項参照）。たとえば，差押えの取消しがなされると，債務者は目的財産につき有効に譲渡・取立て等ができることになる。ただし，執行処分たる裁判が失効しても，不動産に対する強制競売において，代金の納付による買受人への所有権の移転後は，民執法39条1項1号〜6号所定の執行取消文書が提出されても，当該債権者以外に売却代金の配当等を受けるべき債権者がいれば，配当等の実施を妨げることはできない（同84条3項。船舶・航空機・自動車・建設機械に

ついても同様である〔同 121 条，民執規 84 条・97 条・98 条〕）。

2 執行手続の終了

　強制執行手続は，全体としては，特定の債務名義に表示された執行債権（および執行費用）が完全な満足を得た時に終了する。執行債権の満足が絶対的に不能となった場合（たとえば，特定物引渡請求の執行において目的物が滅失した場合）も，同様である。また，特定の目的物に対して開始された個々の執行手続は，その手続において定められた最後の段階にあたる行為が完了した時（不動産や動産の競売では，弁済金の交付または配当の終了時，強制管理では取消決定確定時，債権執行では差押債権者による取立て終了時または転付命令確定時）に終了するのが原則であるが，強制執行の申立てが取り下げられた時，執行取消文書の提出により執行処分が取り消された時（民執 39 条 1 項 1 号〜6 号・40 条 1 項），またはその他の事由で執行手続が取り消された時（同 53 条・63 条 2 項・106 条 2 項・129条 2 項・130 条ほか）などにも終了する。

練 習 問 題

1節

1　執行裁判所と執行官とは，執行機関としてどのように職務分担をしているか，説明しなさい（⇨ 20 頁(2)・21 頁(3)）。

2節

1　BはCに対して1000万円の金銭債権を有していたが，Cがこれを支払わないので，1000万円の金銭の支払を求める訴えを提起し，「CはBに対して1000万円を支払え」との給付判決が確定した。その後，1000万円を支払うことなくCは亡くなり，Aが相続人となった。BはAに弁済するよう要求したが，Aも支払わないので，「CはBに対して1000万円を支払え」との確定給付判決を債務名義として，Aが所有する甲地に対して強制執行を行おうと考えた。

　　この事例では，理論上，何が（どのような事実が）強制執行の要件となるのか。また，それは，どのような仕組みで認定されるのか（⇨ 25 頁 **1**，26 頁 **2**，47 頁 **3**，55 頁(1)）。

2　A・B間で，Aが所有する絵画（甲）をBが1000万円で購入する旨の売買契約を

締結した。しかし，Aが甲を引き渡そうとしないので，BはAに対して訴えを提起し，「Aは，BがAに1000万円を支払うのと引き換えに，甲をBに引渡せ」という趣旨の給付判決が出され，この判決は確定した。Bは，この判決を債務名義として，動産（甲）引渡しの強制執行開始の申立てを，執行官に対して行った。執行官は，本件強制執行を開始するにあたり，どのような要件につき，その具備を確認しなければならないだろうか（⇨28頁 **3**）。

3節

1　AがBから自動車を代金1か月あたり10万円の16回払い（合計160万円）の割賦払（分割払）契約で購入した。Aの代金支払義務について，Aを債務者，Bを債権者とする執行証書が作成された。執行証書にはAが総額160万円の代金債務を1か月あたり10万円の16回払で支払うこと，Aが1回でも支払を怠った場合には，Bは代金債務の残額全額の支払を求めることができることが記載されていた。

Aは6か月間債務を期日までに弁済したが，7か月目の弁済を怠ってしまった。そこでBは上記執行証書に基づき，執行証書記載の代金債務の総額160万円につき執行文の付与を受けた上，強制執行を開始した。

これに対し，Aは，①6回は債務を弁済しているのでBが強制執行できる額は100万円に限られること，②執行証書には代金債務の総額は記載されているが，Aが強制執行の時点で現に負担している債務の額は記載されていないから，執行証書の要件である執行債権についての「一定数量」の債務名義への記載を欠くため不適法であること，を理由として執行異議を提起した。Aの執行異議は認められるか（⇨37頁(8)）。

2　甲土地は，権利能力なき社団Aに帰属しているが，現在社団Aの代表者Bの名義で登記がなされている。株式会社Cは，社団Aに車10台を2000万円で売却する売買契約を社団Aと結び，契約どおりに車10台を納品した。しかし，代金支払期日が到来したにもかかわらず，社団Aは代金をまったく支払わない。

株式会社Cが，甲土地から売買代金を回収しようと思った場合には，まず誰を相手に訴えを提起するべきか。また，その訴訟の勝訴判決により強制執行を申し立てるにはどのような手続を踏むべきか（⇨53頁 **2-9**。最判平成22・6・29民集64巻4号1235頁も参照）。

3　執行文付与の訴えに対し請求異議事由を抗弁とすることができるかという問題について，承継人への執行力拡張における権利確認説からはいかなる帰結が整合的か（⇨49頁 **2-7**）。

4節

1 A・B間で，「BはAに1000万円を支払え」という判決が出され，確定した。B死亡後，Bの唯一の相続人であるCを相手にAは承継執行文を取得し，Cの所有する不動産を対象とした強制執行に着手した。

　これに対し，①Cが，自分は相続放棄をしたのでBの債務は承継していないと主張して強制執行を止めようと思った場合にはどうすればよいか。②Cが，Bに1000万円の支払を命じた判決はBによる再審の訴えにより取り消されていると主張して強制執行を止めようと思った場合にはどうすればよいか（⇨ 65頁 **5**）。

2 A・B間でAの所有する甲土地をBに賃貸する旨の賃貸借契約が結ばれていたが，Aが契約期間満了による甲土地の明渡しを求める訴えをBに対して提起した。この訴訟の中でA・B間に和解が成立し，AはBに引き続き本件土地を賃貸するが，Bが賃料の支払を2回怠った場合には，直ちにAに契約の解除権が生じ，解除がなされた場合には，Bは甲土地を明け渡す義務が生じる旨の和解調書が作成された。この場合，Bが賃料の支払を2回怠ったとしてAがBに対して甲土地明渡しの強制執行をするには，どのような手続を踏む必要があるか（⇨ 61頁 **2-11**）。

5節

1 債務者の財産状況調査手続とはどのような制度か，説明しなさい（⇨ 72頁 **3**）。

6節

1 執行抗告および執行異議は，それぞれどのような場合に申し立てることができるか。また，そこで主張できるのは，どのような事由か（⇨ 79頁 **2**）。

2 請求異議の訴えとは，どのような訴えか。請求異議訴訟では，どのような事由を主張することができるか（⇨ 90頁 **6**(1)～(4)）。

3 請求異議の訴えの中で，原告は執行文付与に対する異議事由を主張することが許されるか。また，執行文付与の訴えの中で，被告は請求異議事由を抗弁として提出することが許されるか（⇨ 103頁(6)）。

4 第三者異議の訴えとは，どのような訴えか。第三者異議訴訟では，どのような事由を主張することができるか（⇨ 105頁 **7**(1)～(3)）。

5 占有が設定者（債務者）に留保されている動産譲渡担保の目的物に対して，設定者の一般債権者が差押えをしてきたときに，譲渡担保権者には，どのような救済方法が認められるべきか（⇨ 110頁(e)(ii)）。

7 節

1　執行債務者は，どのような場合に，強制執行の停止あるいは取消しを申し立てることができるか（⇨ 116 頁(1)(2)）。

2　執行裁判所に執行停止・取消文書が提出されたとき，執行裁判所としては，どのような措置をとるべきか（⇨ 120 頁(3)(4)）。

参 考 文 献

1 節

1　中野＝下村・民事執行法 115 頁以下。

2　栂善夫「判決機関と執行機関の職務分担について」民訴 24 号（1978）119 頁以下，特に 129 頁以下。

3　西川佳代「民事紛争処理過程における執行制度の機能(1)(2・完)」民商 109 巻 3 号（1993）444 頁以下，4 = 5 号（1994）759 頁以下。

4　山木戸勇一郎「第三者の執行担当の許容性について」民訴 65 号（2019）179 頁。

5　同「いわゆる『第三者の執行担当』について(1)(2)・未完」北大法学論集 65 巻 5 号 137 頁，66 巻 2 号 1 頁（以上，2015）。

2 節

☐ **強制執行の要件，正当性について**

1　中野＝下村・民事執行法 145 頁以下。

2　竹下守夫「強制執行の正当性の保障と執行文の役割」同『民事執行における実体法と手続法』（有斐閣，1990）171 頁。

3 節

☐ **債務名義の執行力の正当化根拠について**

1　竹下守夫「民事執行における実体法と手続法」同『民事執行における実体法と手続法』47 頁。

4 節

☐ **執行文の役割について**

1　竹下守夫「強制執行の正当性の確保と執行文の役割」同『民事執行における実体法と手続法』171 頁。

2　竹下守夫「民事執行における実体法と手続法」同『民事執行における実体法と手続法』47 頁。

5 節

1　中島弘雅＝松嶋隆弘編著『実務からみる改正民事執行法』（ぎょうせい，2020）2 頁

［中島弘雅］。

2 中島＝松嶋編著・前掲 136 頁［杉本和士］。

3 中島＝松嶋編著・前掲 136 頁［杉本和士］。

4 中島＝松嶋編著・前掲 2 頁［中島弘雅］。

5 中島弘雅＝内田義厚＝松嶋隆弘編『改正民事執行法の論点と今後の課題』（勁草書房，2020）51 頁以下［内田義厚］。

6 中島＝内田＝松嶋編・前掲 156 頁以下［山木戸勇一郎］。

6 節

□ 請求異議の訴えに関して

1 竹下守夫「請求異議の訴え」同『民事執行における実体法と手続法』267 頁以下。

2 松村和徳『民事執行救済制度論』（成文堂，1998）213 頁以下。

3 中野貞一郎「請求異議訴訟の訴訟物」同『強制執行・破産の研究』（有斐閣，1971）1 頁以下。

4 中野＝下村・民事執行法 216 頁以下。

5 鈴木正裕「民事執行の実体的正当性の確保」竹下守夫＝鈴木正裕編『民事執行法の基本構造』（西神田編集室，1981）120 頁以下。

□ 第三者異議の訴えに関して

6 竹下守夫「第三者異議訴訟の構造」同『民事執行における実体法と手続法』323 頁以下。

7 松村和徳『民事執行救済制度論』21 頁以下。

8 中野＝下村・民事執行法 280 頁以下。

資料①　債務名義の例（和解調書）

第 4 回 口 頭 弁 論 調 書 (和解)

事 件 の 表 示	令和2年 (ワ) 843号
期　　　　　　日	令和2年10月12日　午前・午後　1時00分
場所及び公開の有無	東京 地方裁判所民事第5部法廷で公開
裁 判 官 裁 判 所 書 記 官	佐藤重三郎 田中伸介
出 頭 し た 当 事 者 等	原告代理人　　遠山幸司 被　　　告　　堀籠松雄 被告代理人　　鈴木美津子
指 定 期 日	令和　年　　月　　日 午前・午後　　時　　分

弁論の要領

当事者間に次のとおり和解成立

当事者の表示

別紙当事者目録記載のとおり

請求の表示

請求の趣旨及び原因は訴状記載のとおり

和 解 条 項

別紙記載のとおり

裁判所書記官　　田中伸介 ㊞

(別紙)

当 事 者 目 録

東京都文京区小石川○丁目○番○号

原　　　　告　　八戸五郎
上記訴訟代理人　　松田　進

千葉県松戸市上本郷○丁目○番○号

被　　　　告　　堀籠松雄
上記訴訟代理人　　鈴木美津子　　以上

(別紙)

和 解 条 項

1　原告は，本件土地につき，被告が所有権を有することを確認する。

2　被告は，原告に対し，金500万円の支払義務があることを認め，同金員を令和2年11月15日限り，東都銀行麹町支店の原告名義の普通預金口座（口座番号××××）に振り込む方法により支払う。

3　被告が前項の金員の支払を同項の期限に遅滞したときは，被告は，原告に対し，遅滞の日の翌日から支払済みに至るまで年20パーセントの割合による損害金を支払う。

4　原告は，その余の請求を放棄する。

5　原告と被告は，本和解条項に定めるほか，本件に関し，他に何等の債権債務のないことを相互に確認する。

6　訴訟費用は，各自の負担とする。　　　　　　　　　　　　　　　　　　　　以上

資料② 単純執行文の例

* **資料①** の和解調書に執行文が付与された場合。

債務名義の事件番号	令和２年（ワ）843号

執　行　文

　債権者は，債務者に対し，この債務名義により強制執行をすることができる。

　　令和２年10月12日
　　　　東京 地方裁判所民事第５部
　　　　　　裁判所書記官　　　　田中伸介　㊞

債　権　者（　　　）	八戸五郎
債　務　者（　　　）	堀籠松雄

債務名義に係る請求権の一部について強制執行をすることができる範囲

条項第２項，第３項

付　与　の　事　由

ア　証明すべき事実の到来を証する文書を提出（民執法27 Ⅰ）
イ　承継などの事実が明白（民執法27 Ⅱ）
ウ　承継などを証する文書を提出（民執法27 Ⅱ）
エ　特別の事情等を証する文書を提出（民執法27 Ⅲ）
オ　付与を命ずる判決
　　（該当する符号を右の欄に記載する。）

再　度　付　与

注）　該当する事項がない場合には，斜線を引く。

(* 資料① の和解調書に執行文が付与された場合。被告堀籠松雄が死
亡し，相続人が堀籠時夫であるという事例。)

債務名義の事件番号	令和2年（ワ）843号

執　行　文

　債権者は，債務者に対し，この債務名義により強制執行をすることができる。

　　令和2年10月12日
　　　　東京 地方裁判所民事第5部
　　　　　裁判所書記官　　　　田中伸介　㊞

債　権　者 （　　　　　　　　）	八戸五郎
債　務　者 （被告堀籠松雄の承継人）	堀籠時夫

債務名義に係る請求権の一部について強制執行をすることができる範囲

条項第2項，第3項

付　与　の　事　由	
ア　証明すべき事実の到来を証する文書を提出（民執法27Ⅰ） イ　承継などの事実が明白（民執法27Ⅱ） ウ　承継などを証する文書を提出（民執法27Ⅱ） エ　特別の事情等を証する文書を提出（民執法27Ⅲ） オ　付与を命ずる判決 　　　（該当する符号を右の欄に記載する。）	ウ
再　度　付　与	

注）　該当する事項がない場合には，斜線を引く。

第 *3* 章

金銭債権実行手続（金銭執行）

第 1 節　不動産に対する強制執行

第 2 節　動産に対する強制執行

第 3 節　債権およびその他の財産権に対する
　　　　強制執行

第 1 節　不動産に対する強制執行（不動産執行）

〈不動産執行のケース〉

Ⅰ　申立てに至る経緯

　Aは，Bに，5000万円を貸し渡したが，Bは，返済の期限が到来しても，支払おうとしない。ところで，AとBは，5000万円を貸し渡す際，執行証書（以下「本件執行証書」という）を作成していた。

　AがBの財産関係を調査すると，Bは神戸市灘区内に土地（以下，甲地という）を有していることが分かった。そこで，登記簿を調べてみると，甲地には被担保債権5000万円の抵当権がCのために設定されていた。現地へ赴くと，その土地は更地の住宅地で，付近の不動産業者の話によると，1億円以上で売れるだろうとのことであった。

　そこで，Aは，Bに対する金銭債権につき満足を得るために，甲地に対し，強制執行を行うことにした。

　Aは，本件執行証書を作成した公証人に，これをBに送達するよう申し立て，さらに，これにつき執行文を付与してもらった。公証人は本件執行証書をBへ送達した。

　次に，Aは，甲地に対する不動産強制競売手続開始の申立書を作成した。

Ⅱ　強制執行開始手続

　Aは，申立書に，執行文の添付された本件執行証書，甲地の登記事項証明書等

を添付して，裁判所へ提出した。

　申立てを受け付けた裁判所は，Aに予納金の支払を命じ，強制執行開始の要件が具備されていると判断した上で，強制競売開始決定を行った。差押えの登記がなされ，競売開始決定はBに送達された。驚いたBは，買受人が決まるまでに甲地を金に換えておこうと考え，Dから5000万円を借り受けた上で，これを被担保債権として甲地の上にDに対して抵当権を設定し，その旨の抵当権設定登記手続を行った。登記官は，その旨の登記を行った。

Ⅲ　売却準備手続
　競売手続開始決定後，差押登記がなされたことを確認した執行裁判所は，執行官に対し，不動産の形状，占有関係，その他の現況の調査を命じ，調査を行った執行官は，現況調査報告書を作成し，執行裁判所に提出した。また，現況調査命令と同時に，執行裁判所は，評価人を選任し，不動産の評価を命じた。評価人も調査を行って，評価書を作成し執行裁判所に提出した。執行裁判所は，この評価書の評価額に基づき，売却基準価額を1億2000万円と決定した。

　他方，執行裁判所の書記官も，差押登記後，配当要求の終期を決め，公告するとともに，Cに対し，債権の額などを，配当要求の終期までに裁判所に届け出るよう，催告した。

　配当要求の終期が経過するまでに，Bに対して5000万円の無担保債権を有し，それにつき公正証書を有しているEが，配当要求をしてきた。また，CとDが債権届出をした。

　このように，一方で甲地の現況，価額などを調査し，他方で，配当要求する債権者，担保権者などの調査が完了した。そして，執行裁判所は，剰余を生ずる見込みのない場合とはならないと判断した。そこで，配当要求の終期経過後，裁判所書記官は，事件記録（現況報告書，評価書，配当要求の結果，債権届出など）を精査して，売却条件を認定し，物件明細書を作成した。こうして，本件強制競売事件は，売却手続へ進むことになった。なお，現況調査報告書，評価書，物件明細書の写しは，裁判所に備え置かれた。

Ⅳ　売却手続
　書記官は期間入札を行うこととし，入札期間，開札期日，売却決定期日を定め，執行官に売却の実施を命じた。そして，売却すべき不動産の表示，売却基準価額，買受可能価額，入札期間等が公告された。そして，内覧が行われ，5人の買受申出人が現われた。執行官は，開札期日に開札を終え，1億円で入札したFを最高価買受申出人と定めた。

　そこで，裁判所は，売却決定期日を開催し，審理の結果売却不許可事由は認められなかったので，売却許可決定を出した。そして，売却許可決定が確定したので，Fは代金を書記官が定めた日までに納付した。これによりFは甲地の所有権を取

得した。そして、書記官による登記の嘱託により、BからFへの所有権移転登記、
CとDの抵当権設定登記の抹消登記などが、なされた。

Ⅴ　配当手続

　Fによる代金納付があったので、裁判所は配当表に基づき配当を実施することと
し、配当期日を定めた。この事件では、配当を受けるべき債権者は、A、C、Eで
あった。そこで、執行裁判所は、配当表の原案を定め、書記官がこれを文書にした。
原案は、Cに5000万円、AとEにそれぞれ2500万円であった。

　配当期日には、AとEが出頭した。裁判所は、AとEに原案を示したところ、
Aが、「EはBと示し合わせて5000万円の債権をでっち上げただけで、実は債
権者ではない、配当表から除外するように求める」と意見を陳述した。Eは、「失
礼な、デタラメを言うな。私は、平成○年○月○日の金銭消費貸借により5000
万円の金銭債権を有しているのだ」といい、借用証書などの証拠を裁判所に提出し
た。裁判所は、その場で当該証書を取り調べた結果、Eの債権に問題はないと判断
し、原案を配当表とすると述べ、裁判所書記官が原案どおりの配当表を作成した。
Aは、その場で、「Eへの配当2500万円をAに配当するよう配当表の変更を求
める」と、配当異議を申し出た。そこで、裁判所は、配当異議の申出のなかった
AおよびCに対する配当を、実施した。

　Aは、配当期日から5日後に、Eに対し、配当異議の訴えを提起し（「Eへの配
当2500万円をAに配当するよう配当表の変更を求める」との判決を求めた）、訴え提
起を証する書面を執行裁判所に提出した。そこで、裁判所書記官は、残額の
2500万円を供託した。

　配当異議の訴えでは、EはBに対する5000万円の金銭債権の存在を証明する
ことができず（借用書は偽造であると認定された）、「Eへの配当2500万円をAに
配当するよう配当表を変更せよ」との判決が出され、確定した。Aは、確定判決
の正本を執行裁判所に提出し、執行裁判所は配当表を変更した上で供託されていた
2500万円をAに配当した。

1 はじめに

　金銭の支払を目的とする債権についての強制執行のうち、不動産に対する強
制執行を、**不動産執行**という。「不動産」には、①民法上の不動産（民86条1
項）から登記することのできない土地の定着物を除いたもの（民執43条1項）
のほか、②不動産の共有持分や登記された地上権等（同43条2項）、③その他
特別法上不動産とみなされるもの（例、鉱業権、漁業権）が含まれる。

　不動産執行には，**強制競売**と**強制管理**の二つの手続がある。前者は，不動産を差し押さえて売却し，売却代金を差押債権者等に分配する手続であるのに対し，後者は，不動産を差し押さえて，管理人を選任し，たとえば管理人が当該不動産を賃貸しその賃料を収取するなどして得られた金銭を，差押債権者等に定期的に分配する手続である。前者は不動産の交換価値を，後者は不動産の使用価値を現実化（金銭化）して，債権者への配当（弁済）に充てる手続であると，位置づけられよう。等しく不動産を対象とするとはいえ，両者はこのように把握する価値を異にしているので，債権者はどちらを選択してもよいし，両者を併用することもできる。本節では，強制競売につき説明をする。

　不動産執行自体は決して効果的な債権回収手段ではない。金銭債務の不履行に陥った債務者は既に自らの不動産の大部分に抵当権を設定しており，その不動産につき強制競売が開始されても無担保債権者に配当される余剰は存在しないのが一般的で，大部分の不動産強制競売事件は配当に至る前に取下げなどにより終了してしまうからである。

　しかし，不動産は一般に価値が高く隠匿も困難で責任財産の中核的位置を占めるため，不動産執行を金銭債権の強制執行の中心とみるのが伝統的な考え方である。民執法もこのように考え，まず不動産執行につき詳細に規定した上で，それらの規定を他の強制執行や担保執行の手続に準用している。このような意味で，不動産執行を理解することは，民執法全体を学ぶ上で極めて重要なのである。

② 強制競売開始手続

(1)　強制競売手続開始の申立て

　強制執行は私法上の請求権を強制的に実現する手続であるから，処分権主義が妥当している。そのため，強制執行は債権者の申立てにより開始される（民執2条）。また，債権者は申立てを取り下げることができ（同20条・民訴261条。取下げは民執47条2項・54条1項・76条1項などで規律されている），申立ての取下げにより強制執行の効果は消滅する（民訴262条，民執54条1項）。ただし，買受申出の後は，最高価買受申出人などの同意がなければ取下げは許されない（民執76条1項）。最高価買受申出人らの所有権取得に対する期待を保護するた

めである。また，代金納付の後は，申立ての取り下げは認められない（自らが
配当を受ける地位を放棄したにとどまる）と解されよう。

　債務名義が債務者に送達され（民執29条前段），債務名義に執行文が付与さ
れる（同26条）などした後で，債権者は申立書により申立てを行う（民執規1
条参照）。申立書には，債権者，債務者の氏名・住所，代理人があるときはそ
の氏名・住所，債務名義，強制執行を求める不動産などを記載し（同21条），
執行文の付与を受けた債務名義や，対象となる不動産の登記事項証明書などを
添付して（同23条），管轄裁判所に提出する。管轄裁判所は，不動産の所在地
を管轄する地方裁判所で（民執44条1項），これは専属管轄である（同19条）。

(2)　執行裁判所の審理と競売手続開始決定

(a)　審理の方式

　申立てがあると，裁判所は強制執行開始の要件が備わっているか否かを審理
する。審理は，決定手続で行われる（民執4条）。決定手続は主として書面審理
で行われ，裁判所は必要があると認めれば，利害関係を有する者その他参考人
を審尋できる（同5条）。

(b)　審理の対象

　審理の対象は，強制執行開始の要件である。すなわち，債務名義の送達（民
執29条前段），執行文の付与された債務名義の正本の存在（同25条），申立書
（必要な添付書類も含む）の適法性，管轄，民執法30条1項，2項，31条1項，
2項が問題となる場合には，その要件の具備，同27条1項，2項が問題となる
場合には，条件成就執行文や承継執行文の存在とそれらの送達（同29条後段），
費用の予納（同14条），執行障害が存在しないことなどである（詳しくは，⇨28
頁**3**）。

(c)　強制競売開始決定

　以上が具備されていると判断すれば，執行裁判所は強制競売開始決定をし，
そうでないなら申立てを却下する（棄却ではない）（民執45条1項・3項）。申立
て却下に対しては，執行抗告が認められる（同45条3項）。却下により手続が
終了し，債権者が不服を主張できる最後の機会となるので，より慎重な不服申
立てが認められたのである。これに対し，手続開始決定には執行異議が認めら

れるのみである（同11条1項）。重要な問題（例，請求権の存在などの実体法上の問題）は債務名義，執行文付与の問題として既に処理されていること，債務者には後に不服を述べる機会があること（同71条1号・74条1項・5項。⇨175頁(b)，176頁(c)），慎重に審理される執行抗告を行って強制執行の開始を遅延させる策動を許してはならないこと（旧法ではこのような弊害が著しかった）などが，その理由である。

執行裁判所は，強制競売開始決定において，当該不動産を債権者のために差し押さえる旨を宣言する（民執45条1項）。開始決定は債務者に送達され（同45条2項），申立債権者に告知される（民執規2条2項）。また，開始決定の付随処分として，裁判所書記官は，差押登記の嘱託（民執48条。当事者による登記申請に相当し，これを受けて登記官は差押の登記をする），配当要求の終期の決定（同49条1項），開始決定・配当要求の終期の公告（同49条2項）などを行う。

(3)　差押え
(a)　差押えの効力発生時

差押えの効力は，強制競売開始決定が債務者に送達（民執45条2項）された時か，差押登記がされた時か，どちらか早い時点で生ずる（同46条1項）。しかし，送達により差押えを知った債務者が当該不動産の所有権を第三者に譲渡し，その所有権移転登記が差押えの登記より先になされると，当該強制競売自体が成り立たなくなる（⇨141頁(e)，143頁(5)）。そこで，まず差押登記をし，その後で強制競売開始決定が送達されるのが，実務上の取扱いである。

(b)　差押えの効力の客観的範囲

差押えの効力の及ぶ範囲については，明文はないが，担保不動産競売の場合と同様だと解されている。すなわち，差押えの効力は，当該不動産に抵当権が設定されたと仮定した場合に，その抵当権の効力が及ぶ範囲に及び，差し押さえられた不動産のみならず，これに付加して一体とされた物（付加一体物），従物，従たる権利にも及ぶと解されている。不動産とその利用上一体関係に立つ目的物は，結合体として高い価値を有しているが，抵当権実行としての競売において，このような結合関係を維持しながら当該不動産を競落人に移転し，その高い価値を実現することが，その趣旨である（民370条。これに同87条2項を

加える見解もある）。そして，これは，強制競売の場面でも妥当するのである。

　したがって，債務者が他人の土地上に賃借権の設定を受けて建てた家屋が差し押さえられた場合，差押えの効力は賃借権にも及ぶので，当該家屋の買受人は家屋の所有権に加え賃借権も取得することになる（東京地判昭和 33・7・19 下民 9 巻 7 号 1320 頁）。ただし，賃借権の譲渡となるので，土地賃貸人の承諾あるいはこれに代わる裁判所の許可（借地借家 20 条 1 項）がなければ，買受人は当該賃借権を土地賃貸人に主張することができない。

(c)　処分禁止効

　(i)　**原　則**　　　差押えの効力の中核は，処分禁止効である。すなわち，差押え（差押登記）の後で当該不動産につき債務者が行った処分は，当該強制競売との関係では効力を主張できない。たとえば，債務者 A が所有する甲地が差し押さえられ，その後 A が B に抵当権，C に地上権を設定した場合，B，C は，それぞれ抵当権，地上権を，差押債権者，配当を受けるべき他の債権者，そして買受人に主張することができない。

　不動産の交換価値を実現して債権者に満足を与える不動産執行においては，差押えの時点での交換価値が用益権や担保権の設定などにより毀損されるのを防ぎながら，当該不動産の所有権を買受人に確実に移転させることが必要不可欠であるので，債務者の処分権を制限する。これが差押えの処分禁止効の趣旨である。

　(ii)　**通常の用法に従った使用・収益**　　　差押えは債務者が通常の用法に従って当該不動産を使用・収益することを妨げない（民執 46 条 2 項）。差押えの処分禁止効は当該不動産の差押えの時点での交換価値を把握・実現するために存在するのだから，買受人に所有権が移るまでは債務者が当該不動産を使用・収益する権利を制約しないのである。

　したがって，当該不動産の所有権が買受人に移転するまでは，債務者は使用収益により得た利益を保持することができる。また，債務者が当該不動産につき通常の使用収益の範囲で行った法律行為は差押債権者，配当を受けるべき他の債権者，買受人に対抗できる。

　たとえば，債務者 A が建物（甲）を所有し，甲が差し押さえられた後で，B にこれを貸し渡したとする。この賃貸借契約は甲に新たな負担を課しその交換

価値を減少させる点で処分行為なので，買受人が甲の所有権を取得した時点で効力を失う（民執59条2項）。しかし，賃貸借契約に基づく賃料の収受は法46条2項の「通常の用法」に該当するので，Aは，賃貸借契約が効力を失うまでの間にBより収受した賃料を，保持できる（差押債権者，配当を受けるべき他の債権者，買受人に引き渡す必要はない）。また，Aが甲をBに賃貸し（賃借権は第三者に対抗し得るものとする），甲が差し押さえられた後，BがCに甲の賃借権を譲渡し，Aがこれに承諾を与えた場合，Aの承諾は甲に新たな負担を課しその交換価値を減少させるものでなく（賃借人の交代を生ぜしめるだけである），民執法46条2項の「通常の用法」に該当する法律行為と解されるので，Cはその賃借権を買受人に対抗し得る（最判昭和53・6・29民集32巻4号762頁［百選27事件］参照）。

(iii)　**処分禁止効の相対性**　差押えの処分禁止効は，財産権の制限となる以上，処分禁止効の趣旨から必要とされる限度に抑えられるべきである。そして，処分禁止効の趣旨は，差押えにより把握した当該不動産の交換価値を，新たな負担（担保権，用役権等）により減少させることなく買受人に移転し，現実（現金）化する点にある。とするなら，債務者が差押後に行った処分は，強制執行が，①買受人が決定し売却代金が裁判所に納められる段階まで進んだ場合に無効とすれば十分であり，②そこに至るまでに終了した場合には，無効とするには及ばないであろう。

このような結果を理論構成するため，差押えの処分禁止効による処分の無効は，対世的（絶対的）ではなく，当該処分により権利を取得した者と強制競売手続（具体的には，差押債権者，その他配当等を受けるべき債権者，買受人等の強制執行の利害関係人）との関係においてのみ妥当するとされている。このような理論を**手続相対効説**といい，より具体的に説明すれば以下のようになる。

債務者が，差押えの後，当該不動産につき行った所有権移転，用益権，担保権の設定などは，強制執行手続との関係以外では有効である。したがって，債務者が行った処分に基づく所有権移転登記や，用益権，担保権の設定登記なども実務上認められている。そして，申立ての取下げにより手続が消滅した場合や，請求異議訴訟の結果，執行処分が取り消された場合（民執39条1項1号4号・40条1項）等には，差押えにより把握した交換価値を現実化する必要はな

くなるのだから，もはや強制執行手続は存在せず無効を主張する主体は存在しないという理論構成の下で，債務者が行った処分は（確定的に）有効となる（差押えの登記も抹消される。同54条1項参照）。

しかし，手続が進行し，買受人が決まり，代金が納付され，債務者から買受人に所有権移転登記をする段階に至れば，差押えにより把握した交換価値を減少させることなく買受人に移転する必要性が現実化するので，強制執行手続との関係では差押登記後になされた処分は無効であるとの理論構成の下で，処分は（確定的に）無効とされ（民執59条2項・1項・87条1項4号），このような処分につきなされた所有権移転登記，用益権や担保権の設定登記などは抹消される（同82条1項参照）。担保権の場合，正確には，買受人への売却により当該不動産上の担保権（使用または収益をする質権は除く）はすべて消滅するが（同59条・82条1項2号），処分禁止効に触れない担保権が優先的な配当を保障されるのに対し，処分禁止効に触れる担保権は配当を受けることができないのである（同87条1項4号・85条2項。⇨151頁(b)）。

当該不動産の売却代金が，差押債権者など配当等を受けるべき債権者に分配され，差押登記後に設定された抵当権者など処分禁止効に触れる権利者には分配されないのも，強制執行手続との関係では当該処分は無効だからである。

そして，配当を受けるべき債権者に分配した後に余剰があった場合も，当該強制執行との関係では処分は無効であり，権利者は存在しないとみることになるので，その余剰は債務者に返還される。

> **3-1**　**手続相対効説と個別相対効説**
>
> 　債務者が時価1億円の不動産（甲地）を所有し，AとCがそれぞれ2000万円の債権を有しているとする。Aが甲地を差し押さえた後で，債務者がBに対し8000万円の被担保債権に抵当権を設定し，さらにCが配当要求し，その後買受人が決まり，売却代金・1億円も納付された場合，手続相対効説によれば，この抵当権の設定は当該強制執行に（つまり，AにもCにも買受人にも）対抗できず，1億円の売却代金はAに2000万円，Cに2000万円支払われ，残った6000万円は債務者に返還される（本件強制執行においてBの抵当権は存在しないものと扱われる）。Aの差押えにより甲地の上に成立した差押債権者の地位はAとCに帰属し，Bの抵当権はこの差押債権者の地位に対抗できないと，法律構成することになろうか。

　これに対し，差押登記後に債務者が当該不動産につき処分（売却・抵当権の設定など）をし，その後その債務者の債権者が配当要求をした場合，この配当要求をした債権者は，その処分に基づく権利者（買受人・抵当権者など）に差押えの処分禁止効による無効を主張できないとする見解がある（**個別相対効説**）。差押え，配当要求，債務者による処分等の時的先後関係により，優先劣後関係を決めるという考え方である。これによれば，先の例では，1億円の売却代金は，Aに2000万円，Bに8000万円支払われ，Cは配当を受けられない。個別相対効説の論拠は，このように解した方が，債務者と，配当要求した債権者の利益が公平かつ合理的に調整される点にある。先の例でいえば，Aの差押えの時点で甲地には8000万円の価値が残っており，債務者はその8000万円の限度で処分を許容されるべきであるし，責任財産は債務者の処分により変動するものである以上，Cには配当要求の時点で甲地に残存する価値（この場合0）を保障すれば十分である，と考えるのである。

　民執法は，手続相対効説に基づいている。民事実体法・手続法の基本原理である「平等主義」は（⇨159頁 **3-3**），差し押さえた目的物の売却代金を，差押債権者，配当要求債権者らに，民・商法等の実体法が定めるプライオリティー・ルール＝債権者平等原則に従って分配することを，内容としている。そして，この平等主義との親和性は，手続相対効説の方が，個別相対効説よりも強い。Aが甲地を差し押さえ，債務者がBに抵当権を設定した後，Cが配当要求した事例で，Cが一般の先取特権者であったとすると，①個別相対効説に立てば，売却代金は，まずAに配当され，次いでBが担保権に基づく優先弁済を受け，残余があればCに配当されるのに対し，②手続相対効説に立てば，Bを排斥した上で，売却代金を，実体法のプライオリティー・ルールに従って，つまりC，Aの順に，分配することになる。平等主義と親和性が強いのが②であることは，明らかであろう。①では，実体法のプライオリティー・ルールに加え，時的先後関係という別個のプライオリティー・ルールが，売却代金の分配の基準となるからである。

　以上が，民執法が手続相対効説に基づいていると解する理由である。

(d)　時効の完成猶予効

　差押えには，執行債権の時効の完成を猶予する効力がある（民148条1項1号）。完成猶予が生ずるのは，債権者が強制競売開始申立てをした時点である。なお，民執法49条および50条に定める債権届出は時効の完成猶予の効力を持たない（最判平成元・10・13民集43巻9号985頁）。裁判所が剰余の有無や売却条

件を判断する資料として債権届出を求める制度であり，当該債権の確定や行使の要素はみられないからである（⇨ 159 頁(c)）。

(e)　差押債権者の第三者的地位

差押債権者は，民法 177 条の登記欠缺を主張する正当の利益を有する第三者である（最判昭和 39・3・6 民集 18 巻 3 号 437 頁）。したがって，債務者 A の土地（甲）を差し押さえた債権者 B と，A より甲地を譲り受けた C は対抗関係に立ち，その優劣は登記の先後により決まる。C が先に登記を具備した場合，民執法 53 条により強制執行手続が取り消されよう。差押債権者は，民法 94 条 2 項などとの関係でも第三者であると解されている（最判昭和 48・6・28 民集 27 巻 6 号 724 頁）。なお，差押債権者の第三者的地位は，買受人に承継される（⇨ 183 頁 **3-6**）。

(4)　二重開始決定

(a)　意　　義

執行裁判所は，強制競売開始決定がなされた不動産に，さらに強制競売の申立てがあれば，重ねて強制競売開始決定をする（民執 47 条 1 項）。これを**二重開始決定**という。

(b)　先行する強制執行が完了する場合

二重開始決定がなされた場合，差押えの宣言，差押登記，そして現況調査（先行する強制執行の現況調査を前提としつつ差押えの効力発生日の変動を反映させる趣旨で行われる）までは行われるが，それ以降の手続は停止される。一つの不動産に複数の強制執行を競合させれば，混乱が生じる上，手続的にも不経済だからである。

二重開始決定の申立債権者は，先行する強制執行の配当要求の終期までに申立てを行えば，そこで配当を受領する資格を得る（民執 87 条 1 項 1 号。⇨ 159 頁 **3-3** も参照）。先行する強制執行が順調に進行し，当該不動産の所有権が買受人に移転すると，二重開始決定の差押登記は抹消され（同 82 条 1 項 3 号），後行の強制執行は取り消される一方（同 53 条），二重開始決定の申立債権者は先行する強制執行で配当を受ける。

(c) 先行手続の取消し・申立取下げの場合

二重開始決定がなされた後，先行する強制執行が取り消されたり（例，申立債権者が請求異議訴訟に敗訴し敗訴判決が確定し強制執行が取り消されたり），先行する強制執行の申立てが取り下げられたりした場合，執行裁判所は，後行の強制執行の開始決定に基づいて手続を続行せねばならない（民執47条2項）。これにより，後行手続は先行手続の結果を受け継ぐことができ，手続経済上合理的な結果を得ることができよう。

ただし，先行手続の差押えの処分禁止効は引き継がれないと解される。したがって，債務者Aが所有する甲地を債権者Bが差し押さえ，債権者Cがさらに差し押さえた後，AがBに対する請求異議訴訟に勝訴し，この判決が確定し，先行手続が取り消された場合（民執39条1項1号・40条1項），続行される手続において，Aが甲地につきCの差押登記後に設定した抵当権は尊重されないのに対し，Bの差押登記とCの差押登記の間に設定した抵当権は尊重される。他方，Aが甲地の所有権をBの差押登記とCの差押登記の間に第三者に移転すれば，甲地はもはやAの責任財産ではないので，後行の強制執行は続行せずに取り消すこととなろう（同53条）。

二重開始決定の申立債権者が，先行する強制執行の配当要求の終期までに申立てを行っていなかったときは，先行する強制執行で配当受領資格がない以上，後行の強制執行でも配当を受け得ない。そこで，裁判所書記官は，このような場合には新たに配当要求の終期を定めなければならない（民執47条3項前段。これにより申立債権者は配当受給資格を得る）。ここでも，民執法50条1項の催告を行わねばならないが，後行手続は先行手続の結果を受け継いでいる以上，既に届出をした者に対しては不要である（同項後段）。

(d) 先行手続が停止される場合

執行裁判所は，先行する強制執行が停止された場合，申立てにより，後行の強制競売開始決定に基づき，手続を続行できる（民執47条6項本文）。ただし，①後行の強制競売は，先行する強制執行の配当要求の終期までに申し立てられたものでなければならない（同本文括弧書）。また，②先行する強制執行が取り消されたとすれば，売却条件（同62条1項2号に掲げる事項）について変更が生ずるなら，続行してはならない（同47条6項但書）。

　たとえば，債務者Aの所有する甲地を債権者Bが差し押さえ，債権者Cが
さらに差し押さえた後，AがBに対して請求異議の訴えを提起し，受訴裁判
所は民執法36条1項に基づき強制執行の停止を命じた，とする。この場合，
少なくとも請求異議訴訟の第一審でBが勝訴するまで，停止された強制執行
は再開されない可能性が高く（民執39条1項7号・37条1項前段），Cは著しい
不利益を被る。そこで，Cの申立てにより，二重開始決定に基づき手続を続行
することを認めた。この場合，先行手続は失効しないが，先行手続の結果が続
行される手続に引き継がれる。続行された手続で，甲地は売却され，売却代金
は，Cに対して配当され，Bに対しては配当額が供託され（同91条1項3号），
AのBに対する請求異議訴訟で，Bの勝訴判決が確定すればBが配当を受け，
Aの勝訴判決が確定すればCが追加で配当を受ける。このような手続が続行
されるので，先行手続の停止事由が解消されても，先行手続は復活することな
く，後行手続が続行される。

　以上から明らかなように，先行する強制執行と後行の強制執行は，売却条件
や配当を受ける債権者の範囲など重要な点で，同じ内容であることが望まし
い。さもなければ，Bの利益を保護するための手続が煩雑となろう。上記①，②の
要件は，以上のような趣旨である。

(5)　競売手続の取消し

　不動産の滅失その他売却による不動産の移転（不動産の所有権の移転）を妨げ
る事情が明らかになったときは，執行裁判所は職権で競売手続を取り消さなけ
ればならない（民執53条）。不動産の所有権の移転ができないなら手続を続行
する意味がないからである。不動産の移転を妨げる事情には，建物の焼失など
の物理的事情と，差押登記をする前に所有権移転登記がなされたなどの社会的
事情がある。取消決定には執行抗告が可能である（同12条）。民執法53条の規
定の適用があるのは，買受人が代金を納付するまでである。代金納付の時点で
買受人は不動産の所有権を取得し，危険を負担するからである。

3 不動産の価値の維持

(1) はじめに

不動産強制競売は不動産の交換価値を把握し実現して債権者に満足を与える手続なので，差押えにより把握された当該不動産の価値が差押債権者等に分配されなければならない。そこで，差押えの処分禁止効が，所有権の移転，用益権や担保権の設定などにより，差押えにより把握された価値が減少することを防いでいる。しかし，差押えにより把握された当該不動産の価値をこれのみで維持できるわけでない。そこで，民執法は，地代等代払許可制度や売却のための保全処分などを設けている。

(2) 地代等代払許可制度

建物（借地権付建物）に対し強制競売が開始され差押えがなされた場合に，債務者（建物所有者）が借地権の地代・賃料を支払わないときは，執行裁判所は，申立てにより，差押債権者がその不払の地代・賃料を債務者に代わって弁済することを許可できる（民執56条1項）。差押債権者がこの許可を得て支払った地代・賃料は，申立てに要した費用とともに共益費用とされ，配当等の手続で優先的に償還される（同56条2項・55条10項。⇨191頁 **3-7** ）。これが**地代等代払許可制度**である。

借地権付建物の強制競売の場合，その売却基準価額は建物自体の価額と借地権価額を合算したものとなる。したがって，債務者が地代・賃料を滞納し，賃貸借契約が解除される等して借地権が消滅すると（建物の差押えの効力は敷地利用権にも及ぶが，差押えの処分禁止効は債務不履行解除を阻止できない），当該建物の価値は著しく下落する（借地権が消滅するだけでなく，建物収去・土地明渡しを請求され建物は無価値になる）。地代等代払許可は，これを回避し，差押えが把握した不動産の価値を維持するための制度である。

なお，借地権付建物の差押債権者は，債務者が負う地代・賃料債務を弁済する利益を有し（民474条参照），その償還請求権は共益費用の先取特権として保護される（同307条）。しかし，この場合，一般の先取特権を有する債権者として差押えや配当要求をしなければならない。このような手続を経ることなく，

優先弁済を受け得る点に，この制度の意義がある。

(3)　売却のための保全処分

(a)　は じ め に

差押えにより把握された不動産価値の減少を防ぐため差押え処分禁止効があるが，債務者（所有者）や占有者が当該不動産を毀損したり，必要な管理・保存を怠ったりすることによる価値の減少は，処分禁止効では防げない。そこで，このような事態を回避するため，債務者や占有者に対し，一定の行為を禁止し，一定の行為を命じ，さらには執行官が当該不動産の占有自体を取り上げ，債務者に使用を許可する場合もその占有の移転を禁止する等の制度が設けられている。これが，**売却のための保全処分**である。

(b)　申立て・審理

申立人は差押債権者である。申立ては，強制競売手続開始申立てから，買受人による代金納付時まで，することができる。管轄裁判所は，当該強制競売事件が係属する執行裁判所である（以上につき，民執55条1項）。

相手方は，作為命令・不作為命令の場合（民執55条1項1号）は，債務者または占有者である。執行官保管命令（同項2号）および占有移転禁止の保全処分（同項3号）の場合は，債務者，または占有者で，その占有権原を，差押債権者，仮差押債権者，もしくは民執法59条1項により消滅する権利を有する者に対抗できない者である。この場合，相手方を特定することが困難な特別の事情があるときは，相手方を特定しない申立てが可能である。

審理は，密行性の要請から，書面審理で行うものと解される（民執4条参照）。執行裁判所は，債務者以外の占有者に対する保全処分の場合，必要があると認めるときには，その者を審尋しなければならない（同55条3項）。手続保障を与える趣旨であるが，密行性の要請があるため，相手方の審尋はあまり行われていないといわれる。相手方は執行抗告の場で自らの主張を行う機会が与えられている（同55条6項）。

(c)　保全処分の要件

保全処分発令の要件は，債務者または不動産の占有者が価格減少行為をすることである（民執55条1項）。価格減少行為とは，不動産の価格を減少させ，

または減少させるおそれのある行為のことである。ただし，当該価格減少行為による不動産の価格の減少またはそのおそれの程度が軽微である場合には，保全処分の発令は認められない（同項但書）。債務者は差押え後も通常の用法に従って使用・収益することを認められており，差押債権者もこれにより生ずる軽微な損傷は受忍しなければならないからである。

　価格減少行為には，作為と不作為がある。また，物理的な行為により当該不動産の価格を減少させる行為と，買受希望者の入札意欲を削ぎ，買受希望者数を減少させることにより，競争を妨害し，適正な売却価格形成を妨げる行為に分類される。前者の例として，当該建物を損壊する行為，当該土地に小屋を建てたり廃材を搬入したりする行為，当該土地への通路に障害物を置く行為，当該建物が放置された結果不法侵入者の溜まり場と化し火災などの危険が生じた場合，などが挙げられる。また，後者の例として，買受申出を躊躇させる目的で，賃貸借契約を締結して第三者に当該建物を占有させること，暴力団が当該建物を占有していることを誇示する行為等が挙げられよう。

　(d)　保 全 処 分

　　(i)　作為・不作為命令（民執55条1項1号）　執行裁判所は，債務者や占有者に対し価格減少行為の禁止を命じ（不作為命令），あるいは一定の行為をすることを命じ（作為命令），さらに必要があると認めるときは，これらの作為・不作為命令を公示する公示保全処分を命ずることができる（執行官が不動産の所在する場所に公示書その他の標識を掲示する方法で公示する）。債務者以外の占有者に対し，保全処分を発令する場合には，必要があると認められるなら，その者を審尋せねばならない（同55条3項）。これは(ii)，(iii)についても，同様である。作為・不作為命令は債務名義となり，代替執行または間接強制の方法により強制執行することができる。

　　(ii)　執行官保管命令（民執55条1項2号・2項）　債務者または不動産の占有者で，その占有権原を，差押債権者，仮差押債権者，もしくは同59条1項により消滅する権利を有する者に対抗できない者が価格減少行為をする場合，執行裁判所は，これらの者の占有を解いて，執行官にその保管を命ずることができる。債務者や占有者が既に発令された作為・不作為命令に従わないなど，価格減少行為を防ぐには占有を取り上げなければならないと判断される場合に

は，執行官保管命令により対処すべきである。執行官保管命令は債務名義となり，不動産引渡しの執行に準じて，債務者等より当該不動産の占有を取り上げ，執行官がこれを保管することになる。

(iii) **占有移転禁止の保全処分**（民執55条1項3号・2項）　債務者または不動産の占有者で，その占有権原を，差押債権者，仮差押債権者，もしくは同59条1項により消滅する権利を有する者に対抗できない者が，占有を他人に移転する方法などで価格減少行為をしそうな場合で，価格減少行為を防ぐため当該不動産の占有を取り上げねばならない事情がある一方で，債務者らの占有を保護すべき事情も認められるときには，これらの者の占有を解いて，執行官にその保管を命じた上で，その占有の移転を禁じつつ，債務者らに当該不動産の使用を許可する。そして，占有移転禁止を実効あらしめるため，占有移転禁止保全処分を公示する（公示の方法については(ii)を参照）。これが占有移転禁止の保全処分である。ここでは，債務者らに当該不動産の直接占有があり，執行官の占有は間接的・観念的なものになると解される。

占有移転禁止保全処分に違反して占有が移転されても，執行官が当該保全処分を債務名義として強制執行により占有を回復することは許されない。しかし，占有移転禁止保全処分が発令・執行されていれば，当該不動産の買受人が，債務者に対する引渡命令の発令を受け（民執83条），これに承継執行文の付与を受けることにより（同27条1項・83条の2第1項），債務者以外の占有者に対する当該不動産引渡しの強制執行を行うことが可能となる。

たとえば，債務者Aが有する甲地に強制競売が開始され，Aに対して占有移転禁止の保全処分が執行された後，Cに甲地の占有が移転し，Bが買受人となった場合，BはAに対する引渡命令の発令を受け，これを債務名義として不動産引渡の強制執行を行うことができる。引渡命令はAに対する債務名義であるから，承継執行文が当然必要となる（民執27条1項）。

仮にAに対する引渡命令発令後にCが甲地の占有を承継したのなら，Bは民執法23条1項3号に基づき承継執行文の付与を受けることができる。しかし，ここでは，占有移転禁止保全処分の発令・執行から引渡命令発令までの間にCが占有を取得しているので，民執法23条1項3号は使えない。そこで，民執法83条の2第1項は，①Cが占有移転禁止保全処分の発令・執行後にA

より占有を承継した場合（「占有の承継」とは合意に基づく占有の移転を意味する），②Ｃが占有移転禁止保全処分の発令・執行後にこれを知って占有した場合（「占有した」とは不動産の侵奪のように相手方の同意に基づかずに占有したことである）に，Ａに対する引渡命令の執行力をＣに拡張したのである（執行力の主観的拡張）。

　ただし，上述①，②は理論上のルールであり，文理上は，民執法83条の2第1項1号が，②の場合，および①でＣが占有移転禁止保全処分の執行を知っていた場合を規律し，同2号が，①でＣが占有移転禁止保全処分の執行を知らなかった場合を規律している。理論上のルール①が1号と2号に分けられている点が不自然に見えるが，同項1号・2号によれば，Ｃが占有移転禁止保全処分の執行を知って占有したことは法律上推定されるので（同2項），甲地の占有者がＡではなくＣであれば，Ｂはこの事実だけを主張・立証して同項1号に基づき承継執行文の付与を受けることができ，執行文付与に対する異議の手続でＣが執行を知らなかったことを主張・立証すれば，ＢはＣがＡの占有を承継した事実（占有の移転につきＡ・Ｃ間に合意があった事実）を主張・立証することになる。なお，ここでの立証は疎明である。

　執行を受けた占有者（Ｃ）は，執行文の付与に対する異議の申立てにおいて，買受人に対抗することのできる占有権原を有していることを立証して，当該執行を免れることができる。また，執行文付与に対する異議の訴え（民執34条）を提起することもできよう（⇨375頁(2)）。

　不動産競売手続開始後（差押えの処分禁止効発生後）の占有移転の場合，Ｃが正当な権原を持っていることは稀であろう。また，Ｃが占有移転禁止保全処分の発令・執行後に「占有した」事実（不動産の侵奪が典型例である）を主張することも，稀であろう。このようにみれば，民執法83条の2第3項が適用されない事件は現実的にはほとんどないことがわかるであろう。民執法55条や83条の2は，**いわゆる占有屋対策**として導入された規定である。

　(iv)　**相手方不特定の場合の引渡命令に対する承継執行文の付与**　占有移転禁止の保全処分が執行され，同じ相手方に対して引渡命令が発令され，これを執行するに際し，当該不動産を占有する者を特定することを困難とする特別の事情がある場合（「特別の事情」の意味については⇨後述(v)），買受人がそのこと

を証する文書を提出したときに限り，相手方を特定しないで，承継執行文を付与することができる（民執27条3項2号）。しかし，引渡命令の強制執行の際に占有者を特定できないのであれば，執行不能となる（同27条4項）。

　（v）　**相手方を特定しないでする保全処分**　　執行官保管命令または占有移転禁止の保全処分の発令については，当該保全処分の執行前に相手方を特定することを困難とする「特別の事情」があるときは，執行裁判所は相手方を特定せずにこれを発令することができる（民執55条の2第1項）。ただし，当該保全処分により不動産の占有を解く際にその占有者を特定できない場合には，保全処分の執行はできない（同55条の2第2項）。

　相手方を特定することを困難とする特別の事情には二つの類型がある。第一は，占有者の特定自体が困難な場合で，申立債権者が一般的に負うと解される調査義務を尽くしても相手方を特定できないときがこれに該当する。第二は，特定は可能だが，占有者が頻繁に入れ代わっているため，特定が無意味な場合である。保全処分発令時に相手方を特定しても，執行の段階で占有者が変わっている蓋然性が高く，その場合には保全命令は執行できないわけである。

　執行官保管命令や占有移転禁止の保全処分が相手方を特定することなく発令された場合，執行官が執行の現場で占有者を特定し，その者の占有を解くことになる。そして，その場で占有を解かれた者が，当該保全処分の相手方となる（民執55条の2第3項）。この場合，執行官は，氏名・名称その他相手方となった者を特定するに足りる事項を執行裁判所に届け出なければならない（民執規27条の4）。執行裁判所は，これを受けて，相手方に当該保全処分の決定正本の送達等をするわけである。他方，当該保全処分の執行現場で執行官が相手方を特定できなかった場合は，当該保全処分の執行は許されない（民執55条の2第2項）。

4 売却準備手続

(1)　総　　説

　売却準備手続は強制競売開始手続と売却手続を架橋する手続で，当該不動産を売却する上で必要な準備を行う。①売却代金から配当を受けるべき債権者，その債権額，弁済順位を把握する**債権関係調査手続**，②当該不動産の現況，権利関係等（担保権，用益権など）を把握する**権利関係調査手続**，③以上の調査結

果を踏まえて売却条件を確定する**売却条件確定手続**（例，買受人の負担となる権利の把握，売却基準価額の決定，剰余判断，一括売却の判断，物件明細書の作成）により，構成される。

　①②③全体の手続の流れをごく簡単に説明すれば，以下のようになろう。裁判所書記官は，差押えの効力発生（差押登記または手続開始決定の債務者への送達）を確認すると，配当要求の終期を決定し（配当要求自体は差押えの効力発生時から可能である），これを公告し，債権届出の催告をする。これに応じてなされた配当要求，債権届出により，配当を受けるべき債権者，債権額，弁済の順位などが把握される。他方，執行裁判所は，差押えの効力発生を確認すると，現況調査命令と評価命令を同時に発令し，現況調査と評価が同時進行的に行われる。現況調査により不動産の現況や占有関係が明らかにされ，評価により評価人が不動産の価格を評価する。以上のように，同時に進行する，債権関係調査手続と権利関係調査手続の結果を資料として，執行裁判所は，売却基準価額を決定し，剰余があるか否かを判断し，一括売却をするか否かを決定する。他方，裁判所書記官は，登記事項証明書，現況調査報告書，評価書などにより売却条件の検討を行い，配当要求の終期後は，配当要求書，債権届出書なども考慮に入れて，売却条件を確定し，物件明細書を作成する。物件明細書の作成が終了すると，裁判所書記官が不動産の売却方法を定め，執行官に対して売却実施命令を発令し，強制競売は売却準備手続から売却手続へと進むことになる。

　最後に，売却準備手続の重要な機能を指摘しておきたい。不動産執行における売却に，広く一般市民より多数の買受希望者が集まり，その結果，当該不動産が適正な価格で売却されるためには，十分な情報の開示，つまり，その不動産の現況や，これをめぐる権利関係，とりわけ買受人が引き受ける物的負担，売却の基準となる価額などを明確にし，開示することが，不可欠である。また，執行裁判所が不動産引渡命令などの裁判を適正に行うには，十分な証拠が揃っていなければならない。以上のためには，まず，執行裁判所が十分な資料を収集しておくことが不可欠である。不動産には登記簿があるが，記載が現況と異なる，登記されている権利が存在しない，登記されていないが差押債権者に対抗できる権利が存在する等の可能性があり，これで十分でないからである。そして，収集した情報は整理して公開されなければならない。売却準備手続には，

以上のような，情報の収集，整理，公開の機能があるのである。

　以下では，前述した，①債権関係調査手続，②権利関係調査手続，および③売却条件確定手続を，全体の流れや相互の関係に注意しながら解説したいが，その前に，売却条件や，これを構成する要素である用益権・担保権の処遇の問題と，法定地上権につき，説明をしておきたい。これらは，実体法上の基準として，①・②・③の手続に直接的・間接的に影響を与えるので，これらの手続の前提問題とみることができるからである。

(2)　売 却 条 件

(a)　は じ め に

　強制競売における売却には，債務者と買受人の間の当該不動産に関する売買契約の側面がある。しかし，他方，強制競売は，債務者から当該不動産の所有権を強制的に奪い買受人に移転する手続でもあるので，売買の成否，内容，効力に関する事項を債務者と買受人の合意により決定させるのは，適切ではない。そこで，法は，これらの事項を，定型的に定めている。このように法が定型的に定めた，売買の成否，内容および効力に関する事項を**売却条件**といい，①買受可能価額以上でなければ買受申出はできないこと（民執60条3項），②担保権・用益権の処遇（同59条），③買受申出人による保証の提供（同66条），④債務者は買受人になれないこと（同68条），⑤所有権の移転時期（同79条），⑥代金不納付の効果（同80条），⑦法定地上権（同81条），⑧一括売却（同61条）等が，これに該当する。

　以下では，②の担保権・用益権の処遇と，⑦の法定地上権について説明し，他の事項については適宜別の箇所で説明する。

(b)　担保権・用益権等の処遇

　(ⅰ)　**引受主義と消除主義**　　差押えの処分禁止効に反する担保権，用益権の設定が売却により無効となるのは当然である。問題は差押債権者に対抗できる担保権や用益権をどのように処遇するかであるが，これについては引受主義と消除主義が対立している。**引受主義**とは，差押債権者に対抗できる担保権や用益権を買受人のもとで存続させる立場であり，**消除主義**とは，このような権利を売却により消滅させ，担保権や用益権の負担のない不動産を買受人に取得

させる立場をいう。

　たとえば，債務者Aが，所有する土地甲につき，Bに抵当権（または地上権）を設定し，その後，甲につき差押えがなされ，差押登記後AがCに地上権（または抵当権）を設定したとする。Cに設定された地上権（または抵当権）は，差押えの処分禁止効により無効とされる。しかし，Bに設定された抵当権（または地上権）については，(i)これを消滅させ，買受人に抵当権（または地上権）の負担のない土地を取得させる立場（消除主義）と，(ii)買受人に抵当権（または地上権）の負担の付いた土地を取得させる立場（引受主義）があるわけである。

　一般に，引受主義をとれば，不動産上の権利者は保護されるが，買受人は負担つきの所有権しか取得できないので，買受希望者が少なくなり，競争原理上売却価格も低くなる。他方，消除主義をとれば，負担のない所有権を取得できるため，比較的高い価格での売却が可能になる一方，権利者は権利を失うことになる。民執法は，担保権と用益権の性質に応じて二つの主義を使い分けている。なお，消除主義により権利が消滅する場合でも，剰余主義がとられる限り，権利を失う場合でも，失った権利の実質的価値は補償される（⇨ 3-2 ）。

　なお，以上は法定の売却条件であり，利害関係人がこれと異なる合意をした場合には，合意が優先される（民執59条5項）。ただし，売却条件は売却基準価額に影響を及ぼすので，その合意は売却基準価額の決定前になされなければならない。

3-2　剰余主義の原則

　剰余主義の原則とは，不動産上に物権が存在する場合に，物権相互の優先順位，さらには物権が無担保債権に優先するという順位は，不動産強制競売においても尊重されるという原則である。言い換えれば，先順位の権利者は，後順位の権利者の申立てにより開始された強制競売によりその権利を害されてはならない，という原則である。プライオリティー・ルール（弁済における優先順位）の尊重は民事実体法・手続法を貫く基本原則である以上，剰余主義の原則が民執法に妥当するのは当然であるといえよう。

　強制競売において剰余主義が問題となるのは，ある債権者が債務者の不動産を差し押さえた場合に，当該不動産上にその債権者に優先する物権が存在する場合である。このとき，売却条件として，当該物権を引受けとするか消除とするかの問題が生ずる。引受けとした場合（民執59条2項・4項），優先する物権

は売却により消滅せず買受人の下で存続するため，剰余主義に適合した結果となる。しかし，消除とした場合は，たとえば，無担保債権者が申し立てた強制競売により担保物権が消滅するわけであるから，剰余主義に反する結果が生ずるのではないかという問題が生ずる。このような場合に剰余主義を維持するための制度が，無剰余措置である（同 63 条。ただし無剰余措置の趣旨は剰余主義に尽きるものではない。⇨ 164 頁(b)）。ここでは，売却代金から強制競売を開始させた債権者に優先する物権の権利者に完全な弁済（補償）をすることを要求し，このような弁済（補償）が可能となる金額で当該不動産が売れないのなら売却自体をしないという措置がとられる。これにより，自分より弁済順位が下位の権利者によって開始された手続により，完全な補償を得られないまま自分の権利が消滅するという事態は，避けられる。言い換えれば，完全な弁済が受けられる場合を除き，自分が権利行使する時点を弁済順位が下位の権利者に決定されない自由が保障されるのである（消除主義をとれば下位の権利者の権利行使により自分が権利行使したのと同じ結果が生じる）。

　民執法において剰余主義の原則が妥当すべき範囲については，見解の対立がある。剰余主義は，担保権については概ね妥当しているが，用益権については排除されている場合があるからである（同 59 条 2 項。⇨次頁(iii)）。剰余主義を民執法全体を貫く基本原則であると位置づける見解は，この規律を不当であると批判する。しかし，実体法上の優先順位尊重の原則を不動産競売の場でどこまで貫くかは政策的考慮に服すべきであり，不動産競売の機能を維持するためであれば剰余主義を後退させることも正当化されると主張する見解もある。

　(ii)　**担保権の処遇**　　不動産上に存する先取特権，抵当権，および使用・収益をしない旨の定めのある質権で，差押えの処分禁止効に触れないものは，売却により「消滅する」（民執 59 条 1 項）。これらの担保権は，消滅しても，実体法上の優先順位に従い配当を受ける（同 87 条 1 項 4 号・85 条 1 項本文・2 項）。他方，これらの担保権も，差押えの処分禁止効に触れる（差押債権者などに対抗できない）場合は，売却により「その効力を失う」（同 59 条 3 項）。効力を失う場合，担保権として配当を受けることはできない（同 87 条 1 項 4 号の反対解釈）。たとえば，A が自ら所有する土地甲につき B に対して抵当権を設定し，甲に対する差押えの後，A が C に対しても抵当権を設定した場合，売却により B の抵当権は消滅し，C の抵当権は効力を失うが，C が抵当権を失うだけであるのに対し，B は差押債権者に優先して被担保債権につき満足を受けることができる。

　使用・収益をしない旨の定めがある質権は抵当権と同視できるので，同様の扱いがなされる。また，同じ理由で，仮登記担保権も同様の扱いがなされる（仮登記担保16条）。

　以上に対して，留置権，使用・収益をしない旨の定めのない質権は，買受人に引き受けられる（民執59条4項）。留置権は，実体法上優先弁済権がなく，消滅させると優先的満足を得られなくなるし，被担保債権は定型的に少額でかつ共益的支出に該当するからである。使用・収益をしない旨の定めのない質権は，優先弁済権だけでなく，その使用・収益権を保護する必要があるからである。引受けの結果については，買受人は債務者と併存的に被担保債務を負い，両者は連帯債務であるとする見解と，買受人のみが被担保債務を負うとする見解が，対立している。

　ただし，このような質権も，差押債権者に対抗できない場合のほか，当該質権に優先する担保権が消除主義により消滅する場合には，同様に消滅する（民執59条2項・4項）。たとえば，Aが自らの土地につき債権者Bに対して抵当権を設定し，さらに債権者Cに対して使用・収益を認める不動産質権を設定した後，この土地につき差押えがなされた場合，Bの抵当権もCの質権も売却により消滅する。この場合，BのみならずCも売却代金より弁済順位に応じた配当を受ける。

　　(iii)　**用益権等の処遇**　　差押債権者に対抗できない用益権は，売却により効力を失う（民執59条2項）。これは差押えの処分禁止効の結果である。

　これに対し，差押債権者に対抗できる用益権は，買受人に引き受けられる（民執59条2項の反対解釈）。たとえば，債務者が，所有する土地につき地上権を設定し，その後差押えがなされた場合，この土地の買受人は地上権の負担つきの所有権を取得する。消除と補償により処理されないのは，不動産を住居や事業所などとして利用する用益権者の利益を保護するためである。

　しかし，差押債権者に対抗できる用益権も，これに優先する担保権があり，それが民執法59条1項により消滅する場合には，売却により効力を失う（同59条2項）。たとえば，AがBに抵当権を設定し，Cに地上権を設定した後，差押えがなされた場合，売却によるBの抵当権の消滅に伴い，Cの地上権も消滅する。このような用益権が消滅せず買受人の引き受けとなるなら，担保権

設定後の用益権設定により担保価値は下落するため，担保権者は担保権設定時に担保権実行時の担保価値を予測できないこととなり，不動産担保信用の機能が害されるからである。

この場合，用益権の消滅につき補償もない。担保権と異なり用益権には剰余主義は妥当せず（使用・収益を認められた不動産質権の扱いと比較してみよう），差押債権者に有利な結果となっている。

不動産（担保）執行により優先する抵当権が消滅する場合，用益権は消滅し剰余主義の適用も受けられないため，抵当権設定後は債務者（所有者）が不動産を用益することは困難となる（このようなリスクのある不動産の借手をみつけるのは困難であろう）。しかし，抵当権は価値権のみを把握し使用収益権は所有者にある原則からは，この結果は不公平である。そこで，平成15年改正前民法395条は，抵当権設定後に契約された短期賃貸借（民602条参照）が，強制競売により当該抵当権が消除される場合でも，消滅することなく買受人に引き受けられる場合を規定し，抵当権者の価値権と所有者の使用収益権の公平な調整を図ろうとした。しかし，その濫用が問題とされたため，平成15年の改正により，この制度は廃止され（ただし，経過措置により，改正前に設定された短期賃借権は民法602条に定める期間を超えず，抵当権の登記後に対抗要件を備えたものはなお従前どおりの扱いである），抵当建物使用者の引渡しの猶予の制度（民395条），抵当権者の同意により抵当権設定後の賃貸借に対抗力を付与する制度（同387条）などが創設されている。

(iv) **民事保全処分など**　差押え，仮差押えの執行は，当該不動産の売却により効力を失う（民執59条3項）。差押債権者，および仮差押えをした債権者で差押登記前に登記された者は，配当を受けるべき債権者とされており（同87条1項1号・3号），差押登記後に登記された仮差押債権者は配当要求により，配当を受けるべき債権者になるからである（同項2号）。なお，仮差押債権者の場合，配当額はまず供託され（同91条1項2号），請求債権につき債務名義（本案の確定判決や和解調書など）が成立すれば，配当が実施される（同92条1項。⇨194頁(9)）。失効する差押えや仮差押えの登記は，買受人に所有権移転登記をする際抹消される（同82条1項3号参照）。

これに対し，仮処分の執行は，差押債権者に対抗できない場合には，売却に

よりその効力を失い（民執59条3項），仮処分の登記も抹消されるが（同82条1項2号参照），対抗できる場合には，買受人の引受けになると解される。ただし，ある不動産に担保権が設定され，次いで仮処分がなされ，最後に差押えがなされた場合は，売却により担保権が消滅する（同59条1項）ため，差押えに優先するにもかかわらず，当該仮処分の執行は失効する（同59条3項）。用益権と同様に規律されているわけである。

(c)　法定地上権

（i）　**はじめに**　同じ債務者が所有する土地とその土地上の建物の一方または双方に差押えがなされ，これに基づく売却により土地と建物の所有者が別々になった場合は，その土地につきその建物のために地上権が設定されたとみなされる（民執81条前段）。この地上権の存続期間は借地借家法3条により30年となり，地代は当事者の請求により裁判所が決定する（同81条後段）。これが法定地上権の制度である。強制競売における売却により土地と建物の所有者が別々になった場合，建物所有者が土地上に建物を所有する権原を持たない以上，土地所有者は建物所有者に建物収去土地明渡しを請求することができ，建物は解体せざるを得なくなる。このような事態を避け，建物を維持することが，民執法81条の法定地上権の制度趣旨である。

民法388条も法定地上権を規定する。同一所有者に属する土地または建物に抵当権が設定され，その一方または双方の実行（不動産担保執行）により土地と建物の所有者が異なるに至った場合，その土地上にその建物のために地上権が設定されたものとみなされるわけである。この民法388条は，同一所有者に属する土地または建物に抵当権が設定され，その一方または双方につきその所有者の一般債権者の申立てにより（不動産担保執行ではなく）不動産強制競売がなされ，土地と建物の所有者が異なるに至った場合にも，類推適用されると解される。等しく抵当権が設定された土地・建物につき，不動産強制競売がなされるか不動産担保執行がなされるかで法定地上権の成否の結論が異なるのは，不合理であり不公平だからである。しかし，ここまで拡張しても，土地にも建物にも抵当権が設定されていない場合には，建物維持は不可能である。民執法上の法定地上権は，民法上の法定地上権の制度趣旨を，このような場合にまで拡張しようとしたものである。

（ii）**要　件**　要件は，次の①から④である。①差押え時に土地の上に建物が存在したこと。②差押え時にその土地と建物の所有者が同一（債務者）であったこと。③土地または建物に差押えがなされたこと。④当該差押えに基づく強制競売の売却の結果，土地と建物の所有者が別々になったこと。

　民法の法定地上権の場合，抵当権者と抵当権設定者の設定時における予測・予期を現実化する機能が期待されているため，法定地上権の成否は基本的に抵当権設定契約の時点を基準として判断される。これに対して，民執法上の法定地上権にはこのような期待がないため，法定地上権の成否は原則として差押えの時点を基準に判断される。たとえば，抵当権設定時に更地であった土地に建物が建てられた後に，その建物に不動産執行あるいは不動産担保執行が開始された場合，民法388条が適用され，法定地上権は成立しない。しかし，抵当権が設定されていなかったとすれば，民執法81条が適用され，差押え時に建物が存在するので，法定地上権が成立することになる。

　土地と建物の双方が共有である場合の法定地上権の成否は問題である。すなわち，AとBが土地（甲地）とその土地上の建物（乙）を共有しており，Aの債権者Cが甲地の共有持分を差し押さえ，強制競売の結果Dが甲地の共有持分権者となった場合，乙のために甲地上に民執法上の法定地上権は成立しない（最判平成6・4・7民集48巻3号889頁［百選35事件］参照）。法定地上権の成立を認めるなら，Bの土地の共有持分権に基づく使用収益は不当に害されるし，法定地上権の成立を認めなくても，直ちに建物収去を余儀なくされるわけではないので，建物維持の趣旨にも反しないからである（乙の取扱いは民法249条・252条に基づきBとDが決めることになる）。

(3)　債権関係調査手続

(a)　は じ め に

　裁判所書記官は，差押えの効力発生を確認すると，配当要求の終期を定め（民執49条1項），開始決定がされた旨と共にこれを公告する（同49条2項）。配当要求の終期とは，配当要求の資格ある者が配当要求できる期限であると同時に，売却条件を決定する上で必要な債権届出をすべき期限でもある。

　配当要求の終期は，物件明細書を作成するまでの手続（権利関係調査手続など）

に要する期間を考慮し，同時に配当要求または債権届出に必要な期間を考慮して決定されるが（民執49条1項参照），通常は1〜2か月が適当であるとされている。これは，配当要求の終期までに，債権関係に関する調査を終え，かつ現況調査など権利関係に関する調査も終え，売却条件決定可能な状態にした上で，無剰余か否かと一括売却の判断をし，物件明細書を作成して，売却手続に入るという，**強制執行の段階的構造**を反映したものである。なお，一定の場合，配当要求の終期は延期され（同49条3項），または自動的に更新される（同52条）。

（b）**配 当 要 求**

（i）**はじめに**　当該強制競売手続において配当を受けたいと考える債権者は，差押えの効力発生時から配当要求の終期までに配当要求をすることができる。配当要求とは，手続開始申立てをしていない債権者が，既に開始された強制競売手続に参加して配当などを受けることを求める申立てである。

（ii）**配当要求をすることができる者**　配当要求をすることができる者は，以下のとおりである（民執51条1項）。

（ア）**執行力ある債務名義の正本を有する債権者**　このような債権者に配当要求資格が限定された趣旨について ⇨ 159頁 **3-3**。

（イ）**差押登記後に登記された仮差押債権者**　強制執行が開始された時点で債務名義を有していない債権者が配当要求をしようとする場合，執行証書（民執22条5号）や仮執行宣言付支払督促（同22条4号）等の債務名義を得てすることのほか，当該不動産につき仮差押えをし，その登記を得て配当要求することも可能とされたわけである。ただし，これにより配当要求した仮差押債権者については，本案の訴えを提起し（民保37条参照），その勝訴判決が確定するなど被保全権利につき執行力ある債務名義を取得するまでは，配当額が供託される（民執91条1項2号）。つまり，仮差押債権者は配当を受ける時には債務名義を有していることになる。なお，当該不動産の売却により仮差押えの登記は抹消される（同82条1項3号参照）。

（ウ）**民執法181条1項各号所定の文書により一般の先取特権を有することを証明した債権者**　一般の先取特権を有する債権者は，債務名義はなくとも民執法181条1項各号所定の文書に基づき配当要求できる（この場合は優先債権者としての権利行使である。⇨ 161頁 **3-4**）。一般の先取特権に債務名

義なくして配当要求資格を認めることにより，債務名義の取得や仮差押登記の経由がなければ賃金債権者に配当要求を認めないという不当な結果を回避することが，その趣旨である。賃金債権者は，債務名義がなくとも，一般の先取特権を証明する文書（例，使用者が備え置く賃金台帳，銀行の給与振込未了証明書）を執行裁判所に提出することにより，配当要求できるのである。

　(iii)　**配当要求の手続と効果**　　配当要求は，債権の原因・額を記載した配当要求書を執行裁判所に提出して行う（民執規26条）。不適法な配当要求は執行裁判所が決定で却下し，却下決定に対しては執行抗告ができる（民執51条2項）。

　配当要求の終期までに配当要求をした債権者は，認可等の裁判を要することなく，配当を受けることができる（民執87条1項2号）。債権の存否や額など実体法上の問題は，配当異議の手続で処理される。また，配当要求には時効の完成猶予効があると解される（最判平成11・4・27民集53巻4号840頁［重判平11民3事件]）。

　(c)　**債 権 届 出**

　裁判所書記官は，配当要求の終期を定めると，民執法49条2項各号に掲げる者（仮差押債権者，担保権者，所有権移転仮登記権利者，賃借権設定仮登記権利者，租税などを所管する官庁・公署）に，債権の存否，その原因および額を配当要求の終期までに裁判所に届け出るよう催告する。売却条件（担保権・用益権の処遇，法定地上権の成否，剰余・無剰余の判断，超過売却の判断）や売却基準価額の決定等のための資料を収集する趣旨である。

　債権届出の催告を受けた者は，租税その他の公課を所管する官庁または公署を除き，配当要求の終期までに債権届出をしなければならない（民執50条1項）。催告を受けた者が届出に応じない場合，失権はしないが損害賠償義務を負う場合がある（同50条3項参照）。

> ### 3-3　優先主義と平等主義
> 　配当要求の資格をどう定めるかは，重要な問題である。
> 　まず，強制執行開始を申し立てた差押債権者と当該執行手続に参加した債権者を同等に扱うか否かが，問題となる。この点については，立法の理念型として，優先主義と平等主義が挙げられる。**優先主義**とは，手続を開始した債権者

を優先して取り扱う立場で（例，差押債権者に対し当該不動産上に担保物権を付与する），**平等主義**とは，手続を開始した債権者も後から手続に参加した債権者も同等に扱い，弁済の順序は実体法上のプライオリティー・ルールに従って決定する立場である。

　優先主義の根拠として，①手続を開始した債権者は勤勉な債権者であるから優先的扱いを受けるべきであること，②強制執行に優先主義を妥当させ，倒産処理手続に平等主義を妥当させることにより，強制執行と倒産処理の機能分担が明確になること，③優先主義の下では手続に関与する債権者の数が少なくなるため，効率的な手続運営が可能となること等が挙げられる。また，平等主義の根拠として，①債権の効力は実体法上各債権につき同等であること，②優先主義によれば債権者は競って強制執行を開始しようとするので，債務者は酷な立場に置かれること，③強制執行に平等主義を妥当させ小型破産手続的機能を付与すれば効率的な民事手続の運営が可能となること等が挙げられる。

　わが国では，旧法時代より，民法の**債権者平等原則**に基づく制度（債権者代位権，債権者取消権など）との調和を実現するため，平等主義がとられていた。Aに債権者B，C，Dがおり，Bが債権者取消権を行使した結果，甲地がAの責任財産に戻ってきた場合，Bのみならず，CやDも等しく甲地に対して権利行使が可能となる（民425条）。これとパラレルな扱いをするとすれば，債権者Bが甲地を差し押さえて不動産強制競売が開始された場合，CやDも平等な立場でこれに配当加入できると規律することになろう。

　平等主義をとるなら他の債権者による配当要求を認めることになるが，その際に配当要求する債権者が債務名義を有することを要求するか否かが問題となる。この点，旧法は，債権の効力の平等を重視して債務名義を持たない債権者（無名義債権者）の配当要求を広範囲で認めていた。

　しかし，平等主義と無名義債権者の配当要求への参加の組合わせは，著しい弊害をもたらした。まず，債務名義を獲得し強制執行を開始させた債権者は，手続開始後の無名義債権者による配当要求によりその配当額が著しく減ることを甘受せねばならない。これは不公平であり，不動産競売の利用の障害となった。また，特定の者が債務者と通謀し虚偽の債権を届け出て（無名義債権でもよいことを悪用する），手続を追行している正当な債権者の権利実現を妨害するという弊害も生じた。

　そこで，民執法は，民法との調和の要請から平等主義は維持しつつも，その弊害を除去するため，以下のような改革を行った。

　第一に，原則として債務名義を有する債権者（有名義債権者）に配当要求の資格を付与した。二重開始決定を得た債権者，仮差押登記を得た債権者にのみ配

当要求資格を認めるという規律も考えられたが，極端な変化は避けたいという考慮から，二重開始決定の申立てをなし得る有名義債権者に配当資格を限定することにしたのである。

　第二に，配当要求の期間を短縮した。旧法では手続終結に近い時期（競落期日の終わり）まで認められていたが，民執法49条1項は，裁判所書記官は物件明細書の作成までの手続に要する期間を考慮して配当要求の終期を定めると規定し，その期間が適切に設定されるよう配慮している。

　配当要求資格の規律の背景には，以上のような考慮が存在するのである。

3-4　一般の先取特権

　一般の先取特権は，不動産強制競売・担保不動産競売において二つの地位を有している。

　第一は，優先債権としての地位である。つまり，一般の先取特権が一般の債権者に優先して弁済を受ける場合である（民336条本文）。これは，一般の先取特権が，差押登記後に成立したか否かなどを問わない。そして，民執法181条1項の文書（主に同項4号の文書）を提出して債務者の不動産につき担保不動産競売開始の申立てを行い（ただし民335条による制約がある），あるいは既に開始された不動産強制競売，担保不動産競売に配当要求をして参加することにより，一般債権者に優先する弁済を受けることができる。民執法51条1項（配当要求）や87条1項1号（二重差押えをした場合である。民執47条・188条）は，これに関する規定である。この場合，不動産上の担保権者ではなく，一般債権者に優先して弁済を受ける債権者としての扱いであるので，売却により担保権が消滅し（同59条1項），消滅した担保権につき配当を受ける（同87条1項4号）扱いは受けないわけである。

　第二は，特定の不動産上の公示された担保権としての地位である。すなわち，一般の先取特権は，特定の不動産につき登記されると（登記されることは可能であると解される），抵当権など特定の不動産上の担保物権と同じ効果を認められ，不動産強制競売・担保不動産競売（自らが開始したか否かは問わない）が開始されると，民執法59条1項により当該一般の先取特権は消滅し，同法87条1項4号により配当要求などをすることなく実体法上のプライオリティー・ルールに従った優先弁済を受けることになる（同85条2項）。

　一般の先取特権に登記能力を認め，他の不動産上の担保物権と同様の効力を認めたことについては，厳しい批判がある。

(4) 権利関係調査手続

不動産執行の売却手続が適正に行われる，つまり広く一般市民より買受希望者が集まり，その結果適正な価格で売却されるためには，十分な情報の開示，すなわち，その不動産の現況や，これをめぐる権利関係，とりわけ買受人が引き受ける物的負担，売却の基準となる価額などを明確にすることが，不可欠である。また，執行裁判所が売却のための保全処分，不動産引渡命令などの裁判を適正に行うには，十分な証拠が揃っていなければならない。

そこで，売却の準備として，以下のような資料収集および情報開示が行われる。

(a) 現況調査・現況調査報告書

執行裁判所は，差押えの効力発生を確認すると，執行官に対し不動産の現況を調査するよう命ずる（**現況調査命令**。民執57条1項）。当該不動産に関する権利関係の確定は差押え時が基準となる以上，差押えの効力発生を確認し直ちに命ずることになるのである。

現況調査の対象は，①土地の場合，土地の所在地，形状，現況地目，境界，占有者と占有の状況（土地上に建物があるかなど），占有者が債務者と異なるときは（用役権が設定されている可能性がある），その占有の開始時期，占有権原など，②建物の場合，建物の種類・構造・面積，占有者と占有の状況，敷地所有者が債務者でない場合は，敷地を占有する権原などである（民執規29条1項）。また，執行官は，調査の際，当該不動産に強制的に立ち入り，債務者・占有者に質問をし，文書の提示を求め，さらに市町村や電気・ガス会社などに必要な報告等を求めることができる（民執57条2項～5項）。

執行官は現況調査の結果を**現況調査報告書**にまとめ，これを執行裁判所に提出する。占有権原の存否，その内容，占有開始時期等に関しては，売却条件を決定する要件となるので，関係人の陳述，関係人が提示した文書（例．不動産賃貸借契約書）の要旨，執行官自身の意見も付け加える（民執規29条1項）。現況調査報告書は，その写しが一般の閲覧に供され買受希望者の重要な判断資料となるだけでなく，評価人が評価の際に権利関係を判断し，書記官が売却条件を決定し，執行裁判所が売却基準価額を決定し，売却のための保全処分や不動産引渡命令を発令する際の，重要な判断資料となる。

執行官は，買受希望者との関係で当該不動産の現況をできる限り正確に調査

すべき注意義務を負う。現況調査にあたり通常行うべき調査方法を採らない，調査結果の十分な評価・検討を怠るなど，調査・判断の過程が合理性を欠いたため，現況調査報告書の記載内容と当該不動産の実際の状況との間に看過し難い相違が生じた場合は，執行官はこの注意義務に違反したものと認められ，国は国賠法1条1項に基づく損害賠償責任を負う（最判平成9・7・15民集51巻6号2645頁［百選28事件］）。また，現況調査（報告書）の誤りにより売却基準価額の決定，物件明細書の作成その他売却の手続に重大な誤りが生じた場合には，売却不許可事由となる（民執71条7号・8号）。

（b）　**不動産評価・評価書**

執行裁判所は，現況調査命令と同時に，**評価人**を選任し，不動産の評価を命じる（**評価命令**。民執58条1項）。評価人は，通常は不動産鑑定士から選任される。評価にあたり，不動産への立入り，債務者・占有者に対する質問・文書提示要求，市町村や電気・ガス会社等に報告請求等が可能であること，現況調査の場合と同様である（同58条4項・57条2項・4項・5項。58条3項も参照）。評価人は，このような権限を行使し，不動産に立ち入り，必要があれば所有者等に質問をしたり文書の提示を求めたりして，不動産の事実・権利関係につき充実した調査を行う義務を負う（福岡高決平成元・2・14高民42巻1号25頁［百選29事件］を参照）。評価人がこのような調査義務を怠り評価が不当に低くなった結果，執行裁判所が決定した売却基準価額も不当に低かった場合，民執法71条7号の売却不許可事由となる。

評価は不動産鑑定の手法が用いられる。不動産の評価をした評価人は，**評価書**を作成して執行裁判所に提出する（民執規30条）。評価書は，その写しが一般の閲覧に供され，買受希望者の重要な参考資料となることのほか，執行裁判所が売却基準価額を定める際の重要な資料となる。

現況調査と評価は通常は同時に進行し，執行官と評価人は必要な協力をしなければならない。また，必要があれば，執行裁判所の判断を仰ぐことになる。同じ事実を異なった観点から観察し，共通の認識に到達することが，真実の発見につながるからである。

⑸　売却条件確定手続

⒜　売却基準価額・買受可能価額

執行裁判所は，評価人の評価に基づいて**売却基準価額**を定める（民執60条1項）。ここに売却基準価額とは，不動産売却の額の基準となるべき価額であり，買受申出の額は，売却基準価額からその10分の2に相当する額を控除した額（**買受可能価額**）以上でなければならない。執行裁判所は，必要があると認めるときは（当初の価額が高過ぎて売れない場合，不動産価額の変動が著しい場合など），売却基準価額を変更することもできる（同60条2項）。

売却基準価額制度の趣旨は，①一般に財産的価値の高い不動産が不当に低い価額で売却され（強制競売の市場は必ずしも完全に開かれた市場ではないので，競争だけに委ねると不当に低い価額で売却される危険がある），債務者や債権者の利益が不当に害されることを防ぐとともに，②目的不動産の参考価額を提示して，買受申出を希望する者が買受申出の額を決定する際の適切な指針を与える点にある。不動産の価額はその性質上一定の幅を持つことに応じて，ここでも売却基準価額から買受可能価額という幅を持たせたわけである。

⒝　無剰余措置

(ⅰ)　**無剰余執行禁止の原則**　　差押債権者が，執行の結果，請求債権につきまったく弁済を受け得ないことが見込まれる執行を，**無剰余執行**という。民執法は，無剰余執行を原則的に禁止している。

無剰余執行を禁止する趣旨は，**剰余主義の原則**（⇨ 152頁 **3-2** ）を実現することにある。売却代金をプライオリティー・ルールに従って分配した結果，当該不動産強制競売を開始した差押債権者に優先する権利者に完全な弁済ができないなら，その強制競売は剰余主義の原則（先順位の権利者は後順位の権利者が開始した強制競売によりその権利を害されてはならない。⇨ 152頁 **3-2** ）に反することになる。そこで，このような不動産強制競売を禁止したのである。これにより，剰余主義の原則が維持され，プライオリティー上位の権利者は，下位の権利者が不動産強制競売を開始することにより，意に沿わない時期の権利行使を強制されるのと同様の結果を，免れることができる（換価時期の選択権の保障）。

無剰余措置のもう一つの趣旨は，**無益執行の禁止**である。債権者の申立てにより国家権力が債務者の財産関係に強制的に介入して当該債権を実現するのが

強制執行であるが，申立債権者がまったく配当を受けない強制執行はこのような犠牲を強いてまで行う根拠に乏しい，というのである。しかし，不動産売却価額から手続費用は支払えても優先債権への完全な弁済はできないという場合でも，当該優先債権者の同意があれば強制執行は許されるとされ（⇨ 後述(iii)。この場合差押債権者は配当を受け得ない），無益執行の禁止が民執法において完全に貫かれているわけではない。

　(ii)　**無剰余の判断基準**　　そこで，無剰余の判断基準が問題となるが，前述した無剰余執行禁止の原則の趣旨，および，民事手続遂行の費用（総債権者共通の利益のために支出されたと認められる執行費用。共益費用，手続費用ともいう。その内容については⇨ 191 頁 **3-7** を参照）は売却代金より他の債権者に先立って弁済されるというプライオリティー・ルールからすれば，まず，①不動産の売却価格が不動産執行の手続費用（共益費用。⇨ 191 頁 **3-7**）を償えない場合がこれに該当する（民執 63 条 1 項 1 号）。そして，②売却価格で手続費用を支払えても，残額で当該差押債権者に優先する債権者（このような債権を**優先債権**という。同項 1 号）に完全な弁済をできない場合も，これに該当しよう（同項 2 号）。

　(iii)　**無剰余の判断の仕組み**　　不動産の真の売却価額は買受人が売却代金を納付するまでは確定しない。しかし，そこまで手続を進めてから無剰余と判断して手続を取り消すのは，手続経済上問題であるし，無益執行を長期間債務者に受忍させる点で不当であろう。そこで，無剰余か否かは売却準備手続の最終段階で判断することとした。すなわち，債権関係の調査で請求債権の種類（優先権か否か）と額が明らかにされ，権利関係等の調査（評価）を基礎に売却基準価額が定められた後，これを前提として，不動産の買受可能価額で手続費用と優先債権を弁済すれば余剰を生ずる見込みがないと判断されるときは，差押債権者にその旨を通知する（民執 63 条 1 項）。そして，この通知を受けた日から 1 週間以内に，差押債権者が以下で述べる申出・保証または証明をしない限り，執行裁判所は当該強制競売の手続を取り消すとされた（同 63 条 2 項）。

　その申出・保証，証明には，三つの場合がある。その第一は，①差押債権者が無剰余でないことを証明した場合である。具体的には，優先債権の額が裁判所の認定した額よりも少ない（あるいは存在しない）ことを証明するか，当該不動産が手続費用と優先債権を弁済してもなお余剰が生ずる程の価額で売れるこ

とを証明する（売却基準価額を争う）場合である。証明がなされた場合には，手続は続行される。第二は，②差押債権者が手続費用と優先債権の合計額を超える額で自ら買い受ける申出をし，申出額に相当する保証を提供する場合である（民執 63 条 2 項 1 号。差押債権者が買受人となれない場合は同項 2 号参照）。この場合，手続は続行され，差押債権者は買受申出人の 1 人となり，その申出額が最高価であれば差押債権者が買受人となり，それ以上の申出額があればその申出人が買受人となる。差押債権者は，無剰余とならないことを保証しながら，当該不動産がいくらで売れるかを試すことができるのである。第三は，③買受可能価額で手続費用を支払えても優先債権者に完全な弁済をできない場合に，差押債権者が強制執行の続行につき優先債権者（ただし完全な弁済を得る者は除く）の同意を得たことを証明した場合である。証明がなされれば，やはり手続は続行する。

(c)　一 括 売 却

　(i)　**意義・趣旨**　　不動産執行は，一つの申立てにより 1 個の不動産に対して行われる**個別売却が原則**である。しかし，個別に申し立てられた複数の不動産競売事件が執行裁判所に係属する場合に，各不動産をまとめて 1 人の相手に売却し，売却代金を各事件に分配し，それを各事件において債権者に配当する方が，個別売却の原則によるよりも，合理的な場合がある。複数の不動産相互の利用関係から，一括して売却した方が，より高価に売却できるため債権者・債務者に有利であり，かつ社会的にもこれらの不動産をより有効に活用できる場合が，それである。建物とその敷地，店舗と駐車場・倉庫，宅地と私道，相互に隣接しあう土地（各々の面積が小さい場合など）などを，その例として挙げることができよう（東京高決昭和 57・3・26 下民 33 巻 1 = 4 号 141 頁も参照）。

　また，1 個の不動産を売却したのでは完全な弁済を受け得ないと考えた債権者が，一つの申立てにより複数の不動産の強制競売を求めることも許される（この場合も売却は別々に行われるのが原則である）。このような場合も，前述の要件が充たされかつ超過売却にならないのであれば，複数の不動産を 1 人の相手に売却するのが，債権者・債務者の利益となり，かつ不動産の有効活用につながろう。

　以上のような趣旨に基づき，数個の不動産を一括して同一の買受人に買受け

させることを，**一括売却**という（民執61条）。

　(ii)　**要　件**　　(ア)　執行裁判所が同一であること。同じ執行裁判所に係属する事件の不動産でなければ，手続的にみて，同一の相手に売却することは不可能だからである（民執61条本文）。

　(イ)　不動産相互の利用関係からみて，同一の相手に売却する方が，個々に売却した場合の合計額よりも高価に売れ，しかも社会的にみても不動産の合理的活用に資すること。このような事情が，個別売却の原則に対する例外を正当化するからである（民執61条本文）。

　(ウ)　一つの申立てで複数不動産の強制競売を求めた場合，その内のあるもの（1個でも複数でも）の買受可能価額で，執行費用と配当を受けるべき債権者の債権全額を弁済できる見込みがあるときは，債務者の同意がなければ一括売却はできない（民執61条但書）。超過売却を回避する趣旨である（**超過売却禁止の原則**。⇨168頁 **3-5**）。

　個別に申し立てられた複数の不動産競売事件を併合して一括売却する場合も，同様に扱われるべきである。同意がなければ，個別売却の原則に戻した上で，民執法73条により処理されることとなる。債務者が同意する場合には（たとえば，一括売却した方が高く売れ，全体としてみれば自分にも有利と判断すれば，同意する場合もある），もはや保護すべき利益はないので，一括売却をすることになる（余った売却代金は債務者が受け取ることになる）。ただし，売却から外れることになる不動産に独立の経済的価値がない場合（例，宅地に接着する私道部分）には，従物に準じ債務者の同意なしでも一括売却できると解される。

　(iii)　**手　続**　　執行裁判所は，相当であると認めるときに（(ii)(イ)の要件の認定については裁量が認められるという趣旨である），職権で一括売却決定を行う。執行裁判所の執行処分であるから，一括売却決定に対しては不服ある債権者・債務者が執行異議の申立てをなし得る（民執11条1項前段）。

　一括売却の実施においては，一括すべき数個の不動産はあたかも一つであるかのように扱われる。したがって，不動産の代金も全体につき一つ定まり納付されるので，各不動産ごとに代金の割付けが必要となる。この場合，売却代金を各不動産の売却基準価額に応じて按分した額を，各不動産に割り付ける（民

執86条2項）。

　一括売却の決定またはその手続に重大な誤りがあれば，売却不許可事由となる（民執71条7号）。一括売却の決定は裁判所の裁量に委ねられるが，裁量権の逸脱となる場合は，一括売却決定をしたときも，一括売却決定をせず個別売却をしたときも，売却を不許可として，再度手続を行うことになる。

> **3-5　超過売却の禁止**
>
> 　超過売却とは，一つの申立てで複数の不動産を競売する場合に，その売却価額の合計が執行費用と配当を受けるべき債権者の債権全額を超えるものをいう。強制執行は請求権の強制的実現，つまり国家権力が債務者の財産関係に介入して請求権を実現することであるから，債権者が満足を得る限度に止められなければならない。つまり，超過売却は避けなければならない。それを超えれば，債務者にとり根拠のない財産権の剥奪となるからである。
>
> 　そこで，一つの申立てで複数の不動産を競売する場合については，一括売却の際に超過売却を回避するため，民執法61条但書が，個別に各不動産を売却する際に超過売却を回避するため，同法73条が規定されている。

(d)　物件明細書

　(i)　**物件明細書の意義**　　裁判所書記官は，登記事項証明書，現況調査報告書，評価書などに基づき売却条件の検討を行い，配当要求の終期後に，配当要求書・債権届出書なども参照して，売却条件を確定し，物件明細書を作成する（物件明細書の作成は書記官による執行処分であり，権利形成的な裁判ではない）。物件明細書とは，当該不動産に関する権利で買受人の引受けとなるものや，法定地上権などについての裁判所書記官の認識を記載した，書面である。

　(ii)　**物件明細書の記載事項**　　物件明細書の**必要的記載事項**は，以下のとおりである（民執62条1項）。

　㋐　不動産の表示（同62条1項1号）。目的不動産を特定するための表示であり，通常は登記簿の表題部と同様の記載となる。

　㋑　当該不動産にかかる権利の取得と，仮処分の執行で，売却によりその効力を失わないもの（同項2号）。当該不動産上に存する権利のうち，売却によって効力を失わない権利，消滅しない権利，つまり買受人が引き受けるべきものを記載する。どのような権利・仮処分の執行が引受けとなるかは，民

執法 59 条により定められている。

　㈡　売却により設定されたとみなされる地上権の概要（同項 3 号）。民法上の法定地上権（民 388 条），民執法上の法定地上権（民執 81 条）のほか，特別法上の法定地上権，法定賃借権（税徴 127 条，仮登記担保 10 条，立木法 5 条〜 7 条など）を記載する。土地の上に建物が建っている場合，法定地上権は，土地にとっては負担であり，建物にとっては従たる権利であるが，いずれの場合にも記載される。

　広く一般市民より買受希望者を集め，適正な価格で目的不動産を売却するため，必要的記載事項以外で，買受希望者が意思決定をする上で重要だと思われる事項についても，物件明細書に記載する（任意的記載事項）。一般に，以下のような事項が，**任意的記載事項**だといわれている。

　㈠　占有者および占有権原に関するもの。買受希望者にとって，占有者に対する引渡命令発令の可否は重大な関心事である。そこで，一般に，買受人の引受けとならない占有者が存在するとき，占有者，占有状況，占有開始時期等を記載し，引渡命令発令の可能性につき判断資料を提供することとされている。

　㈡　建物の敷地利用権等に関するもの。敷地利用権の有無は，法定地上権が成立する場合を除き，必要的記載事項とはされていないが，買受希望者にとっては重大な関心事であるから，一般に記載されている。

　㈢　区分所有建物の滞納管理費など。買受人が区分所有者となった場合，支払義務を承継するため，注意を喚起する目的で記載されるのが一般であるとされる。

　㈢　**物件明細書の機能**　　物件明細書はいくつかの重要な機能を果たすが，以下では，買受人の意思決定のための判断資料の提供と，引渡命令発令の可否についての判断資料の提供につき，説明することにしたい。

　物件明細書は，当該不動産の表示のほか，当該不動産の買受人が引き受ける権利，当該不動産の負担となる法定地上権，当該不動産の従たる権利となる法定地上権，建物の敷地利用権など，買受けの申出をするか，申出額はいくらにするかなどの意思決定をする上で，必要不可欠な情報を提供する。

　ただし，物件明細書には公信力がないため，物件明細書に記載されていない

権利でも存在するなら買受人の引受けとされるし，記載されている権利でも存在しないなら買受人は取得できない。しかし，買受人が，物件明細書記載の情報を信じ，特定の価額で当該不動産を買い受ける決断をした場合には，買受人を保護し競売の機能を高めるため，善意の買受人を保護する解釈が必要である。そうでなければ，不動産強制競売に対する信頼が揺らぎ，広く一般市民より買受希望者を集め，適正な価格で当該不動産を売却するという民執法の目的を達成することは，不可能だからである。

　たとえば，債務者Ａ所有の建物（甲）の強制競売手続で，物件明細書に「Ａは敷地所有者Ｂから賃借権の設定を受けて甲を所有している」との記載があり，売却基準価額もこれに基づいて決定されており，Ｃはこれを信じて買受人となったが，Ａは既にその時点で賃料を滞納しており，売却許可決定前にＢはＡに対し敷地の賃貸借契約を解除する意思表示をしたが，Ｃはこれを知らずに代金を納付したとする。Ｃは，代金納付前であれば売却不許可の申出または売却許可決定取消しの申立てができるが（民執75条1項），代金納付後はこのような手段も尽き，Ｂの建物収去土地明渡請求に応ぜざるを得ない。しかし，このような場合，賃借権の存在を前提に強制競売が行われた以上，物件明細書に対する正当な信頼を保護するため，民法568条1項・2項により，ＣはＡに対して本件強制競売（Ｃ・Ａ間の甲の売買契約と構成する）を解除し，Ａが無資力であれば売却代金の配当を受けた債権者に対し代金の返還請求をすることができると解すべきである（最判平成8・1・26民集50巻1号155頁［百選34事件］参照。⇨ 181頁(c)）。

　なお，執行官が現況調査を行うに当たり，通常行うべき調査方法を採らず，あるいは，調査結果の十分な評価，検討を怠るなど，その調査および判断の過程が合理性を欠いたため，このような結果が生じた場合には，国が国賠法1条1項に基づく損害賠償義務を負うこともあり得よう（最判平成9・7・15民集51巻6号2645頁。⇨ 163頁(a)を参照）。

　引渡命令発令の可否に関する判断資料の提供機能については，民執法83条1項但書が，「事件の記録上買受人に対抗することができる権原により占有していると認められる者」以外の不動産の占有者を，引渡命令の対象としている点が，重要である。この規定は，民執法62条1項2号の規定と関連しており，

物件明細書の当該記載内容が引渡命令発令の可否の判断資料となるという趣旨である。

　物件明細書は，現況調査報告書，評価書と共に，３点セットと呼ばれ，それらの写しは執行裁判所に備え置かれ，インターネットなどでも閲覧可能とされている。

5　売 却 手 続

⑴　売 却 方 法

　売却準備手続が終わると，不動産の売却が実施される。物件明細書の作成が終わると，裁判所書記官が，不動産の**売却方法**を定める（民執64条1項）。売却方法には，期間入札，期日入札，競り売り，特別売却が存在する（同64条2項，民執規34条・51条）。**入札**とは，特定の期間（期間入札の場合）または特定の日の一定の時間（期日入札の場合）に，自由に参加する買受希望者に入札書を提出してもらい，入札書を開札し，最も高い入札価額を記載した買受希望者を最高価買受申出人と定める方法であり，**競り売り**とは，特定の期日に，一定の場所に集まった買受希望者に買受申出額を競り上げさせる方法で，最高価買受申出人を定める方法である。入札または競り売りを実施したが，適法な買受けの申出がなかった場合に，裁判所書記官の定める方法で行われるのが，**特別売却**である。

　期間入札が一般的だといわれる。期間入札では，買受希望者は入札書を郵送すればよく，悪質な専門業者による妨害や談合が起きる危険がないため（競り売りや期日入札のように1か所に集まる場合にはこのような危険が生じる），広く一般市民より買受希望者を集め適正な価格で売却するという目的に適合的だからである。そして，期間入札で適法な買受申出がない場合，特別売却が実施される（民執規51条1項前段）。具体的な実施方法は書記官が裁量により定めるが（同項後段），一定の期間を設定し，その期間内に買受可能価額以上の額で買受けを申し出た者が出れば，早い者順でその者に売却する実務が，支配的だといわれる。

　以下では，期間入札を前提に，売却手続を説明したい。

⑵　売却実施命令

　裁判所書記官は，売却方法を決定すると，売却の日時・場所，すなわち，入

札期間，開札期日，売却決定期日などを定めた上で，執行官に対し売却を実施させる（**売却実施処分**）（民執 64 条 3 項・民執規 46 条）。売却実施処分をしたとき，裁判所書記官は，差押債権者，債務者，配当要求債権者などに，期間入札の通知をする（民執規 49 条・37 条）。債権者に，自ら買受人となる機会や，より高額の買受人を捜す機会を与え，広く買受希望者を集めようという趣旨である。裁判所書記官は，さらに，売却基準価額，買受可能価額，入札期間，開札期日とその場所，売却決定期日とその場所，物件明細書等の 3 点セットの閲覧開始日などを公告し（民執 64 条 5 項，民執規 49 条・36 条 1 項），売却物件の概要を日刊新聞などに掲載する（民執規 4 条 3 項）。これも，広く買受希望者を集めるためである。

(3)　不動産の内覧

　広く一般市民より買受希望者を募り，当該不動産を適正な価格で売却するためには，当該不動産につき十分な情報の開示が必要である。そのためには，物件明細書等の 3 点セットだけでなく，不動産の内覧（不動産の買受けを希望する者をこれに立ち入らせて見学させること）が必要不可欠である。そこで，執行裁判所は，差押債権者の申立てがあるときは，執行官に対し内覧の実施を命ずる（民執 64 条の 2 第 1 項本文。**内覧実施命令**）。ただし，当該不動産の占有者が当該不動産の売却により消滅しない（差押債権者，仮差押債権者，民執 59 条 1 項により消滅する権利者に対抗できる）権利を有する場合には，当該占有者の同意がある場合に限られる（同 64 条の 2 第 1 項但書）。このような占有者は売却により影響を受けないので，そのプライバシーを保護しなければならないからである。

　内覧実施命令を受けた執行官は，売却実施の時までに，内覧を実施する（民執 64 条の 2 第 3 項）。すなわち，遅滞なく参加申出期間，内覧実施の日時を決めて公告し，不動産の占有者に実施日時を通知する（民執規 51 条の 3 第 1 項・2 項）。内覧を望む買受希望者は，所定の期間に執行官に対し書面により参加申出をする（同 51 条の 3 第 3 項）。内覧実施の際は，執行官は自ら不動産に立ち入るとともに，内覧参加者を不動産に立ち入らせる（民執 64 条の 2 第 5 項）。

(4)　買受申出

(a)　申出の意義・資格・保証

　買受申出は，期間入札の場合であれば，入札の期間内に，入札書と共に，保証提供の証明文書その他の必要添付書類を執行官に提出することにより，行われる（直接提出する方法と書留郵便で郵送する方法がある）。買受申出は，執行裁判所に対する**売却許可処分の申立て**であり，同時に売買契約の申込みの実質も有している。

　買受申出に一般的な資格制限はないが，債務者は買受けの申出ができない（民執68条）。債務者は買受けの資金があるなら債務を弁済すべきであり，それをせずに買い受けて担保等の消除の利益を享受するのは不当である（民380条の主たる債務者による抵当権消滅請求の禁止と同趣旨），仮に買受けを許しても債務を完済できないなら当該不動産の強制執行の繰り返しとなることなどが，その理由である。

　また，競売手続から暴力団を排除するために，令和元年民執法改正は，最高価買受申出人または，自己の計算において（すなわち，自分が資金を出して）最高価買受申出人に買受けの申出をさせた者がある場合におけるこの者が，暴力団員（暴力団2条6号）もしくは暴力団員でなくなった日から5年を経過しない者（以下，併せて「暴力団員等」という）または法人でその役員のうちに暴力団員等があるものに，該当する場合は，当該最高価買受申出人への売却を認めないこととした（民執71条5号）。このため，買受けの申出をしようとする者は，本人および自己の計算において買受けの申出をさせようとする者（これらの者が法人である場合には，その役員）が暴力団員等に該当しない旨の陳述をしなければならない（民執65条の2）。虚偽の陳述に対しては刑事罰が科される（同213条1項3号）。

　買受申出をする者は，執行裁判所が定める額および方法による保証を提供しなければならない（民執66条）。買受申出をした者が買受人となったが代金を納付しない場合は，保証は没収される（同80条1項後段）。保証は売買契約上の解約手附（民557条）に相当し，安易な買受申出を防止する趣旨である。保証の額は，売却基準価額の2割が原則である（民執規49条・39条）。

(b)　買受申出がない場合の措置

　売却を実施しても買受申出がない場合（例，期間入札後に特別売却をしても買受

申出がない），売却基準価額を下げて，売却手続を繰り返すことになる。しかし，売却手続を繰り返し，買受申出のない事件を裁判所に累積させるのは，著しく非効率的な司法運営であろう。そこで，まず，売却申出がない原因を調査する。すなわち，売却を実施させても適法な買受申出がなかった場合，執行裁判所は，差押債権者に対し，その意見を聴き，買受申出をしようとする者の有無，不動産の売却を困難にしている事情（例．不動産の占有者による執行妨害），周辺地域の不動産価額の実勢など売却の円滑な実施に資する事項につき，調査を求めることができる（民執規 51 条の 5 第 1 項）。その結果，売却基準価額が不適切であれば，適切な価額を設定して再度売却することになり，執行妨害があればこれを除去する処理をすることになろう。この点については，民執法 68 条の 2 第 1 項を参照（さらに，⇨ 145 頁(3)も参照）。

　しかし，不動産に市場性が乏しい（例．極端に狭小で買手となり得る人は極めて限定的と判断される）場合，潜在的な買受希望者に積極的に働きかけなければ，売却を繰り返しても売れ残る公算が高い。そこで，差押債権者に買受人を探す義務を実質的に課することにした。すなわち，執行裁判所は，売却を 3 回実施させても買受申出がなかった場合，不動産の形状・用途等の諸事情を考慮して，さらに売却を実施させても売却の見込みがないと認めるときは，競売手続を停止できる（民執 68 条の 3 第 1 項）。そして，停止後 3 か月以内に，差押債権者から買受希望者がいることを理由に売却実施の申出がされないときは，執行裁判所は競売手続を取り消すことができる（同 68 条の 3 第 3 項前段）。申出がされて，売却を実施したところ，買受申出がなかった場合も，同様である（同項後段）。以上のようにして，当該不動産から配当を得るという差押債権者の利益と，効率的な司法運営という公益を調整している。

(c)　最高価買受申出人

　期間入札による売却の場合，開札期日において，参集人の面前で，公正に，最高価買受申出人を決定する。**最高価買受申出人**とは，最高の価額（買受可能価額以上でなければならない）で買受申出をした者である。

　ところで，売却許可決定を得た最高価買受申出人が代金を納付しなかった場合（新たな最高価買受申出人を決めねばならない）でも，売却代金となるべき金額が減少しない形で，既に行われた売却手続の結果を利用できるなら，そうする

のが，手続の繰り返しを回避でき，手続経済に沿うことになろう。そこで，最高価買受申出人の次に高額で，しかも最高価買受申出額より買受申出の保証の額を差し引いた額以上の額で買受申出をした者がいた場合，執行官は，最高価買受申出人を決定する際，その者に対して次順位買受申出催告を行う（民執規49条・41条3項。次順位買受申出をしないか，と誘うわけである）。そして，その者が，売却実施終了までに執行官に対し次順位買受申出をすれば（民執67条），**次順位買受申出人**の地位（売却許可決定を受けた最高価買受申出人が代金を納付しないため売却許可決定が失効した場合に売却許可決定を受け得る地位）を，取得することになる（同80条2項参照）。こうすれば，最高価買受申出人が提供した保証金は没収され配当へ回されるので，配当に充てるべき金額が常に最高価買受申出額を上回るという状態で，売却手続の繰り返しを防ぐことができる。ただ，次順位買受申出人には，相当の期間（最高価買受申出人が代金を納付する時まで）保証金を拘束される等の不利益があるため，自ら申し出た場合にのみ次順位買受申出人となるとされたわけである。

(5)　売　却　決　定

(a)　総　　　説

執行裁判所は，売却が終わると，**売却決定期日**において，売却の許可または不許可の裁判をし，これを言渡しの方法で告知する（民執69条）。執行裁判所が，最高価買受申出に対し，債務者に代わって売買の承諾をするにあたり，これまでの手続が適正であるか，買受申出が適正であるかを，利害関係者の意見を聴き，自らも職権で調査しながら，審理・判断し，適正であれば承諾して**売却許可決定**を出して手続を次の段階に進め，そうでないなら**売却不許可決定**を出すというのが，制度の趣旨である。適正か否かを判断する基準は売却不許可事由（同71条）であり，売却不許可事由のいずれかが認められれば売却不許可決定を出し，そうでなければ売却許可決定を出す。

(b)　審　　　理

審理の対象は，売却不許可事由の存在である。売却の許可または不許可に利害関係を有する者は，売却決定期日に出頭し，売却不許可事由のうち自分の権利に影響のあるものの存否につき意見を陳述できる（民執70条）。期日前にこ

のような意見を記載した書面を提出した場合，当該期日における書面審理の資料として斟酌されよう。審尋や意見陳述によっても当該期日で売却の許否を決し難い場合は，次回期日を指定し期日を続行することになる。

(c)　売却不許可事由

裁判所は，以下に掲げる事由があると認めるときは，売却不許可決定をしなければならない（民執71条）。

(i)　**強制執行の手続の開始または続行をすべきでないこと（民執71条1号）**

強制執行開始の要件が備わっていないのに手続が開始された場合や，強制執行停止・取消しの要件が備わっているのに続行された場合をさす。具体的には，執行文の付与された債務名義の正本がないにもかかわらず手続が開始された場合，執行債権の履行期が到来していない（債務名義が将来給付を命ずる判決である場合）にもかかわらず手続を開始した場合，民執法39条1項各号が掲げる文書が提出されたにもかかわらず手続が進行した場合などが，これに該当する。

(ii)　**最高価買受申出人が不動産を買受ける資格もしくは能力を有しないこと，またはその代理人がその権限を有しないこと（民執71条2号）**　買受申出人が債務者である場合（同68条），買受申出人が権利無能力，意思無能力，行為能力制限のある場合，無権代理人が買受申出をした場合などが，これに該当する。ただ，行為能力制限と無権代理の場合は，売却決定期日終了までに適法な追認があれば，この限りでない（同20条，民訴34条2項）。

(iii)　**最高価買受申出人が不動産を買受ける資格を有しない者の計算において買受けの申出をした者であること（民執71条3号）**　買受申出資格を有さない者が，自分が出した資金で，他人にその名で買受申出をさせ，法令上の買受け資格制限を潜脱することを，防ぐ趣旨である。

(iv)　**最高価買受申出人，その代理人または自己の計算において最高価買受申出人に買受けの申出をさせた者が，以下のいずれかに該当すること（民執71条4号）**　①その強制執行の手続において民執法65条1号に規定する行為をした者。②その強制執行の手続において，代金の納付をしなかった者，または自己の計算においてその者に買受けの申出をさせたことがある者。③同法65条2号または3号に掲げる者。基本的には，悪質な競売ブローカーを排除しようとする趣旨である。

⒱　**最高価買受申出人または自己の計算において最高価買受申出人に買受けの申出をさせた者が暴力団員等に該当すること（民執71条5号）**　　前述（⇨173頁⑷⒜）したように，競売手続から暴力団を排除するため，執行裁判所は，最高価買受申出人または自己の計算において最高価買受申出人に買受けの申出をさせた者（これらの者が法人である場合には，その役員）が暴力団員等に該当すると認める場合には，売却不許可決定をしなければならない。このため，執行裁判所は，原則として，最高価買受申出人等が暴力団員等に該当するか否かについて，必要な調査を都道府県警察に嘱託しなければならない（民執68条の4。ただし，最高価買受申出人等が宅地建物取引業者またはサービサーである場合は，本人または役員が暴力団員等であることがその欠格事由とされている〔宅建業5条7号・12号，債権管理回収業に関する特別措置法5条7号へ〕ので，調査の嘱託を要しないものとされている。民執規51条の7，令和2年最高裁判所告示第1号）。

⒱　**民執法75条1項の規定による売却の不許可の申出があること（民執71条6号。⇨179頁⒣）**

⒱　**売却基準価額もしくは一括売却の決定，物件明細書の作成，またはこれらの手続に重大な誤りがあること（民執71条7号）**　　売却基準価額の決定，物件明細書の作成，またはこれらの手続に重大な誤りがある場合，最高価買受申出人は適切に価額評価できなかった可能性が高いので，買受けを強制しないのが公平だからである。一括売却の決定や手続に問題があった場合も，債務者などの利益が害されている可能性が高いので，同じことがいえよう。

⒱　**売却の手続に重大な誤りがあること（民執71条8号）**　　売却の手続に民執法71条1号〜7号以外の重大な誤りがあった場合を，対象とする。その例として，売却実施期日等の指定，公告，通知の不備・欠缺，物件明細書等の備置きの不備・欠缺，売却実施期日における手続の違法などを，挙げることができよう。

⒟　**売却許可決定**

執行裁判所は，執行記録，および売却決定手続で収集された一切の資料に基づいて，最高価買受申出人に対する売却の許否を審理し，売却不許可事由の存在を認める場合以外は，売却許可決定をし，売却決定期日においてこれを言い渡す（民執69条）。売却許可決定は，最高価買受申出人の買受申出を認容する

裁判であると同時に，買受申込みに対する承諾の意思表示という性質を持つ。

売却許可決定には執行抗告が認められ（同74条1項），確定をまってその効力を生ずる（同74条5項）。許可決定の効力の発生により，売買は確定的に成立し，最高価買受申出人は買受人の地位を得て，代金を納付すれば競売不動産の所有権を取得する。

(e)　売却不許可決定

執行裁判所は，売却不許可事由の存在を認めるときは，売却決定期日において売却不許可決定を言い渡す（民執69条・71条）。最高価買受申出人の買受申出を却下する裁判であると同時に，買受申込みを拒絶する意思表示である。

売却不許可決定確定後の手続は，当該不許可決定の不許可事由により異なる。まず，不許可事由が競売手続の続行を妨げる場合には，執行裁判所は不許可決定確定後，競売手続自体を取り消さなければならない。たとえば，執行文の付与された債務名義の正本の提出がなかった場合（民執71条1号に該当）は，売却不許可決定確定後，競売手続を取り消して，競売開始申立てを却下することになる。

次に，不許可事由が手続的瑕疵であり，それを除去すれば競売手続が続行できる場合は，瑕疵が生じた時点に戻って手続をやり直すことになる。たとえば，物件明細書の記載が誤っていた場合には，不許可決定確定後，手続を売却準備手続の段階に戻し，物件明細書や現況調査報告書等の誤りを正してから，手続をやり直す。

(f)　売却許可決定の留保

一つの申立てで複数の不動産を一括売却によらずに競売する場合，その一部の不動産の買受申出額で各債権者の負担すべき執行費用と配当を受けるべき債権の全額を支払える見込みのあるときは，執行裁判所は，売却許可決定をその一部の不動産にとどめ，残りの不動産については売却許可決定を留保する（民執73条1項）。超過売却を防ぐ趣旨である（⇨168頁 **3-5**）。一部につき売却許可決定が，残部につき売却許可決定の留保がなされた場合，許可決定された不動産につき代金納付があれば，許可決定が留保された不動産に関する強制競売手続は取り消され（同73条4項），許可決定された不動産につき売却許可決定の失効や取消しがあった場合には，留保された不動産についてあらためて売却

決定期日を開き売却許可決定をする。売却許可決定の留保があった場合，最高価買受申出人，次順位買受申出人は，提供した保証金の拘束など不安定な立場に置かれるため，買受申出を取り消すことができる（同73条3項）。

(g)　売却の許可または不許可の決定に対する執行抗告

売却許可決定・不許可決定に対しては，言渡しの日から1週間の不変期間内に，執行抗告が可能である（民執74条1項）。売却許可決定・不許可決定は債務者，買受人，差押債権者等に重大な影響を及ぼすからである。

執行抗告できるのは，売却許可決定または不許可決定により自己の権利が害されることを主張する者に限られる（民執74条1項。抗告の利益）。

売却許可決定に対する執行抗告は，①売却不許可事由が存在するのに売却許可決定がなされたこと，②売却許可決定手続に重大な誤りがあること，または，③売却許可決定手続に再審事由が存在することを，理由としなければならない（民執74条2項・3項）。他方，売却不許可決定に対する執行抗告は，①売却不許可事由が存在しないのに売却不許可決定がなされたこと，②売却許可決定手続に再審事由が存在することを，理由としなければならない（同74条3項）。

(h)　不動産の損傷等と売却許否

買受人（または最高価買受申出人）は，代金を納付して所有権を取得するまでは不動産の危険を負担しないとするのが，公平で合理的である。したがって，買受申出から代金納付までの間に，天災その他自己の責めに帰することができない事由で不動産に損傷が生じた（例，競売目的物である家屋が半焼した）場合には，売却許可決定前であれば，最高価買受申出人は執行裁判所に対して**売却不許可申出**をすることができ（民執71条6号・75条1項本文），売却許可決定後であれば，最高価買受申出人（売却許可決定確定後は買受人）は，代金納付までに，執行裁判所に**売却許可決定取消し**の申立てができる（同75条1項本文）。ただし，損傷が軽微なときは，以上の限りではない（同項但書）。「損傷が軽微」とは，不動産の価値が下落しなかった（具体的には売却基準価額の変更を要しない）場合のことだと解される。

不動産が損傷した場合とは，直接的には物理的損傷を指すが，そうでなくても，当該不動産の交換価値が損なわれた場合は，民執法75条1項本文の損傷に該当すると解すべきである。売却実施後不動産の面積が不足していることが

判明した場合，民執法上の規制により不動産の交換価値が減少した場合，不動産内で自殺や殺人事件があり，当該不動産の交換価値が減少した場合が，その例として挙げられている。

売却不許可決定または売却許可決定の取消しがなされた場合，手続を売却準備の段階に戻し，現況調査・現況調査報告書，評価・評価書，売却基準価額の決定，物件明細書の作成などをやり直すことになる。

民執法75条1項本文は，買受申出後に損傷が生じた場合であることを要件としている。買受申出前に損傷が生じた場合は，執行裁判所が権利関係等の調査をやり直し，売却基準価額を引き下げて売却手続に入るのが通常で，売却許可決定を取り消す必要がないからである。しかし，このような場合に，ある損傷が看過され，現況調査報告書，評価書，物件明細書に記載されず，当該損傷が存在しないことを前提に売却がなされたときには，75条1項本文を類推適用し，売却不許可決定または売却許可決定の取消しをするのが妥当であろう（大阪高決昭和62・2・2判時1239号57頁参照）。

(6)　代金納付

(a)　代金の納付

売却許可決定が確定すると，買受人は，裁判所書記官の定める期限までに，買受代金を執行裁判所に納付しなければならない（民執78条1項）。代金納付期限は，売却許可決定が確定した日から1か月以内の日とする（民執規56条1項）。

買受代金は，現金で全額一時に納付（**一括納付**）すべく，分割納付は許されないと解される。買受人が買受申出の保証として提供した金銭などは，代金に充てられる（民執78条2項。なお，同78条3項も参照のこと）。

ただし，買受人が売却代金から配当または弁済を受けるべき債権者・担保権者であるときは，売却許可決定が確定するまでに執行裁判所に申し出て，配当または弁済を受ける額を差し引いて，代金を現金で配当期日または弁済金交付の日に納付することができる（民執78条4項前段。差額納付）。差額納付が認められる趣旨は，買受人として代金を納付した後で配当や弁済を受けるという金銭のキャッチボールを避け，手続を効率的に進めるためである。

買受人が代金納付期限までに代金を納付しない場合，売却許可決定は当然に

失効する（民執80条1項前段）。買受人の不動産の買主としての地位は消滅し，その提供した買受申出の保証の返還請求もできなくなる（同項後段）。売却許可決定が失効した場合，次順位買受申出人がいる場合を除き，執行裁判所は売却手続を売却方法の決定の段階から再施することになると解される。再施された売却手続では，不納付買受人は，自ら当事者として，他人の代理人として，あるいは自己の計算で参加することができず，これに反する事実は売却不許可事由を構成する（同71条4号ロ）。

(b)　所有権移転

代金を納付した時点で，買受人は競売不動産の所有権を取得する（民執79条）。この時点で，危険も買受人に移転する（同53条・75条）。なお，所有権の移転を第三者に対抗するには，民法の一般原則に従い所有権移転登記が必要である。買受人が所有権を取得する範囲は，差押えの効力の及ぶ範囲により決定される。

(c)　売主の担保責任

不動産の強制競売は，公法上の処分であると同時に私法上の売買でもあり，債務者と買受人との間には売買契約が成立したとみることができるので，民法は強制競売における担保責任を規定している（民568条）。すなわち，①強制競売における買受人は，民法541条，542条，563条の規定により，債務者に対し，競売による売買契約を解除し，または売却代金の減額請求をすることができる（民568条1項）。②前記①の場合において，債務者が無資力であるときは，買受人は，代金の配当を受けた債権者に対し，その代金の全部または一部の返還を請求できる（同568条2項）。解除や代金の減額請求は，売却許可決定など強制競売手続自体には影響はなく，手続外での実体法上の効果であると解される。③前記①および②の場合に，債務者が物や権利の不存在を知りながら申し出なかったとき，債権者が同様の状態で手続開始申立てをしたときは，買受人はこれらの者に損害賠償請求ができる（同568条3項）。ただし，以上のルールは，競売の目的物の種類または品質に関する不適合については適用されない（同568条4項）。通常の売買とは異なるので，こうした点にまで責任を負うことはないという趣旨である。

競売不動産が債務者以外の第三者の所有であった場合，競売不動産の一部が

債務者以外の第三者の所有であった場合，競売不動産に物的負担・制限があり，それが存在しないものとして手続が進行した場合などが，担保責任を問い得る場面である。

(d)　登記の嘱託

代金納付により買受人が不動産の所有権を取得した場合，買受人が取得した権利を第三者に対抗できるようにするため，裁判所書記官は以下の諸登記の嘱託をする（民執82条1項）。①買受人のための所有権移転登記。②売却条件により消滅した担保権，用益権，仮処分の登記・仮登記の抹消登記。③差押え・仮差押えの登記の抹消登記。

買受代金は現金で全額一時に納付すべく，分割納付は許されない。したがって，広く一般市民より買受希望者を集めて，競売不動産を適正な価格で売却するためには，買受人が住宅ローン融資を受けて一括納付できるようにしなければならない。ところが，裁判所書記官が登記所に直接登記嘱託をする制度を前提とする限り，買受希望者は住宅ローンを利用できない。この制度の下では金融機関より住宅ローン融資を受けた買受人が一括納付をし，書記官の嘱託により債務者から買受人に所有権移転登記がなされた後，買受人と金融機関との共同申請により抵当権設定登記がなされることになるが，融資を受けた買受人が所有権移転登記を受けてから抵当権設定登記をするまでに時的間隔があり，買受人が他に所有権を移転したり抵当権を設定したりすることが可能となり，そのようなリスクが生じるので，金融機関は当該競売不動産を担保とした融資を行わないからである。

そこで，買受人と住宅ローン融資をする金融機関（買受人から競売不動産上に抵当権の設定を受けようとする者）が共同で申出をすれば，裁判所書記官がする民執法82条1項の登記嘱託は，裁判所書記官が買受人と金融機関の指定した者（弁護士や司法書士に限定される）に登記の嘱託書を交付（嘱託情報を提供）し，この者が当該嘱託書を登記所に提出する方法によって行うこととされた（同82条2項）。こうすれば，指定を受けた弁護士・司法書士が，裁判所書記官より交付を受けた登記嘱託書を登記所に提供する際，同時に抵当権設定登記の申請をすることにより，所有権移転登記と抵当権設定登記を同時に処理することが可能となり，上述した住宅ローン融資上のリスクが消滅するからである。

3-6 買受人の地位

　不動産強制競売における買受人の地位には，いくつかの要素が含まれている。ここではそれを整理しておこう。

　不動産強制競売は，国家が，執行権力に基づき，目的不動産の所有権を強制的に債務者から奪い，これを買受人へと移転するプロセスである。このような強制競売における売却には二つの側面がある。

　第一に，国家が不動産の所有権を債務者から強制的に奪い買受人に移転する面からは，売却は国家による執行処分とみるべきことになろう。ここから，買受人は，民事手続の当事者的地位を有することになり，その限りで手続法理が妥当すると解される。

　第二に，債務者が有する不動産の所有権が買受人に移転する面からは，売却は債務者と買受人の間の当該不動産に関する私法上の売買契約であるとみることになろう。広く一般市民より買受希望者を集め適正な価格で売却するという政策を実現するためにも，買受人と債務者の関係は原則として一般の売買契約と同様に扱うべきである。

　以上をより具体的に説明すれば，以下のようになろう。買受申出は，執行裁判所に対する売却許可処分の申立てであると同時に，売買契約の申込みの実質も有する。したがって，他の申立てと同様に要式行為であるが（必要添付書類が欠けたり記載欄を誤って記入した場合は無効とされる），錯誤，詐欺，無権代理など法律行為の無効・取消事由があれば売却不許可事由となると解すべきである（民執71条2号が適用・類推適用される）。

　売却許可決定は，最高価買受申出人の買受申出を認容する裁判であると同時に，買受申込みに対する承諾の意思表示という性質も持つと解される。売却不許可決定は，最高価買受申出人の買受申出を却下する裁判であると同時に，買受申込みを拒絶する意思表示であると解される。

　また，民法は，債務者と買受人との間に売買契約が成立したとみて，強制競売における担保責任を規定している（民568条。⇨170頁(iii)，181頁(c)）。

　買受人には，さらに，当該不動産につき**差押債権者の地位を承継**するという，第三者的地位がある。まず，差押えの処分禁止効に反した権利取得は，買受人にも対抗できない。たとえば，債務者Aが所有する甲地を債権者Bが差し押さえ，差押登記もなされ，AがCのために担保権・用益権を設定した後に，Dが買受人になったとする。この場合，Cは差押債権者Bに対して権利取得を主張できない以上，Cは買受人Dに対しても権利取得を主張できない。

　また，差押債権者の第三者的地位を買受人も援用できる。たとえば，BとAの間の通謀虚偽表示に基づき，Bが所有する甲地につきAに対して所有権移

> 転登記がなされ，Aの債権者Cが甲地を差し押さえ，Dが買受人となったと
> する。この場合，差押債権者Cが民法94条2項の善意の第三者であれば，B
> はCに対して甲地の所有権を主張できず，したがって，買受人Dに対しても
> 所有権を主張できない。つまり，Dは甲地の所有権を取得できるわけである。

(7) 執行停止文書・執行取消文書の取扱い

(a) はじめに

民執法39条1項7号・8号は執行停止文書を，同39条1項1号〜6号・40
条1項は執行取消文書を規定している。これは，強制執行の実体的正当性を確
保する手段である（強制執行に実体的変動を反映させる制度であるともいえる）。執
行停止文書と執行取消文書の役割分担は，請求異議訴訟を例にとれば，以下の
ようになろう。請求異議の訴えを提起した債務者が，執行停止文書を執行裁判
所に提出すると（民執法36条1項の裁判の正本が同39条1項7号の執行停止文書に
なる），執行手続は停止される。その間に請求異議訴訟の審理・判決がなされ，
債務者の勝訴判決が確定すれば，債務者がその確定判決の正本（同39条1項1
号の執行取消文書に該当する）を執行裁判所に提出し，執行手続は取り消される
（同40条1項）。こうして債務者に対する不当執行が回避されるのである。

しかし，執行停止文書・執行取消文書の制度は，売却実施の終了後，または
最高価買受申出人，買受人などの出現後は，その規律の修正を余儀なくされる。
実体的正当性確保の要請・不当執行回避の要請と，最高価買受申出人，買受人
などの所有権取得への期待や，代金納付後の買受人の所有権取得への信頼を，
公平かつ合理的に調整せねばならないからである。

(b) 売却実施終了後から売却決定期日の終了まで

この期間は，未だ売却許可決定に至っておらず，最高価買受申出人の所有権
取得への期待は生じていないため，不当執行の回避を求める債務者の利益を優
先すべきである。そこで，執行裁判所は，民執法39条1項7号の執行停止文
書が提出された場合は一時停止をし（売却決定期日を開催できない。民執72条1
項前段），執行取消文書が提出されれば手続を停止し執行処分を取り消す（同39
条・40条）。

なお，民執法72条1項後段も参照のこと。

(c)　売却決定期日終了から代金納付まで

　売却決定期日が終了し，売却許可決定が出された場合，最高価買受申出人や買受人の所有権取得への期待は現実的となり要保護性が高くなるため，債務者の不当執行回避の利益との調和を図る必要が生じる。

　執行裁判所は，売却決定期日終了から代金納付までの間に執行取消文書が提出された場合は，執行停止・執行処分の取消しの裁判をする（民執39条・40条）。実体的正当性確保・不当執行回避の要請が優先するからである。

　しかし，同じ期間内に執行停止文書が提出されても一時停止の裁判はしない（民執72条2項）。所有権取得の期待の保護を優先したわけである。この場合，債務者が請求異議の訴えを提起するなどして執行停止文書を提出しても，一時停止されないまま強制執行は進行する。しかし，その後，売却許可決定が確定し，買受人が決まり，代金が納付され，配当手続に進むと，当該差押債権者（請求異議訴訟の被告）に配当されるべき金額は供託され（同91条1項3号），その後債務者が勝訴しこの判決が確定し執行取消文書として提出されれば，その金額は差押債権者に配当されないことになる（⇨下記(d)を参照）。

(d)　代金納付後

　代金納付により不動産の所有権は買受人に移転し，買受人の所有権取得の保護が必要となる。これを保護しないなら，単に不公平なだけでなく，強制競売に対する社会的信頼を維持できないと思われる。そこで，このような保護の必要性と，実体的正当性確保・不当執行回避の要請とを調和させるべく，以下のような規律がなされている。

　執行裁判所は，代金納付後に執行取消文書が提出された場合は，執行停止も執行取消しもせず，ただ，当該債権者以外の債権者に対し，配当等の手続を行う（民執84条3項）。たとえば，債務者が差押債権者に対して請求異議の訴えを提起し，勝訴し，この判決が確定したので，執行取消文書として提出したが，既に代金が納付されていた場合，買受人の所有権取得を保護するため，執行裁判所は執行停止も執行取消しもせず配当等を行うが，当該差押債権者に配当はなされない。

(e)　民執法39条1項4号・5号の執行取消文書

　民執法39条1項4号・5号は，民執法に処分権主義が妥当することを基礎

とした執行取消文書を規定する。民執法には処分権主義が妥当しており，強制競売の申立ての取下げが認められるが，これと同じ趣旨で，39 条 1 項 4 号・5 号の執行取消文書も認められるわけである。

　強制競売の申立ての取下げの場合は，最高価買受申出人，買受人，次順位買受申出人の所有権取得への期待（信頼）を保護するため，これらの者の同意が必要とされている（民執 76 条 1 項本文。配当要求をした債権者等配当を受けるべき債権者の期待は保護されない。自らの立場を確立するためには二重差押えが必要である。同 72 条 1 項但書）。これとパラレルに，39 条 1 項 4 号・5 号の執行取消文書の場合も，最高価買受申出人，買受人，次順位買受申出人が存在する場合には，その同意がなければ，執行停止，執行処分取消しの決定をなし得ない（同 76 条 2 項）。

(8)　不動産引渡命令

(a)　はじめに

　強制競売は債務者の不動産をその意に反して売却する手続である以上，不動産を占有する債務者その他の第三者がこれを買受人に引き渡そうとしない場合も想定される。このような場合に，所有権に基づき不動産引渡請求訴訟を提起し確定した勝訴判決を債務名義として強制執行するほか救済手段はないとするなら，広く一般市民より買受希望者を募り当該不動産を適正な価格で売却するという民執法の理念が実現されないことになる。他方，物件明細書作成に至るまでの調査や，差押えの処分禁止効などにより，当該不動産につき，買受人が現在の所有者であり，他の第三者に占有する法的地位が存在しないという蓋然性は，極めて高いといえる。そこで，代金を納付し所有権を取得した買受人に，当該不動産引渡しの強制執行を可能ならしめる債務名義を，簡易・迅速に付与することにした。これが**不動産引渡命令**の制度である（民執 83 条）。なお，不動産引渡命令の事件は，その不動産を売却した執行裁判所の専属管轄である（同 83 条 1 項・44 条・19 条）。

　不動産引渡命令は当該不動産の引渡し・明渡しの強制執行を可能ならしめる債務名義（民執 22 条 3 号・83 条 5 項）である。その基礎となる請求権として，所有権に基づく引渡請求権，債務者と買受人間の売買契約に基づく引渡請求権などのほか，執行法上の引渡請求権（引渡命令により引渡請求権が形成されると解

する）等を考えることができる。引渡命令は，その時点で当該不動産を占有している者に対して発令されるだけでなく，その時点で当該不動産を占有していない債務者に対しても発令可能であるから，執行法上の引渡請求権と解すべきではないかと思われる。引渡命令に基づく強制執行を引渡命令の相手方が阻止するためには，買受人に対して請求異議の訴えを提起しなければならない（最判昭和 63・2・25 判時 1284 号 66 頁）。請求異議訴訟では，買受人が当該不動産の所有権（所有権はもともと債務者に帰属し売却により買受人に移転した）を，相手方がその占有権原を主張・立証することになろう（なお，引渡命令の制度の合憲性につき，最決昭和 63・10・6 判時 1298 号 118 頁参照）。

(b)　引渡命令の要件

①売却許可決定が確定し，②買受人が代金を納付し，③買受人が代金を納付した日から起算して 6 か月以内（民 395 条 1 項の場合は 9 か月以内）に申立てをした場合には，不動産引渡命令を発令できるが，④相手方が債務者以外の占有者である場合は，その相手方が事件の記録上買受人に対抗することのできる権原に基づき占有していると認められるときは，この限りでない（民執 83 条 1 項・2 項）。なお，債務者に対する引渡命令の場合，債務者の占有は要件とされない。

(c)　発　令　手　続

引渡命令の手続は，執行裁判所に対する申立てにより開始する（民執 83 条 1 項）。申立権者は代金を納付した買受人であり，買受人が第三者に所有権を譲渡した後でもその申立適格は失われない（最判昭和 63・2・25 判時 1284 号 66 頁）。

申立てがあると，裁判所は引渡命令発令の要件が備わっているか否かを審理する。審理は事件の記録を基礎に行われる（民執 83 条 1 項但書参照）。債務名義を簡易・迅速に付与するという不動産引渡命令の制度趣旨から，証拠資料を基本的に事件記録に限定する趣旨である。事件の記録には，現況調査報告書，評価書，執行裁判所が行った審尋の結果，執行裁判所に提出された陳述書や書証なども含まれるが，売却により効力を失わない権利は物件明細書の必要的記載事項であるから（同 62 条 1 項 2 号 ⇨ 168 頁(ii)(イ)），相手方の占有権原が引受けとなる権利として物件明細書に記載されていない場合は，原則として引渡命令が発令されよう。

　ただし，執行裁判所は，債務者以外の占有者が被申立人の場合，その者が買受人に対抗できる権原により占有しているものでないことが明らかなとき，および，その者が既に競売手続上別の機会にその占有権原等につき審尋されているときを除き，当該占有者を審尋しなければならない（民執83条3項）。当該占有者に，自らが正当な占有権原を持つことを主張・立証する機会を保障する趣旨である。手続保障が趣旨である以上，当人が応じない場合には，審尋することなく引渡命令を発令できる。

　引渡命令の申立てを却下・棄却する決定に対しては申立人が，引渡命令に対しては相手方が，執行抗告をなし得る（民執83条4項）。なお，引渡命令は確定しなければその効力を発生しない（同83条5項）。

　(d)　**引渡命令の執行**

　引渡命令の執行は，確定した引渡命令に執行文の付与を受けた上で，民執法168条以下の不動産引渡し・明渡しの強制執行の方法によって行われることになる。

6 配当等の手続

　(1)　**は じ め に**

　執行裁判所は，買受人による代金の納付があった場合には，配当表に基づく**配当**を実施しなければならない（民執84条1項）。ただし，債権者が1人である場合，債権者が2人以上でも売却代金で各債権者の債権および執行費用をすべて弁済できる場合には，**弁済金の交付**を行う（同84条2項。配当と弁済金の交付をあわせて**配当等**という。同84条3項）。債権者が1人である場合，債権者が2人以上でも売却代金で各債権者の債権および執行費用をすべて弁済できる場合のように，売却代金の分配を巡り紛争が生ずるおそれのないときには，売却代金の交付計算書(同84条2項)を作成し，これに基づいて弁済金交付の日に弁済金を債権者に交付し，剰余金があれば債務者に返還するという簡易な手続を行うが，そうでない場合には，配当手続という慎重で紛争解決能力の高い手続により債権者に弁済をするという趣旨である。以下では，配当手続を中心に説明する。

(2)　配当手続の開始

　不動産の代金が納付されたとき，執行裁判所は，配当を行うべき場合には**配当期日**（弁済金交付を行うべき場合は弁済金交付の日）**を定める**（民執規59条1項前段）。配当期日は，特別の事情がある場合を除き，代金が納付された日から1か月以内の日とする（同59条2項）。たとえ民執法39条1項1号〜6号までの執行取消文書が提出されても，それが代金納付後であれば，配当手続は実施される（民執84条3項。当該債権者は配当から除外される）。

　配当期日を定めたときは，配当を受けるべき債権者および債務者を呼び出さなくてはならない（民執85条3項。配当期日呼出状の送達による。同20条，民訴94条1項）。**呼出しを受けるべき者全員につき呼出しの手続が適式に行われなければ，配当期日を開くことはできない。**配当期日は，配当表に記載された各債権者の債権および配当の額に対し異議の申出をする機会を保障する重要な期日だからである。

(3)　売 却 代 金

　配当の原資を**売却代金**といい，それは以下により構成される（民執86条1項）。

　① 不動産の代金。買受人が納付した代金，買受申出の保証として提供された金銭などが，これに該当する。

　② 差押債権者が民執法63条2項2号（無剰余措置で差押債権者が買受人になれない場合）により提供した保証のうち，差押債権者が（その額で売れるはずだと）申し出た額と，現実に売れた代金の差額に相当する部分。

　③ 代金不納付により民執法80条1項後段に基づき没収された買受申出保証金。

(4)　配当等を受けるべき債権者

　売却代金から配当等を受ける資格を持つのは，以下の債権者である（民執87条1項）。

　① 差押債権者。手続開始申立てをした差押債権者は当然これに該当する。二重開始決定を得た差押債権者の場合，配当要求の終期までに強制競売の申立てをした債権者だけが，ここにいう差押債権者である（民執87条1項1号）。さ

もなければ，配当要求の終期に遅れた債権者が二重差押決定を得て配当を受けることを認めてしまうこととなり，配当要求の終期の制度が潜脱されてしまうからである。

　一般の先取特権を有する債権者が担保不動産競売開始決定を得た場合も，差押債権者として以上と同じ扱いを受ける（⇨ 161 頁 **3-4**）。他の担保権者の場合，担保不動産開始決定を得ているときでも，民執法 87 条 1 項 4 号の立場で配当を受ける。

　② 配当要求の終期までに配当要求をした債権者（民執 87 条 1 項 2 号）。その意義について⇨ 158 頁(b)。

　③ 差押登記前に登記をした仮差押債権者（民執 87 条 1 項 3 号）。ここでいう仮差押えは，最初の強制競売の開始決定にかかる差押えの登記より前に登記された仮差押えである。仮差押債権者が有する差押債権者に対抗し得る地位を尊重する趣旨である。この場合，本案訴訟で差押債権者勝訴の判決が確定するなど被保全債権につき債務名義が取得されるまで，配当は民執法 91 条 1 項 2 号により供託される（⇨ 158 頁(イ)）。

　④ 差押登記前に登記された担保権で売却により消滅するものを有する債権者。差押登記後に登記された担保権は，差押えの処分禁止効により当該民事執行手続との関係では存在を認められないので，弁済を受けることはできない。しかし，差押登記前に登記された担保権は，差押債権者（当該民事執行手続）との関係で有効に存在するが，売却条件に関する消除主義により消滅させられるので，プライオリティー・ルールを尊重する（剰余主義を遵守する）結果として，配当を受けることになる。したがって，差押登記前に登記された担保権で引受けとなるものを有する債権者が弁済を受けないことも当然であろう。（⇨ 152 頁 **3-2**）。

　なお，登記された一般の先取特権には，本号が適用される。まとめれば，一般の先取特権者が，①民執法 181 条 1 項 4 号の文書に基づいて配当要求する場合は，民執法 51 条 1 項，87 条 1 項 2 号により，②（不動産強制競売の開始後）民執法 181 条 1 項 4 号の文書に基づいて担保不動産競売を開始させた場合は，民執法 47 条・188 条（二重差押えとなる）・87 条 1 項 1 号により，③差押登記までに当該不動産につき登記をしていた場合は，①，②いずれの場合も，民執法 87 条 1 項 4 号により，配当を受けることになる（⇨ 161 頁 **3-4**）。

⑹　計算書の提出

　配当期日が指定されると，裁判所書記官は，各債権者に対し，債権の元本，配当期日までの利息その他の附帯債権，および執行費用の額を記載した**計算書**を，1週間以内に執行裁判所に提出するよう催告する（民執規60条）。配当表の原案を作成する際の資料とするためである。

　債権者が，強制競売開始申立書などに債務名義にかかる債権の一部につき強制執行を求める旨を記載し（民執規21条4号。不動産担保競売の場合は同170条1項4号），計算書に記載する債権の額をこれより多くし，多くした額を基準に配当を得ること（**請求債権の拡張**）ができるか否かは問題であるが，基本的にはできないと解すべきである。請求債権の拡張は信義則ないし禁反言に反するからである。売却準備手続において，差し押さえられた不動産の売却基準価額と配当要求の終期で確定された請求債権とを比較し，無剰余の判断（民執63条）や超過売却の判断（同61条但書）をし，売却手続を終え，配当手続の段階になって，債権額が拡張され，売却準備手続で行われた無剰余や超過売却の判断が覆るなら，強制執行の段階的構造が崩れ，手続の安定が害されることも，理由として挙げられている。

　したがって，不動産強制競売や不動産担保執行の手続開始申立債権者（最判平成15・7・3判時1835号72頁［百選23事件］を参照），二重差押債権者，配当要求債権者は，請求の拡張ができないと解される。ただ，民執法59条1項により消除される担保権者は，受動的な立場であり，仮に債権届出（同49条2項）をしなくとも配当を受ける地位を保障されているので，債権届出の額を計算書において拡張することが認められている。

> **3-7**　**執行費用**
>
> 　強制執行の費用で必要なものを**執行費用**という（民執42条1項）。執行費用は，執行の準備のための費用と，執行の実施のための費用に分けられ，民訴費用法2条に限定列挙されている。また，執行費用は債務者が負担する（同42条1項）。強制執行を行う原因を作った以上，債務者がこれを負担するのが公平だからである。具体的にいえば，各債権者が執行費用を支出した場合，各債権者は債務者に対しその償還請求権を取得することになる。
>
> 　執行費用のうち総債権者共通の利益のために支出されたと認められるものを**共益費用**という（手続費用ともいう。民執63条1項）。これに対して，執行費用で，

特定の債権者の利益のために支出されたものを非共益費用という。執行費用の
うち，共益費用は，売却代金から最優先で償還される。このような弁済順位に
つき必ずしも明確な根拠はないが（ただし，民法307条を参照のこと），共益費用
は配当を受けるべきすべての債権者の共通の利益のために支出されたのだから，
各債権者への配当に先立って弁済するのが公平であるし，民執法63条1項，
55条10項，56条2項等は，共益費用が最優先に弁済されることを前提として
いると解されるからである。
　ある執行費用が共益費用に該当するか否かは，執行裁判所がケース・バイ・
ケースで認定する（事件記録に基づき職権で決める）。ただし，売却のための保全
処分に関する費用（民執55条10項），地代等代払許可に関する費用（同56条2
項）のように，民執法が個々の費用を共益費用として定めている場合は，それ
による。

(6)　配 当 期 日

　執行裁判所は，配当を受けるべきすべての債権者（民執87条1項参照）およ
び債務者を呼び出して（同85条3項），**配当期日**を開催する。配当期日では，
配当を受けるべき各債権者につき，ⓐその債権の**元本の額**，および利息その他
の附帯の**債権の額**，ⓑ**執行費用の額**，ⓒそれぞれの債権に対する**配当の順位と
額**を決定する（同85条1項本文）。弁済の順位は，民法，商法その他の法律が定
めるプライオリティー・ルールによる（同85条2項）。ただし，配当期日にす
べての債権者間で合意が成立した場合は，それによる（同85条1項但書）。なお，
確定期限の到来していない債権は（配当要求は期限未到来の債権についても可能で
ある），期限が到来したものとみなされ，中間利息等の調整がなされる（同88
条）。
　審理の方法は，以下のとおりである。事件記録上の登記事項証明書，配当要
求書，債権届出書，債権計算書等により作成された配当表の原案が，出頭した
債権者，債務者に提示される。そして，原案に関して，出頭した債権者，債務
者に異論がある場合には，執行裁判所は，これらの債権者，債務者を審尋し，
直ちに取り調べることのできる書証を取り調べて（民執85条4項），債権の額，
執行費用の額，配当の順位・額を定める（同85条5項）。執行裁判所が以上を
定めると，裁判所書記官が配当表を作成する（同85条5項）。配当表の原案に

異論がない場合には，原案がそのまま配当表になる。異論がとおらず，執行裁判所が定めた配当表に記載された事項に不服のある債権者，債務者は，配当期日に配当異議の申出をすることになる。

(7) 配当表

配当表には，以下のような事項が記載される（民執85条6項）。

① 表題，事件番号，配当期日，裁判所書記官の表示など，当該配当表を執行裁判所の裁判所書記官が作成したことを明らかにする事項。

② 売却代金の額。配当原資の額を明らかにする趣旨である。

③ 各債権者の債権に関する事項。債権者の氏名・名称，債権の特定に関する事項（金銭債権であるから発生原因を明確にせねば特定できない），元本・利息・その他の附帯債権，執行費用，配当の順位および額などが，これに該当する。

配当表作成後は，その記載は任意に変更できないと解される（ただし明白な誤謬はこの限りでない。民執20条，民訴257条）。したがって，配当表に記載された債権の存否，配当の額・順位などは不出頭の債権者にも効力を有することとなる（このような意味で絶対的な効力がある）。配当表の記載は，配当表作成後は，配当表に関する不服を受けて，執行裁判所により変更されることがある（⇨後述(8)，198頁(v)）。

(8) 配当表に関する不服

配当表に関する不服には，手続上の不服と実体上の不服がある。

配当表に関する手続上の不服を基礎づける事由は，配当手続開始要件の欠缺（民執84条1項・2項など），配当期日の呼出しの欠缺，計算書類提出の催告の欠缺，配当表作成の方式違背などである。手続上の不服がある場合，債権者または債務者は配当期日前または配当期日当日に執行異議を申し立てる（同11条1項前段）。配当期日終了までに異議の申立てがない場合は，責問権の喪失として処理される（同20条，民訴90条）。執行裁判所は，異議に理由があると認めれば瑕疵を是正する措置（配当表の記載の変更など）を取り，ないと認めれば執行異議の申立てを却下する。

配当表につき実体上の不服を有する債権者，債務者，つまり，配当表に記載

された各債権者の債権の存否・配当額，あるいは執行費用の額を争う債権者，債務者は，配当期日に出頭して，**配当異議の申出**をした上で，配当異議の訴えを提起する。異議は，他の債権者への配当額の否定・減少により自分に対する配当額を増加させる内容でなければならない。その債権の実体法上の存否・額・順位のほか，手続上の問題が，争う根拠となろう（⇨ 196 頁⑽）。

　配当表に記載されていない債権者が，配当期日に配当異議の申出をして，配当異議の訴えを提起できるか否かについては，見解の対立がある。配当表への不掲載を理由として，執行異議の申立てができることについては，異論がない。しかし，この執行異議の申立てが却下された後で，あるいはこれを経ることなく，配当期日に配当異議の申出をし，配当異議の訴えを提起して，配当を得ることができるか否かについて，見解の対立があるわけである。

　最判平成 6・7・14 民集 48 巻 5 号 1109 頁 ［百選 41 事件］は，否定説に立つ。それは次のような趣旨だと解される。配当を受けるべき債権者と認めた者を配当期日に呼び出し，配当期日に，配当表の原案につき異論ある債権者を審尋し，書証等の取調べをして，配当表を作成し，これに不服ある債権者が配当異議の申出をし，配当異議の訴えを提起し，この紛争を個別的・相対的に解決することにより，配当の額を決定する。したがって，配当表に記載された債権またはその額につき，配当異議の申出をし，配当異議の訴えを提起できるのは，配当表に記載され，このようなプロセスに参加していた債権者に限られる。執行異議の申立てを却下された債権者は，配当手続終了後，不当利得返還請求で実体法上の救済を求めることになる（⇨ 199 頁⑾）。

⑼　配当の実施

　配当期日において配当異議の申出がない部分については，配当表に従った配当が実施される（民執 89 条 2 項）。

　配当異議の申出のあった部分については，配当期日から 1 週間以内に配当異議の訴えが提起されたことが証明されなければ，申出が取り下げられたとみなされて（民執 90 条 6 項），配当が実施される。訴えの提起が証明されれば，配当額に相当する金銭が供託される（同 91 条 1 項 7 号）。

　裁判所書記官は，①配当の受領のために執行裁判所に出頭しなかった債権者

に対する配当額に相当する金銭を**供託**する（民執91条2項）。また，②停止条件付債権，不確定期限付債権，仮差押債権者の債権，配当異議訴訟が提起されている債権などについて，配当額に相当する金銭を供託する（同91条1項）。②の債権者は配当を受けるための要件を完全に充たしていないからである。たとえば，仮差押債権者の債権の場合には，本案訴訟が解決するまでは債務名義が成立しておらず，配当異議訴訟が提起されている場合には，配当すべき額が定まっていないわけである。なお，停止条件付債権，不確定期限付債権の場合，仮に債務名義があったとしても，条件成就執行文が付与されない（条件が成就し期限が到来しない）ので，手続の開始も配当要求もできない。したがって，ここで供託が問題となるのは，民執法59条1項により消滅する抵当権等の被担保債権が停止条件付・不確定期限付である場合に限られる。

　執行裁判所は，供託の事由が消滅した，つまり配当を受けるための要件が完全に充たされたときに，供託金について配当を実施する（民執92条1項）。供託の事由が消滅した結果，その者のために供託がなされていた債権者に対して，配当が実施される場合には，配当表に従って配当を実施すればよい（配当表を変更する必要はない）。しかし，供託の事由が消滅した結果，供託されていた債権者以外の債権者に対して配当する場合には，配当表を変更しなければならない（同92条2項）。より具体的に説明すれば，以下のようになろう。

　配当要求した債権者Aに対し，他の債権者Bが配当異議の申出をし，BがAに対して配当異議訴訟を提起した場合，訴え提起によりAに配当されるべき金銭は供託される（民執91条1項7号）。Aが勝訴の場合（訴え却下および請求棄却の場合），執行裁判所はその確定判決の正本などの提出を受けて，当該配当額につき配当表どおりの配当をする。しかし，Bが勝訴し，配当表を変更する旨の判決が確定した場合，執行裁判所はその確定判決の正本の提出を受けて，配当表を変更した上で，配当を実施する（同92条1項）。

　また，債務者Aが所有する甲地につき強制競売が開始された後，債務名義を有していない債権者Bが配当要求するため甲地を仮差押えし，仮差押えの登記を得て，配当要求すれば（民執51条1項），配当額は供託される（同91条1項2号）。そして，BがAに対し本案の訴えを提起し勝訴し判決が確定し，BのAに対する債権につき債務名義が取得され，執行文が付与されたとき，B

は供託金につき配当を受ける。他方，Bが敗訴し，その判決が確定すると，Bに対する配当は実施できなくなる（BのAに対する債権につき債務名義の取得は不可能となる）ので，供託金につき，他の配当を受けるべき債権者に対して，追加配当を実施する。この場合，追加配当が可能となるよう，元の配当表を変更しなければならない（同92条2項）。

　配当は，手続的および実体的な効果を有する。手続的には，債権者が配当を受け取ると，その債権者との関係で，当該不動産強制競売手続は終了する。実体的には，配当を受けた限度で債権は消滅し，残存部分については，完成が猶予された時効が，配当が実施された日より進行を開始することになる。

(10)　配当異議の訴え等

(a)　は じ め に

　配当異議の申出をした債権者，および執行力ある債務名義の正本を有しない債権者（例，民執59条1項の規定により消滅する抵当権者，同181条1項4号に基づき配当要求した一般の先取特権者）に対し配当異議の申出をした債務者は，配当異議の訴えを提起しなければならない（民執90条1項）。すなわち，このような債権者，および債務者が，配当期日から1週間以内に，執行裁判所に対し，配当異議の訴えを提起したことを証明しない場合には，配当異議の申出は取り下げられたものとみなされ（同90条6項），配当が実施される（同89条2項）。

　他方，執行力ある債務名義の正本を有する債権者に対し配当異議の申出をした債務者は，請求異議の訴えまたは民訴法117条1項の訴えを提起しなければならない（民執90条5項）。このような債務者が，配当期日から1週間以内に，執行裁判所に対し，これらの訴えを提起したことの証明と，その訴えにかかる執行停止の裁判の正本（同36条1項・39条1項7号参照）を提出しない場合は，配当異議の申出は取り下げられたものとみなされ（同90条6項），配当が実施される（同89条2項）。請求異議の訴えは，債務名義に記載された債権の存否および内容を争って当該債務名義の執行力を排除する一般的な手段であり（同35条），配当異議の申出がなされた場合もこの一般原則に従って処理をするという趣旨である。したがって，管轄や執行停止についても，請求異議訴訟の一般原則どおりに行われる。

　なお，債務名義の正本を有しない債権者に対し配当異議の申出をした債務者
は，配当異議の訴えを提起することになる（民執90条１項）。債権者が債務名
義を有しないので，原則に戻るわけである。以下では，配当異議の訴えを中心
に説明する。

　(b)　**配当異議の訴え**

　(ⅰ)　**訴えの性質**　　配当異議の訴えは，配当表に関する実体上の不服を，
判決手続で解決する制度である（民執90条１項参照）。訴えの性質には見解の対
立があるが，**形成訴訟**（訴訟法上の形成訴訟）であると解する見解が有力である。
配当異議訴訟の判決に基づき配当表を変更し，それに依拠して配当するという
手続に合致するよう，配当異議訴訟の認容判決を当初の配当表の取消し・変更
を宣言する形成判決と構成するのである。

　(ⅱ)　**管　轄**　　配当異議の訴えは，執行裁判所の専属管轄である（民執90
条２項・19条）。ただし，ここにいう執行裁判所は，当該執行事件が係属してい
る裁判所が属する官署としての裁判所である。

　(ⅲ)　**当事者**　　当事者については，原告適格は配当期日に配当異議の申出
をした債権者，債務者が有し，被告適格は配当異議の申出の相手方たる債権者
で，当該配当異議が認容されれば配当表上の自己の配当額を減殺されるべき者
である。

　(ⅳ)　**訴訟手続**　　一般の判決手続と同じであるが，若干の特則がある。ま
ず，訴えは配当期日から１週間以内に提起しなければならない（民執90条１
項・６項）。また，原告が第一審の最初の口頭弁論に出頭しない場合は，訴えを
却下する（同90条３項）。これは，配当異議の制度を濫用し執行妨害の手段と
して使うことを阻止しようとするものである。

　配当異議の訴えでは，原告は，請求の趣旨において，配当表の記載を自らが正
当と主張する内容に変更する判決を出すよう，裁判所に求める。したがって，原
告の請求を認容する判決は，配当表の記載の変更を生ぜしめる形成判決になる。

　原告の請求を基礎づける事由として，手続法上の事由（例，被告の配当要求の
不適式），実体法上の事由（例，被告の債権の不存在・消滅，優先権の不存在，原告の
債権についての優先権）があるが，証明責任は一般原則どおりで，被告は，当該
債権，担保権，その他の優先権の根拠となる事実を主張・立証するなどし，原

告は，これらの事実を争い，あるいは被告が主張する権利の障害となる事実，これを消滅させる事実，あるいはこれを阻止する事実などを抗弁として主張する。

　請求の全部または一部を認容する場合は，判決において，配当表を変更し，または新たな配当表を作成するために配当表を取り消さなければならない（民執90条4項）。

　(v)　**相対的解決**　　配当異議訴訟の判決の効力は，一般原則どおり原告と被告の間に生ずる（配当を受けるべき債権者全員との間で生ずる効力ではない）。その結果，債権者間での配当（民執91条1項7号に基づく供託金の配当）をめぐる争いも相対的解決となる。たとえば，甲地の強制競売事件において債権者A，B，Cが配当を受けることとなり，配当表に記された債権の額はいずれも2000万円，配当に充てられる売却代金は3300万円で，A，B，C各々1100万円ずつ配当を受けることとされていた。しかし，Bが，Aに対し，Aの債権が存在しないことを理由とする配当異議の申出をし，配当異議の訴えを提起した，とする。この事例で，裁判所が，Bの主張するとおりAの債権が存在しないと認めた場合，当初Aに配当されることとされた1100万円のうち，900万円はBに対する配当となり，残り200万円は従前どおりAに対する配当となる。執行裁判所の立場からは，Aの債権は，配当異議訴訟の既判力によりA・B間では存在しないが，既判力の及ばないA・C間では（配当表に従い）存在することになるので，Aに対する配当額1100万円は，Bとの関係ではBにその債権額に満つるまで（つまり900万円）配当され，Cとの関係ではAが残り200万円の配当を受ける。このような分配が，実体上の不服を争いある当事者間でのみ解決するという配当異議訴訟の趣旨に合致しよう。したがって，Bの請求を認容する判決は，Aに対する1100万円の配当を900万円減じて，その900万円をBに対する配当に加えるよう，配当表を変更せよ，と命ずる内容になる。

　債務者が債権者に対して請求異議訴訟・配当異議の訴えを提起した場合（民執90条1項・5項参照），請求異議訴訟・配当異議訴訟の判決効も相対的であり，請求認容判決が確定すれば，当該債権は原告（債務者）・被告（債権者）間でのみ存在しないこととなると解される。とするなら，債権者が受けるはずであった配当は，債務者に返還されるべきことになるが，民執法92条2項は，この

ような場合，執行裁判所は，配当異議の申出をしなかった債権者も含め，すべての債権者に（追加）配当すべく，配当表を変更せねばならないと規定する（配当異議の訴えについてのみ規定しているが，請求異議の訴えも含むものと解される）。買受人が代金を納付した後，民執法39条1項1号ないし6号の執行取消文書が提出された場合には，強制執行は進行し，当該債権者を除く他の債権者に配当がなされるというルール（同84条3項）と同等の取扱いが，なされているのである。売却代金は配当を受けるべき債権者への配当に充てられる金銭である以上，このようにするのが公平で合理的である。先の例でいえば，債務者がAに対して請求異議の訴えを提起し，勝訴した場合，判決は，Aの配当額をすべて減殺し，BとCの配当に550万円ずつ加えるよう配当表を変更する内容となる。

(11)　不当利得返還請求による是正

配当の是正は，強制執行の手続（配当異議・配当異議の訴え等）によらずに，不当利得返還請求により行うこともできる。それは，強制執行終了後に，強制執行の手続自体は取り消すことなく，当事者間で行われる。このような是正のアプローチは，民事手続法では一般的で，ほかに，強制執行では民法568条1項・2項が想定する場面（買受人は，強制執行自体を取り消すことなく債務者・買受人間の売買＝所有権移転を解除して支払った代金を配当を受けた債権者から取り戻すことができる）を挙げることができる。

配当表に記載されず執行異議を申し立てたが却下された場合，当該債権者は，強制執行終了後に配当を得た債権者を相手取って不当利得返還請求を行うことにより，配当の是正をすることができよう（⇨193頁(8)を参照）。

これに対して，配当期日において配当異議の申出をせず，あるいは定められた期間内に配当異議の訴えを提起しなかった結果，強制競売手続内で配当表の是正を求め得なくなった債権者が，ある債権者が実体法が付与したより多くの額の配当を受けた結果，自分への配当は実体法が付与した額より少なくなったとして，強制競売終了後に，不当利得に基づき，その債権者が受けた多すぎる配当額に相当する金額の返還を請求することができるかどうかは，問題である。この問題については，肯定説，否定説，折衷説（抵当権者については肯定し，一

般債権者については否定する）が対立している。

　判例は**折衷説**をとることを明らかにしている（抵当権者につき最判平成3・3・22民集45巻3号322頁，一般債権者につき最判平成10・3・26民集52巻2号513頁[百選40事件]）。抵当権者は当該不動産から優先的満足を得る実体法上の権利を有しており，これに劣後する債権者が本来受けられない配当を受けたため，抵当権者が本来受けるべき配当を受け得なかった場合は，この債権者は抵当権者の実体権（優先弁済権）を侵害し損失を及ぼすことにより利得を得たとみることができるのに対し，一般債権者は，債務者の一般財産から満足を受ける実体法上の権利を持つのであり，当該不動産より優先弁済を受ける権利は有していないので，そのような損失と利得の関係をみることはできない，というのである。

3-8　強 制 管 理

1　制度の趣旨　民執法上の不動産執行には，不動産の交換価値を換価により実現して金銭債権の満足を図る強制競売のほか，**不動産の収益**（天然果実・法定果実）全体を執行の目的とし，裁判所が選任した**管理人**がこれを収取・換価して金銭債権の満足を図る強制管理（民執93条以下）が存在する。強制競売と強制管理はそれぞれ独立した執行方法であり，執行の対象とする利益も異なるので，同一の不動産に併用することも可能である。なお，強制管理には強制競売に関する規定の多くが準用されている（同111条）。

2　手続の流れ　強制管理は債権者の申立てにより開始され，強制執行開始の要件が要求される。強制管理の開始決定では，目的不動産に対する差押えの宣言のほか，債務者に対する収益の処分禁止の命令，収益給付義務者に対する管理人への収益交付の命令もなされる（民執93条1項）。なお，執行機関は，不動産所在地を管轄する地方裁判所である（同44条1項）。

　強制管理の対象となるのは，不動産執行上の不動産であり（民執43条1項・2項），準不動産を含まない。ただ，手続の性質上，その不動産につき債務者が収益権を有し，かつ不動産が収益を生ぜしめる見込みがなければならない（札幌高決昭和57・12・7判タ486号92頁）。

　そして，対象となる**収益**は，後に収穫すべき天然果実，既に弁済期が到来した法定果実，後に弁済期が到来すべき法定果実である（民執93条2項）。法定果実が賃料債権の場合をみれば明らかなように，収益処分禁止は債権執行に相当する。そこで，強制管理開始決定は給付義務者（賃料債権の場合なら賃借人）にも送達されなければならず（同93条3項），その効力は送達の時点で生ずる（同

93条4項）。

　執行裁判所は，開始決定と同時に**管理人**を選任する（民執94条1項。法人もなり得る。同94条2項）。管理人は，不動産の管理，収益の収取・換価の権限を有し（同95条1項），不動産につき債務者の占有を解き，自らが占有することができる（同96条1項。ただし，同97条・98条を参照）。管理人は執行裁判所の監督に服し（同99条），利害関係を有する者に対し職務の遂行につき善良な管理者の注意義務を負う（同100条1項・2項）。

　配当要求ができるのは，債務名義を有する債権者，および文書により証明された一般の先取特権者である（民執105条1項）。配当を受けるべき債権者は，配当要求債権者のほか，執行裁判所の定める期間内に強制管理の申立てをした差押債権者，同様の仮差押債権者（不動産に対する仮差押えの執行には仮差押登記をする方法と強制管理による方法があり，両者は併用できる。民保47条1項。この場合配当されるべき金額は供託され，本案訴訟の結果に従い配当される。民執108条・91条1項2号），同様の担保権者である（同107条4項）。

　配当に充てるべき金額は，収益から不動産に対する租税，管理人の報酬，その他の費用を控除した額であり（民執106条1項），そのような金額を生じる見込みがない場合には手続は取り消される（同106条2項）。

　管理人は，執行裁判所が定める期間ごとに，弁済金交付ないし配当を実施する（民執107条1項・2項）。管理人が配当を行う場合，債権者間に配当額につき協議が整うことが条件である（同107条3項）。債権者間に協議が整わない場合等には，裁判所が配当を実施する（同107条5項・109条）。

　配当を受けるべき各債権者が，配当により債権・執行費用の全額の弁済を受けたときに，強制管理の手続は取り消され（民執110条），管理人は執行裁判所に計算報告書を提出する（同103条）。これにより，強制管理は終了する。

第2節　動産に対する強制執行（動産執行）

〈動産執行のケース〉

　X_1は，債務者Yに対して150万円を貸し付けたが，返済期限が来ても150万円を返してくれないので，X_1はYを被告として150万円の貸金返還請求訴訟をA地方裁判所に提起した。Yは第1回口頭弁論期日に欠席し，答弁書も提出しなかったため，X_1の請求を全部認容する仮執行宣言付判決が出された。そこで，X_1は，前記判決を債務名義として，A地方裁判所執行官Bに対してYの住所地で

の動産執行の申立てをした。

　しかし，Yには X₁以外にも Yに対する債務名義を持った債権者がおり，そのうちの X₂は，Yの 100 万円の貸金返還債務の存在を公証する執行証書を債務名義として，A 地方裁判所執行官 C に対して Y の住所地での動産執行の申立てをした。しかし，その他の一般債権者は債務名義は持っていても，動産執行の申立てをしていない。

　なお，X₁および X₂が執行対象とした動産は，X₃が Y との売買契約に基づき納入した商品であり，X₃はまだ代金 100 万円の支払を Y から受けていない。

1 総　説

　金銭の支払を目的とする債権についての強制執行（金銭執行）のうち，動産に対する強制執行を**動産執行**という。動産執行は，債権者の申立てにより，執行官が債務者の所有する動産を差し押さえる方法によって開始される（民執 122 条 1 項）。基本的な手続の流れは，不動産執行の場合と同様に，申立て →　差押え → 換価(売却) → 満足という経過をたどるが，動産執行において執行機関となるのは**執行官**である。執行裁判所も必要に応じて関与するが，その役割は，補充的・監督的なものにとどまる（民執 127 条・132 条・142 条，民執規 114条 2 項・120 条 3 項・121 条・122 条・127 条 3 項など）。この点で，同じく金銭執行であっても，執行裁判所が執行機関となる不動産執行・債権執行等とは異なる。動産の差押えを行うためには，執行機関が債務者の住居・営業所等に立ち入り，発見した動産を占有し，物理的に支配しなければならず（民執 123 条 1 項・124条，民 178 条），動産執行では執行機関が裁判所外の場所に赴き，しばしば実力を行使することも必要となる（民執 6 条 1 項・123 条 2 項参照）。しかも，不動産や債権等と比べて，動産には複雑な権利関係が絡むことが少ないから，執行手続全般を通じて，高度の法的判断を必要とする場面は多くない。動産執行において機動力のある執行官が執行機関とされたのは，以上の理由による。

> ### 3-9 動産執行の今日的機能
> 　動産執行は，最も身近で手軽な執行手段であるが，現代社会では，美術品や骨董品，貴金属類，有価証券などを除き，我々の身の回りにある多くの動産は，瞬く間に取引価値が低下していくのが実情である。そのため，動産執行は，動産の客観的価値を把握してその換価代金によって債権者の満足を図るというよ

りは，むしろ，債務者にとって使用価値または主観的価値（物への愛着，買換費用を免れる利益）の高い動産を差し押さえて，債務者にプレッシャーをかけ，弁済を強制する目的でなされることが多い。これを「**動産執行の間接強制的機能**」という。また，仮に差し押さえるべき動産があるとしても，わが国には，公的なオークション施設がないこともあって，差し押さえられた動産は，一般人には立ち入りがたい債務者の住居内（差押場所）で競り売りによって売られるのが普通であり，道具屋などの業者がそれを買い受けて，債務者の親族等に買い戻しを強要する，いわゆる**軒下競売**がしばしば行われてきた。このような閉鎖的な競売は，適正価額による売却を阻害している。これに対し，国税・地方税等の徴収機関が，税金などの滞納者の財産を差し押さえた場合については，その財産の公売をインターネット上で実施し（**インターネット公売**），大きな成果を挙げているので，動産執行についても，同様の途が検討されてしかるべきであろう。

2 差押えの手続

(1) 差押えの対象

動産執行の対象となるのは，土地およびその定着物以外の有体物（民86条2項。ただし，総トン数20トン以上の独行可能な船舶，登録された航空機・自動車，登記された建設機械を除く）のほか，登記できない土地の定着物（鉄塔，建築中の建物，庭木，庭石，石灯籠など），土地から分離する前の天然果実で1か月以内の収穫が確実なもの（収穫間近の穀物，野菜，果実など），および有価証券（商品券などの無記名証券，手形・小切手・貨物引換証などの指図証券で裏書が禁止されていないものなど）である（民執122条1項）。

(2) 動産執行の申立て

動産執行の申立ては，債権者が動産執行申立書を，執行力のある債務名義の正本とともに，差し押さえるべき動産所在地を管轄する地方裁判所所属の執行官に提出して行う（民執規1条・21条1号〜4号・99条）。その際，執行対象となる動産を個別に特定する必要はなく，動産の所在場所を特定すれば足りる（同99条・100条参照）。適法な申立てがあれば，執行官は，速やかに差押えの日時を定めて，申立人に通知し（同11条），その日時に申立書記載の場所に出向く

ことが必要である。そこに債務者がいる場合には，執行官は，差押えに先立って，債務者に執行債権および執行費用の弁済を催告し，弁済がなされればそれを受領する（民執122条2項参照）。

(3)　差押えの方法

差押えは，執行官が，債務者，債権者または第三者の占有する動産を占有することによって行う（民執123条1項・124条）。差押えの方法は，(a)債務者が目的物を占有している場合（同123条）と，(b)債権者または第三者がそれを占有している場合（同124条）とで異なる。

(a)　債務者が目的物を占有している場合

債務者が「占有」する動産に対しては，執行官がその占有を排除し，自らそれを占有することによって差押えを行う（民執123条1項）。その際，執行官は，強制的に債務者の住居に立ち入って，執行の対象となる動産を探索し，必要があれば閉鎖された戸や容器を開くための処分ができる（同123条2項）。債務者等の抵抗を受けるときは，威力を用いたり，警察上の援助を求めることもできる（同6条）。どの動産を差し押さえるかは，執行官の裁量に属するが，債権者の利益を害さない限り，債務者の利益を考慮すべきものとされている（民執規100条）。

動産の差押えと同時に売却手続が行われる場合には，差し押さえた動産の保管は問題とならないが，差押期日と売却期日とが別の場合には，差し押さえた動産の保管方法が問題となる。動産の保管には，執行官自らがあたるのが原則であるが，保管にも費用がかかるなどの事情から，相当と認めるときは，債務者に差押物を保管させることができる（民執123条3項前段）。この場合には，封印その他の方法で差押えの表示をしたときに限り，差押えの効力が生じる（同項後段）。さらに，執行官は相当であると認めるときは，債務者に差押物を使用させることもできる（同123条4項）。ただし，保管方法が悪いときや，換価のために必要なときは，自ら差押物を保管し，または使用許可を取り消すことができる（同123条5項）。

3-10　債務者の「占有」の意義

債務者の占有する動産の差押えは，債務者が外観上直接に占有している動産

しなければならない。なぜなら、「占有」という外観で所有の有無を判断するからである。したがって、この占有は、直接占有、すなわち「所持」状態であることが必要であり、間接占有のような観念的占有は含まれない。また、この占有は、債務者の単独占有であることが必要である。債務者の住居内にある家財道具などの占有関係がしばしば問題となるが、債務者が夫である場合のドレッサー・女物衣類・装飾品、債務者が妻である場合の男物衣類、子ども用の学習机など、債務者以外の家族の占有と判断されるものを除いて、家族の共同使用品にも債務者の単独占有を認めて、差押えを行うのが実情のようである。確かに、共同使用品に対する差押えを否定すると、動産執行が不毛に帰するので、やむを得ない取扱いであるが、差押え後も債務者に保管・使用させる措置をとり、また、できるだけ換価を控えて和解的執行を試みるなどの運用上の工夫が期待される。

(b)　債権者または第三者が目的物を占有している場合

債権者または第三者が占有（所持）する動産に対しては、それらの者が、任意に動産を提出または差押えを承諾した場合に限り、執行官は差押えをなし得る（民執124条）。第三者が動産の任意提出を拒む場合は、債務者が第三者に対して有する引渡請求権を差し押さえる債権執行の方法（⇨248頁以下・第3節**3**）によるほかはない（同163条）。

(4)　差押えの制限

動産の差押えは、差押債権者の執行債権および執行費用の弁済に必要な限度を超えてはならない。限度を超えることが差押え後に明らかとなったときは、執行官は超過部分の差押えを取り消さなければならない（民執128条）。これを「**超過差押禁止**」の原則という。

差し押さえるべき動産の売得金が手続費用（民執63条1項参照）を弁済して剰余を生ずる見込みがないときは、手続を進めても、差押債権者の予納金（執行官15条）を食いつぶすだけの結果に終わるので、執行官は差押えをしてはならない（民執129条1項）。また、差押物の売得金が優先債権者の債権および手続費用を弁済して剰余を生じる見込みがないときは、執行官は、差押えを取り消さなければならない（同129条2項）。これを「**無剰余差押禁止**」の原則とい

う。

　さらに，債務者およびその家族の生活保障，生業の維持，職業活動の保障，宗教的・精神的活動の保護などの理由から，債務者の有する一定の動産の差押えが禁止されている（民執131条）。「**差押禁止動産**」という（差押禁止債権については，⇨ 224 頁(d)(iii)）。差押禁止動産の差押えに対して，債務者は執行異議を申し立てることができる（同11条）。また，仮に民執法131条所定の差押禁止動産に該当しない物でも，それが失われると債務者等の生活が困窮し，社会保障に依存する状態に陥るような場合には，債務者等は，差押えの全部または一部の取消しを執行裁判所に求めることができる。逆に，差押禁止動産に該当する物でも，その換価金から債権を回収できないと債権者の生活の方がより困窮するような場合には，債権者も差押禁止動産の差押えの許可を求めることができる（同132条1項）。これは，当事者の個別の事情に応じて，差押禁止動産の範囲を変更することを認めたものである。

(5)　差押えの効力

　差押えによって，債務者は差押物を処分する権能を失う（差押えの効力は，差押物から生じる天然の果実にも及ぶ。民執126条）。処分禁止の効力は，強制執行の目的を達成するのに必要な限度にとどまる相対的なものである。差押え後になされた処分行為の効力は，差押債権者・買受人のほか，当該差押えに基づく執行手続に参加したすべての債権者に対して対抗できない（**手続相対効**）。したがって，債務者から差押物を譲り受けた第三者も，即時取得（民192条）の要件を充たさない限り，権利取得をそれらの者に対抗できない。この点は，不動産執行の場合と同様である（⇨ 138 頁(c)(iii)）。

　この処分制限の効力を強化する措置として，執行官が保管していない差押物を，執行官の措置によらずに，第三者が差押物を占有するに至った場合には，執行裁判所は，差押債権者の申立てにより，第三者に対して，差押物を執行官に引き渡すべき旨の命令（引渡命令）を発することができる（民執127条1項）。引渡命令の申立ては，第三者の占有を知った日から1週間以内にしなければならない（同127条2項）。引渡命令は，執行官が保管しない差押物が散逸する場合に備えて，差押物の簡易な取戻しを認めたものであり，引渡命令を債務名義

として第三者に対して差押物取上げの執行ができる。ただし，引渡命令が差押債権者に告知された日から2週間を経過すると執行ができなくなる（同127条4項・55条7項・8項）。

　引渡命令の申立てに関する裁判に対しては執行抗告をなし得るが（民執127条3項。⇨81頁 **3**(2)(b)），その命令は，差押物の第三者への占有の移転という外観のみに基づいて発せられるものであるから，抗告事由は，差押えなどの手続上の瑕疵に限られ，実体上の事由は主張できない（東京高決昭和58・4・26下民34巻1＝4号178頁[百選46事件]）。したがって，差押物を占有するに至った第三者が，即時取得などの実体上の事由を主張するためには，第三者異議の訴え（民執38条）を提起しなければならない。

3 換 価 手 続

(1) 総　　説

　金銭債権を満足させるためには，金銭が必要であるから，差し押さえた債務者の財産（差押物）が金銭以外のものであるときは，これを金銭に換える必要がある。差押物を金銭化する国家の処分行為を**換価**というが，動産執行の場合には，差押物を売却して対価を取得するのが，典型的な換価方法である（ただし，差押物が手形の場合の換価方法は**取立て**が原則であり〔民執136条・138条〕，差押動産の換価方法は必ずしも売却に限定されるわけではない）。

(2) 換価の準備

　差押動産の換価（売却）は，執行官の責任で行う。執行官は，差押物（金銭を除く）を適正価格で売却するために，事前にそれを評価するが（民執規102条2項），特に高価な動産（宝石・貴金属製品・書画骨董品・精密機械など）については，適切な**評価人**を選任して，その者に評価させる（同111条）。執行官が売却に際し，最低いくらの価額なら売却するのかという判断をするときの参考にするためである。執行官は，差押物の価値が減少しないように，差押物の点検・保存に努めなければならない（同108条。執行官の点検義務違反を認めた裁判例として，名古屋地判平成4・6・24判時1456号118頁）。たとえば，手形であれば，白地の場合には，債務者に補充を催告し（同103条2項），所定の始期が到来した

ときは，債務者に代わって手形の呈示などをしなければならない（民執 136 条）。これによって金銭が支払われた（取立てが行われた）場合には，それを受領・保管する必要もある（同 139 条参照）。また，著しい価格減少のおそれのある差押物（生鮮食料品など）については，執行停止中であっても，それを緊急換価して，売得金を供託することができる（同 137 条）。

(3)　売却に関する通則

　売却の方法は，競り売り，入札，特別売却・委託売却のいずれかによる（民執 134 条，民執規 121 条・122 条）。動産執行では，不動産の強制競売における売却基準価額のような制度がないため，執行官や評価人の評価額での売却も認められるが，不相当に低額での売却は許されない（民執規 116 条 1 項但書・120 条 3 項）。また，株式などの取引所の相場のある有価証券は，その日の相場以上の価額で，また貴金属またはその加工品は，地金としての価額以上の価額で，それぞれ売却しなければならない（同 123 条・124 条）。各動産ごとの個別売却が原則であるが，動産の種類・数量等により，まとまった数の動産を一括売却することもできる（同 113 条）。

　債務者自身が買受人になれないのは，不動産競売の場合と同様である（民執 135 条・68 条）。鉄砲・刀剣類，火薬品，毒物・劇物など，その所持が法令上制約されている動産については，買受申出人を有資格者に限定して売却することができる（民執規 132 条・33 条）。相当な方法で売却を実施してもなお売却の見込みの立たない動産については，差押えの維持は債務者にとって無用の負担を負わせるだけなので，執行官は差押えを取り消すことができる（民執 130 条）。

　売却が実施され，既に売却された一部の動産で全債権および執行費用を弁済できる見込みがたったときは，他の動産の売却は留保し（民執規 116 条 2 項），それが確実となった時点で，他の動産の差押えを取り消さなければならない（民執 128 条 2 項）。

　なお，有価証券を売却したときは，執行官は，債務者に代わって，買受人のために裏書または名義書換えに必要な行為をすることができる（民執 138 条）。

⑷　売却の方法

動産の売却方法には，4種類ある。

⒜　競り売り

執行官は，競り売りを実施する場合，やむを得ない事由がある場合を除き，差押えの日から1週間以上1か月以内の日を売却期日と定め，その日時・場所を各債権者・債務者に通知し（売却期日通知），その他必要事項とともに公告する（民執規115条）。その上で適当な場所で立会人の立会いの下に競り売りを行うことができる（わが国の競り売りがいわゆる軒下競売で行われていることにつき，⇨ 202頁 **3-9** ）。

売却期日において，執行官は，買受申出額を競り上げる方法で競り売りを実施し，最高の買受申出額を3回呼び上げる間に，より高額の申出がないときは，その買受申出人に買受けを許可する（民執規116条1項。ただし，買受けの申出額が不相当と認められるときは，許可はしない。同項但書）。買受申出を許可された者は，直ちに代金を支払うのが原則であるが（同118条1項），当該動産が高額であるため，別に支払日が定められている場合には，とりあえず当該動産の評価額の2割程度の保証を提供すれば足りる（同118条3項）。

⒝　入　　札

動産執行では，不動産執行（⇨ 171頁 **5**⑴）と異なり，**期日入札**に限られており，期間入札は認められていない（民執規120条1項）。ただし，動産執行では，入札の方法自体がほとんど用いられていないようである。

⒞　特別売却・委託売却

執行官は，動産の種類・数量等を考慮して相当と認めるときは，あらかじめ差押債権者の意見を聴いた上，執行裁判所の許可を受けて，競り売り・入札以外の方法で差押物を売却したり，執行官以外の者に売却を実施させることができる（民執規121条・122条）。前者を**特別売却**といい，後者を**委託売却**という。

特別売却は，たとえば，所持禁制品や特殊機械を個別交渉で有資格者や利用希望者に売却する場合である。また，委託売却は，たとえば，食料品の売却を市場に委託したり，書画骨董品の売却を美術商に委託するような場合である。いずれの方法も，積極的な活用が行われている。なお，取引所の相場のある有価証券については，売却日の相場以上であれば，差押債権者への意見聴取や執

行裁判所の許可がなくても，これらの方法で証券会社などに売却したり，売却委託をすることができる（民執規123条）。

4 債権者の競合

(1) 総　　説——配当等を受けることのできる者

金銭執行において配当等を受けることができるのは，差押債権者に限られず，いろいろな債権者が配当等を受けることができるのが原則である。しかし，動産執行では，配当要求権者は先取特権者と質権者に限られているので（民執133条。⇨211頁(3)(a)），一般債権者は，債務名義を持っていても，配当要求ができない。一般債権者が配当を受けるためには，次に述べる事件併合の手続がとられる必要がある。

〈債権者競合のケース〉

　債務者Yの住所地で債権者X_1による動産執行が行われ，差押物（動産）をYが保管しているときに，Yの別の債権者X_2および差押物をYに売却したが代金を回収していない売主X_3は，X_1による動産執行において配当を受けることができるか。また，そのためには，どのような措置をとる必要があるか。

---

(2) 事 件 併 合——二重差押えの禁止

動産執行では，二重の執行申立て自体は許されるが，不動産執行や債権執行の場合と異なり，差押えは行われない。むしろ，既に差し押さえられている動産を，他の債権者のために重ねて差し押さえること（二重差押え）は禁止されている（民執125条1項）。しかし，その代わりに，既に動産執行の差押えを受けている債務者に対して，他の債権者から重ねて同じ場所での動産執行が申し立てられたときには，執行官は，まだ差し押さえられていない動産があればそれを差し押さえ，それがないときにはその旨を明らかにして，当該執行事件と先行の執行事件とを併合する**事件併合**の手続をとることになっている（同125条2項前段）。もっとも，同一の債務者に対する動産執行でも，場所が異なれば事件の併合はなされず，それぞれが別事件となる。

2個の動産執行事件が併合されたときは，後行事件で追加差押えされた動産は，併合の時に，先行事件で差し押さえられたものとみなされ（**差押拡張効**），

後行事件の申立ては，先行事件における**配当要求効**（潜在的差押効ともいう）を生じる（民執125条3項前段）。先行事件について，動産執行の申立ての取下げ，または申立てにかかる手続の停止・取消しがあったときは，先行事件で差し押さえられた動産は，併合の時に，後行事件のために差し押さえられたものとみなされる（同項後段）。

　動産仮差押執行事件と動産執行事件が併合されたときは，仮差押えの執行がされた動産は，併合の時に，動産執行事件において差し押さえられたものとみなされ，仮差押執行事件の申立ては，配当要求効を生じる（民執125条4項前段）。動産執行の申立ての取下げ，または申立てにかかる手続の停止・取消しがあったときは，動産執行事件で差し押さえられた動産は，併合の時に，仮差押執行事件において仮差押えの執行がされたものとみなされる（同項後段）。

　動産執行において，以上のような事件併合が行われるのは，次の理由による。動産執行では，差押えは，差押債権者の債権および執行費用の弁済に必要な限度を超えてしてはならないとされている（**超過差押えの禁止**。民執128条⇨205頁(4)）。そのため，執行債権者 X_1 としても，その範囲でしか差押えをすることができない。ところが，そこに別の債権者 X_2 が執行申立てをし，X_1 の執行手続において配当等を受けることになると，X_1 への配当分が減少し，その利益を害する。そこで，X_2 が X_1 の執行手続に参加して配当等を受ける以上は，いわば X_1 へのお土産（未差押動産）を持参できるときは，それを持参して執行手続に参加することを要求することにしたものである。

　なお，動産に対する担保権の実行（動産競売）も，執行官の差押えによるので（民執190条），動産執行事件において差し押さえられた動産に対して動産競売の申立てがなされた場合にも，事件併合が行われる（同192条・125条，民訴規178条3項・106条・107条。詳細については，⇨307頁・第5章第3節）。

(3)　配当要求

(a)　配当要求権者

　動産執行において配当要求できるのは，その権利を証明する文書を提出した先取特権者および質権者（優先的債権者）に限られる（民執133条）。したがって，一般債権者は，債務名義を持っていても，配当要求はできない。ただし，前述

のように，一般債権者が自ら二重執行の申立てをし，執行官により事件併合の手続がとられると，配当要求効が生じる（同125条2項・3項）。ただ，実体法上の優先権を有する者にまで配当要求を認めないという原則を貫くことには問題があるので，先取特権者および質権者には配当要求を認めている。配当要求をしなかった先取特権者および質権者は，配当等を受けた債権者に対して不当利得の返還を請求することはできない。それらの者が動産執行の開始を知らされず，配当要求の機会を与えられなかったとしても，不当利得の問題にはならないと解される。

(b) 配当要求の終期

配当要求権者は，配当要求の終期までに配当要求をしなければ，配当を受けられない。動産執行の場合の配当要求の終期は，差押物が売却された場合には，執行官が売得金の交付を受ける時（通常は売却時）である（もっとも，民執140条・37条1項，民保49条3項も参照）。なお，差押物が金銭であるため換価が不要のときは，その差押え時が，また，執行官が差し押さえた手形等を呈示してその支払を受けたときは，その支払を受ける時が，それぞれ配当要求の終期となる（民執140条）。

5 配当等の手続

(1) 総　説

差押物が売却され，買受申出人から代金が支払われると，買受申出人が支払った代金（売得金）は，債権者に満足を得させるために交付または配当される。もっとも，債権者が1人の場合や，2人以上いても売得金で全債権者の債権および執行費用の全部を弁済することができるときは，格別問題は生じない。売得金をそのまま債権者に交付すればよいからである（弁済金の交付。民執139条1項）。しかし，売得金で全債権者の債権および執行費用を弁済できないときは，それを債権者間に平等に配分する手続が必要となる（配当。同139条2項・3項。配当と弁済金の交付をあわせて「配当等」という）。

動産執行において配当等を受けることができるのは，差押債権者のほか，配当要求の終期までに配当要求をした先取特権者・質権者（民執133条），および，自ら二重執行の申立てをし，事件併合による配当要求効を認められた一般債権

者である（同140条）。

⑵　配当等の実施

　配当等を実施する機関は，第一次的には執行官であり（民執139条），第二次的に執行裁判所が配当実施機関となる（同142条）。

⒜　執行官による配当等の実施

　執行官は，債権者が1人の場合または2人以上であっても各債権者の債権および執行費用の全部を弁済することができる場合には，債権者に弁済金を交付する手続をとるが（民執139条1項），仮に売得金や支払金で全債権者に弁済することができない場合でも，債権者間で配当等について協議が調ったときは，執行官がその協議にしたがって配当等を実施する（同139条2項）。

⒝　執行裁判所による配当等の実施

　売得金の配当等について債権者間で協議が調わなかったときは，執行官は，その事情を執行裁判所に届け出なければならない（**事情届**。民執139条3項）。この場合には，執行裁判所は，直ちに配当等を実施しなければならない（同142条1項）。

　執行官が配当等を実施すべき場合でも，配当等を受けるべき債権者の中に，その権利が不確定な状態の者がいる場合（停止条件付ないし不確定期限付債権，仮差押えにかかる債権，質権・先取特権実行禁止の仮処分が出されている債権，配当異議訴訟が提起されている債権など）には，執行官は，それらの者に配当すべき額に相当する金銭を供託し，やはりその事情を執行裁判所に届け出なければならない（民執141条1項1号～4号）。この場合には，執行裁判所は，供託事由が消滅したときに，配当等を実施しなければならない（同142条1項）。

　なお，執行裁判所が実施する配当等の手続については，不動産執行における配当等の手続の規定が準用される（民執142条2項。⇨188頁 **6** ）。

第3節　債権およびその他の財産権に対する強制執行（権利執行）

〈債権執行のケース〉

Sは，D₁銀行のE・F・H支店に，それぞれ，現残高200万円，100万円，900万円の普通預金口座を有している。また，Sは，D₂会社に勤めており，毎月15日付けで，40万円の給料が，D₁銀行E支店に振り込まれている。

Sには G₁（債権額600万円），G₂（債権額200万円），G₃（債権額50万円），G₄（債権額50万円），G₅（債権額50万円）の債権者がいる。うち，G₁・G₂・G₃は，Sに対する債権について確定判決を有しており，G₄は，執行証書を有している。

また，Sは，Iと結婚し，Kという息子がいたが，SはIと離婚し，K（現在5歳）はIが育てている。離婚は家庭裁判所における調停によって行われ，調停の際，SはIに対し，Kの養育費として毎月1日に5万円を支払うことを約束し，これが調停調書に記載されていた。

　債権およびその他の財産権に対する強制執行とは，債権やその他の財産権（電話加入権や知的財産権など）を満足の原資とする金銭執行のことをいう。**権利執行**とも呼ばれる。権利執行には**債権執行**（金銭債権，動産・船舶等の引渡請求権に対する強制執行。ただし，少額訴訟にかかる債務名義に基づく金銭債権に対する強制執行を除く。民執143条〜166条），**各種財産権執行**（金銭債権，船舶・動産の引渡請求権以外の債権や，知的財産権等の財産権に対する強制執行。同167条），**少額訴訟債権執行**（少額訴訟にかかる債務名義に基づく金銭債権に対する強制執行。同167条の2〜167条の14）がある。債権執行はさらに，**金銭債権に対する債権執行，動産・船舶等の引渡請求権に対する債権執行**に分かれる。本書では，金銭債権に対する債権執行について中心的に説明し，次に少額訴訟債権執行，動産の引渡請求権に対する債権執行について簡単に触れ，各種財産権執行については省略する。

1 金銭債権に対する債権執行

　金銭債権に対する債権執行とは，執行債務者の持っている金銭債権（動産執行の目的となる有価証券が発行されている債権を除く）の財産的価値を使って，執行債権者の持っている金銭債権の満足に充てる強制執行のことをいう。

　手続の主体として，債権者・執行債務者のほかに，執行債務者の持つ債権の

債務者が登場する点に特徴がある（以下では，差押債務者の持つ債権を，差押えの対象となる債権という意味で，「**被差押債権**」という。これとの対比を明確にする意味で，差押債権者の債権を以下では「**執行債権**」と呼ぶ。なお，被差押債権の債務者は，一般に，第三債務者と呼ばれる。Dという記号を用いて現されることが多い。⇨**図表 3-1**）。

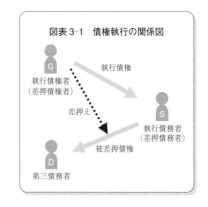

図表 3-1　債権執行の関係図

G
執行債権者
（差押債権者）

執行債権

差押え

S
執行債務者
（差押債務者）

被差押債権

D
第三債務者

また，不動産の強制競売・動産執行では，売却が換価の手段であったが，金銭債権に対する債権執行では，債権の売却という手段も取ることはできるが，中心的な換価の手段は，第三債務者からの債権の取立てとなっている（⇨ 226 頁(4)(a)）。

不動産執行・動産執行では，強制執行の手続は，執行機関たる執行裁判所・執行官の活動によって進んでいく部分が大であったが，債権執行では，執行債権者（差押債権者）の行動による部分が大きい。たとえば，中心的な換価の手段である第三債務者からの債権の取立ても，執行官や執行裁判所ではなく，差押債権者自身によって行われる。

金銭債権に対する債権執行は，金銭執行の中では，最もよく機能している。不動産の強制競売は，対象となる不動産に抵当権等の担保権がついていることが多く，実際には無剰余取消しになったり，取り下げられるケースが多い。動産執行も，大半のケースが取り下げられるか，執行不能で終わっている（⇨ 202 頁 **3-9**）。それに対し，債権執行は，第三債務者に支払能力がある限り，かなりの確実性をもって換価が見込めるので，成功率も高い。社会的には，金銭債権に対する債権執行は重要な役割を果たしている。

(1)　執 行 機 関

金銭債権に対する債権執行の執行機関は，執行裁判所である（民執 144 条 1 項）。

管轄を有する裁判所は，原則として執行債務者の普通裁判籍所在地の管轄地方裁判所である。この普通裁判籍がない場合には，被差押債権の所在地（原則

として，第三債務者の普通裁判籍所在地とされる。民執 144 条 2 項）の管轄地方裁判所である（以上につき，同 144 条 1 項）。これは専属管轄である（同 19 条）。

(2)　申　立　て

(a)　強制執行の申立て

債権執行も，執行債権者による申立てによって始まる（民執 2 条）。〈ケース〉（⇨ 214 頁）でいえば，確定判決を有する G_1 はこれに執行文の付与を受ければ自己の S に対する債権について強制執行の申立てをすることができる。申立先は，管轄を有する地方裁判所であり（⇨ 215 頁(1)），申立てが書面によるべきことは，不動産執行と同様である（民執規 1 条）。債権執行の場合の申立書の記載事項は，債権者・債務者の氏名・住所，代理人があるときはその氏名・住所，債務名義，強制執行を求める債権などのほか（同 21 条），第三債務者の氏名・住所である（同 133 条 1 項）。申立書には，執行正本を添付しなければならない（同 21 条）。

(b)　被差押債権の特定の必要性

申立ての際，動産執行では，執行債権者は個別の動産を特定する必要はなく，動産の所在地だけを特定すればよかった。しかし，債権執行では，不動産執行と同様に，執行債権者が差押えの対象となるべき債務者の債権を特定しなければならない。すなわち，〈ケース〉の G_1 は，S の誰に対するどの債権につき差押えをするのかを，申立時に特定しなければならない（民執規 133 条 2 項は，差し押さえるべき債権の種類および額その他の債権を特定するに足りる事項を明らかにすることとしている）。なお，債務者の債権の一部だけを差し押さえることもできるが，その場合には，債権のどの部分を差し押さえるかも，特定する必要がある（同 133 条 2 項）。

この，申立時の被差押債権の特定の必要は，執行債権者にとっては大きな負担である。なぜなら，まず，債務者が誰に対して金銭債権を有しているのか自体，執行債権者は知らない場合が多い。さらに，債務者が同じ第三債務者に対して複数の債権を持っている場合，そのうちのどの債権を差し押さえるのかまで執行債権者は特定する必要があり，この負担が大きい。

3-11　銀行預金の差押え

　令和元年の民事執行法改正前においては，とりわけ銀行預金の差押えの局面で，被差押債権の特定の負担が先鋭化していた。

　〈ケース〉（⇨ 214 頁）において，G_1 が，S が D_1 銀行に有している預金債権を差し押さえたいと思ったとする。ところが，G_1 は，S が D_1 銀行に預金債権を有しているようだということまではわかるが，具体的に D_1 銀行のどの支店に口座を持っているかはよく分からない。

　このような場合に，G_1 は，「H 支店」というように，銀行の支店名まで示して被差押債権を特定する必要があるのか，支店名まで特定する必要はないか，が問題となる。

　具体的には，俗に「**支店順位方式**」の申立てと呼ばれる方式の申立てが適法かが，議論の対象となっていた。支店順位方式の申立てとは，G_1 が，D_1 銀行の全部の支店を対象に，あるいは S の預金がありそうな支店をピックアップして，それに順位をつけ，〈支店番号の若い支店から順番に，そこに S の口座がある限り，順次，執行債権の額に満つるまで差し押さえてほしい〉とする形の差押申立てのことをいう。この方式では，具体的な支店をピンポイントで特定はしていないので，このような申立ての仕方で被差押債権が十分に特定されているか，という観点から，適法性が問題とされていた（支店順位方式でも被差押債権は観念的には特定されているが，このような形の特定で十分か，という問題である）。

　支店順位方式は執行債権者の権利実現に資することは言うまでもないが，逆に第三債務者である金融機関に預金の探索という負担を課すものである。すなわち，債権差押えがなされると第三債務者に差押命令という裁判所の決定が送達されるが，差押命令が送達されると，直ちに，当該債権についての弁済禁止の効果が生じる（⇨ 223 頁(イ)。これに反して第三債務者が債務者に弁済をしてもその弁済は手続との関係では無効とみなされる）。しかし，銀行に差押命令が送達されてから，銀行が債務者の預金債権の全貌を把握し具体的にどの預金債権が差押えの対象として弁済禁止に服するかを正確に把握するまでには手間がかかりタイムラグが生じるといわれる。このタイムラグの間に，債務者が預金を引き出したい，と言ってきたときに，銀行が債務者に預金を支払ってしまうと，当該預金が差押えの対象になっていた場合には，この弁済は弁済禁止効に触れ無効になり，銀行は二重弁済の負担を負う。他方で，債務者に対する預金支払を拒絶すると，当該預金が差押えの対象になっていなかった場合には，履行遅滞を犯すことになる。いずれかは，調査の末，銀行が差押えの対象となる預金債権を正確に把握した時点で事後的に判明する。このように金融機関が，二重弁済の

危険と履行遅滞の危険との間で板ばさみにされる状態が生じることが，支店順位方式の適法性が問題となる理由である。

　下級審裁判例において判断が分かれていながら不適法説が基調となっていると言われていたところ，最高裁は，「民事執行規則133条2項の求める差押債権の特定とは，債権差押命令の送達を受けた第三債務者において，直ちにとはいえないまでも，差押えの効力が上記送達の時点で生ずることにそぐわない事態とならない程度に速やかに，かつ，確実に，差し押さえられた債権を識別することができるものでなければならないと解するのが相当であ」るとの一般論を定立した上で，全店舗を対象とした支店順位方式（「全店一括順位付け方式」と呼ばれる）の申立てを不適法とする判断を出し（最決平成23・9・20民集65巻6号2710頁［百選48事件］），また，「複数の店舗に預金債権があるときは，預金債権額合計の最も大きな店舗の預金債権」とする方式（預金額最大店舗方式と呼ばれる）の申立ても不適法だとした（最決平成25・1・17判時2176号29頁［重判平25民訴7］）。これにより裁判実務の流れは不適法説に収斂していくこととなった。

　顧客に対する守秘義務を理由に金融機関は原則預金債権にかかる情報の開示に応じておらず，それが上記のような方式の申立ての必要性を基礎づけていた。単位弁護士会が金融機関と，金融機関が弁護士会照会に応じて預金情報を回答するという協定を結び，この協定に基づき弁護士会照会を通じて情報を取得するという工夫もなされていたが，すべての金融機関がすべての弁護士会とかかる協定を結んでいたわけではなく，協定がない場合には金融機関が照会に応じる保証はないため，このような工夫も必ずしも十分とは言えなかった。

　以上のような動向を踏まえ，令和元年の民事執行法改正では，執行力ある債務名義の正本を有する債権者の申立てに基づき，執行裁判所が，金融機関に預金情報を開示させるという制度が整備されることとなった（⇨77頁(d)）。

3-12　実際の銀行預金の差押え

　仮に〈ケース〉（⇨214頁）のG₁が，Sの住所地等から，おそらくSはD₁銀行のH支店に預金口座を持っているであろうというところまでは当たりがつけられたとする。しかし，G₁は当然Sの口座番号等まで了知しているわけではない。その場合にG₁は，令和元年の民事執行法改正で創設された預貯金債権等に関する情報取得手続（⇨77頁(d)）を利用して口座番号等の情報を取得しないと，Sの銀行預金に対する差押えができないかというと，そうではない。

　令和元年改正前の民事執行法下でもG₁は，被差押債権については「D₁銀行H支店の定期預金，普通預金の順で，総額600万円に満つるまで」と申立書に記載すれば，法による被差押債権の特定の要請を満たすと考えられていた。

このような記載では被差押債権がピンポイントで特定されているとはいえない。しかし，この程度の記載があれば，仮にＳが D_1 銀行Ｈ支店に預金を有しているとすれば，申立てを受けた執行裁判所としても，差押債務者であるＳとしても，第三債務者である D_1 銀行としても，時間をかけることなく差押えの対象となっている預金債権がどの債権かを識別することができる。差押申立てにおける被差押債権の特定の趣旨は，これら三者が被差押債権を他のＳの債権と識別できるようにすることにある。したがって，その趣旨からすれば，この程度の特定で十分なのである（第三債務者との関係では，差押命令の送達からこのような識別までタイムラグが生じないようにする要請も，差押申立てにおける被差押債権の特定の趣旨に盛り込まれており，それが全店一括順位付け方式による特定を不適法としていたことは〈217頁 **3-11** 〉で見た）。このことは，預貯金債権等に関する情報取得手続を創設した新法下においても変わることはないと考えられる。

　もちろん，G_1 としては，確実にＳが D_1 銀行Ｈ支店に預金口座を有していると了知しているわけではない。そのような場合であっても，上記のように申立書に記載をすれば被差押債権の特定としては十分であり，後述（⇨ 220頁(3)(a)）するように，申立てを受けた執行裁判所は，このような形で十分な特定さえなされていれば，かかる債権が実在するかを審理することなく，差押命令を発令するのである。

　しかしこれにより差押命令が発令されたとしても，G_1 は，自分が現実にどの債権を差し押さえたのかも，実際に存在する債権を差し押さえられたのかも分からない。そのような G_1 を助けるのが，これも後述する（⇨ 226頁(e)）「第三債務者の陳述の催告」の制度である。この催告を受けて第三債務者である D_1 銀行が，G_1 の申立書により特定された形での預金債権が実際に存在するか，存在するとしてその預金の種別は何か，口座番号や額はいくらか，といった情報を提供することにより，G_1 はその後の行動（仮に D_1 銀行が該当する預金債権はないと回答し，それを G_1 が信ずるのであれば，別の支店や別の銀行の預金を対象に改めて申立てをするなど）に進むことができることになる。

3-13　将来の入金にかかる預金債権の差押え

　債権者が，債務者の銀行に対する預金債権について，差押え時に存在している現存預金に加え，差押え後1年間の入金による預金分（以下「将来預金」）をも対象として差押えの申立てをし，この将来預金の差押えが適法か問題となった事案がある（最決平成24・7・24判時2170号30頁［重判平24民訴6事件］）。

　最高裁は，この問題を被差押債権の特定の問題とし，金融機関の預金債権に対する全店一括順位付け方式による差押申立てを不適法とした最決平成23・

9・20民集65巻6号2710頁［百選48事件］（⇨217頁 3-11 ）を引用し「債権差押命令の申立てにおける差押債権の特定は，債権差押命令の送達を受けた第三債務者において，直ちにとはいえないまでも，差押えの効力が上記送達の時点で生ずることにそぐわない事態とならない程度に速やかに，かつ，確実に，差し押さえられた債権を識別することができるものでなければならないと解するのが相当である」とした上で，第三債務者が将来の入金の結果としての預金残高が執行債権の額を上回っているか否かの判断を速やかに確実に行うことは困難であることを理由として，将来預金の差押えはこの特定要件を満たさないとしてこれを不適法とした。

(3)　差　押　え

(a)　差押命令の発令

適法な申立てがあると，執行裁判所は，特に債権の存否・内容を調査せず，申立内容のままに，債権の差押えをする。債権の差押えは，「差押命令」という命令を（民執143条），第三債務者・執行債務者に対して送達する方式による（同145条3項）。

差押命令とは，第三債務者に執行債務者への支払を禁じ，執行債務者に対して債権の取立てその他処分を禁止することを内容とする，執行裁判所による命令である（民執145条1項）。

差押命令は，債務者・第三債務者の審尋なしに発せられる（民執145条2項。差押債権者の求めがある場合は別である。事前に審尋してしまったら，債務者が当該債権を処分してしまう危険があることがその理由である。なお，債権処分の危険という観点を考慮すると，財産開示手続も，金銭債権に対する債権執行にとっては必ずしも実効性の高い制度とはいえない）。

第三債務者への差押命令の送達の時点で，債権差押えの効力が発生する（民執145条5項）。債権差押えの効力が生じると，債権者は，債務者から，債権証書（賃借証書・預貯金証書等のほか，被差押債権につき債務名義がある場合にはこれも含む）を引き渡してもらうことができる（同148条1項）。これは，債権者による取立ての便宜，および債務者による処分防止の為である。債権証書を債務者が任意に引き渡さない時には，債権者は，差押命令を債務名義として，引渡しの強制執行をかけることができる（同148条2項。この場合の強制執行は動産の引

渡しの強制執行である）。

> ### 3-14 第三者名義の債権の差押え
>
> 　他の金銭執行と同様，金銭債権に対する債権執行においても，執行の対象となり得るのは差押え時に債務者の責任財産に属する債権であり，債権者が差押えを申し立てた債権が債務者の責任財産に属するかは，原則として**外観主義**により判断される。金銭債権に対する債権執行において差押対象債権の債務者責任財産帰属性の判断の基準となる外観は，執行債権者の申立てである。具体的には，債権者の申立書の記載上，差押対象債権の名義人が差押債務者と同一であるか，により判断される。
>
> 　もっとも，これを厳格に貫くと，特に預金債権の場合，債務者は他人名義で預金をすることにより，当該預金債権に対する執行を免れることができるようになってしまう。そこで従来から実務は，通称名義や架空名義であることが明らかな預金債権に対する差押えを認めてきたが，東京高決平成 14・5・10 判時 1803 号 33 頁は，実在する他人名義の預金債権についても，これが真実は債務者の責任財産に属することを債権者が証明した場合には，差押えの対象となるとした。基本的には妥当な方向といえようが，預金債権の名義人の手続保障や，いかなる場合に当該債権が真実は債務者の責任財産に属することの証明があったとみるかなど，問題がないわけではない（中島弘雅「第三者名義の預金債権に対する差押命令の可否」ジュリ 1303 号〔2005〕162 頁参照）。

(b)　差押えの効力

　不動産執行・動産執行では，差押えの効力は債務者との関係でしか問題とならなかったが，債権執行では，第三債務者が出てくるため，第三債務者との関係でも，差押えの効力が問題となる。

　(i)　**差押えの効力の対象**　　差押えの効力が及ぶのは，執行債権者が申立ての段階で特定をした被差押債権である（民執 146 条 1 項）。執行債権の額を被差押債権が上回る場合にも，差押えの効力は，被差押債権全額に及ぶ。なお，債権の一部につき差押えが申し立てられた場合には，差押えの効力が生じるのも差し押さえられた一部に限られる。被差押債権が担保権付きの場合には，差押えの効力は担保権にも及ぶ。したがって，登記がなされた担保権によって担保された債権が差し押さえられた場合，差押効力の発生後，差押債権者の申立てにより書記官が，当該担保権について被担保債権が差し押さえられた旨の登記の嘱託をする（同 150 条）。

　なお，被差押債権が給料等，継続的給付にかかる債権である場合には，差押えの効力は，執行債権と執行費用の合計額を限度として，差押え後に発生する債権にも及ぶ（民執151条。しかし，退職後同一の雇用先に再雇用されたという場合，退職前の給料債権の差押えの効力は，再雇用後の給料債権には及ばない。最判昭和55・1・18判時956号59頁［百選50事件］）。

　(ii)　**差押えの効力の内容**　　(ｱ)　対債務者　　被差押債権の処分禁止効（処分の手続相対的無効。詳しくは，⇨138頁(iii)）・執行債権の時効の完成猶予の効力が生じる。この点は，不動産執行・動産執行と同様である（したがって賃料債権が差押えられた後，執行債務者が賃貸対象不動産を第三者に譲渡しても，差押えの効力は執行債権の限度で差押え後に生じる賃料債権にも及ぶ以上（⇨221頁(i)参照），この譲渡は賃料債権の帰属の変更を伴う限りで差押えの効力に抵触して無効であり，譲受人は賃料債権の取得を差押債権者に対し対抗できない。最判平成10・3・24民集52巻2号399頁［百選51事件］）。ただし，被差押債権発生の基礎となっている法律関係自体を処分すること（たとえば賃料債権差押え後の賃貸借契約の解除等）は禁止されない（賃料債権の差押えを受けた執行債務者＝建物賃貸人が差押え後に第三債務者＝賃借人に賃貸対象物件を譲渡して賃貸借契約が消滅した場合につき，最判平成24・9・4判時2171号42頁［重判平24民8事件]。ただし，信義則違反により賃貸借契約消滅の主張が封じられる余地を認める）。被差押債権が担保権付の場合には，処分禁止効は担保権にも及ぶ（⇨221頁(i)）。債務者は担保権を実行できず，また担保権処分の効力も手続相対的無効に服する。ただし，担保権の処分と差押えの優劣は，登記の前後による。

　なお，差押えの効果として，被差押債権について訴訟追行権限が債務者から奪われるか，が問題となるが，債務者の訴訟追行権限は奪われないと解するのが通説・判例（仮差押につき，最判昭和48・3・13民集27巻2号344頁［百選53事件]）である。

　理由は，下記のとおりである。差押えがなされたとしても途中で差押えが解除される場合もある。差押中であっても，そのような場合に備えて，債務者が被差押債権について訴えを提起して，被差押債権についての時効を中断したり，債務名義の取得に着手したりする利益はある。他方で，執行手続としては，債務者が第三債務者から満足を受けることさえ防止すればよく，債

務者が被差押債権について債務名義を取得することを防止する必要はない。

　以上から，差押えがなされても，債務者は，被差押債権についての訴訟追行権限を失わず，取立訴訟を提起することができ，被差押債権が存在すると裁判所が判断した場合には，無条件の請求認容判決（給付判決）が出される，といわれている（なお，平成29年の民法（債権法）改正により，債権者代位訴訟においても債務者は取立権限を失わないこととされた。民423条の5）。

　(イ)　対第三債務者　　被差押債権についての，第三債務者から債務者への弁済を禁止する効力が生じる。これに反して第三債務者が債務者に弁済してしまっても，第三債務者は，手続に対しては債権の消滅を主張できず，二重弁済を強いられる（民481条1項。なお，第三債務者が差押命令の送達を受けた時点で，既に執行債務者への弁済のための銀行に対する振込依頼を済ませていたとしても，差押命令の送達後に当該振込依頼にかかる振込が行われた場合には，原則として第三債務者は当該振込による弁済をもって差押債権者に対抗することはできない，とするのが判例である。最判平成18・7・20民集60巻6号2475頁［百選52事件］）。

　ただし，第三債務者は，差押えの効力発生時に債務者に対して有していた抗弁のすべてを差押債権者に対抗できる（⇨228頁(ii)）。

　(c)　予備差押え

原則として，執行債権について弁済期が到来していないと金銭執行の申立てはできない（強制執行の要件に関する一般原則である。⇨25頁(2)。それに対し，被差押債権は，弁済期が到来している必要はなく，停止条件付でもよい）。

　この原則によれば，執行債権が定期金債権の場合，弁済期が到来する毎に弁済期が到来した分についてのみ金銭執行を申し立てることができ，まだ弁済期が到来していない分については，いかに将来の不履行の見込みが高くても，将来弁済期が到来するまでは金銭執行をかけることはできないことになる。

　しかし，扶養料や離婚後の子の養育費等の定期金債権（正確には，民執151条の2第1項記載の債権）を執行債権とする金銭執行については，この原則の例外が設けられ，弁済期が到来している分について不履行があれば，弁済期未到来の分も合わせて金銭執行ができることになった（平成15年の民執法改正による）。「**予備差押え**」と通称されている。これらの定期金債権については特に履行確保の必要性が高く，弁済期が到来する毎に弁済期が到来した分のみについて金

銭執行を申し立てる必要がある，というのは債権者にとって酷であるという価値判断に基づいている。

　ただし，この予備差押えによりかかっていける財産は，それぞれの定期金債権の確定期限の到来後に弁済期が到来する給料その他継続的給付にかかる債権に限定されている（民執151条の2第2項）。歯科医師の診療報酬債権が，ここにいう給料その他継続的給付にかかる債権に該当するとした判例として最決平成17・12・6民集59巻10号2629頁［百選49事件］がある。

　<ケース>（⇨214頁）でいえば，Sが養育費の支払を1回でも怠れば，Iは将来の養育費についても，SのD₂会社に対する給料債権を差し押さえることができる（民執151条の2第1項3号，民766条1項・2項。5月1日の養育費分については，同月15日の給料債権を差し押さえることになる）。

(d)　金銭債権に対する債権執行における差押えの制限

　(i)　**超過差押禁止**（⇨168頁 **3-5**，205頁(4)）　　この考え方は，金銭債権に対する債権執行にも及ぶ。被差押債権が執行債権と執行費用の総額を上回る場合にも申立てに対応した債権満額の差押えができるが（民執146条1項），その場合には，他の債権まで差し押えることはできないとされる（同146条2項）。

　(ii)　**無剰余差押禁止**（⇨164頁(b)，205頁(4)）　　明文の規定はないが，この法理は，金銭債権に対する債権執行にも及んでいると解されている。したがって，被差押債権が手続費用を上回る見込みがない場合には差押えは許されず，被差押債権の額が，優先債権と手続費用の総額を下回る場合には，いったん開始した執行手続も取り消される（民執129条1項・2項）。ただし，金銭債権に対する債権執行では，無剰余差押えの禁止はほとんど問題となり得ないといわれている。

　(iii)　**差押禁止債権**（⇨205頁(4)）　　動産同様，差押えが禁止される債権がある。個別立法に規定されるもの（労基83条2項等）のほか，民執法では152条に規定がある。

　まず給料等の債権は，原則としてそのうち4分の3までが，差押禁止である（民執152条1項2号）。ただし，給料等の月額が44万円以上の場合には，33万までのみ，差押禁止となる（同項柱書括弧書・民執令2条1項1号）。

　また，債務者が国・地方公共団体以外の者から生計を持するために受ける継

続的給付にかかる債権（民法上の扶養請求権のほか，生命保険会社等との私的年金契約による継続的収入も，生計維持に必須なものはここに含まれる。なお，国・地方公共団体から生計を維持するために受ける継続的給付にかかる債権については特別法に差押禁止規定がある。生活保護58条等）も同様である（民執152条1項1号・同項柱書括弧書）。

　このほか，退職手当債権については4分の3までが，差押禁止となる（民執152条2項）。

　以上の債権の差押禁止の範囲は，執行債権が，扶養料等，民執法151条の2第1項各号記載の債権である場合には2分の1に縮減する（同152条3項）。

　また，法律上または性質上譲渡が許されない債権も，差押えできないとされている。他方，債務者・第三債務者間の譲渡禁止特約は，差押えを妨げない。

　なお，債権についても動産同様，個別事情に基づく差押禁止の範囲変更の申立てが認められているが（民執153条），この制度の利用が少ないということで，差押命令の債務者への送達の際に裁判所書記官が債務者に対してこの制度を利用して差押命令の（一部）取消しを求められること等を教示しなければならないこととされた（同145条4項）。

3-15 **差押禁止債権にかかる金員が銀行預金に振り込まれた場合の扱い**

　給料等の差押禁止債権が現金として支給された場合には，一定限度で差押禁止金銭となる（民執131条3号）。しかし，これが銀行預金への振込により支給された場合，給与等が振り込まれた預金債権は差押禁止債権とはされていない。けれども執行債務者（およびその家族）の生計維持のために預金として振り込まれた給料等を執行債務者のもとに確保する必要性が高いことには変わりはなく，これをどのように実現するかという問題がある。

　この点，学説上は預金債権の原資が給料等の被差押禁止債権であることが識別・特定可能な限りは預金債権への転化後も差押禁止債権としての性質は維持されるとする見解が有力であるが，実務は，給料等の債権も預金債権に転嫁すれば差押禁止債権としての性質は失われ，執行債務者は民執法153条の申立てを通じて差押命令の（一部）取消しを得る以外にない，という運用で固まっている（東京高決平成22・6・29判タ1340号276頁・同平成22・6・22判タ1340号276頁［百選55①②事件］参照）。なお，預金債権が差し押さえられた場合，後述する民執法155条2項による差押債権者の取立権限取得までの4週間の猶予は発動しないことには留意が必要である。

(e)　**差押命令発令後の第三債務者の陳述の催告**

差押債権者の申立てがある場合，裁判所書記官は，差押命令の送達に際して，第三債務者に対して，差押命令の送達の日から2週間以内に被差押債権に関して一定の事項を陳述するよう，催告しなければならない（民執147条1項）。

被差押債権に関する一定の事項とは，被差押債権の存否・種類・額，第三債務者としての弁済の意思の有無・弁済する範囲または弁済しない理由，優先権者があるときはその氏名・住所・優先権の種類・優先する範囲，他の債権者による差押え・仮差押えの有無等，滞納処分による差押えの有無等である（民執147条1項，民執規135条1項各号）。陳述は，書面ですることになっている（民執規135条2項）。

債権換価において中心的役割を果たす執行債権者は，被差押債権について十分な情報を有していないのが通常である。その不足を，最も情報を有している第三債務者からの情報提供により補い，その後の執行手続をスムーズに進めるのが，この制度の目的である。

陳述は，単なる事実の報告としての性質しか有しない。第三債務者が被差押債権の存在を認め支払の意思を表明し，相殺の意思がある旨を表明しなかったとしても，これにより債務の承認や抗弁権の喪失などの実体法上の効果を生じることはない（最判昭和55・5・12判時968号105頁［百選54事件］）。

第三者が故意または過失により陳述をしなかった場合，不実の陳述をした場合には，それによって生じた損害につき賠償責任を負う（民執147条2項）。

(4)　**換　　　価**

債権執行における換価手段には，(a)差押債権者（執行債権者）による取立て，(b)転付命令，(c)譲渡命令・売却命令・管理命令・その他の換価手段の六つがある。いずれの換価手段によるかは，基本的に差押債権者のイニシアティブで決められる。(a)の取立てが基本の換価手段であるが，以下，順に説明する。

(a)　**差押債権者による取立て**

(ⅰ)　**取立権限の取得**　　差押命令の執行債務者への送達から1週間経つと，差押命令が効力を生じている限り（差押命令は第三債務者への送達により効力を生じる。⇨220頁(a)），自動的に，執行債権者は，被差押債権につき，**取立権限を**

取得する（民執155条1項。なお，令和元年の民事執行法改正で，被差押債権が差押禁止債権である場合には，この期間が4週間に延長された〔民執155条2項。ただし，執行債権が扶養料等，民執法151条の2第1項各号記載の債権である場合を除く〕。これは民執法153条による差押禁止範囲の拡張の申立てをするための時間的猶予を執行債務者に与えるためである）。ここに取立権限とは，執行債務者に代わり第三債務者から債権を取り立てる権限のことである。

この取立権限に基づいて差押債権者が債権を取り立てるというのが，第一の換価手段である。

差押債権者がいつ自分に取立権限が生じたかが分かるように，執行債務者・第三債務者へ差押命令の送達がなされたら，その年月日が差押債権者に通知されることになっている（民執規134条）。

取立権の範囲は，差し押さえた債権額すべてに及び，差押額満額につき第三債務者から取り立てることができる。ただし，差押額が執行債権と執行費用の総額を上回る場合には，差押債権者が最終的にそこから満足を得られるのは，執行債権と執行費用の総額のみである（後述のように，満足を受ける債権者に競合が生じない場合には，差押債権者が直接第三債務者から弁済を受けることが可能となるが，その場合には取り過ぎの分は自ら債務者に返却することになる）。

差押債権者は，取立てに必要な裁判上・裁判外の一切の行為ができるとされる。債務者が保険会社と生命保険契約を結んでおり債権者が債務者の保険会社に対する解約返戻金（解約を条件とする停止条件付債権である）を差し押さえた場合には，差押債権者は，債務者の有する生命保険契約解約権の行使をすることもできる（最判平成11・9・9民集53巻7号1173頁〔百選57事件〕。ただし反対意見あり。また，自動車保険契約の場合には解約権の行使ができないとした下級審裁判例として東京地判平成28・9・12金法2064号88頁がある）。また，証券投資信託の一つであるMMFの受益者（受益証券を購入した者）は，当該受益証券の販売会社に対し，条件付の一部解約金支払請求権を有しており（受益者は，当該受益証券にかかる信託の委託者に対し当該信託契約の解約実行請求権を有しており，その行使に応じ委託者が信託を解約した場合には，委託者から販売会社〔受託者の委託を受けて受益証券を販売する者〕に対し一部解約金が支払われることになっている。受益者の販売会社に対する一部解約金支払請求権は，この委託者から販売会社への一部解約金の支払を

条件とする），受益者の債権者は，当該条件付一部解約金支払請求権を差し押さえることができ，その取立権の行使として解約実行請求の意思表示を販売会社（を通じて委託者）に対してすることができる（最判平成 18・12・14 民集 60 巻 10 号 3914 頁［重判平 19 民訴 7 事件]）。

　(ii)　**第三債務者の対応**　　(ア)　取立てに対する対抗　　差押債権者による取立てに対し，第三債務者は差押前の債務者への弁済等，差押えの効力発生時に執行債務者に対して主張できた一切の事由を抗弁として主張することができる。

　ⓐここで問題となるのが第三債務者が債務者に反対債権を有する場合の相殺である。すなわち，〈ケース〉（⇨ 214 頁）で，G_1 が S の D_1 銀行 H 支店に対する預金債権を差し押さえたが，D_1 銀行は S に対して 1000 万円の反対債権を有していたとする。このとき D_1 銀行は，S の預金と S への債権とを相殺し，S の H 支店の預金債権の消滅を G_1 に対して主張することができるか，ということが問題となる。

　この点については，民法（債権法）改正で改正がなされた。改正後の民法による規律は以下の通りである。第三債務者が差押えの効力発生後に反対債権を取得した場合には，原則として，相殺はできないが，差押えの効力発生前に反対債権を取得していた場合には相殺ができる（民 511 条 1 項。無制限説）。また，第三債務者が差押えの効力発生後に反対債権を取得した場合でも，その反対債権が差押え前の原因に基づいて生じたものであるときは，第三債務者が他人の債権を取得したのでない限りは，相殺ができる（同 511 条 2 項）。後者の規律は破産法の規律と平仄を合わせたものであり，第三者債務者が執行債務者の委託に基づき差押え前に保証契約を結んだ保証人であり，反対債権が保証債務の履行に基づく事後求償権であるような場合が，その例である。

　なお，債務者に対する債務を受働債権，差押債権者に対する債権を自働債権とする相殺はできないとするのが，通説である（ただし，有力な反対説がある。このような相殺を認めたほうが執行手続上の経済には合致するが，実体法上，第三債務者の債務者に対する債権，差押債権者の債務者に対する債権，差押債権者の第三債務者に対する債権の三債権を同時に消滅させることになり，かかる効果を認める

規定の手がかりを欠く以上，やはり相殺を認めるには困難があろうか）。

　ⓑ第三債務者は，差押命令の無効・取消しも，抗弁事由として主張できるが，執行債権の不存在は抗弁とすることはできない（差押債権者の取立権は差押命令の有効性に依存しており，執行債権が不存在でも，請求異議の訴えの認容等により手続が取り消されない限り，差押命令の有効性には影響がないからである。なお，この理は，債権者が執行債権の不存在を自白している場合にも異ならないとした判例に，最判昭和45・6・11民集24巻6号509頁［百選59事件］がある。利息制限法に基づく元本充当により執行債権が不存在に帰するという事案であり，具体的解決には批判もある）。

　(イ)　支払の意思がある場合　　取立てを受けた第三債務者に支払の意思がある場合には，第三債務者は，他に債権者が手続に参加してこない限りは，差押額について執行債権者に弁済するか，供託をするか，選ぶことができる（民執156条1項。この場合の供託を**権利供託**という）。供託という選択肢が用意されているのは，差押債権者が取立てに着手しない場合や，差押命令の執行が停止されて差押債権者の取立権限が制限されているような場合に，第三債務者が，債務者にも差押債権者にも弁済できないために遅延損害金の支払義務を負うという不利益を被るのを回避するためであると，説明されている（立法担当官の解説）。差押命令の効力等をめぐる差押債権者・債務者間の争いに第三債務者が巻き込まれるのを防ぐ効用もある。債権の一部のみが差し押さえられた場合，執行債権者への弁済は差押部分についてのみしか許されないが，供託は，差押部分のみについてしてもよいし債権満額についてしてもよい。なお，他の債権者が手続に参加してきた場合には，差押債権者に対する直接の弁済は許されず，供託が義務となる（**義務供託**。同156条2項。詳細は，⇨244頁(c)(i)）。第三債務者が供託をした場合には，その事情を執行裁判所に届け出なければならない（同156条3項。届出の方式につき，民執規138条参照）。

　執行債権者が第三債務者から支払を受けたら，その限度で，執行債権・執行費用は弁済されたものとみなされる（民執155条3項）。

　第三債務者に支払の意思がない場合には，弁済・供託を拒むことになる。

　(iii)　差押債権者による強制的取立て　　第三債務者が弁済・供託を拒んだ

場合には，差押債権者は被差押債権を強制的に取り立てることになる。

　その際には，被差押債権について担保権があればそれを実行でき（差押えの効力が担保権に及ぶことにつき，⇨222頁(ii)(ア)），債務者が債務名義を有していればそれをもとに強制執行をかけることができる（第三者による執行担当の一種。差押債権者は，承継執行文の付与を受けて，第三債務者に対する強制執行を申し立てることになろう）。債務名義がない場合には，差押債権者は，自らが当事者になり第三債務者を被告として**取立訴訟**を提起できる。認容判決を得たらそれを債務名義として，第三債務者の財産に強制執行をかけることができる。これらの強制執行は，差押債権者を執行債権者，第三債務者を執行債務者とする金銭執行であり，差押債権者は，第三債務者の財産から自由に財産を選んで，金銭執行を申し立てていくことになる。

　以上の強制的取立てにおいては，（債権者の競合が生じない限りは）差押えをした債権者が自ら単独で満足を受ける，というのが基本的な流れとなる。しかし，債権者が競合し，取立権者が競合するという事態も生じる（より詳細には，⇨240頁(5)(a)参照）。とりわけ，取立権者の競合が生じた場合の差押債権者による第三債務者を被告とする取立訴訟の規律が複雑であるので，以下，この点を中心に，もう少し詳しく見ていく。

　(ア)　取立権者の競合　　〈ケース〉（⇨214頁）において，G_1が，SのD_1銀行H支店に対する預金債権の全額を差し押さえた後，G_1のD_1銀行に対する取立訴訟の訴状がD_1銀行に送達されるまでに，Sの別の債権者であるG_2が，同じSのD_1銀行H支店に対する預金債権を差し押さえた場合，G_2の差押えも有効でありG_2も取立権限を取得し（⇨226頁(i)。また，詳しくは，⇨後述(イ)），取立権者の競合が生じる（以上に対し，900万円ある上記預金債権のうちの600万円分のみをG_1が差し押え，G_2が200万円分のみを差し押えた場合には，各自が差し押えた部分について別々に取立権限を取得し，取立権者の競合は生じない。⇨241頁(ii)）。

　取立権者の競合が生じた場合には，第三債務者はそのうちの一人の差押債権者に弁済をすることは許されなくなり，供託が義務づけられる（⇨229頁(イ)。また，詳しくは⇨244頁(i)）。この場合，取立訴訟の認容判決も，差押債権者に対する給付ではなく，供託を命じる形をとることになる（民執157条4項）。

　(イ)　参加命令　　(ア)のように取立権者が競合すると，D_1銀行は，多重応

訴の負担を負う（G_1 に勝訴しても，G_2 に敗訴すれば，結局出捐を強いられる）。この多重応訴の負担から第三債務者を解放するために，民執法は，**参加命令**という制度を用意した。

　すなわち，〈ケース〉（⇨214頁）の D_1 銀行が G_1 から訴えられると，D_1 銀行は，訴えを提起した G_1 以外の差押債権者（G_2）に対して，共同訴訟人として G_1 の D_1 銀行に対する取立訴訟に参加するよう命ずる決定（参加命令）を発するよう裁判所に申し立てることができる。裁判所は，申立てがあると，G_2 に対して参加命令を発する（民執157条1項・2項）。

　参加命令が発せられても，G_2 は自動的に G_1 対 D_1 銀行訴訟の当事者になるわけではなく，当事者になるためには自ら**共同訴訟参加**の申立てをする必要がある。すなわち，参加命令を受けた G_2 は，訴訟参加をしないで訴訟外に留まることもできるが，その場合には G_2 は，G_1 対 D_1 銀行訴訟の既判力の拡張を受けることになる（民執157条3項）。したがって，D_1 銀行としては G_1 に勝訴すれば，その効力を G_2 にも主張できる。

　それに対し，G_2 が訴訟に参加した場合には，G_1 と G_2 は，必要的共同訴訟人の関係に立つ（**類似必要的共同訴訟**。民訴40条）。すなわち，G_1 と G_2 の間では矛盾のない判決が出される。D_1 銀行の側からみれば1回の訴訟で決着をつけることが保障される。なお，G_2 が取立訴訟を別訴として提起するのは，不適法となる（**二重起訴の禁止**〔民訴142条〕に触れるため）。

　G_1 対 D_1 銀行訴訟の判決は，参加命令を受けなかった差押債権者には及ばない。たとえば，〈ケース〉の G_2 に加え，G_3 も同一債権の差押えにより取立権限を取得した場合に，D_1 銀行が G_2 相手にのみ参加命令の発令を申し立てた場合には，G_3 には G_1 対 D_1 銀行訴訟の判決の効力は及ばない。判決効が及ばない以上，G_3 による別訴の提起も二重起訴の禁止には触れず適法と解さざるを得まい。しかし，実務的な運用としては，D_1 銀行の多重応訴の負担を考え，可能な限り（異なる官署としての裁判所に係属している場合には民訴法17条を緩く解し移送をした上で）G_1 対 D_1 銀行訴訟との併合を図るべきである（もっとも管轄の関係で移送・併合が不可能な場合もある）。

　なお，参加命令の申立時期に法律上制限はないが，命令をうけた差押債権者が参加をすると著しく訴訟を遅延させるような場合は，申立てを却下すべ

きであると解されている。

3-16　差押債権者の受ける判決効の他の債権者に対する波及

差押債権者の受けた判決の効力は，他の債権者に対してどのように及んでいくか？

〈ケース〉（⇨ 214 頁）の G_1 が S の D_1 銀行に対する債権を差し押さえた。さらに，G_1 による取立訴訟の訴状が D_1 銀行に送達される前に G_2・G_3 が同債権を差押え，D_1 銀行は G_2 のみを対象に参加命令を申し立てた，という事例を想定する。この場合，G_1・G_2・G_3 は取立権限を有する差押債権者であるが，G_4 は取立権限を有しない一般債権者である（G_5 は捨象する）。

この時，G_1 による D_1 銀行に対する取立訴訟の判決効は，G_2・G_3・G_4 に対して及ぶか？

G_2・G_3・G_4 の違いは，G_2 が参加命令を受けた差押債権者である点，G_3 が参加命令を受けない差押債権者である点，G_4 が差押債権者でない一般債権者である点にある。

以上のうち，参加命令を受けた G_2 に G_1 の受けた判決効が既判力拡張の形で及ぶことに争いはない（⇨ 230 頁(イ)）。では，G_3・G_4 に対してはどうか。

G_1 の受けた判決の効力が G_3・G_4 に及ぶとする説に立った場合の法律構成としては，①G_1 の受ける判決の効力が直接既判力拡張の形で G_3・G_4 に及ぶとする構成と，②G_1 の受ける判決の既判力がいったん債務者 S に拡張した上で，その S に生じた判決効が G_3・G_4 に反射効として及ぶとする構成とが考えられる。

この点，必ずしも十分な議論がなされているとは言い難いように思われるが，本書では，G_1 の受けた判決は，G_3・G_4 には及ばないと解する。㋐G_3 に及ばないと解する実質的理由は，G_1 の受けた判決の効力が，参加命令を受けない差押債権者である G_3 に及ぶとすると，参加命令の制度は無意味になると思われるからである（参加命令の制度趣旨は，参加命令を受けた差押債権者に取立訴訟の判決の既判力を及ぼす点にあると考えられる）。法律論としては，G_1 の受けた判決の既判力が直接 G_3 に拡張することも否定されるべきであり（根拠条文を欠くため），G_1 の受けた判決の既判力が S に拡張することも否定されるべきであり（理由は，⇨次頁(ウ)），S の受けた判決が G_3 に反射効を及ぼすことも否定されるべきである（反射効肯定説に立つとしても，G_3 は差押債権者として独立した地位にあり，実体法上 S に従属するとは思われない）と考えるからである。㋑G_4 に及ばないと解する理由は，もっぱら以下の理論的理由による。G_3 同様，G_4 に G_1 の受けた判決の既判力が直接拡張することは根拠条文を欠く以上否定すべきである。また，前述のとおり G_1 の受けた判決の既判力が S に拡張することを否定する以上，S

を介して G_1 の受けた判決の既判力が G_4 に及ぶこともない（ただし，差押債権者としての独自の地位を有していない単なる一般債権者たる G_4 に，S の受けた判決が反射効として及んでいくと解する余地は，あるように思われる）。

　なお，本書の見解に立てば，G_3 は，G_1 の提起する訴訟に共同訴訟参加することはできないことになる。G_1 の受けた判決の効力が G_3 に及ばない以上，G_1・G_3 は類似必要的共同訴訟人の関係に立たないからである。また，G_1 の訴訟提起後 G_3 が別訴を提起した場合，二重起訴の禁止に触れることもない（⇨ 230 頁(イ)）。

　㈦　**債務者との関係**　　差押債権者による取立訴訟は，債務者との関係でも問題を生じる。

　まず，差押債権者による取立訴訟の判決の効力（既判力）が，債務者に対して及ぶかについて議論がある。これは，差押債権者による取立訴訟の性質をどう理解するかに関わる。

　差押債権者による取立訴訟の性質の理解については，訴訟担当説という立場と固有適格説という立場が，大きく対立している。①**訴訟担当説**は，これを差押債権者による債務者の法定訴訟担当だ，とする立場である。訴訟担当説は債務者への既判力拡張肯定に傾くが（民訴 115 条 1 項 2 号参照），この説の中でも債務者に不利な既判力の拡張については㋐肯定説と㋑否定説に分かれる。②**固有適格説**は，差押債権者による取立訴訟は法定訴訟担当ではなく，差押債権者は自己固有の利益に基づき，取立訴訟を提起する独立・固有の適格を有するのだ，とする立場である（第三者の権利関係に関する確認の訴えが肯定されるのと同じ理屈で，第三者に帰属する権利についての給付の訴えが認められるのだ，と理解すればわかりやすいか）。訴訟担当ではなく固有の適格に基づくという以上，固有適格説は債務者への既判力拡張否定に傾くが，この説も債権者に有利な既判力の拡張については㋐肯定説と㋑否定説に分かれる（①㋑説と，②㋐説は，訴訟の性質の理解は異なるが，既判力の拡張についての結論は同一に帰する）。

> **3-17**　**債務者への既判力拡張の肯定・否定の問題点とその解決**
> 　債務者に不利な形での判決の既判力拡張を否定する立場（①㋑・②㋐㋑）では，第三債務者は，差押債権者に勝訴しても，債務者に再度訴えられる危険を負う

ことになる。他の差押債権者であれば，前述の参加命令を出してもらえばよいが，参加命令は，法律の条文上債務者を相手に出してもらえるという規定がない。

他方，債務者に不利な形での判決の既判力拡張を肯定する立場（①⑦）では，差押債権者は差押えによっても被差押債権の処分権限を取得するわけではないにもかかわらず，差押債権者と利害が対立する債務者への手続保障なしに不利な既判力を債務者に拡張することになる（債務者は差押命令の送達を受けるが，それにより差押債権者による取立訴訟の係属を確定的に了知することができるようになるわけではなく，債務者に対する手続保障の問題はなお残る）。

いずれの立場にも難点があり，このジレンマをどう解決するかが問題となる。この問題は，債権者代位訴訟においても同様に発生し，議論は基本的に債権者代位訴訟・差押債権者による取立訴訟の両者を対象としてなされてきた。

解決策として学説上主張されてきたものには，(1)差押債権者・代位債権者に，債務者に対する訴訟告知義務を課し，債務者に対する手続保障の手当てをしたうえで，①⑦説に立つ，(2)②説に立った上で，第三債務者が債務者を差押債権者による取立訴訟・債権者代位訴訟に引き込むことを認める，の大きく二つの方向があった。(1)は上記のジレンマを訴訟告知義務を課すことにより差押債権者・代位債権者側の負担で解決するのに対し，(2)はこれを引込責任を課すことにより第三債務者の負担で解決するという相違がある。

債権者代位訴訟については，平成29年の民法（債権法）改正において，代位債権者に債務者への訴訟告知を義務づける規定（民423条の6）が追加され，上記のうち(1)の方向で立法的な解決がなされた。しかし，民事執行法においては特段の手当ては現在に至るまで為されていない。

以上を踏まえ，どう考えればよいか。まず，ⓐ債権者代位訴訟と平仄を合わせるという観点から，同訴訟についての訴訟告知の規定を類推適用するか（解釈論），同様の規定を取立訴訟について民事執行法にも置く（立法論）という方向が考えられる（(1)の方向で解決を統一する，という考え方である。ただし，昭和54年の民事執行法制定の際に，それまで旧民事訴訟法上に存在した訴訟告知に関する規定〔旧民訴610条〕が削除されたという経緯には留意する必要がある）。それに対し，ⓑ民事執行手続内に既存の枠組みを生かすという観点から，債務者相手の参加命令を解釈または立法で認めていくという方向も考えられる（上記の(2)の考え方を伸ばしていく考え方である）。

債権者代位訴訟との利害状況の共通性からはⓐの方向が魅力的に感じられるかもしれないが，債権者代位訴訟とは異なり債権者が債務名義の取得および差押えというステップを踏んでいることに鑑みれば，ⓑの解決も取り得ない選択

肢ではないように思われる。

3-18　債務者の受けた判決の差押債権者への拡張

　他方，差押え後も債務者は，被差押債権についての訴訟追行権限を失わない
とすると（⇨222頁(ii)(ｱ)），債務者の受けた判決の効力が，差押債権者に拡張す
るかも，問題となる。

　これについては，少なくとも差押え後に債務者が受けた判決は差押債権者に
は拡張しないと考えるのが，一般的である（反射効肯定説をとっても，債務者の受
けた判決の効力が差押債権者に及ぶことにならないことについては，⇨232頁 3-16 。
なお，差押前に債務者の受けた判決の効力は，反射効等により債権者に及ぶ可能性があ
る）。そうすると，債務者に対して勝訴した第三債務者も，差押債権者に再度
訴えられる危険を負うことになる。この危険から第三債務者を救うために，債
務者による取立訴訟があった場合に，第三債務者が差押債権者を相手に参加命
令を出してもらうことを，立法論ないし解釈論として認めるべきだという見解
が主張されている。

　それから，差押後も債務者は被差押債権についての訴訟追行権限を失わない
となると，債務者による取立訴訟と差押債権者による取立訴訟が並行して提起
されることがあり得る。二訴訟の並行を認めると，審理は重複し第三債務者は
二重応訴の負担を負う。これに対しては，二重起訴禁止の規定（民訴142条）
を類推して併合審理を認めるべきだ，という見解も提唱されているが，参加命
令の適用を認めれば，その限りで，二重起訴禁止の規定も当然に及ぶことにな
ろう。

3-19　差押債権者による取立訴訟と債権者代位訴訟の競合

　同一の債務者の第三債務者に対する債権について差押債権者による取立訴訟
と債権者代位訴訟が競合した場合にどうするか，という問題がある。

　判例は，債権者代位訴訟係属後に国税滞納処分による差押えに基づく取立訴
訟が提起されたという事案において，差押えに基づく取立訴訟の係属後も債権
者代位訴訟は不適法にならず，裁判所は両訴訟を併合審理し，双方の請求を共
に認容することも妨げられないとする（最判昭和45・6・2民集24巻6号447頁
[百選58事件]）。ただし，併合後の審理規律がいかなるものになるか（民訴法39
条の通常共同訴訟の審判規律によるのか，類似必要的共同訴訟として同法40条が適用に
なるのか），併合審理が不可能な場合に民訴法142条の二重起訴禁止の規律が適
用になるか，といった点を明らかにしていない。

　上記最判の事案は債権者代位訴訟が先行した事案であるが，債権者代位訴訟

の提起後も債務者による訴訟追行他の処分は妨げられないとする民法 423 条の 5 の規定および，債権仮差押後も債務者による取立訴訟は妨げられない（⇨ 222 頁(ii)(ア)）とする判例・通説からは，差押債権者による取立訴訟が先行した場合にも，債権者代位訴訟の提起は妨げられないと解するのが素直であると思われる。

その上で，債権者代位訴訟と差押債権者による取立訴訟が類似必要的共同訴訟の関係に立つか，民訴法 142 条の適用を受けるかは，基本的には代位債権者・差押債権者の受けた確定判決の効力が互いに拡張すると理解するかに依存すると考えられる。差押債権者の受けた判決の効力は原則債務者に及ばず（⇨ 233 頁 **3-17**），債務者の受けた判決の効力は差押債権者に及ばない（⇨ 235 頁 **3-18**）とする本書の立場からすれば，代位債権者・差押債権者間の判決効の相互波及は否定するべきことになり，両訴訟は類似必要的共同訴訟の関係に立たず，民訴法 142 条の適用も受けない，と理解するのが一貫する。ただし，差押債権者による取立訴訟が先行する場合には，第三債務者が債務者に対する参加命令を得れば（解釈論としてそれを肯定する余地があることにつき⇨ 233 頁 **3-17**），それを基礎に債務者を通じた代位債権者への判決効の拡張を肯定し，類似必要的共同訴訟性も民訴法 142 条の適用も肯定する余地がある。

(b)　転付命令（民執 159 条）

転付命令とは，被差押債権を差押債権者に帰属させる執行裁判所による裁判で，それにより被差押債権の券面額の分だけ，差押債権者の執行債権と執行費用が弁済されたものとみなされる（民執 159 条 1 項・160 条）。差押債権者が，被差押債権を券面額で買い取るものと考えると分かりやすいかもしれない（執行債権が，現実に弁済される代わりに被差押債権により代物弁済されるのだとも説明される）。

〈ケース〉の G_1 が，S の D_1 銀行 E 支店の預金債権（200 万円）を全額差押え，これにつき転付命令を得れば，S の当該預金債権が G_1 に帰属することになり，その額（200 万円）の分だけ G_1 の S に対する債権額は減少する（400 万円になる。正確には 200 万円は執行費用の弁済にも当てられるが，この点は無視して考える）。

(i)　**転付命令の手続**　転付命令は，差押債権者の申立てにより出される（民執 159 条 1 項。通常は，差押えの申立てと同時に，転付命令の申立てもなされる）。そして，第三債務者と執行債務者に送達される（同 159 条 2 項）。転付命令に対

しては執行抗告が可能で，転付命令は，確定してはじめて効力が生じる（同159条4項・5項。令和元年改正により，被差押債権が差押禁止債権である場合には，転付命令は，確定し，かつ，差押命令の債務者に対する送達から4週間を経過してはじめて効力を生じることになった〔同159条6項〕。執行債務者が差押禁止範囲の拡張の申立てをする機会を保障するための改正の一環である〔⇨226頁(i)〕。なお，転付命令発令後に，請求異議の訴え等の提起に伴う執行停止を命じる裁判の正本等，同39条1項7号・8号文書を提出したことを理由として執行抗告がされた場合には，請求異議の訴え等が落着するまで執行抗告についての裁判は留保しなければならないとされており〔同159条7項〕，これに関連して執行抗告の理由書提出期限経過後に上記文書を提出して抗告理由を追完することを認めるか，という問題がある。⇨85頁 **2-13** ）。転付命令が効力を生じると，転付命令が第三債務者に送達された時点に遡って，被差押債権の執行債権者への帰属と，帰属券面額分の執行債権につく弁済の効果が生じる（同160条）。

　転付命令が最終的に確定したら，その時点で執行は終了する。差押債権者は，自らの権利の行使として，（かつての）被差押債権を取り立てる。それに対し，転付命令が執行抗告により取り消された場合には，それまでの債権執行手続が復活することになる。転付命令の対象となった被差押債権が法律上の不存在を来した場合も同様である。

　(ii)　**取立てとの相違点**　　前述(a)の差押債権者による取立ては，被差押債権は債務者に帰属したまま，差押債権者が取立権のみを取得するのに対し，転付命令の方は，命令によって債権自体が差押債権者に帰属してしまう点に違いがある。

　すなわち，取立てでは，現実に回収できた額の分だけ執行債権の弁済効が生じるのに対し，転付命令の場合には，被差押債権の券面額分だけ執行債権の弁済効が生じる。被差押債権は法律上存在するが，第三債務者の無資力により回収ができなかったという場合にも，執行債権の弁済効は消えない（ただし，被差押債権が法律上の不存在を来した場合には，執行債権の弁済効は生じない）。この点で，転付命令は，取立てよりも不利である。

　しかし，その分だけ転付命令にはメリットもある。普通の取立てでは，他の債権者が参加してきた場合には，差押債権者はそれらの債権者と取立金を分か

ち合わなければいけない。ところが，転付命令の場合には，効力が生じた時点で，差押債権者に債権自体が帰属してしまい，他の債権者はもう満足に加わることができなくなるので，事実上の独占的弁済を受けられる。ここに転付命令の大きなメリットがある（差押債権者としては，第三債務者の無資力の危険を考慮して，取立てと転付命令を使い分けるのが合理的である）。

　ただし，この裏返しとして，転付命令が出される時点（正確には第三債務者への送達の時点）で既に他の債権者が手続に参加していた場合には，転付命令の効力は生じない。すなわち，転付命令が第三債務者に送達されるまでに，債権者の競合が生じていないことが転付命令の有効要件の一つとなっている（民執159条3項。⇨後述(iii)）。

　　(iii)　**転付命令の要件**　　転付命令が発令され，効力を生じるには以下の要件を充たす必要がある。

　第一に，被差押債権が，法律上譲渡可能なものであること（ただし，被差押債権について，債務者・第三債務者間で譲渡禁止特約があることは，転付命令を妨げない。最判昭和45・4・10民集24巻4号240頁）。

　第二に，被差押債権が，券面額を有すること。転付命令は，被差押債権の額だけ即時に執行債権を消滅させるものであるため，転付命令の要件として，被差押債権が特定した券面額を有することが必要となる。

　金銭債権であっても，将来の債権，条件付債権は，条件未成就の段階では，一般に額が特定しておらず，券面額がないとされる。したがって，被差押債権が将来の債権や条件付債権である場合には，転付命令は発令できない（条件未成就でも，差押えは可能である）。

　第三に，転付命令が第三債務者に送達されるまでに他の債権者が手続に参加をしていないこと（⇨前述(ii)）。

　3-20　**券面額**についての判例

　券面額の要件（券面額のある債権として認められる要件）は，いくつかの局面で問題となっている。

　まず，XがBに対する交通事故に基づく損害賠償請求権を執行債権として，当該事故により生じたBのY保険会社に対する自賠責保険契約に基づく保険金請求権を差押え，転付命令を得たという事案で，当該保険金請求権の被転付

適格が認められた（最判昭和56・3・24民集35巻2号271頁）。BのYに対する保険金請求権は，BのXに対する損害賠償義務の履行を停止条件として生じるものであるため，券面額の要件を充たすかが問題となったが，転付命令の効果が生じればBのXに対する損害賠償義務が履行され条件を充たしたことになることを理由に，最高裁は，券面額の要件を充たすとした（交通事故による損害賠償請求権を担保するために自賠責保険契約があることに鑑みれば，妥当な解決である）。

次に，質権が設定された債権につき，券面額の要件を充たすとした判決がある（最決平成12・4・7民集54巻4号1355頁［百選61事件］。質権の実行により執行債権者が被転付債権について満足を受けられない場合にも転付命令の効果は覆らず，執行債権者は債務者に不当利得返還請求等ができるとする）。

その一方，委任者の受任者に対する前払費用についての返還請求権につき委任事務終了前に転付命令が申し立てられた事案で，受任者は自らが支出した費用を差し引いた残金相当額を委任者に返還することになるから，当該委任事務が終了した時点ではじめて債権額が確定するとして，券面額を否定した判決に，最決平成18・4・14民集60巻4号1535頁［百選60事件］がある。

また，敷金返還請求権も，明渡し前は，額不確定の停止条件付債権として，転付命令の対象適格を欠く（最判昭和48・2・2民集27巻1号80頁）。

(c)　譲渡命令，売却命令，管理命令，その他の換価手段

被差押債権が条件付もしくは期限付であるとき，または反対給付にかかることその他の事由により，被担保債権の取立てが困難であるときには，譲渡命令，売却命令，管理命令，その他相当な方法による換価の手段を，執行裁判所は選択できる（民執161条1項）。いずれも，対応する差押債権者の申立てを要し（同161条1項），債務者の審尋が必要的とされている（同161条2項）。以下，譲渡命令，売却命令，管理命令につき簡単に説明する。

　(i)　**譲渡命令**　　譲渡命令は，転付命令に似ているが，転付命令が，被差押債権を券面額で差押債権者に買い取らせる換価方法だったのに対し，譲渡命令は，裁判所が定める額で被差押債権を債権者が買い取ったことにする換価方法といえる（民執161条1項）。金銭債権以外の財産権（たとえば株式やゴルフ会員権）に対する執行でこの方法が使われることが多いといわれる（ゴルフ会員権に対する譲渡命令を有効とする下級審裁判例として東京高決昭和60・8・15判タ578号95頁［百選66事件］がある）。なお，評価額を0円とする譲渡命令を出すことは

できないとするのが判例である（最決平成13・2・23判時1744号74頁［百選63事件]）。

債務者・第三債務者への送達を要すること（民執161条7項・159条2項），譲渡命令に対しては執行抗告ができ，確定しなければ効力を生じないこと（同161条4項。同161条5項にも注意），競合債権者がいる場合には認められないこと（同161条7項・159条3項），などは転付命令と同様である。

　(ii)　**売却命令**　　執行官が債権を他人に売却させることにより換価する方法である（民執161条1項）。不動産執行や動産執行では，これが換価の中心手段だったが，債権執行では，差押債権者による取立てが中心的な換価手段で，売却は補充的位置づけに退いている。

　具体例としては，反対給付にかかるため取立てが困難な金銭債権のほか，その他の財産権であるゴルフ会員権に対する執行などの場合に用いられるといわれる。

　(iii)　**管理命令**　　管理人を選任し，債権を管理してそこから収益を上げることにより，弁済の原資を捻出する換価手段である（民執161条1項）。不動産の強制管理（⇨200頁 **3-8**）と同じ形の換価形態である。

　金銭債権では稀であるが，その他の財産権である特許権などではこの方法が適しているといわれる。

(5)　債権者の満足（配当等）

　金銭債権に対する債権執行における債権者の満足段階の説明に入る。

　2点の前提を確認した上で，満足を得るべき債権者，満足段階（**弁済金の交付**または**配当**〔あわせて**配当等**〕）の手続について説明する。

　(a)　**配当加入の終期，二重差押え**

　(i)　**他の債権者が手続に参加できる時期（配当加入の終期）**　　不動産執行・動産執行と違い，これが若干複雑になっている。

　(ア)　まず，次の場合には，差押債権者は，事実上の独占的満足を得る。差押債権者による債権差押え後（厳密にいえばその前に仮差押えがないことが前提である），他の債権者が手続に参加する前に，

　ⓐ第三債務者が差押債権者に弁済をした場合

ⓑ転付命令・譲渡命令が発令され，これが第三債務者に送達された場合
（ただし，転付命令等がその後に取り消されずに確定することが必要である）

これらの場合，他の債権者がそれ以降の手続参加により配当等に加入することはできない。

㈠　その他，配当等への加入が締め切られる時点として，下記がある。

ⓐ第三債務者が供託した場合（民執165条1号）

ⓑ差押債権者が取立訴訟を提起してその訴状が第三債務者のところに到達した場合（同165条2号）

ⓒ売却命令により執行官が売得金の交付を受けた場合（同165条3号）

以上の場合には，その時点で配当等への加入が締め切られ，以降の他の債権者の参加は認められない。

これらの場合には，それまでに参加した債権者がいれば，差押債権者とそれら債権者の間で換価代金が分けられる。それまでに参加した債権者がいなければ，差押債権者は1人で換価代金から満足を得る。

㈢　以上を裏返せば，①競合債権者がいない間の第三債務者の差押債権者への弁済，②競合債権者がいない間の転付命令の第三債務者への送達（ただし，転付命令がのちに確定し効力を生じる必要がある），③第三債務者による供託，④差押債権者による取立訴訟の訴状の第三債務者への送達，⑤売却命令による執行官への売得金の交付が，金銭債権に対する債権執行での配当等への加入の終期を区切ることになる。

(ii)　**二重差押え**　債権執行では，不動産執行と同じように，二重差押えができる。つまり，既に差し押さえられた債権について，さらに別の債権者により差押命令の申立てがあったら，裁判所は，二重の差押命令を発する。しかし，債権の一部差押えができる関係で，若干複雑な規律が妥当する。

〈ケース〉（⇨214頁）の例で説明すると，G_1がSのD_1銀行H支店の預金債権（900万円）の一部（600万円分）を差し押さえたとする。

ここで配当加入終期前に，G_2が，同じD_1銀行H支店の預金債権のうち400万円分を差し押さえたとする。この場合，G_1の差押えとG_2の差押えとで重なる部分が生じる（600万円＋400万円－900万円＝100万円分両差押えは競合する）。その場合には，前の差押えと後の差押えで執行競合が生じ，被差押債権全体が，

両方の債権者のために差し押さえられたことになる（民執149条）。すなわち，差押債権者 G_1・G_2 はどちらも，D_1 銀行 H 支店の預金債権全体について取立権限を取得する。そして，それに基づいて取り立てられた金銭から，G_1・G_2 は共同で満足を受ける。

それに対し，G_2 による差押額が，200万円であった場合には，G_1・G_2 の差押えの間に重なる部分は生じない（被差押債権額＝900万円＞差押総額＝600万円＋200万円）。その場合には，執行競合は生じず，各差押債権者は，それぞれ被差押債権のうち自分が差し押さえた部分（G_1 は600万円，G_2 は200万円）に対応する取立権限を取得し，それぞれ差し押さえた部分から取り立てた金銭を原資として別々に満足を受ける（二つの異なる執行手続が並行することになる）。

以上の理は，一方が差押えでなく仮差押えの場合にも妥当する。

(b)　配当等を受けるべき債権者

以上を前提に，どのような債権者が配当等に加入できるかを説明する。

①まず，当然に配当を受ける債権者は，不動産執行と異なり，存在しない。

②次に，配当要求により配当を受ける債権者として，有名義債権者（執行力ある債務名義の正本を有する債権者）と，文書により先取特権者を証明した債権者がいる（民執154条1項）。なお，金銭債権に対する債権執行では，配当要求がなされた場合には，その旨を記載した文書が第三債務者に送達される（同154条2項）。債権者競合の事実を第三債務者に了知させるためである。

③最後に，仮差押えをした債権者および，差押えをした債権者は，配当を受ける（先取特権者，質権者はこの方法を取ることもできる。なお，通常の債権執行による差押えをした先取特権者が，優先弁済権を主張するには，さらに先取特権に基づく担保権の実行としての差押えをする必要がある〔最判昭和62・4・2判時1248号61頁〕。同理は質権者にも当てはまろう）。

以上を有名義債権者，無名義債権者（執行力ある債務名義の正本を有しない債権者），担保権者という視点から見直すと，以下のとおりとなる。

①有名義債権者は，差押えをするか配当要求をするか，二つの選択肢を有する。

差押えを選んだ場合，被差押債権のどの部分を差し押さえるかは，債権者が自由に選ぶことができる。先行差押えと重なる部分が生じれば，執行競合が生じる（⇨241頁(ii)）。

それに対し，配当要求の場合，自分が配当要求をした先の手続における差押債権者が差し押さえた額を超えて，配当要求をすることはできない。

すなわち，〈ケース〉（⇨214頁）の例を用いれば（被差押債権は，D_1銀行H支店の預金債権であるとする），以下のとおりとなる。

⑦　G_1が600万円，G_2が400万円差し押さえた場合，執行競合が生じ，G_1・G_2ともに900万円差し押さえたことになる。G_1の差押えにG_3が，G_2の差押えにG_4が配当要求した場合には，G_1〜G_4で900万円を分けることになる。

⑦　G_1が600万円，G_2が200万円差し押さえた場合には，それぞれ別々の手続として進行する。G_3がG_1の差押えに配当要求し，G_4がG_2の差押えに配当要求した場合，600万円をG_1とG_3で，200万円をG_2とG_4で分け合うことになる。この場合，G_3は600万円を超えて，G_4は200万円を超えて配当要求することはできない。他方で，G_3・G_4ともに債務名義を有しているので，両者はこれに基づき差押えの申立てをすることもでき，その場合には，G_3・G_4の差押額は，被差押債権の額を超えない限りG_3・G_4が自由に決められる（その結果，執行競合が生じることもあり得る）。

②無名義債権者は，仮差押えをするしかない。〈ケース〉のG_5は債務名義を有しないので，仮差押えをしてはじめて，G_1により開始された執行手続に参加できる。

不動産執行・動産執行と違い，差押え後の仮差押えであっても，それに加えて配当要求をすることなく配当を受ける。仮差押債権者があった場合，第三債務者は供託を義務づけられるほか，その間の事情を裁判所に届け出ることとされているため（民執156条2項・3項），これにより仮差押債権者の存在が執行裁判所に知れるからであると説明される。

③担保権者のうち，先取特権者は，自ら担保権の実行を申し立てることが可能な場合には実行を申し立てて差押債権者となり執行競合を導くか，あるいは，配当要求をすることにより，配当等に参加できる。これに対し，質権者は，質権に基づく債権執行の申立てをして差押債権者（民執165条）として手続に加わることは可能だが，配当要求の方法によって手続に参加することはできない

（同154条1項参照。動産執行では配当要求により参加できたのと異なる）。質権者が手続に参加するためには相応の文書により質権の存在を証明する必要があることになる（⇨316頁(2)）。

3-21　差押申立日以後の遅延損害金の扱い

　金銭債権の支払を命じる債務名義においては，元本たる金銭債権に加えて，当該元本の支払済みまでの遅延損害金の支払も命じられる場合が多い。かかる債務名義を用いて執行債権者が金銭執行をする場合には，遅延損害金も元本の支払済みまでの分が満足の対象となるのが本来である。しかし，こと債権執行においては特別な考慮が必要になると言われている。なぜなら，債権執行において執行債権者が支払済みまでの遅延損害金分まで第三債務者から支払を受けることができるとすると，支払額を確定するために，支払日までの遅延損害金を正確に計算しなければならないという負担が第三債務者に生じるからである。そこで執行実務において，債権執行の場合には，執行債権者に，差押命令の申立書に記載する第三債務者に対する請求債権として，遅延損害金分については差押申立日までの遅延損害金分を確定金額として記載させる取扱いが定着している。

　強制執行に巻き込まれる第三債務者の負担を考慮したこの取扱いには合理性があると言われているが，この取扱いを前提としたときに，第三債務者が供託をした場合に，供託金からの配当において，執行債権者が差押申立日の翌日以後の遅延損害金分についても満足を受けることができるかどうかが問題となる。この問題につき，最判平成21・7・14民集63巻6号1227頁［百選65事件］は，上記取扱いは第三債務者の負担に配慮したものであり，第三債務者の負担に配慮する必要が存しない限り本来に戻った扱いをするべきであるとして，第三債務者による供託に基づく配当手続において執行債権者が差押申立日の翌日以後の遅延損害金分についても満足を受けることを肯定した。さらに，最決平成29・10・10民集71巻8号1482頁［重判平30民訴4事件］は，同じ趣旨から，第三債務者が執行債権者に弁済をした場合に，執行債権者が弁済金を差押申立日の翌日以後の遅延損害金にも充当することを肯定した。

(c)　配当等の手続

配当等の手続は，いずれの換価手段が選択されたかによって異なる。

　(i)　**取立ての場合**　換価手段として取立てが選択された場合には，配当等は，第三債務者から取り立てた金銭を原資として行われる。

　債権者の競合が生じない場合（生じない限り），第三債務者は，差押債権者に対する弁済と供託のいずれかを選択することができる（**権利供託**。民執 156 条 1 項。⇨ 229 頁(イ)）。供託がなされた場合，差押債権者は，供託金から満足を受ける（正確には債務者と取り合う）。

　債権者の競合が生じた場合には，弁済は許されず，第三債務者は供託をしなければいけない（**義務供託**。民執 156 条 2 項。その前提として，差押命令，仮差押命令，配当要求のいずれも第三債務者に送達することとし，第三債務者が債権者競合の事実を了知できることを確保している。なお，差押命令と転付命令が競合した場合，転付命令が有効で実際には債権者の競合が生じていない場合であっても第三債務者のした供託は民執法 156 条 2 項の類推適用により有効であるとするのが判例である。最判昭和 60・7・19 民集 39 巻 5 号 1326 頁［百選 56 事件］）。取立訴訟においても，認容判決では供託が命じられる（同 157 条 4 項。⇨ 230 頁(ア)）。したがって，競合債権者は，この供託金から満足を得ることになる。

　権利供託・義務供託にかかわらず，供託がなされると，これにより被差押債権についての弁済効が生じて執行関係は供託金払渡請求権の上に移行する。供託金からの債権者の満足手続は，執行裁判所が主催し（民執 166 条 1 項），その内容は不動産の強制競売における満足手続と同じである（同 166 条 2 項による 84 条・85 条・88 条～ 92 条の準用。⇨ 188 頁 **6**）。なお，令和元年の民事執行法改正により，被差押債権が差押禁止債権である場合には，差押命令の送達から 4 週間を経過するまでは配当等を実施してはならないものとされた（ただし，差押債権に扶養料等，民執法 151 条の 2 第 1 項各号に掲げる債権が含まれる場合を除く。民執 166 条 3 項）。

　(ii)　**転付命令，譲渡命令の場合**　　転付命令，譲渡命令が効力を生じた場合には，それにより，被差押債権額もしくは裁判所の定めた額だけ，執行債権が満足されたことになる。すなわち，換価手段として転付命令・譲渡命令が選ばれた場合には，換価と満足が同時に行われることになる。

　(iii)　**売却命令，管理命令の場合**　　換価方法として売却命令が選ばれた場合には，債権者への満足は，被差押債権の売却代金を原資として行われる。その手続は執行裁判所が主宰し（民執 166 条 1 項 2 号），不動産執行における配当と同内容であること（同 166 条 2 項による 84 条・85 条・88 条～ 92 条の準用。⇨ 188

頁 **6**），被差押債権が差押禁止債権である場合の制約があること（同166条3項），供託の場合の満足手続（⇨244頁(i)）と同様である。

　換価方法として管理命令が選ばれた場合には，管理人のあげる収益が，債権者への満足の原資となる。この場合の弁済金の交付，および債権者の協議が整ったときの配当は管理人が行ない（民執161条7項，107条2項・3項），債権者の協議が整わないときの配当は執行裁判所が行う（同161条7項，109条）。

　(iv)　**第三債務者との関係**　　取立ての場合，第三債務者は，差押債権者に弁済をするか，供託をする（義務供託・権利供託）ことにより，自らの債務を履行する。

　なお，以上の供託をすれば，第三債務者は債務の弁済義務を免れるのが通常である。しかし，被差押債権に質権が設定されている場合には事情が異なる。債権質権者は独自の取立権限を有しており（民366条1項），この取立権限は，質権対象債権が差押えを受けても影響を被らず，第三債務者は依然として債権質権者に優先的に弁済すべき義務を負う。したがって，質権者の同意がない限り，第三債務者は供託によって質権者に対する弁済を免れることはできないと一般的に理解されている。その裏返しとして，債権者が競合する場合の供託義務はこの場合には発生しない。しかし，供託をするべきかしないべきかの判断を第三債務者に強いるのは第三債務者に酷であるので，民法366条3項の供託との混合供託を認め，被担保債権に質権が設定されている場合であっても第三債務者は供託により質権者に対する関係も含め弁済義務を免れると解するのが妥当であると思われる。

　転付命令・譲渡命令・売却命令が効力を生じた場合には，第三債務者は，新たに債権者となった者（転付命令・譲渡命令では，差押債権者）に弁済することにより，自己の債務を履行する。

> **3-22**　**債権執行事件の終了に関する規定の整備**
> 　差押債権者が第三債務者から被差押債権の支払を受けた場合には，差押債権者は，支払を受けた旨の届出（取立届）をしなければならず（旧民執155条3項），被差押債権の全部についてこの届出がされたときに，債権執行事件は終了することになっている。他方，取立てが奏功しない場合には，差押債権者が申立てを取り下げることにより，債権執行事件は終了することとなる。しかし，前者

の場合に，差押債権者が取立届を怠っても，これに対する制裁はなかった。また，後者の場合に，差押債権者が差押命令の申立てを取り下げる義務はなく，執行裁判所が職権で事件を終了させる方法もなかった。そのため，実際には，差押債権者による取立届や申立ての取下げがされないまま，長期間にわたって漫然と放置されている債権執行事件が多数発生していた。

　そこで，令和元年改正民事執行法は，債権執行事件の終了に関する規律の見直しを行った。すなわち，債権執行事件では，差押債権者は，第三債務者から支払を受けたときは，その旨を直ちに執行裁判所に届け出なければならない旨の規定を新155条4項で明記した上で，それとは別に，差押債権者が，①差押えにかかる金銭債権を取り立てることができることとなった日から，その支払を受けることなく2年を経過したときは，その旨を執行裁判所に届け出なければならないと規定し（同155条5項），さらにその上で，②当該日から2年を経過した後4週間以内にこれらの届出がされないときは，執行裁判所が，職権で，差押命令を取り消すことができることを明記した（同155条6項）。

2 少額訴訟債権執行制度

　少額訴訟で金銭の支払を命じる給付判決が出された場合でも，以前は，その給付判決を債務名義として強制的満足を得るには，地方裁判所に通常の形の金銭執行を申し立てなければならず，その不便が問題として指摘されていた。

　しかし，平成16年の民執法改正において，少額訴訟の権利の簡易・迅速な実現という趣旨をさらに徹底するため，少額訴訟にかかる債務名義については，簡易裁判所の書記官が執行機関となり通常の金銭執行よりも簡易な形で執行ができることとなった（金銭債権に対する強制執行だけで，他の金銭執行は行えない）。これを，**少額訴訟債権執行**と呼んでいる（民執167条の2〜167条の14）。

　概略を説明すると，少額訴訟にかかる債務名義（①少額訴訟における給付判決，②仮執行宣言付少額訴訟判決，③少額訴訟における訴訟費用額確定処分，④少額訴訟における和解調書，認諾調書，⑤少額訴訟における和解に代わる決定。①②については原則執行文は不要だが，③④⑤については必要である）に基づき，その債務名義を作成した簡易裁判所の書記官が，債権者の申立てに基づき債務者の債権につき「差押処分」を出し，その差押処分が債務者に送達されてから1週間が経過すると，差押債権者は被差押債権につき取立権限を取得し，この取立権限に基づ

いて取立てを行うことにより，自己の債権の満足を図ることができる，という
ものである。

　ただし，簡易・迅速な事件解決という簡易裁判所の役割に鑑み，複雑・困難
な手続は，少額訴訟債権執行の中では行えないとされる。具体的には，少額訴
訟債権執行で行える換価手続は，取立てのみで転付命令等の換価手段は使えな
い。また，債権者が競合した場合の配当（弁済金交付で済む場合は別である。民執
167 条の 11 第 3 項）も，少額訴訟債権執行の枠内では，行えない。そこで，こ
れらの場合には，事件を（簡易裁判所所在地の）地方裁判所に移送することとさ
れた。差押債権者が転付命令等，取立て以外の換価手段を望む場合には債権者
の申立てに基づき（同 167 条の 10），また，債権者が競合し配当を実施する必要
がある場合には職権で（同 167 条の 11），簡易裁判所は事件を，その所在地を管
轄する地方裁判所に移送し，そこで，通常の債権執行に則った手続がなされる。
これらの場合以外にも，事件の内容に応じ，簡易裁判所の裁量による事件の移
送も認められる（同 167 条の 12）。

3 動産の引渡請求権に対する債権執行

⑴ 意　義

　AがBに対して金銭債権を有しており，その金銭債権を満足させる原資を
Bの所有する動産を換価することにより得たいと欲する場合，B以外の第三者
Cが当該動産を占有している場合には，Cによる同意がない限り，動産執行を
かけていくことはできない（⇨ 205 頁⒝）。

　そこで，民執法は，BがCに対する動産の引渡請求権を有している場合に
は，AがBのCに対する動産引渡請求権を差し押さえることにより，当該動
産を換価して執行債権の満足に充てるという途を用意した。それが「**動産の引
渡請求権に対する債権執行**」である（民執 163 条。船舶，航空機，自動車，建設機械，
小型船舶を第三者が占有している場合につき，同 162 条，民執規 142 条・143 条参照）。
執行機関は執行裁判所である。

⑵ 手　続

　執行債権者Aが，執行債務者Bの動産占有者Cに対する動産引渡請求権に

ついて，差押命令の発令を裁判所に対して申し立てることにより，手続は開始
する。申立ての要件，管轄裁判所等は，金銭債権に対する債権執行と同様であ
る（民執規133条，民執144条）。動産執行の場合と異なり，動産の引渡請求権に
対する債権執行の場合には，対象となる動産を個別に特定する必要が生じる。

　申立てが適法であり強制執行開始の要件が備わっている場合には，裁判所は
当該動産引渡請求権につき差押命令を発する（差押命令は，執行債務者および動
産占有者に送達される）。

　差押命令が債務者に送達された日から1週間を経過したときは，差押債権者
Aは，動産占有者Cに対し，Aの申立てを受けた執行官にその動産を引き渡
すことを請求する権限を取得する（民執163条1項）。Cが任意の引渡しに応じ
ないときには，AはCを被告として当該動産を執行官に引き渡すことを求め
る訴えを提起することができ，認容判決を得れば，それを債務名義とした強制
執行により執行官への引渡しを強制的に実現できる。

　執行官が動産の引渡しを受けると，執行官は，当該動産を動産執行の売却手
続に則り売却し，売得金を執行裁判所に提出する（民執163条2項）。動産の引
渡前にAの申立てがあれば，動産引渡請求権自体についての譲渡命令，売却
命令等による換価も可能である（同161条。この場合，被差押債権は金銭債権では
ないので転付命令は不可能である。同159条1項参照）。

　売得金の提出を受けた執行裁判所は，配当ないし弁済金の交付（配当等）を
実施する（民執166条1項3号。その手続は不動産の強制競売の場合と同様である。
同166条2項による84条・85条・88条～92条の準用）。配当等には，執行官が動
産の引渡しを受けたときまでに動産引渡請求権につき仮差押え，差押え，ない
し配当要求をした他の債権者が，参加できる（同165条4号）。

3-23　銀行の貸金庫の内容物に対する金銭執行の方法

　銀行の貸金庫の内容物は動産であるが，貸金庫の内容物に対して通常の動産
執行をかけることは，銀行が利用者の承諾がない限り貸金庫の開扉に応じない
ことから，事実上不可能である。

　そこで，その他の方法により貸金庫内容物を原資とする金銭執行が考えられ
ないかが問題となる。判例（最判平成11・11・29民集53巻8号1926頁［百選64事
件］）は，貸金庫内容物に対する銀行の占有を肯定し，貸金庫利用者が銀行に
対して有する「内容物を取り出すことのできる状態にするよう請求する」権利

は貸金庫内容物引渡請求権であるとした上で，当該貸金庫内容物引渡請求権に対する債権執行という形での，金銭執行を認めた。

　ここで重要なのは，判例は，利用者の銀行に対する貸金庫内容物引渡請求権は貸金庫内に存在する動産全体を対象とする包括的な請求権であるとし，差押債権者はこの包括的な請求権を差し押さえることにより，貸金庫内容物を個別に特定することなく強制執行をすることができるとした点である。通常の動産引渡請求権に対する債権執行においては，対象となる動産を個別に特定する必要があるのとは，大きな相違がある。

　貸金庫の内容物は利用者しか把握しておらず，銀行も把握していないため，貸金庫内容物を個別に特定することが債権者にとって不可能に近いことに鑑みると，前記の判例理論は，貸金庫内容物に対する強制執行を容易にする上で重要な意義を有すると考えられる。なお，貸金庫内容物に対する強制執行を容易にすることは，債務者が貸金庫を「隠れ蔵」にすることを防止するという意味がある。

　なお，これに関連し，東京高決平成21・4・30判時2053号43頁は，非金銭執行としての第三者占有動産の引渡しの強制執行（⇒262頁**4**）について，貸金庫内に保管されている特定動産（印鑑と定期預金証書）の引渡請求権を表示する債務名義に基づき，執行債権者が，受領を求める動産の範囲を当該動産に限定した上で貸金庫内容物引渡請求権を差し押さえることができるとした。

練 習 問 題

1 節

1 Aは，甲地（時価1億円）を所有していた。Aは，Aに対して8000万円の金銭債権を有するBに対し，甲地について，抵当権を設定した。その後，AはCに対して地上権を設定した。その後，Aに対して5000万円の金銭債権を有するDが，甲地に対し不動産強制競売の申立てをし，裁判所は甲地を差し押さえた。その後，Aは，Aに対して8000万円の金銭債権を有するEに抵当権を設定した。そして，Aに対して5000万円の金銭債権を有するFが，甲地に対し不動産強制競売の申立てをし，裁判所は甲地を差し押さえた。いずれも，直ちに登記がなされたとする。

① Dによって開始された不動産強制競売において，どの権利は消滅し，どの権利は消滅しないのか，条文上の根拠を挙げつつ，答えなさい。また，甲地の売却代金は誰にいくら配当されるか，答えなさい。なお，Cの地上権の価格は1000万円とする（⇒137頁(c)，151頁(2)）。

② AがDに対して請求異議の訴えを提起し，勝訴し，この判決は確定し，Aはこの判決を執行裁判所に提出したとする。その後，Dによって開始された不動産強制競売手続はどうなるか。その場合，誰がいくらの配当を得るか（⇨117頁(a)，141頁(4)）。

③ 上記②の場合に，Eは抵当権の設定を受けたのではなく，所有権の譲渡を受けていたとすれば，どうなるか（⇨141頁(4)，143頁(5)）。

④ Aが請求異議訴訟の確定勝訴判決を執行裁判所に提出したのが，甲地の買受人が代金を納付した後であった場合は，どうなるか（⇨184頁(7)，185頁(d)）。

2　Aは甲地の上に家屋（乙）を建ててこれを所有していた。甲地の所有者はBで，AはBより甲地を賃借していた。Aに対して5000万円の金銭債権を有するCは，Aが債務不履行に陥ったので，乙に対する不動産強制競売を申し立て，裁判所は乙を差し押さえた。その頃，Aは，Bに対しても賃料を滞納し，Bは賃貸借契約の解除を検討していた。差押登記を確認すると，執行裁判所は，執行官に現況調査命令を発令した。執行官は，現況調査の際，AがBより甲地を賃借しているところまでは確かめたが，Bと面会して賃料の滞納等の調査をしたりはしなかった。そのため，現況調査報告書にも，物件明細書にも，甲地につき賃借権が設定されている旨が記載されたのみであった。その後，Dが乙の買受人となり，乙の所有権を取得したが，その時までに，Bは，Aに対し，甲地の賃貸借契約を解除する旨の意思表示をしていた。Dが納めた売却代金よりCは弁済金交付を受けた。

① 仮に，BがAに対し本件賃貸借契約を解除する意思表示をしていなかったとすると，Dは甲地の賃借権を取得できるか。その際，何かすべきことはあるか（⇨144頁(2)）。

② BがDに対しA・B間の賃貸借契約を解除した事実を告げ，乙を収去し甲地を明け渡すよう請求したとする。Dには，どのような救済手段があるか。解除を告げられたのが以下の時点であったとして，検討せよ。

　　ア）　乙につき売却許可決定が出される前（⇨177頁(vi)，179頁(h)）。

　　イ）　乙につき売却許可決定は出されたが，Dが代金を納付する前（⇨179頁(h)）。

　　ウ）　Dが代金を納付した後（⇨162頁(a)，169頁(iii)，181頁(b)(c)）。

3　B，C，Dは，Aに対し，それぞれ5000万円の金銭債権を有していた。BはAが所有する甲地に対する不動産強制競売を申し立て，裁判所は甲地を差し押さえた。そして，C，Dが配当要求をし，甲地の買受人が決まり（売却代金は9000万円であった），配当が行われることとなった。配当期日において，B，C，Dにそれぞれ3000万円ずつ配当するという配当表の原案につき，Aが以下のように陳述した。(1)BがAに対して有する5000万円の金銭債権は，令和2年10月8日になされた消費貸借契約とあるが，自分はBより5000万円を借りた覚えはない，(2)Bが債務

名義として提出した執行証書にも自分は署名押印した覚えはない。しかし，裁判所は，原案どおりに配当表を作成したので，A は配当異議の申出をした。

① A が B に対する配当を阻止するには，A は B に対してどのような法的手段をとらねばならないか。訴訟では，何が争点となるだろうか（⇨ 196 頁(a)，94 頁(b)(ⅰ)(ⅲ)）。

② A 勝訴の判決が出て，確定すれば，どのように配当がなされるだろうか（⇨ 198 頁(ⅴ)）。

③ 仮に，A ではなく，C が，(1)(2)の主張をしたとする。C は，B を配当から除外するために，どのような法的手段をとる必要があるか。訴訟では，(1)(2)共に争点となり得るだろうか（⇨ 196 頁(a)(b)(ⅳ)）。

④ C 勝訴の判決が出て，確定すれば，どのような配当がなされるだろうか（⇨ 198 頁(ⅴ)）。

2 節

1 現代社会において，動産執行にはどのような意義が認められるか（⇨ 202 頁 **3-9** ）。

2 事件併合とは何か（⇨ 210 頁 **4** (2)）。

3 節

1 S は建物（甲）を所有し，D に賃貸している。S の債権者 G は，S の D に対する甲の賃料債権を差し押さえた。その後，S は甲を A に譲渡し，A は D に対し自分は S の賃貸人としての地位を承継したと主張した。D は今後賃料を誰に対して支払っていけばよいか（⇨ 221 頁(b)。最判平成 10・3・24 民集 52 巻 2 号 399 頁 [百選 51 事件] を参照）。

2 S の D に対する債権（以下「本件債権」）を S の債権者 G_1 が差押え，令和 3 年 5 月 7 日に取立訴訟を提起し，その訴訟の訴状は同年 5 月 24 日に D に送達された。D は，同年 11 月 26 日に債務を供託した。

以上を前提にした場合，S の債権者のうち，①令和 3 年 2 月 14 日に本件債権を仮差押えした G_2，②令和 3 年 5 月 17 日に本件債権を差し押さえた G_3，③令和 3 年 6 月 1 日に本件債権を差し押さえた G_4，④令和 3 年 12 月 24 日に配当要求をした G_5 のうち，本件債権執行の配当による満足を得られるのは誰か（⇨ 240 頁(5)）。

3 S の D に対する債権（以下「本件債権」）を S の一般債権者 G_1 が差押え，同じく一般債権者 G_2 が配当要求をした。このとき，本件債権につき質権を有している S の債権者 G_3 が本件債権から満足を得る手段にはどのようなものがあるか（⇨ 240 頁(5)）。

参 考 文 献

1節

1 福永有利「不動産上の権利関係の解明と売却条件」竹下守夫＝鈴木正裕編『民事執行法の基本構造』（西神田編集室，1981）339頁以下。

2 中野＝下村・民事執行法 371頁以下。

3 相澤眞木＝塚原聡編著『民事執行の実務〔第4版〕〔不動産執行編〕㊤㊦』（金融財政事情研究会，2018）。

4 山本和彦＝小林昭彦＝浜秀樹＝白石哲編『新基本法コンメンタール・民事執行法』（日本評論社，2014）。

2節

1 中野＝下村・民事執行法 633頁以下。

3節

□ **債権執行全般について**

1 東京地裁債権執行等手続研究会『債権執行の諸問題』（判例タイムズ社，1993）。

□ **質権付債権に対する債権執行の場合の供託の問題について**

2 田中康久『新民事執行法の解説〔増補改訂版〕』（金融財政事情研究会，1980）327頁。

□ **差押債権者の受ける判決効の他の債権者に対する波及について**

3 八田卓也「差押債権者による取立訴訟の判決効の他の債権者に対する拡張」青山善充先生古稀祝賀『民事手続法学の新たな地平』（有斐閣，2009）583頁。

第 *4* 章

非金銭債権実行手続（非金銭執行）

第 1 節　総　　説

＜非金銭執行のケース・1＞

　Xは，Yに対する家屋明渡しの強制執行を申し立てた。しかし，Yの家屋には
Yの妻Zのほか，Yの家業に従事している従業員Wが同居していることが判明し
た。また家屋内には，Yらの所有する多くの日常生活用品が存在している。この
場合，家屋明渡しの執行はどのように行われるか。

＜非金銭執行のケース・2＞

　甲土地の所有者Xは，甲土地に隣接する乙土地の所有者Yが，ビルの建築を開
始したので，日照権を確保するため，Yに対して起訴前の和解（即決和解）の申立
てをし，XY間に，「Yは乙土地に地上 15 メートル以上の建物を建築しない」と
の裁判上の和解が成立し，和解調書にもその旨の記載がある。しかし，Yは，そ
の後も建築を続行し，地上 20 メートルの高さにまで鉄骨を組み上げている。X
は，上記和解調書に基づき，どのような執行処分を求めることができるか。

　金銭債権（金銭の支払を目的とする債権）についての強制執行（金銭執行）では，
債務者の財産を差し押さえ，それを換価した金銭を債権者に分配するという手

続がとられる。これに対し，金銭債権以外の債権（請求権）には，いろいろな内容のものがあるため，以上のような方法は妥当しない。金銭債権以外の債権（請求権）の実現のための執行を「**非金銭執行**」というが，執行の面では，ⓐ**物の引渡し・明渡しを目的とする請求権**と，ⓑ**作為・不作為を目的とする請求権**とに大別される。前者ⓐは「与える債務」であり，後者ⓑは「為す債務」であることによる。また，さらに，後者ⓑは，①作為を目的とする請求権と，②不作為を目的とする請求権，③意思表示を目的とする請求権とに分けられる。なお，**子の引渡請求権**については，その特殊性に鑑み，「子の引渡しの強制執行」という枠組みが，令和元年の法改正で設けられた。

　前述（⇨12 頁 **2**）のように，執行の態様（請求権の強制的実現の手段）には，**直接強制**，**代替執行**，**間接強制**の 3 種類があるが，従来は，間接強制はほかに適切な方法がない場合に認められる補充的な執行方法であるとの理解（かかる考え方を「**間接強制の補充性**」という）から，ⓐの請求権については直接強制のみが，また，ⓑの作為または不作為を目的とする請求権（①および②）のうち，給付が債務者以外の第三者によってなされても債務の本旨に従った給付とみられるもの（代替的請求権）については代替執行のみが認められると解されてきた。

　しかし，直接強制のできる債務について代替執行や間接強制を禁止し，直接強制・代替執行ができない債務についてのみ間接強制を認める考え方に対しては，その後，その合理性に疑問を呈する見解が有力となっていった。すなわち，直接強制の方法によることができる物の引渡債務（民執 168 条〜170 条）や，代替執行の方法によることができる代替的な作為債務および不作為債務（同 171 条）についても，事案によっては，間接強制の方法による方が迅速かつ効率的に強制執行の目的を達成することができる場合があり（たとえば，建物の明渡請求権の強制執行においては，抵抗する債務者を執行官が実力を行使して排除する直接強制の方法よりも，間接強制の方法により債務者の自発的な立ち退きを促すほうが効果的な場合がある），しかも，その方がむしろ債務者の人格尊重の理念にも適合するとの指摘がなされていた。そこで，平成 15 年改正民執法は，権利実現の実効性を高める観点から，間接強制の適用範囲を拡張することにし，新たに，①不動産の引渡し・明渡しの強制執行（同 168 条），②動産の引渡しの強制執行（同

169条），③目的物を第三者が占有している場合の引渡しの強制執行（同170条），④代替的な作為・不作為債務の強制執行（同171条）についても，間接強制の方法によることを認めることにした（同173条1項。なお，これに伴い，平成15年改正民執法は，意思表示の擬制〔判決代行〕に関する民執法旧173条を繰り下げ，これを民執法174条〔令和元年改正民執177条〕としている）。したがって，平成15年改正民執法以降，債権者は，前記ⓐの請求権についても，直接強制ないし代替執行と間接強制のいずれかを選択的または並行的に申し立てたり，あるいは一方が奏功しなかった場合に，他方での実施を求めることができることになった。

　これに対し，ⓑの作為または不作為を目的とする請求権のうち，給付が債務者以外の第三者によってなされたのでは本旨に従った給付とならない請求権（非代替的請求権）（①および②）については間接強制が認められている。また，ⓑの③の意思表示を目的とする請求権については，債務名義の確定・成立をもって意思表示を擬制するという特別な扱いが認められている。ただし，金銭債権以外の請求権には，強制執行によってその実現を図ることのできないものもあり，その場合には，債務不履行による損害賠償を請求するほかはない。

第2節　物の引渡・明渡請求権についての強制執行

1 は じ め に

　物とは金銭以外の有体物をいう。物の引渡し・明渡しを目的とする請求権の執行は，物が不動産であるか動産であるかにより，また物の占有状態により，①不動産の引渡し・明渡しの執行，②動産の引渡しの執行，および③第三者占有物の引渡しの執行に大別される。

　これらは，要するに，債務者が不動産や動産を引き渡す義務を負っているのにそれをしないときに債権者から執行をなす場合であり，「**与える債務**」の場合である。この種の債権の実現として問題になるのは，その不動産や動産が債権者に現実に引き渡されるという結果であるから，この種の債権の執行は，長く，国家の執行機関（具体的には執行官）が不動産や動産に対する債務者の占有

を解いて（その財産を債務者から取り上げて），その占有を債権者に渡す直接強制の形をとって行われてきた（民執 168 条〜 170 条参照）。しかし，前述のように，平成 15 年の民執法改正により，間接強制の補充性の考え方が大きく見直された結果，この種の債権の執行方法としても間接強制を用いることが可能となった（同 173 条 1 項前段）。

2 不動産等の引渡し・明渡しの執行

不動産の引渡しとは，不動産の直接支配（占有）を移転することをいい，明渡しとは，居住する人を立ち退かせ，または置かれている物品を撤去した上で引き渡す（占有を移転する）ことをいう。船舶の引渡しは，大きさの大小を問わず，動産引渡しの執行方法（⇨ 261 頁 **3**）によるのが原則であるが，人の居住する船舶（自動車も同様である）については，家屋（建物）の引渡しまたは明渡しと同様の執行方法による。

債務者の占有する不動産の引渡しまたは明渡しの執行は，債権者の申立てに従い，直接強制または間接強制による（民執 168 条・173 条。ただし，債務者を特定しない執行文の付された債務名義の正本に基づく強制執行は，直接強制のみによる。同 27 条 4 項・5 項）。その際，債権者としては，不動産明渡執行の方法として，間接強制を申し立てることができるのはもちろんのこと，たとえば，明渡しの執行を執行官に申し立てるとともに，明渡しが完了するまでの間について間接強制を申し立てるなど，直接強制と間接強制とを同時に申し立てることもできる。なお，不動産等の引渡し・明渡しの間接強制による執行は，不代替的作為請求権の執行の場合と同じなので，後に触れるところ（⇨ 266 頁 **3**）に譲り，ここでは直接強制による執行方法について説明する。

(1) 執行方法──直接強制

直接強制は，執行官が債務者の目的物に対する占有を解いて，その占有を債権者に取得させる（移転する）方法で行う（民執 168 条 1 項）。債権者に占有を取得させる必要上，この執行は，債権者またはその代理人が受取りのために執行の場所に出頭したときに限ってすることができる（同 168 条 3 項）。執行官は，不動産の占有状況を調査するために，電気・ガス・水道水の供給等を行う法人

に対して，必要な事項の報告を求めたり（同168条9項・57条5項），引渡し・明渡しの執行に際して，債務者の占有する不動産等に立ち入り，必要があるときは閉鎖した戸を開くために必要な処分をすることもできる（同168条4項）。また，執行官は，不動産の占有者を特定する必要がある場合には，現に当該不動産にいる者に対して，その不動産またはこれに近接する場所で，質問をしたり文書の提示を求めることができる（同168条2項）。執行官は，明渡し・引渡しの執行に際して，抵抗を受けるときは，威力（実力）を用い，あるいは警察上の援助を求めることができる（同6条1項。なお，民執規154条の2第5項も参照）。

この執行は，債務者の占有を解く（排除する）ことによってなされるので，債務者以外の者が占有しているときはできない。もっとも，債務者の家族その他の同居者で債務者に付随して居住しているにすぎない者に対しては，債務者に対する債務名義でもって執行をすることができる。これに対し，賃借人のように権原により独立の占有を有している者に対しては，別途それらの者に対する債務名義が必要である（東京高判昭和32・9・11判時132号14頁参照）。

不動産の引渡し・明渡しの執行の場合にも，不動産の占有者を次々に入れ替えることにより占有者を特定できないようにして占有移転禁止の仮処分命令の発令を事実上妨げる形の**執行妨害**に対処するため，平成15年の改正民執法は，承継人等を特定しない承継執行文の付与を認める（民執27条3項）とともに，相手方を特定しないで占有移転禁止の仮処分命令（⇨375頁 **3** (2)）を発令できることにした（民保25条の2）。

(2) 明渡しの催告

たとえば，借家人に対する家主の家屋明渡しの執行の場合には，家屋に対する借家人の占有を解く際に，債務者に過酷な事態が生じないよう配慮することが求められる。そのため，明渡執行の実務では，従来から，執行官が，あらかじめ明渡しの執行（**断行**）予定日を定めて債務者に告げることにより，その日までに任意に明け渡すよう債務者に促すこと（**明渡しの催告**）が広く行われていた。平成15年改正民執法は，そうした実務慣行を受けて，明渡しの催告を法律上の制度として導入した。すなわち，執行官は，債務者が不動産を占有している場合において，不動産の引渡し・明渡しの強制執行の申立てがあったと

きは，引渡期限を定めて明渡しの催告をすることができるとされた（民執168
条の2第1項。この催告は，やむを得ない場合を除き，明渡執行の申立てがあった日か
ら2週間以内に実施するものとされている。民執規154条の3第1項）。引渡しの期限
は，原則として，催告の日から1か月を経過する日であるが，執行裁判所の許
可があれば，より長い期限を定めることもできる（民執168条の2第2項）。ま
た，引渡期限経過前に，当初定めた引渡期限を延長することもできる（同168
条の2第4項）。

　明渡しの催告がなされた場合には，債務者は，不動産の占有を移転してはな
らない。明渡しの催告後に不動産の占有の移転があっても，執行債権者は，引
渡期限の経過前であれば，新たな占有者に対して承継執行文の付与がなくても
当初の執行申立てに基づく明渡執行（**明渡断行**）をすることができる（民執168
条の2第5項・6項）。明渡しの催告後に不動産を占有した者は，明渡しの催告
があったことにつき善意で，かつ，債務者の占有の承継人でないことを理由と
して，**強制執行の不許を求める訴え**を提起することができる（同168条の2第7
項。ただし，明渡しの催告後の占有者は悪意が推定される。同168条の2第8項）。執
行文付与に対する異議の訴えや第三者異議の訴えは提起できない。

　明渡しの催告後に不動産を占有した者に対して明渡しの執行がなされたとき
は，その占有者は，債権者に対抗できる権原により占有していること，または
明渡しの催告があったことにつき善意で，かつ，債務者の占有の承継人でない
ことを理由として，**執行異議**の申立てをすることができる（民執168条の2第9
項）。執行文付与に対する異議という簡易な不服申立てが認められないことに
対する代替措置である。

(3) 目的外動産の処理

　不動産の引渡し・明渡しの執行において，目的物である不動産（特に家屋）
の中に，執行の目的物でない動産が存在するときは，執行官は，これを取り除
いて，債務者，代理人，同居の親族・使用人等に引き渡すのが原則的取扱いで
ある。ただ，これらの者が不在のときまたは受取りを拒むため引渡しができな
いときは，執行官はそれらの目的外動産を動産執行の方法により売却すること
ができる（民執168条5項後段）。特に明渡しの催告が実施されているときは，

執行官は，同時に，強制執行の実施（断行）予定日を定め，この断行予定日に，目的外動産で債務者等への引渡しができなかったものをその場で売却する旨を決定することができる（民執規 154 条の 2 第 2 項）。また，明渡しの催告時に即時売却の決定をしていなかった場合でも，相当の期間内に引き渡せる見込みがないときは，執行官は，高価な動産を除き，断行日に即時売却をなし，または断行日から 1 週間未満の日を売却実施日と定めることができる（同 154 条の 2 第 3 項・4 項）。そして，これらの方法がとれない目的外動産については，執行官が保管し，引取りがなければ，これを売却することができる（民執 168 条 6 項。保管費用は執行費用となる。同 168 条 7 項）。売却がなされると，執行官は，売得金から売却・保管に要した費用を控除し，その残額を供託する（同 168 条 8 項）。

3　動産の引渡しの執行

　債務者が占有している動産の引渡しの強制執行は，債権者の申立てに従い，直接強制または間接強制により行われる（民執 169 条・173 条）。動産は，特定の動産であると種類物であるとを問わない。また有価証券を含むが，人の居住する船舶・自動車等は含まない（同 169 条 1 項）。なお，動産執行の間接強制による執行は，不代替的作為請求権の執行の場合と同じなので，ここでは直接強制による執行方法について説明する。

　動産引渡しの直接強制による執行は，執行官が債務者からこれを取り上げて債権者に引き渡す方法によって行われる（民執 169 条 1 項）。執行官による目的物の取上げは，性質上は一種の差押えであるが，金銭執行ではないので，目的物の財産的価値の有無や目的物が差押禁止財産にあたるかどうかは，問題とならない。ここにいう引渡しとは，目的物の直接の現実的支配を債権者に得させることをいう。物を製造または加工した上で引き渡すべき請求権の執行は，同時に債務者の作為を目的とするから，その作為の完了前には，引渡しの執行によることはできない。

　この執行に際して，執行官は，債務者が任意に目的動産を引き渡すときには，それを受領できる（民執 169 条 2 項・122 条 2 項）。また，執行官は，動産執行の場合と同様に，債務者の住居等に立ち入り，目的物を探索し，必要があるとき

は閉鎖した戸や金庫その他の容器を開くため必要な処分をすることができ，抵抗を受けるときは，威力（実力）を用いあるいは警察上の援助を求めることができる（同 169 条 2 項・6 条 1 項・122 条 2 項・123 条 2 項）。執行対象動産（たとえば自動車）内に目的外動産がある場合の処理の仕方は，不動産の引渡し等の執行の場合に準じる（同 169 条 2 項）。

　動産引渡しの執行は，不動産の引渡し・明渡しの執行と異なり，債権者（またはその代理人）が強制執行の場所に出頭しなくても実施できるが，この場合には，執行官がその動産を保管しなければならないので，執行官は当該動産の種類・数量等を考慮してやむを得ないと認めるときは，執行の実施を留保することができる。債権者（代理人）が出頭しなかった場合には，執行官は，取り上げた動産を保管する（民執規 155 条 2 項）。

４　第三者占有物の引渡しの執行

　不動産であるか動産であるかを問わず，第三者が強制執行の目的物を占有している場合には，債務名義の名宛人になっていない第三者に対して物の引渡しの強制執行をすることは，原則としてできない。もっとも，その第三者が債務者に対してその物を引き渡す義務を負っている場合には，執行裁判所が債務者の第三債務者に対する引渡請求権を差し押さえ，請求権の行使を債権者に許す旨の命令を発令する方法によって引渡しの執行を行うことができる（民執 170 条 1 項）。この命令が債務者に送達された日から 1 週間を経過したときは，債権者は，第三債務者に対して自己への引渡しを請求できる（同 170 条 2 項・155 条 1 項・3 項）。第三債務者が任意の引渡しに応じないときは，債権者は訴訟を提起し，第三者に対する勝訴判決等の債務名義を得た上で，引渡しの強制執行をするほかはない。

第 3 節　作為・不作為請求権についての強制執行

１　はじめに

　作為または不作為を目的とする請求権（債権）は，債務者自身が一定の行為

をすることあるいはしないことが債権の内容になっており，いわゆる「**為す債務**」に該当する。作為または不作為を目的とする請求権（債権）は，前述のように（⇨ 256 頁），①作為を目的とする請求権と，②不作為を目的とする請求権，③意思表示を目的とする請求権に分けられるが，それらの執行方法については，平成 15 年民執法改正前は，一般に次のように考えられてきた。すなわち，①代替的作為請求権については，代替執行によるべく（平成 29 年改正前民 414 条 2 項本文，改正前民執 171 条 1 項），間接強制はできない，②不代替的作為請求権については，もっぱら間接強制による（ただし，債務者に意思表示を求める請求権については，陳述擬制〔平成 29 年改正前民 414 条 2 項但書〕による），③不作為請求権については，違反した物の除去に関しては代替執行（同 414 条 3 項，改正前民執 171 条 1 項）により，将来の違反の禁止に関しては間接強制（平成 29 年改正前民 414 条 3 項。もっとも，将来のための適当の処分として例外的に直接強制が認められる余地もある）によるとされてきた。しかし，前述のように，平成 15 年の民執法改正により，以上の各請求権の執行方法も，大きく異なることになった。便宜上，以下では，**2** 代替的作為請求権の執行，**3** 不代替的作為請求権の執行，**4** 不作為請求権の執行，**5** 意思表示を求める請求権の執行に分けて，具体的な執行方法をみていくことにする。

2 代替的作為請求権の執行

(1) 代替的作為請求権の執行方法

　代替的作為請求権（債権）とは，請求権の目的である行為（給付）が，債務者以外の第三者によってなされても，債権者が受ける経済的・法律的効果において債務者自身がした場合と差異を生じない請求権（債権）をいう。たとえば，債務者がその土地上の建物を収去する債務を負っている場合などがその例である（意思表示を目的とする債権も，一種の代替的作為請求権であるが，後述のように，特別な執行方法が用意されている。⇨ 273 頁 **5**）。この場合，債権は債務者が建物を収去するという行為を内容としているが，債権者にとって重要なのは，建物の収去という結果にあり，それを債務者自身がすることは必ずしも必要でない。そこで，この種の請求権（債権）の執行方法としては，一般的には代替執行が用いられる（民執 171 条 1 項）。しかし，間接強制によることも可能である（同

173条1項前段)。もっとも，債権者の貨物を運送する債務や債権者の支配下にある債権者の建物を取り壊す債務，あるいは債権者の土地上に建物を建築する債務などの場合には，代替執行や間接強制の手段をとらずに，むしろ，契約を解除した上で第三者にこれをやらせ，債務者に対しては損害賠償を請求するという方法もある（したがって，代替執行の方法によらねばならないのは，権利内容を実現する債務者の行為は要らないが，債務者の権利圏への介入を伴うことになるため，それについて債務者の受忍を要する場合である）。

(2)　代替執行の手続

　債権者は，債務者に代替的作為を命じる旨の債務名義に基づき，執行裁判所に対し，授権決定を申し立てることができる（民執171条1項）。代替執行の執行裁判所は，債務名義の区分に応じて，執行文付与の訴えの管轄裁判所と同じである（同171条2項・33条2項1号・6号）。執行債権の実体的な内容と執行処分とが密接に関連するため，債務名義の成立に関与した裁判所等に執行も担当させるのが適当であるとの考慮に基づく。たとえば，債務名義が判決の場合には第一審裁判所，訴訟上の和解であるときは和解の成立した裁判所が，執行裁判所となる。

　執行裁判所は，債権者の申立てを認める場合には，**授権決定**，すなわち債務者の費用をもってその作為を債務者以外の者にさせることを債権者に授権する決定をするが（民執171条1項），同時に，申立てにより，これに要する費用額をあらかじめ支払うべきことを債務者に命ずることができる（**費用前払決定**。同171条4項）。執行裁判所が授権決定をするには，口頭弁論を経る必要はないが，債務者を審尋しなければならない（同171条3項）。授権決定は，債務名義ではなく，執行文の付与を要しない。授権決定またはその申立てを却下する決定に対しては，執行抗告をすることができる（同171条5項）。しかし，授権決定は，確定をまたずにその効力を生ずる。

　授権決定において，作為の実行にあたるべき者を特定する必要はなく，特定していない場合には，債権者自ら行ってもよいし，また任意に指定する第三者にやらせてもよい（実務上，建物収去を求める請求権の執行では，執行官が指定される場合が多いが，執行官は，裁判において執行官が取り扱うべきものとされた事務を取

り扱うとされているので〔執行官 1 条 2 号〕，執行官を代替執行の実行者とするために
は，授権決定においてその旨が明示されている必要がある）。この場合の債権者また
は第三者による代替行為は，私人の行為であっても国家の公権力の行使である
（この場合の執行官のなす代替執行が公権力の行使にあたるとするものとして，最判昭
和 41・9・22 民集 20 巻 7 号 1367 頁）から，代替執行の実施に際して債務者等の
抵抗を受ける場合には，執行官に対して援助を求めることができる（民執 171
条 6 項・6 条 2 項）。作為の実行に要する費用は，あらかじめ費用前払決定（同
171 条 4 項）があれば，これを債務名義としてその執行文の付された正本に基
づき金銭執行の方法で費用を取り立てることができる。費用前払決定がない場
合，あるいは前払を受けた額より多額の費用がかかったときは，執行費用とし
て，後日，取り立てることができる（同 42 条 4 項参照）。

(3)　間接強制による執行

　前述のように，代替的作為請求権の強制執行でも，間接強制を用いることが
できることになった。代替的作為債務であっても，代替執行が必ずしも容易で
はなく，かえって間接強制の方が適切・迅速・効果的な場合があるからである。
したがって，債権者としては，代替執行と間接強制を選択的または並行的に申
し立てたり，あるいは一方が奏功しなかった場合に，他方での実施を求めるこ
とができる（民執 171 条〜 173 条）。たとえば，当面は，間接強制によって債務
者自身による建物の取り壊しを求めながら，一定期間経過しても取り壊しがな
されない場合に，既に取得していた授権決定に基づいて代替執行を実施するこ
とも許される。なお，間接強制の手続については，次に述べる不代替的作為請
求権の執行の場合と同様である。

> **4-1**　**謝罪広告を求める請求権の執行**
>
> 　民法 723 条は，他人の名誉を毀損した者に対して，被害者の名誉を回復する
> のに適当な処分を命ずることができると定めている。新聞紙上に謝罪広告を掲載
> することを求める請求権（債権）については，債務者自身がそれをすることよ
> りも，新聞紙上に一定内容の謝罪広告が載るという結果に重点があるとみられ
> ることから，この債権の執行方法として代替執行を認めるというのが判例・通
> 説の立場である（大決昭和 10・12・16 民集 14 巻 2044 頁，後掲・最大判昭和 31・7・
> 4）。しかし，憲法 19 条が保障する良心の自由との関係で，そもそも判決で謝

罪広告を命じ，これを執行手続で強制することには違憲の疑いがあるとの批判も有力である。しかし，最大判昭和31・7・4民集10巻7号785頁［百選68事件］は，謝罪広告を命じる判決の内容が，単に事態の真相を告白し陳謝の意の表明の程度にとどまるときは，代替執行は可能であり，また，憲法19条の良心の自由に反しないと判示している。しかし，以上の議論を受けて，最近では，謝罪広告に代えて「取消広告」を命じるべきであるとする学説も有力となりつつある。

③ 不代替的作為請求権の執行

(1) 不代替的作為請求権の執行方法──間接強制

　不代替的作為請求権（債権）とは，債権の内容である作為が代替性を有せず，債務者以外の第三者が債務者に代わって作為をすることが法律上または事実上不能であるか，仮に可能でも，それでは債権者に対し債務者がなしたのと同質の効果を与えることができないような行為を目的とする請求権（債権）をいう。たとえば，①その行為が債務者本人の特別の才能・学識・技能などの発揮を要する場合（たとえば，講演，鑑定などを行う義務），②債務者本人がその法律上の責任においてすることを要する場合（たとえば，株式の名義書換をなすべき義務，団体交渉応諾義務），③債務者本人が行うことが法律上の効果の発生に必要な場合（たとえば，証券に署名をなすべき義務），④行為の内容を債務者本人の裁量に任せなければならない場合（たとえば，代理人を選任すべき義務），などがその例である。これらの場合には，債務者自身が行為しないかぎり，債権の内容は実現されない。そこで，債権者は，間接強制の方法によって債務者を心理的に強制して債権の内容の実現をはかることになる。

　ただし，不代替的作為請求権のすべてについて間接強制が許されるわけではなく，たとえば，①間接的にでも履行を強制をすることが公序良俗に反するような債務（たとえば，夫婦の同居義務〔大決昭和5・9・30民集9巻926頁〕，婚姻予約にもとづく婚姻義務〔大連判大正4・1・26民録21輯49頁〕，雇用契約に基づく就労義務など）や，②強制をしたのでは本来の債権の内容の実現が期待できない債務（たとえば，作曲家の作曲義務・画家の執筆義務）については，間接強制はできない。また，③債務履行のために債務者の意思のほかに，特殊の設備や技能ま

たは第三者の協力が必要な場合にも，間接強制の方法はとれない（大決大正4・12・21新聞1077号18頁，大決昭和5・11・5新聞3203号7頁）。したがって，これらの場合には，債権者は，債務不履行による損害賠償請求で満足するよりしかたがない。

(2) 間接強制の手続

(a) 執行の申立て

不代替的作為請求権の場合には，前述のように，債務者自身が行為しない限り，債権の内容は実現できない。そこで，債務者が任意に債務を履行しないときは，債権者は，債務者に不代替的作為を命じる旨の債務名義に基づき，執行裁判所に対し，間接強制の強制金決定を申し立てることができる（民執172条1項）。執行裁判所は，債務名義の区分に応じて，執行文付与の訴えの管轄裁判所と同じである（同172条6項・171条2項・33条2項1号・6号）。代替執行の場合と同様に，執行債権の実体的な内容と執行処分とが密接に関連するため，債務名義の成立に関与した裁判所等に執行も担当させるのが適当であるとの考慮による。

(b) 強制金決定

裁判所は，決定をもって，債務者に対し，遅延の期間に応じ，または相当と認める一定期間内に履行をしないときはただちに債務の履行を確保するために相当と認める一定額の金銭（**間接強制金**）を債権者に支払うよう命ずる（民執172条1項）。それによる債務者への心理的強制を通じて債権の実現をはかることになる。

この支払を命じられる金額については，民執法172条1項が，間接強制は「債務の履行を確保するために相当と認める一定の額の金銭を債権者に支払うべき旨を命ずる方法により行う」と定めているので，裁判所としては，現実の損害額に拘束されることなく，債務の性質や債務者の態度などをも考慮して，合理的裁量によって金額を決定することができる（ちなみに，静岡地浜松支決昭和62・11・20判時1259号107頁は，債権者たる地域住民が，債務者たる暴力団組長に対して同人所有の建物を組事務所として使用することを禁じる仮処分命令に基づいて，上記の債務の履行確保のため，債務者が上記の債務に違反した場合には1日につき100

万円を支払うよう命じる旨の決定を求めたのに対し，これを肯定している）。決定後に事情の変更があったときは，執行裁判所は，申立てにより，決定内容を変更（支払額を増減）することができる（同172条2項）。執行裁判所は，これらの決定をする場合には，申立ての相手方を審尋しなければならない（同172条3項）。また，これらの裁判に対しては，執行抗告ができる（同172条5項）。

(c)　間接強制金の取立て

この強制金決定によって債務者は金銭給付義務を負うことになるので，債務者が強制金決定に含まれる履行命令に違反したときは，債権者は，強制金決定を債務名義として（民執22条3号），条件成就執行文（補充執行文）の付与を受けて（同27条1項），金銭執行の方法により金銭を取り立てることができる。履行命令の違反は，債務者が証明すべき事項であるが，民執法177条3項を類推して，裁判所書記官は，債務者に対し，一定の期間を定めて，履行の事実を証明する文書の提出を催告すべきであると解されている。

間接強制金は，執行法上の制裁金であって，違約金・賠償金ではないが，支払われた制裁金は，国庫にではなく債権者に帰属し，債務不履行による損害の補塡に充てられる（もっとも，最判平成21・4・24民集63巻4号765頁［百選89事件］は，保全執行の債務名義となった仮処分命令における被保全権利が，本案訴訟の判決において当該仮処分命令の発令時から存在しなかったものと判断され，当該仮処分命令を取り消す決定が確定した場合には，債務者に交付された間接強制金は法律上の原因を欠いた不当利得にあたり，債務者は間接強制金を債権者に返還しなければならないとする）。支払額が債務不履行による現実の損害額を超えるときでも，債権者は，差額を返還する必要はない反面，逆に現実の損害額が支払額を超えるときは，債権者は，その超える額につき，別途，損害賠償を請求することができる（民執172条4項）。

4　不作為請求権の執行

(1)　不作為義務の種類

不作為を目的とする請求権（債権）というのは，債務者が特定の不作為義務を負っている場合である。その不作為義務には，債務者の積極的な行為の禁止を求めるもの（**狭義の不作為義務**）と，債権者なり第三者のなす行為を受忍し，

それを妨害しないことを内容とするもの（**受忍義務**）とがある。また，不作為義務には，1回的なもの，反復的なもの，継続的なものがある。**1回的な不作為義務**は，一定時期の不作為を目的とするか，または少なくとも1回の義務違反があればその後は再び義務違反の問題を生じない種類の不作為を目的とするものである（たとえば，ある特定の音楽会に出演しない義務）。この種の義務は，その違反によってただちに消滅してしまう関係で，執行によって債権内容の強制的実現をはかることが困難である場合が多い。これに対し，**反復的不作為義務**は，間欠的ないし断続的に履行すべき不作為を内容とするものであり，たとえば，毎夜一定の時間以降一定以上の騒音を出さない義務がその例である。また，**継続的不作為義務**は，一定期間または永久にある行為をしない義務で，その間は継続的に義務の履行をしなければならないものである。たとえば，建築制限協定に違反して建物を建てない義務，同一ないし類似の商号を使用しない義務，汚水を流出させない義務，競業避止義務などがその例である。反復的もしくは継続的義務については，将来の違反の繰り返しを予防するための執行も必要となる。さらに，不作為義務には，建物を建てない義務のように義務違反の結果が有形的に残るものと，一定の騒音を出さない義務のように義務違反の結果が残存しないものとがある。

(2)　執行方法

このように，ひとくちに不作為を目的とする請求権（債権）といっても，その中には様々なものがあるので，強制執行の方法については，次のように，個々の債権（義務）の内容とその違反行為の具体的状況に応じた配慮が必要となる。

(a)　現在の違反の鎮圧

たとえば，債務者が一定期間ある劇場で演奏をしないという不作為義務に違反して出演している場合など，反復的不作為義務の違反行為が行われている場合には，強制執行の方法でこれを鎮圧することが認められなければならない。かかる場合には，執行裁判所は，間接強制の方法により，以後の違反継続の期間に応じ，または相当と認める一定の期間内に違反を中止しないときは直ちに一定の金額を債権者に支払うべき旨を命ずることになる（民執172条2項）。そ

して，このことは，たとえば，「騒音を 60 ホン以上侵入させてはならない」とか，「振動を毎秒 0.5 ミリメートルを超えて侵入させてはならない」というような，いわゆる抽象的不作為義務に違反している場合についても同様であり，判例・通説は，それらの場合に，間接強制を認めている（名古屋高判昭和 60・4・12 下民 34 巻 1 = 4 号 461 頁〔ただし，傍論〕[百選 67 事件]）。

　これに対し，不作為義務の違反行為が継続中である場合は，事情が異なる。これにあたる場合としては，①債務者が物的施設によって通行を妨害をしている場合（たとえば，障害物を設置して妨害している場合）と，②債務者（またはその指図に従う第三者）が人力によって通行を妨害している場合（たとえば，腕力をふるって通行を妨害する場合）とがある。①の場合には，次に述べる違反結果の除去の問題となり，代替執行により債務者の費用で妨害施設を除去できることに異論はない。問題は②の場合であり，この場合に，債権者は執行官の援助を得てその排除を求め得るかという問題がある。かつて（特に旧強制執行法下で）は否定説も存在したが，最近では，民執法 6 条を類推して，債権者は執行官に援助を求めることができ，執行官は実力を用いて抵抗を排除できるとする見解が一般的である。

(b)　違反結果の除去

　不作為義務の違反が，何ら物的状態を残さない場合（たとえば，クリスマスの夜の演奏会に出演しない義務に違反して出演してしまったとき）には，債権者としては，これによって受けた損害の賠償請求をするほかないが，違反行為により違法な物的状態が残っている場合，たとえば，建築制限協定に違反して建物が建てられた場合には，これを取り除いて原状回復することが不作為義務を実現させることになる（民執 171 条 1 項 2 号）。この収去行為は代替的行為であるから，この執行では代替執行の方法がとられる（東京高判昭和 57・11・17 判タ 490 号 69 頁参照）。違法結果の除去（原状回復）は，本来，不作為義務の内容には属せず，債権者は改めて除去を求める訴えを提起しなければならないはずであるが，不作為を命ずる債務名義成立後の債務者の違反行為によって債務名義が容易に形骸化されてしまうのでは救済の実を挙げることができないことから，一種の代償的執行としての結果の除去が認められたものである。

(c)　違反の反復・継続の防止

　反復的・継続的な不作為義務の違反があった場合には，将来の義務違反の繰り返しの予防も必要であることから，債権者は，「将来のため適当な処分」を命ずる決定を裁判所に求めることができる（民執 171 条 1 項 2 号）。ここに「将来のため〔の〕適当な処分」とは，一般的には，将来における義務違反の反覆を予防するために効果的な処置のことをいい，違反の原因である物的状態の除去，違反行為を防止するための物的設備の設置，将来の違反行為による損害賠償のための担保の提供などが，これに含まれる。もっとも，「将来のため〔の〕適当な処分」として，将来の違反行為ごとに一定の賠償金を支払うべき旨の制裁予告をなし得るかという点については争いがあり，これを認めるのが通説である。しかし，かかる処分は，民執法 172 条所定の間接強制の方法とまったく同じであり，不作為義務を間接強制によって執行し得ることに異論はないのであるから，それとは別に「将来のため〔の〕適当な処分」として，かかる処分を認める必要はないとする有力説もある。

> **4-2**　**抽象的差止判決の執行方法**
>
> 　公害・生活妨害の差止請求事件において，債権者（被害者）が，いわゆる抽象的不作為を命じた差止判決（たとえば，「騒音を 65 ホン以上侵入させてはならない」とか，「振動を毎秒 0.5 ミリメートルを超えて侵入させてはならない」といった内容の判決のように，債務者が行うべき具体的な行為が特定されていない判決のこと）に基づいて，その執行方法たる「適当な処分」として，代替執行の方法により物的防止設備の設置を求めることができるかどうかについては争いがあり，**積極説**と，**消極説**（名古屋高判昭和 43・5・23 下民 19 巻 5 = 6 号 317 頁〔ただし傍論〕）とが対立している。また，両者の**折衷説**（制限的肯定説）として，抽象的差止判決の中に既に債務者（加害者）に求められる具体的措置の内容が実質的に盛り込まれている場合に限り，執行裁判所は抽象的差止判決に基づいて具体的な侵害防止措置を命ずる授権決定をすることができるとする見解もある。また，この種の差止請求訴訟では，債務者がとるべき具体的な措置についてまったく記載しない純粋な抽象的差止判決は妥当性を欠き，したがって，受訴裁判所としては，たとえば，「①被告は，原告らの各居住敷地内に列車の走行により生じる騒音を 65 ホン以上侵入させてはならない。②被告は，この目的を達成するために，防音壁の設置その他適切な措置を実施しなければならない。」といった**救済指針付差止判決**を出すべきである（この判決は，「二段階的裁判手続」すなわち権利侵

害について判断する審理過程と具体的な救済方法を判断する審理過程を経て出される）とした上で，執行裁判所は，まず，債務者自身に自発的な救済措置の実施を促すために，上記の判決主文中の抽象的差止命令自体（①）の間接強制（民執172条）を命じることができるが，それが効を奏しない場合には，次に，判決主文中に記載された具体的救済方法（②）に関して代替執行などの「適当な処分」（同171条1項2号）を申し立てることができるとする見解も主張されている。

　さらに，近時，抽象的不作為判決において確認された抽象的不作為請求権が抽象的作為請求権を質的に包含していると判断されるときには，その作為請求権を実現すべき措置を選択・特定して代替執行を認めるべきであるとして，抽象的不作為判決に対する適当な処分による執行ができる（大は小を兼ねる）とする見解も現れている。そして，さらに，かつての見解は，債務名義作成機関と執行機関の分離原則につき，債務名義に記載されている事項に忠実な執行こそが分離原則の核心であるとの機能的な分離原則を出発点としているが，分離原則の核心は，あくまでも執行機関による実体的審査の禁止にあるから，授権決定の中で具体的権利義務を確定する必要はなく，むしろ，最適執行（実効性確保）の観点から，債務名義作成機関と執行機関とが連携して最も適切な執行方法を見い出すべきであるとして，「適当な処分」の解釈運用に当たっても，請求権や義務とは切り離して，債権者の申立てを基礎としつつ，債務名義作成機関や専門家の協力も得ながら，執行裁判所が最適な執行方法を選択することが重要であるとする注目すべき見解も主張されている。

(d)　事前の違反予防の可否

　不作為義務は，義務違反がない間は履行されていることになる関係上，その執行は，債務名義（たとえば，不作為を命ずる判決）成立後に義務違反があってはじめて問題となるのが原則である。そこで，従来は，たとえ義務違反のおそれがある場合であっても，事前の違反の予防は，不作為義務の執行としては許されず，債権者としては，実体法が予防的作為を求める権利を認めている場合（たとえば，民199・201条2項，特許100条）に，これに基づいて妨害の予防を請求するか，仮処分（民保23条）によって予防策を講じ得るにすぎないと解されてきた。しかし，いったん不作為義務の違反があると，その不作為義務の内容を事後に実現することは不可能に近い（とりわけ1回的な不作為義務の場合には，事実上強制執行の方法がなくなってしまう）ので，債務者が現に当該不作為義務に違反していなくても，不作為義務に違反する危険性が存すると合理的に認めら

れる場合には，不作為義務の執行としての間接強制ができるとする見解が有力となっている。最近の判例も同様の見解に立つ（最決平成 17・12・9 民集 59 巻 10号 2889 頁［百選 69 事件］，東京高決平成 3・5・29 判時 1397 号 24 頁）。

5　意思表示を求める請求権の執行

(1)　執行方法──意思表示の擬制

　債務者の意思表示を目的とする請求権（債権）は，不代替的作為義務であるから，間接強制（民執 172 条）によっても権利内容の強制的実現をはかることはできる。しかし，この種の債権にあっては，意思表示がなされた場合と同一の効果（たとえば，不動産の登記義務の場合には，当該登記が債権者単独の申請により可能となるという法律効果〔不登 63 条 1 項参照〕）が得られれば足り，必ずしも債務者に現実の意思表示自体の実行を強いる必要はない。そこで，民執法 177 条1 項は，法律行為（意思表示）を目的とする債務については，意思表示を命ずる裁判でもって債務者の意思表示に代えることを前提に，執行手続に関する規律を設けている（そこで**判決代行**ともいう）。そして，民執法は，意思表示をすべきことを債務者に命ずる判決その他の裁判が確定したとき，または同趣旨の和解・認諾・調停もしくは労働審判にかかる債務名義が成立したときは，その裁判の確定または債務名義設立の時に債務者の意思表示があったものと擬制している（民執 177 条 1 項本文）。したがって，意思表示を命ずる判決は，判決の確定によって実体法上の法律効果が生ずることになる点で，形成判決に類似するが，判決の内容は，債務者に対し意思表示をなすべきことを命ずるにとどまり，法律効果の発生を直接に宣言するものではないから，その性質は給付判決にほかならず，ただ，その執行の経過が擬制という法技術によって極端に省略されているにすぎない。

(2)　適用の対象

　意思表示の擬制が認められるのは，執行債権が意思表示を求める請求権（債権）である場合に限られる。ここにいう意思表示には，狭義の意思表示（法律行為の要素たる意思表示〔官公署に対する許認可申請・登記申請など〕）のほか，法的擬制によって執行の目的を達成できるすべての観念的行為が含まれる。したが

って，準法律行為である観念の通知（債権譲渡の通知など）や意思の通知（催告など）もここにいう意思表示に含まれる（前者につき，大判昭和15・12・20民集19巻2215頁参照）。また，意思表示の相手方は必ずしも債権者である必要はなく，登記義務のように，第三者（官公署）であってもよい。しかし，手形の振出しや裏書のように，意思表示とともに債務者自身の事実的行為を必要とする場合には，事実的行為を擬制することはできないから，不代替的作為請求権の執行方法としての間接強制によるほかない（⇨266頁 **3**(1)）。また，意思表示の内容が債務名義上明確に特定されていることが必要である。特に登記義務については，登記すべき不動産等の表示や登記原因・日付等が債務名義の中で明確にされていなければならない。

(3)　擬制の効果発生の時期

　意思表示の擬制の効果が発生するのは，原則として，意思表示をすべき旨の判決等の確定または和解調書，認諾調書，調停調書等の成立の時点である（民執177条1項本文。外国判決・仲裁判断・外国仲裁判断の場合は，その執行判決・執行決定が確定した時点である）。しかし，この擬制の時点が，例外的に繰り延べられる場合がある。

　(a)　意思表示請求権が確定期限の到来にかかる場合には，その期限の到来時に意思表示があったものとみなされる（民執30条1項）。

　(b)　債務者の意思表示が債権者の証明すべき事実の到来にかかる場合には，条件成就執行文が付与された時に意思表示があったものとみなされる（民執177条1項但書）。たとえば，農地の売買において都道府県知事の許可を条件として移転登記を命ずる判決の場合には，債権者が知事の許可の存在を証明して条件成就執行文を取得した時点で，債務者の移転登記の意思表示が擬制される。

　(c)　債務者の意思表示が反対給付との引換えにかかる場合には，債権者が反対給付またはその提供を証する文書を提出したときに限り執行文が付与され（執行文付与申立書の記載事項については，民執規165条参照），その時点で意思表示があったものとみなされる（民執177条1項但書・2項）。たとえば，一定の金銭の支払と引換えに移転登記を命ずる判決の場合には，債権者が当該金銭を供託してその証明書に基づき条件成就執行文を取得した時点で，債務者の移転登記

の意思表示が擬制される。これは，債権者が法の擬制により直ちに確実に意思表示の効果を得ることとの均衡上，反対給付についての債務者の利益を確保する必要に基づくものである。

(d)　債務者の意思表示が債務の履行その他の債務者の証明すべき事実の不存在にかかる場合には，裁判所書記官が，債務者に対し，一定の期間を定めてその事実を証明する文書の提出を催告し，債務者がその期間内にその文書を提出しないときに執行文が付与され（執行文付与申立書の記載事項については，民執規165条参照），その時点で意思表示があったものとみなされる（民執177条1項但書・3項）。たとえば，債務者が割賦金の支払を2回以上怠ったときは移転登記を命ずる和解調書が存在する場合などがこれにあたる。この場合，その債務不履行は，債権者の証明すべき事実（前記(b)）にはあたらないが，債務者に支払の過怠ありとする債権者の単独の移転登記申請（不登63条1項）を認めてしまうと，過怠を争う機会が債務者に保障されない。そこで，民執法は，債務者に，所定の期間内に当該事実（割賦金の支払をしたこと等）を証明する文書（たとえば，領収書）を提出する機会を与え，債務者に防御の機会を保障することにしたのである。

なお，前記(b)および(c)の場合において，債権者が文書による証明をすることができず，あるいは，(d)の場合において，債務者の証明文書が提出されたため，裁判所書記官が執行文を付与しないときは，債権者としては，執行文付与の訴え（民執33条）を提起するほかはない。そして，執行文付与の訴えによって執行文を取得した場合には，その認容判決の確定時に擬制の効果が生ずることになる。

(4)　擬制の効果

原則として，意思表示をすべき旨の判決等の確定または調書の成立と同時に，債務者が有効適式に意思表示をしたのと同一の法律効果が生ずる（民執177条1項本文）。したがって，要式行為であれば，所定の方式を踏んでなされた意思表示が擬制され，また，債務者が制限能力者や法人であれば，能力の補充の下にあるいは正当な代表者によってなされた意思表示が擬制される。ただし，擬制の対象は意思表示に限られるので，債権者の求める法律効果が発生するため

に他の要件が必要とされる場合には，当該要件を具備する必要がある。もっとも，意思表示の相手方が債権者である場合には，判決の送達や和解成立の時点で，債権者への到達が認められるので，その時点で債権者の求める法律効果も発生する。これに対し，意思表示の相手方が第三者である場合には，判決や調書の正本または謄本を債権者が当該第三者に提出または送付した時点で意思表示の到達が認められ，法律効果もその時点で発生する。不動産等の登記義務については，登記の実行行使が必要となるが，それ自体は執行行為ではない（最判昭和41・3・18民集20巻3号464頁［百選72事件］）。

第4節　子の引渡しの強制執行

1 子の引渡しの強制執行の特殊性とハーグ条約実施法の規律 ──

　子の引渡しを求める請求権（子の引渡請求権）の法的性質は，一般に，親権者または監護者による親権または監護権の行使に対する妨害排除を求める請求権であると解されている（最判昭和35・3・15民集14巻3号430頁参照）。しかし，令和元年改正前民事執行法には，子の引渡しの強制執行の方法について固有の明文規定は設けられていなかった。ただ，従来の裁判実務では，子の引渡しの強制執行については，間接強制の方法（民執172条）のほか，動産の引渡しの強制執行に関する民執法163条を類推適用して，執行官が，債務者による子の監護を解いて債権者に子を引き渡す直接強制の方法によっても行われてきた（動産の引渡請求権の執行については，⇨248頁・第3章第3節 **3**）。

　しかし，このような状況に対しては，子の引渡しを命ずる裁判の実効性を確保するとともに，子の心身に十分な配慮をする等の観点から，明確な規律を整備すべきであるとの指摘がなされていた。そうした中で，平成26年に，「国際的な子の奪取の民事上の側面に関する条約」（ハーグ条約）がわが国で批准され，それに伴いその国内実施法（「国際的な子の奪取の民事上の側面に関する条約の実施に関する法律」。ハーグ条約実施法）も併せて制定された。令和元年改正前ハーグ条約実施法では，子の引渡しの執行方法については，例外なく間接強制を前置し，それが奏功しない場合に，代替執行ができるとされていた（令和元年改正

前ハーグ条約実施法136条)。これは，子の心情に配慮し，できる限りソフトな執行方法で子の引渡しの実現を図ろうとする趣旨であったと解される。しかし，例外なく間接強制を前置する点に対しては，具体的状況に応じた柔軟な対応ができない等の問題点も指摘されていた。そこで，令和元年改正法では，民執法およびハーグ条約実施法に「子の引渡しの強制執行」という枠組みを新たに設け，規定を整備した。

2 子の引渡しの強制執行手続の概要

⑴　子の引渡しの強制執行の方法

　令和元年改正民執法では，子の引渡しの強制執行は，①直接的な強制執行の方法（民執174条1項1号）と，②間接強制の方法（同項2号）のいずれかにより行うものとされている。

　このうち，直接的な強制執行の方法は，「執行裁判所が決定により執行官に子の引渡しを実施させる方法」であり，令和元年改正で，新たに導入された執行方法である。その手続の流れは，概ね，①債権者から執行裁判所に対して直接的な強制執行の申立てがなされ，②これを受けた執行裁判所が，この執行方法を実施するための要件が満たされていると判断した場合には，執行官に，債務者による子の監護を解くために必要な行為をすべきことを命ずる旨の決定をし，③執行官が，この決定に基づき，債権者の申立てにより，執行場所に赴き，債務者による子の監護を解いて，その場所に出頭している債権者またはその代理人に子を引き渡すというものである。

　子の引渡しの直接的な強制執行の申立ては，①間接強制決定が確定した日から2週間を経過したとき（当該決定において定められた債務を履行すべき一定の期間の経過がこれより後である場合にあってはその期間を経過したとき），②間接強制を実施しても，債務者が子の監護を解く見込みがあるとは認められないとき，③子の急迫の危険を防止するため直ちに強制執行をする必要があるとき，のいずれかに該当するときでなければすることができない（民執174条2項）。要するに，これは，間接強制を一応の原則としつつも，これを経由することなく直接的な強制執行を認める趣旨である。

(2)　子の引渡しの直接的な強制執行の具体的な手続

(a)　執行裁判所と執行官の役割分担

　子の引渡しの直接的な強制執行は，旧法における直接強制のように執行官が担当するのではなく，執行裁判所が担当する。執行裁判所となるのは，債務名義の区分に応じ，地方裁判所または家庭裁判所である（民執174条5項・171条2項）。実務上は，家庭裁判所における判決，審判（保全処分も含む）または調停によって子の引渡しが命じられる場合が多く，この場合には家庭裁判所が管轄を有することになる。

　債権者の申立てを受けた執行裁判所が，子の引渡しの直接的な強制執行を実施する旨の決定をする際は，原則として，債務者を審尋しなければならない。ただし，審尋をすることにより強制執行の目的を達し得ない事情があるときは，審尋は不要である（民執174条3項）。そして，執行裁判所が，債権者の申立てに理由があると認めるときは，子の引渡しを実施させる旨の決定をし，執行官に対して，債務者による子の監護を解くために必要な行為をすべきことを命じなければならない（同174条4項）。

(b)　子の引渡しの直接的な強制執行における執行官の権限等

　執行官は，執行裁判所の上記決定に基づき，債務者による子の監護を解くために必要な行為を行う。この「必要な行為」について，民執法175条1項は，執行官が，債務者に対して説得を行うことのほか，①執行の場所に立ち入り，子を捜索すること（この場合において必要があるときは，閉鎖した戸を開くため必要な処分をすること），②債権者もしくはその代理人と子を面会させ，または債権者もしくはその代理人と債務者を面会させること，③その場所に債権者またはその代理人を立ち入らせることができるとしている。

(c)　執行場所

　子の引渡しの直接的な強制執行は，基本的に債務者の住居等の債務者の占有する場所で実施する（民執175条1項）。ただし，執行官が，子の心身に及ぼす影響，当該場所およびその周囲の状況その他の事情を考慮して相当と認めるときは，債務者の住居その他債務者の占有する場所以外の場所においても，当該場所の占有者の同意またはこの同意に代わる執行裁判所の許可があれば，子の監護を解くために必要な行為をすることができる（同175条2項）。この同意に

代わる許可は，子の住居が債務者の住居等の債務者の占有する場所以外の場所
である場合において，執行裁判所が，債務者と当該場所の占有者との関係，当
該占有者の私生活または業務に与える影響その他の事情を考慮して相当と認め
るときに与えられる（同175条3項）。

(d)　執行実施の要件──同時存在原則の廃止と債権者の出頭

令和元年改正前ハーグ条約実施法140条3項は，執行の場所に子が債務者と
共にいる場合（「同時存在」の場合）でなければ，代替執行ができないとしてい
た。そのため，同法施行後の日本国内における執行実務でも，同時存在の場合
にのみ直接強制が可能であるとの運用を行ってきた。これは，執行現場に居合
わせる子の心情に配慮したものであったが，実際には，債務者側が子の引渡し
に激しく抵抗したり，子を他者に預けるなどして同時存在の状況を意図的に作
らないように仕向けて，執行不能にする事案も多く，執行の実効性を阻害する
要因となっていた。そこで，令和元年改正民執法は，子と債務者の同時存在の
要件を不要とした。その上で，債務者の不在により子が執行現場で不安を覚え
ることがないよう，（債務者ではなく）債権者本人が執行場所に出頭した場合に
限り，執行官が債務者による子の監護を解くために必要な行為をできることに
した（民執175条5項）。ただし，債権者本人が執行場所に出頭できない場合で
あっても，その代理人が債権者に代わってその場所に出頭することが，当該代
理人と子との関係，当該代理人の知識および経験等の事情に照らして子の利益
のために相当と認められるときは，代理人が当該場所に出頭したときでも，執
行裁判所は，執行官が子の監護を解くために必要な行為をできる旨の決定をす
ることができる（同175条6項）。ここでの代理人としては，債権者の親（子の
祖父母）や親族等，子の監護に適した者が想定されている。

(3)　威力行使の禁止

執行官は，職務の執行に際し抵抗を受けるときは，その抵抗を排除するため
に，威力を用いることができるが（民執6条1項），債務者による子の監護を解
く際には，子に対して威力を用いることはできない。子以外の者に対して威力
を用いることが，子の心身に有害な影響を及ぼすおそれがある場合も，子以外
の者に対し威力を用いることができない（同175条8項）。

(4)　執行機関の子の心身への配慮義務

　子の引渡しの直接的な強制執行の場面においては，その過程で子の心身に負担が生じ得ることから，民執法176条は，執行裁判所および執行官の責務として，できる限り，当該強制執行が子の心身に有害な影響を及ぼさないように配慮しなければならないと規定している（配慮義務規定）。

練 習 問 題

1節

1　間接強制は，どのような債務について行うことができるか（⇨ 255 頁以下・第 1 節，262 頁以下・第 3 節）。

2節

1　債権者 X がその所有するビル内の一室につき明渡しの強制執行をしようとしたところ，債務者 Y が反抗的な態度をとり，室内の動産を受け取ろうとしない。しかも，ビルの内外周辺には，その動産を保管しておくような適当な場所もない。このような場合，執行官としては，どうすればよいか（⇨ 260 頁 **2** (3)）。

3節

1　X 建設会社は，マンションの建築工事をめぐる近隣住民 Y らとの紛争に関連して，Y らに対する建築工事妨害禁止の仮処分命令を得た。しかるに，Y らは，以後も反対運動を継続し，前記仮処分命令に違反して建築妨害の挙にでる可能性が高い。この場合，X 社は，前記仮処分命令を債務名義として間接強制金決定を求めることができるか（⇨ 271 頁 **4** (2)(c)）。
2　土地の売主 Y が所有権移転登記手続に協力しない場合，買主 X としては，どのような強制執行をすればよいか（⇨ 273 頁 **5**）。

4節

1　令和元年の民事執行法改正で，子の引渡しの強制執行手続が導入された経緯を説明しなさい（⇨ 276 頁以下 **1**）。
2　子の引渡しの強制執行とはどのような手続か（⇨ 277 頁以下 **2**）。

参 考 文 献

1 節

1 谷口園恵＝筒井健夫編『改正担保・執行法の解説』（商事法務，2004）126 頁以下。

2 道垣内弘人ほか『新しい担保・執行制度〔補訂版〕』（有斐閣，2004）155 頁以下。

2 節

1 中野＝下村・民事執行法 794 頁以下。

2 谷口園恵＝筒井健夫編『改正担保・執行法の解説』107 頁以下。

3 道垣内弘人ほか『新しい担保・執行制度〔補訂版〕』110 頁以下。

3 節

1 中野＝下村・民事執行法 809 頁以下。

2 森田修『強制履行の法学的構造』（東京大学出版会，1995）。

3 道垣内弘人ほか『新しい担保・執行制度〔補訂版〕』160 頁以下。

4 竹下守夫「生活妨害の差止と強制執行・再論」判タ 428 号（1981）35 頁以下。

5 竹下守夫「不作為義務の強制執行」小山昇ほか編『演習民事訴訟法(下)』（青林書院新社，1973）405 頁以下。

6 山口和男「騒音の規制と被害者の救済」曹時 24 巻 10 号（1972）1785 頁以下。

7 松本博之「抽象的不作為命令を求める差止請求の適法性」自正 34 巻 4 号（1983）35 頁以下。

8 川嶋四郎「差止訴訟における強制執行の意義と役割」ジュリ 971 号（1991）260 頁以下。

9 川嶋四郎「『公共的差止訴訟』における救済過程の構造とその展開(1)〜(4)・未完」商学討究 39 巻 4 号 33 頁以下・40 巻 3 号 127 頁以下（以上，1989）・同 4 号 51 頁下・41 巻 1 号 1 頁以下（以上，1990）。

10 安永祐司「抽象的不作為請求・判決と強制執行に関する考察(1)〜(5)・完」法学論叢 183 巻 5 号 35 頁・184 巻 3 号 24 頁・184 巻 6 号 54 頁・185 巻 3 号 53 頁・185 巻 6 号 53 頁（2018-2019）。

11 内田義厚「債務名義作成機関と執行機関の分離再考——民事執行法施行 40 年を迎えて」民訴 67 号 158 頁（2021）。

□ **意思表示の擬制に関して**

12 中野＝下村・民事執行法 826 頁以下。

13 松本博之「過怠約款と執行文」竹下守夫先生古稀祝賀『権利実現過程の基本構造』（有斐閣，2002）221 頁。

4 節

1 阿多博文「国内における子の引渡しの強制執行に関する規律の明確化と国際的な

子の返還の強制執行に関する規律の見直し」法律のひろば 72 巻 9 号（2019）33 頁。

2　中島弘雅＝松嶋隆弘編著『実務からみる改正民事執行法』（ぎょうせい，2020）109 頁以下［内田義厚］。

3　中島弘雅＝内田義厚＝松嶋隆弘編『改正民事執行法の論点と今後の課題』（勁草書房，2020）91 頁以下［安西明子］。

第5章

担保権実行手続（担保執行）

は じ め に

　民執法は，担保権実行手続として，担保不動産競売・担保不動産収益執行（民執180条〜184条・187条・188条），船舶競売（同189条），動産競売（同190条〜192条），債権およびその他の財産権についての担保権の実行手続（同193条），留置権による競売手続（同195条）を，規定している。

　本章では，まず，第1節で強制執行と担保執行の異同につき不動産担保権の実行手続を中心に概観した後，第2節で不動産担保執行，第3節で動産競売，そして，第4節で債権およびその他の財産権についての担保権実行手続を，さらに第5節で物上代位について説明することにしたい。

第1節　担保執行と強制執行

(1)　担保執行の正当化根拠

(a)　旧法時代・「任意競売」の概念

民事執行は強制執行と担保執行を統合した概念であるが，わが国では伝統的

に両者はその正当化根拠を異にするとみる理論が支配的で，民執法制定までは両者を規定する法律も別々であった（強制執行は旧民訴法第6編「強制執行」が，担保執行は旧競売法がそれぞれ規定していた。⇨6頁以下・第1章第2節）。

　両者の正当化根拠が異なるとする理論は，以下のように要約できよう。

　債権者が強制執行によりある債務者財産から満足を得るには，理論上その債権者が当該財産に対して実体的な権利を有していなければならないはずであるが，一般債権者は担保権者と異なり債務者財産に対する直接的な権利を有していない。そこで，一般債権者の債権の存在を公証する文書である債務名義を基礎に，国家の強制執行権力を発動して目的不動産を差し押さえ，一般債権者に目的財産に対する権利（差押債権者の地位）を付与した上で，売却，配当を行うことにした。したがって，強制執行の正当化根拠は債務名義であり，適式な債務名義に基づいてなされた強制執行は，執行債権が不存在の場合でも，不当であっても違法ではなく，これに基づく売却により買受人は目的財産の所有権を取得する。

　他方，担保執行は，執行の目的財産に担保権を有する債権者が，当該財産から満足を得る手続である。すなわち，担保権者が**担保権に内在する換価権**を行使して，担保権の目的財産を換価し，優先的な満足を得る手続である。したがって，**担保執行の正当化根拠は担保権の存在**に求めることが可能であり，ここでは債務名義は必要とされない（つきつめれば差押え自体も不要となろう）。それゆえ，担保権が存在しない担保執行では，債務名義が存在しない強制執行と同様に，買受人は目的物の所有権を取得できないことになる。

(b)　任意競売の問題点

　以上のような理解の下に，担保執行は，既に設定されている担保権に内在する換価権の発動であり，債務者が既に換価権（担保権）の設定に同意しているという点で，強制的な権利の実現ではないと位置づけられ，**任意競売**という概念を付与された。そして，担保執行（任意競売）の根拠法として制定された**競売法**には，以下のような特色が認められた。①債務名義は必要とされず，それゆえ執行機関が担保権という実体権の存在の判断を担当することになった。②差押えについても規定がなかった（ただし判例が手続の開始に差押えの効力を認めていった）。③さらに，解釈としてではあるが，担保権が存在しない担保執行で

は買受人は所有権を取得できないとされた。すなわち，競売申立ての原因である担保権や被担保債権が不存在であったり，競売手続の終了（代金の納付）までに消滅したりした場合には，競売による換価は無効とされ，たとえ競落許可決定に基づき代金を納付し所有権移転登記を受けても，買受人は所有権を取得できない，と解されていた（最判昭和 37・8・28 民集 16 巻 8 号 1799 頁）。

競売法の規律については，改善されるべき問題点が数多く指摘されたが，主要な問題点として以下の 2 点を挙げることができる。第一に，執行機関に担保権という実体権の在否の判断を委ねるのは，効果的な司法運営ではない。このような判断をする負担を取り除き，執行機関を執行行為に専念させるべきである（これを実現するための法技術が債務名義制度であることにつき，⇨ 32 頁以下・第 2 章第 3 節）。第二に，担保権が存在しない担保執行では買受人は所有権を取得できないとされるが，このような取扱いは，当該事例において買受人に不公平なだけでなく，買受人が所有権を取得できない事例が積み重なれば，担保執行に対する社会的信頼が損なわれ，高い価格での売却ができないなど，制度の効率的運営が妨げられることになる。

(c)　民執法における担保執行の正当化根拠

「任意競売」の概念の下での強制執行と担保執行の根拠の対比は，正当でないと思われる。債権は債務者の責任財産に対し摑取力という実体法上の権能を備えていると解される。担保執行において担保権者は目的財産につき担保権に内在する換価権を有しているのと同様に，強制執行において債権者は債務者の責任財産につき摑取力を有している。また，担保執行は国家権力により債務者（担保権設定者）の意に反しても行い得る点で，不動産強制競売と同様，強制的な権利実現手段である。担保執行，強制執行のいずれにおいても，執行機関は，換価権または摑取力という実体法上の正当化根拠に依拠しながら，債務者の意思に反しても当該目的物を強制的に売却し，その売却代金を債権者に分配するのだと，理解すべきである。

以上のように中核的要素を共有するのであるから，強制執行と担保執行は基本的な構造を共有すべきである。そこで，民執法では，担保執行は，手続開始時に目的物に対して差押えをし，その後の手続についても強制執行の規定がほぼ全面的に準用され，担保権不存在の場合も買受人は目的物の所有権を取得で

きるなど，強制執行と基本構造を共有する手続として構成されることとなった。

しかし，それにもかかわらず，実現しなかったのが，債務名義制度の共有である。すなわち，民執法では，担保執行を開始するために，強制執行で必要とされる債務名義は必要でなく，法が列挙した担保権存在に関する証拠を提出すればよいこととされた。そこで，以下では，その制度の趣旨につき説明する。

⑵　担保執行開始の要件

⒜　債務名義制度を導入しなかった理由

民執法が債務名義制度を導入しなかった理由について，ある立法担当官は以下のように説明している。旧競売法では，担保不動産の強制競売は，債務名義を要することなく，担保権に内在する換価権に基づいて，目的財産を直接に競売することができるとしていた。このように，担保権の実行については，強制執行と別扱いにし，債務名義を要せずに債務者所有の財産を強制的に換価できるとする制度は，諸外国の立法にもその例をみない極めて特異な立法であった。民執法の立法過程では，担保権（先取特権，質権，抵当権）の実行としての競売について，旧競売法の原則を改めて債務名義を必要とし，その債務名義の効力により，競落の効果あるいは買受人の地位の安定を図るべきであるとする立法論が展開された。しかし，過去 80 年にわたり債務名義なしで極めて容易に競売を認めてきた担保権の実行につき，一転して強制執行と同様に債務名義を必要とすることは，担保信用取引に重大な影響を与えるし（登記簿謄本による担保権実行なしには実務は動けないと判断されたと推測される），他面，買受人の地位の安定は別のアプローチによっても実現可能であることから，債務名義は不要であるとの原則を維持した上で，民執法 181 条〜 184 条の規定により，競落の効果，買受人の地位の安定などを図ることとした。

⒝　担保執行開始要件の制度趣旨

民事執行法における担保執行開始の要件は，債務名義を不要とする競売法の基本原則を形式的には維持しつつも，執行機関が担保権の存在につき審理せねばならない場面を可及的に縮小し，執行機関を執行に専念させる趣旨であると，解される。

すなわち，民執法は，手続開始の際，執行機関がその存否を判断する対象を，

担保権の存在自体から，民執法 181 条 1 項・2 項，190 条 1 項，193 条 1 項が列挙する証拠の存在へと移している。執行機関は，当該文書等の提出があれば，担保権実行手続の開始を義務づけられ，担保権の存在については判断しないのである。

しかし，執行機関は，手続開始に対する執行異議において，担保権の存在につき判断を行う（民執 182 条・191 条・193 条 2 項）。すなわち，執行異議において，債務者は担保権の存在を覆す反証を行い，担保権者は担保権を認めさせる証拠を補強し，執行機関が担保権の存在につき判断するのである。執行異議は決定手続なので，これは基本的に書証に基づく書面審理となる。

ただ，執行機関が担保権の存在につき判断する範囲は限定的である。書証の偽造が問題となったり，証人による本証・反証が必要となったりして，決定手続の書面審理では適切に対応できず，必要的口頭弁論によるべき場合には，別個の裁判所（権利判定機関に準ずると見ることもできようか）が，担保権不存在確認の訴えなどの民事訴訟により，このような判断を行うからである。

以上のように，担保権の存在につき審理せねばならない範囲は限定されており，執行機関は執行に専念できると見ることができよう。

(c)　法定文書の位置づけ

民執法が手続開始の要件として列挙する文書（**法定文書**。民執 181 条 1 項・2 項・193 条 1 項）は，書証であると解される。担保執行開始要件の下では，法定文書の提出があれば担保執行は開始されなければならないが，手続開始決定に対する執行異議で担保権の不存在・消滅を争い得るので，法定文書は債務名義ではなく，法定証拠（その提出があれば執行機関は担保権の存在を認めて手続を開始しなければならない証拠）と解されるのである。なお，民執法 193 条 1 項の「法定文書」の意義について，⇨ 316 頁(2)を参照。

ところで，民執法の立法当初，担保執行も債務名義に基づくべきであるという理論の正当性は揺るがないと見る立場から，法定文書は可能な限り債務名義に準じて取り扱うべきだとする見解が，有力に主張された。すなわち，当該担保権の存在を証明する蓋然性の高さ，および債務者の作成への関与＝手続保障の程度の観点から，債務名義に準ずる文書と位置づけられるなら，当該文書は債務名義に準じた取扱いをすべきであるというのである（181 条 1 項 1 号〜3

号・2 項の文書はこれに該当するという）。

　具体的には，①そのような文書の担保権の存在・内容に関する判断は執行機関に対して通用力をもつ，②そのような文書に基づく担保執行の適法性の根拠は当該文書自体の存在となる（民執法 184 条の根拠は当該文書の存在と解されよう），③抵当権不存在確認の訴え等，そのような文書に基づき開始された手続を止めるため担保権の不存在を理由に提起される訴えは，請求異議の訴えと同様の扱いをすべきである（例，民執法 35 条〜37 条を準用する）等と，主張される。

　今日法定文書は書証と見ることで決着が付いた観があるが，今後生じる問題の解決につき，このような見解から有益な示唆を得る可能性もあろう。

(3)　競売等の公信的効果

　最後に，手続開始要件の問題ではないが，債務名義制度導入と関連して検討された，担保権の存在が認められない場合の所有権取得の問題に言及しておきたい。

　担保執行は担保権に内在する換価権に基づき実施されると解した場合，担保権が存在しないにもかかわらず実施された担保不動産競売における売却は，無効となるはずである。民執法制定前の旧競売法の下では，そのように取り扱われていた。

　しかし，担保権の不存在を理由に売却の効力が覆るのであれば，売却許可決定が確定し，売却代金を払い込み，所有権移転登記も受けるなどし，目的不動産の所有権の取得を信じている買受人に対し，その正当な信頼を裏切るという点で，不公平であろう。そして，このような事例が積み重なっていけば，担保執行に対する社会的信頼は非常に低くなり，高価格での売却ができない（リスクが高いため，広く一般市民より買受希望者が集まることはなく，売却代金も低い額にとどまる）など，制度の効果的運営も妨げられることになる。

　そこで，民執法 184 条は，担保不動産競売につき，代金の納付による買受人の不動産の取得は，担保権の不存在または消滅により妨げられないと規定し，これを債権その他の財産権についての担保執行にも準用している（民執 193 条 2 項）。これを**競売の公信的効果**という。なお，動産競売については，民法の即時取得の規定（民 192 条）の適用があるので，民執法 184 条を準用する必要はな

い。

　競売の公信的効果をどのように理論的に説明するかは，問題である。いくつかの見解が対立しているが，買受人の所有権取得の効力を維持する必要性がある一方で，債務者（所有者）は，手続開始に必要とされる文書（民執181条1項1号～3号の文書など）の作成に関与する機会を与えられている上，担保権不存在確認訴訟や抵当権設定登記抹消請求訴訟等の判決手続のみならず，手続開始決定に対する執行異議という簡易・迅速な手続により，担保権の存在に関して争う機会が与えられている（同182条・183条を参照），つまり十分な手続保障がなされていることから，債務者（所有者）が所有権を失うことが正当化されるのだと，解すべきである（**手続保障＝失権効説**）。

　甲地につき，XからAに所有権移転登記がなされ，AがBに抵当権を設定し，Bが担保不動産競売を開始し，Yが買受人となり所有権移転登記も経由したが，Xが，X・A間の所有権移転登記は通謀虚偽表示に基づくという理由で，Yに対しA・Y間の所有権移転登記の抹消を請求した事件（事件は簡略化した）で，最高裁判所は，民執法184条はこの事件には適用されないとして，以下のように判示している（最判平成5・12・17民集47巻10号5508頁［百選26事件]）。「担保権に基づく不動産の競売は担保権の実現の手続であるから，その基本となる担保権がもともと存在せず，または事後的に消滅していた場合には，売却による所有権移転の効果は生ぜず，所有者が目的不動産の所有権を失うことはないとするのが，実体法の見地からみた場合の論理的帰結である。しかし，それでは，不動産競売における買受人の地位が不安定となり，公の競売手続に対する信用を損なう結果ともなるので，民事執行法184条は，この難点を克服するため，手続上，所有者が同法181条ないし183条によって当該不動産競売手続に関与し，自己の権利を主張する機会が保障されているにもかかわらず，その権利行使をしなかった場合には，実体上の担保権の不存在または消滅によって買受人の不動産の取得が妨げられることはないとして，問題の立法的解決を図ったものにほかならない。したがって，実体法の見地からは本来認めることのできない当該不動産所有者の所有権の喪失を肯定するには，その者が当該不動産競売手続上当事者として扱われ，同法181条ないし183条の手続にのっとって自己の権利を確保する機会を与えられていたことが不可欠の前提をなすも

のといわなければならない」。以上は，手続保障＝失権効説の立場を詳細に展開したものと理解されよう。

第2節　不動産担保権の実行（不動産担保執行）

◁担保不動産競売のケース▷

　Bは，Aに対し，5000万円の金銭債権を有し，Aが所有する甲地上に抵当権の設定を受けていた。Aが債務不履行に陥ったので，Bはこの抵当権を実行することにした。そこで，Bは申立書と，抵当権の登記に関する登記事項証明書，甲地の公課証明書などを添付して，甲地の所在地を管轄する地方裁判所に，担保不動産競売手続開始の申立てをした。申立書にB・A債権，甲地上の抵当権，B・A債権につき履行遅滞が生じている等の事実が記載され，抵当権登記に関する登記事項証明書などが添付されているので，執行裁判所は，手続開始決定を出し，甲地を差し押さえる旨宣言し，差押登記もなされた。しかし，Aは，5000万円は既に弁済したと考えていた。そこで，Aは，手続開始決定に対する執行異議を申し立て，弁済の事実を主張・立証しようとしたが，書証（弁済受領書）がなく，数人の証人を立てて立証せねばならなかった。証拠調べが複雑になりそうなので，執行裁判所は執行異議の申立てを却下した。Aは訴えの提起を断念した。

　その後，売却準備手続，売却手続がなされ，Cが買受人となった。そして，配当手続がなされ，担保不動産競売手続は終了した。ところが，この時点で，Bの署名のあるB・A債権の弁済受領書が発見された。そこで，抵当権は不存在であったことを理由に，AはCに対して甲地の所有権がAに帰属することの確認を求めて訴えを提起した。

1 担保不動産競売

⑴　不動産強制競売の規定の準用

　担保不動産競売と不動産強制競売は，いずれも債務者（所有者）の意に反して当該不動産を強制的に売却し売却代金をプライオリティー・ルールに従って債権者間で分配する点を本質としており，後者が採用する債務名義制度を前者は採用しないという点で異なっているだけである。そこで，民執法188条は不動産強制競売の規定を担保不動産競売に大幅に準用している。すなわち，まず，担保不動産競売に民執法44条が準用され（民執188条），不動産所在地を管轄

する地方裁判所が執行裁判所として管轄する（同44条1項。同44条2項も参照）。管轄は専属管轄である（同19条）。そして，その後の手続についても，民執法第2章第2節第1款第2目「強制競売」（同45条〜92条。ただし法定地上権に関する81条は除く）の規定が準用される。このように，担保不動産競売

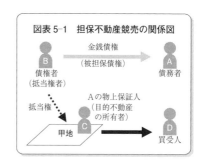

図表 5-1　担保不動産競売の関係図

の手続は，不動産強制競売のそれとほぼ同じになるのである（⇨302頁(8)）。

　民執法45条〜92条の規定は，準用されるのであるから，文言の読み替えがなされることになるが，不動産強制競売の「債務者」の規定を「債務者及び目的不動産の所有者」と読み替える点は，極めて重要である。

　たとえば，BがAに対して金銭債権を有しており，Cが，Bに対して，この債権につき，自分の所有する甲地上に抵当権を設定した（物上保証人になった）とする。この場合，Aの債務不履行により，Bが甲地上の抵当権を実行したときに，担保不動産執行を受けるのは，債務者Aではなく，所有者（物上保証人）Cである。したがって，このような場合，Aに対してのみならず，Cに対しても執行債務者の地位を付与するため，「債務者」を「債務者及び目的不動産の所有者」と読み替えて，民執法の規定を担保不動産執行に適用（準用）する。不動産強制競売における債務者の地位は，担保不動産競売では債務者と目的不動産の所有者の双方に帰属させるわけである。

　しかし，このような読替えの当否が争われる場合もある。たとえば，先の設例で，Bが抵当権を実行した場合，Aは，配当期日において異議の申出をして配当異議の訴えを提起する適格を認められるか。担保不動産競売の債務者は余剰金が生じた場合でもその交付を受けないなど，配当に関しては不動産強制競売の債務者と同じ利害関係を有さない（同じ利害関係を有するのは所有者である）等の理由から，民執法89条，90条の「債務者」は，188条で担保不動産執行に準用される場合には「所有者」であると解する見解も，有力である。しかし，判例は，抵当権が物上保証として設定された場合，民執法188条で準用される89条1項，90条1項の「債務者」には，目的不動産の所有者のほか，被担保

債権の債務者も含まれ，債務者は，被担保債権その他自分の債権者への配当額に変動を生じ得る範囲において，配当異議の申出等をすることができる旨を判示する（最判平成9・2・25民集51巻2号432頁［重判平9民訴4事件］）。債務者（A）は，所有者（C）から求償権の行使を受けることがあり（民371条・352条），また配当を受けるべき債権者には，債務者（A）に対する他の債権が含まれていることもあるから，いずれの債権者にいくらの配当がされて，最終的に自分（A）の債務がどのくらい減少するかについて，固有の法律上の利害関係を有していること等が，その理由である。

(2)　競売手続開始の申立て

(a)　は じ め に

担保不動産競売も債権者の申立てにより開始される（民執2条・188条）。処分権主義に基づくものである。申立ての取下げ，その制約，申立ての効果なども，不動産強制競売の場合と同様である（⇨134頁(1)）。

(b)　申 立 書

申立書には，担保権の実行として不動産競売を求める旨を明らかにしつつ（申立書の表題を「担保不動産競売申立書」とする），当事者（申立債権者，債務者，所有者），担保権，被担保債権，請求債権，競売の対象となる不動産などを，記載する（民執規170条・173条）。担保権，被担保債権，請求債権を区別して記載するのは，一部請求を念頭に置いた規律である。すなわち，被担保債権の一部につき担保権を実行するときは，一部請求である旨およびその範囲を記載せねばならない（同170条1項4号）。そこで，一部請求の場合には，被担保債権と請求債権（現実に請求する債権）を別々の項目に記載し，その趣旨を明確にするのである。なお，一部請求をした申立債権者が，配当期日に先立って提出する計算書（同173条1項・60条）において，請求金額を拡張できるか否かは，重要な問題である（⇨191頁(5)）。

申立書には，担保権の存在を証する文書（民執181条1項），不動産の登記事項証明書（民執規23条1号），目的不動産の公課証明書（同23条5号）などの書類の添付が必要である（同23条）。不動産の登記事項証明書は，目的不動産を登記記録上で特定し，所有者の所有に属することを証明するため，添付を要求

されるが，民執法 181 条 1 項 3 号の文書として既に添付されている場合は，改めて添付する必要はない。

(c)　民執法 181 条 1 項・2 項の法定文書

担保不動産競売は，民執法 181 条 1 項・2 項が定める文書が提出されたときに限り，開始される。その文書とは，①担保権の存在を証する**確定判決の謄本**，家事事件手続法 75 条の**審判の謄本**，これらと同一の効力を有するものの謄本（民執 181 条 1 項 1 号），②担保権の存在を証する公証人が作成した**公正証書の謄本**（同項 2 号），③担保権の登記（仮登記を除く）に関する**登記事項証明書**（同項 3 号），④一般の先取特権に基づき担保執行を申し立てる場合には，**一般の先取特権の存在を証する文書**（同項 4 号），⑤抵当証券の所持人が担保執行を申し立てる場合には，**抵当証券**（同 181 条 2 項），である。

担保不動産競売では，債務名義を不要とする原則を一応維持しているが，実体権の存在を判断する負担を可能な限り少なくして，執行機関が執行行為に専念できるようにするため，担保権の存在を認定する証拠を法定し，それらの提出があれば，執行機関は担保権の存在が証明されたと判断して，手続を開始することとしたのである（⇨ 286 頁(b)，294 頁(b)）。それだけに，民執法 181 条 1 項・2 項の文書は，ⓐ担保権の存在を高い蓋然性を以って表示し，かつⓑ債務者（所有者）もその作成に関与したもの（債務者・所有者の手続保障が充足されたもの）が選ばれている。

すなわち，①と②は債務名義となり得る文書であるといえるし，③も，担保権の存在を証する蓋然性の高さ，債務者の作成への関与の度合い（手続保障）の観点からみて，債務名義に準ずる公文書と位置づけられよう。実務上は，③を添付してする申立てが，大半を占めるといわれている。公文書ではないが，同様の観点から，⑤も債務名義に準ずる文書だと思われる。④は，以上と異なり，ⓐやⓑの条件を充たすとは言い難い。しかし，一般に，被用者は，給料債権を担保する一般の先取特権（民 306 条 2 号・308 条）を証する文書として，雇主との関係で①，②，③を得ることが困難であるため，一般の先取特権を証明する書証を執行裁判所に提出し，執行裁判所がその存在を認めれば，担保不動産競売を開始することとしたのである。一般の先取特権を証明する文書として，使用者が備え置く賃金台帳，銀行の給与振込未了証明書を挙げることができる

（⇨ 158 頁(b)(ii)(ウ), 161 頁 **3-4** ）。

(3)　審　　理

(a)　は じ め に

申立てがあると, 裁判所は担保不動産競売開始の要件が備わっているか否か
を審理する（審理方式に関しては⇨以下(b)）。

担保不動産競売においても, **担保不動産競売の要件**と, **担保不動産競売開始の
要件**を区別することになろう（⇨ 25 頁 **1**・28 頁 **3**）。担保不動産競売の要件と
して, 被担保債権の存在, 担保権の存在, 被担保債権が債務不履行にあること
等を, 挙げることができよう。しかし, これらが直ちに担保不動産競売開始の
要件になるとはいえない。担保不動産競売の要件は, 効率的な担保執行制度を
実現するための審理・判断の仕組み（⇨以下(b)）に適合するよう修正されて,
担保不動産競売開始の要件とされるからである。

民事手続上の適法要件については問題ないと思われるので（強制執行の場合と
同じである。⇨ 25 頁 **1**）, 以下では担保不動産競売開始の実体的要件を検討する。

(b)　担保執行開始の実体的要件

担保不動産競売が債務名義制度に基づかない点に着目すれば, 執行裁判所は,
担保不動産競売の要件の存在を, 提出された証拠に基づき審理し判断しなけれ
ばならないことになる。

しかし, 民執法は, 担保権の存在に関する証拠（文書）を法定し, これらの
法定証拠（法定文書）の提出があれば, 執行裁判所は, 担保権実行の要件の充
足に関する実体的審理・判断をすることなく, 競売手続を開始する（民執 181
条 1 項・2 項）。被担保債権や担保権の不成立・消滅, 被担保債権の期限の未到
来など担保権実行の要件の問題点は, 手続開始決定に対する執行異議の手続の
中で審理・判断される（実体異議。民執 182 条。⇨ 286 頁(2)(b)）。ただし, 当事者
が主張する実体異議が口頭弁論による審理を必要とする場合には, 執行異議の
申立ては却下され, 一般の民事訴訟でその当否が審理・判断され（例, 抵当権
不存在確認訴訟, 抵当権設定登記抹消手続請求訴訟）, その結果（例, 抵当権不存在確
認訴訟や抵当権設定登記抹消手続請求訴訟の勝訴確定判決）の提出により, 執行手続
は停止され, 既にした執行処分は取り消される（同 183 条）。執行機関が手続開

始の際に実体的審理・判断することを可能な限り避け，効率的な担保執行を実
現するためである（⇨13 頁**1**，286 頁(b)）。

　以上のような審理・判断のルールを前提とするなら，**担保権の存在を証する**
法定文書の提出があれば，担保権の存在は認められ，これ以外の実体的要件，
つまり被担保債権の存在や，被担保債権の履行期の到来は，これを基礎づける
事実の主張があれば十分で，証拠を提出して証明することまでは必要でない，
と解するべきである。

　ただし，提出された法定文書からは被担保債権の履行期は未到来と判断され
る場合は，執行裁判所は，実体的要件が充たされないとして手続開始申立てを
却下し，債権者は，これを回避するため，抵当権設定契約書等を提出して履行
期到来を立証し，その結果履行期の到来が認められるなら，執行裁判所は手続
を開始すべきである，と解される（東京高決平成 4・3・30 高民 45 巻 1 号 96 頁を参
照）。この場合，執行裁判所は開始手続において実体的な審理・判断を行うこ
とになるが，範囲が限定的であるため，効率的な制度運営の実現を妨げるに至
らないからである。実体的正当性確保の要請と効率的制度運営の要請のバラン
スをとったわけである。

(c)　担保権の申立前の承継

　ある担保権につき民執法 181 条 1 項・2 項が規定する文書が存在するが，そ
の文書に基づき担保不動産競売が開始される前に，当該担保権につき承継（一
般承継および特定承継）が生じたとする。このような場合，不動産強制競売であ
れば承継執行文の制度があり妥当な処理が可能であるが（民執 27 条 2 項），担
保不動産競売は債務名義の制度を採用していないため承継執行文による処理は
できない。しかし，このような場合に，新たな担保権者はあらためて民執法
181 条 1 項・2 項が規定する文書を取得しなければならないとするのは，不公
平であり不合理であろう。そこで，民執法 181 条 3 項は，担保権につき承継が
あった後不動産担保権実行の申立てをする場合には，相続その他の一般承継に
あってはその承継を証する文書を，その他の承継にあってはその承継を証する
裁判の謄本その他の公文書を提出しなければならないと規定し，前主について
の 181 条 1 項・2 項の文書に加え，このような承継を証明する文書を提出すれ
ば，担保不動産競売を開始できる旨を規定している。

　一般承継の場合，相続であれば，相続に伴い抵当権等の移転の付記登記を経た場合には，その登記の載った不動産登記事項証明書を提出し，それがない場合には，相続人の戸籍謄本等を提出すればよい。会社の合併などの場合には，商業登記事項証明書等を提出すればよい。特定承継の場合には，その承継を証する裁判の謄本その他の公文書を提出しなければならず，その例として，裁判の謄本，和解・調停調書の謄本，公正証書の謄本などを挙げることができよう。

(4)　担保不動産競売開始決定

(a)　は じ め に

　執行裁判所は，手続開始の要件が具備されていると判断すれば，担保不動産競売開始決定（以下，**競売開始決定**）をし，そうでないなら申立てを却下する。競売開始決定をする場合，当該不動産を債権者のために差し押さえる旨も宣言する（民執188条・45条1項）。債務者の意に反して当該不動産を強制的に売却する手続である以上，差押えは必要不可欠である。開始決定は債務者および所有者に送達される（同188条・45条2項・181条4項）。また，裁判所書記官による開始決定の付随処分（差押登記の嘱託，配当要求終期の決定，開始決定・配当要求終期の公告，担保権者・租税債権者に対する債権届出の催告）も行われる（同188条・48条・49条）。

(b)　差押えの効力

　差押えの効力発生時は，手続開始決定の債務者への送達の時と，差押登記の時のうちの，いずれか早い方である（民執188条・46条1項）。差押えの効力の客観的範囲は，手続開始申立て（差押決定）の基礎となった抵当権が及ぶ範囲と一致する。すなわち，差し押さえられた不動産のみならず，これに付加して一体とされた物（付加一体物），従物，従たる権利にも及ぶ（民370条。これに民87条2項を加える見解もある）。この規定が，不動産強制競売にも類推適用されるわけである（⇨136頁(b)）。

　その他，処分禁止効，時効中断効，差押債権者の第三者的地位，二重開始決定など，不動産強制競売の場合と同様である（民執188条・46条2項・47条）。

(c)　不服申立て

　手続開始申立てを却下する決定に対しては執行抗告が，競売開始決定に対し

ては執行異議が認められる（民執11条1項・188条・45条3項）。法定文書の不提出（手続開始決定の基礎とされた文書が同181条1項や2項に該当しない），申立書の記載の不備など手続的な問題が，異議事由となることは，強制執行と同様である。しかし，担保不動産競売における執行異議の申立てにおいては，債務者や不動産の所有者は，担保権の不存在または消滅も理由とすることができる（同182条）。ここでは，担保権自体の不存在・消滅だけでなく，担保権の非承継，被担保債権の不存在・消滅や，被担保債権の期限未到来など，担保不動産競売の実体的要件を争うことができる（制度の趣旨については⇨286頁(b)）。

　担保権の不存在・消滅が担保不動産競売開始前に生じた場合だけでなく，開始後に生じた場合も，手続開始に対する執行異議により処理されることになる。手続開始後に担保権が消滅したことが手続を開始したことに対する異議事由を構成するのはおかしいという観点から，担保権の消滅は売却不許可事由（民執188条・71条1号）に該当し，売却許可決定に対する執行抗告（同188条・74条）の理由となるか否かが問題とされたが，判例は次のような理由から否定的に解している（最決平成13・4・13民集55巻3号671頁［百選24事件］）。執行裁判所は，登記事項証明書等が提出されたときは，抵当権の存否を判断することなく，不動産競売の手続を開始することとされる一方，抵当権の不存在または消滅については開始決定に対する執行異議の理由となる点に鑑みれば，このような問題は執行異議の理由とされるべきであり，売却許可決定に対する執行抗告の理由とすることはできない。

　なお，競売開始決定に対する執行異議は，異議の利益がある間は何時でも申し立てることができ，買受人が代金を納付して所有権を取得するまで可能であると解される。

(5)　担保権不存在・消滅等の場合の救済手段

(a)　はじめに

　担保不動産競売は，執行文の付与された債務名義の正本に基づいて実施されるわけではないので，請求異議の訴え，執行文の付与等に関する異議，執行文付与の訴え，執行文付与に対する異議の訴え等の規定の準用を受けない（民執194条参照）。そこで，担保権の不成立や消滅などを理由に，担保執行を停止し

執行処分を取り消すため，以下のような法的手段が設けられている。

(b)　執 行 異 議

　まず，前述のように，当該担保権の実行の手続開始決定に対する執行異議の申立ては，**担保権の不存在・消滅などを理由**とすることができる（民執182条）。申立てに理由ありと認められれば，手続開始（差押え）は取り消されることになる。このような簡易・迅速な救済手段が認められた理由は，第一に，債権者と債務者（所有者）の公平を図るためである。すなわち，担保執行は，強制執行で必要とされる債務名義がなくとも，民執法181条1項，2項が規定する証拠があれば開始される。そこで，債務者（所有者）に，強制執行におけるより簡易・迅速に担保権の不存在や消滅を争う法的手段を付与することにより，債権者と債務者（所有者）間の公平を図ったわけである。そして，第二に，債務名義なしで実施されるにもかかわらず，担保不動産競売において代金を納付した買受人は，担保権の不存在または消滅により当該不動産の取得を妨げられることはない（同184条）。そこで，債務者（所有者）に，簡易・迅速に担保権の不存在や消滅を争う手段を付与して，権利を失うことに対する防御としての手続保障を行ったのである。

　なお，執行異議の申立てがされると，執行裁判所は，職権で，執行異議についての裁判が効力を生ずるまで，担保権実行手続の停止を命ずることができる（民執11条2項・10条6項前段）。これは職権の発動であり，異議申立人に執行停止の申立権はない。

(c)　民 事 訴 訟

　担保不動産競売は，大量の事件の迅速な処理を可能にするため，執行機関が実体的な判断をする負担を可能な限り避けようとしており，実体異議を扱う執行異議の審理も，書面審理を中心にした簡易・迅速な手続が想定されている。したがって，両当事者が主張・立証を尽くした上で審理し判断しなければ，十分な紛争解決が得られない事件（例，抵当権設定契約に関して，通謀虚偽表示の成否，錯誤の成否，無権代理，表見代理の成否が争点となる事件）には，執行異議手続は有効・適切ではなく，このようなタイプの執行異議事件は却下されることが多いといわれる（⇨286頁(b)）。

　そして，このような事件については，執行異議によらず，民事訴訟による解

決か求められる。民事上の権利の存否に関する紛争である以上，判決手続による審判を受け得るのは当然である。このような訴えとして，①担保権の不存在の確認を求める訴え（例，抵当権不存在確認の訴え），②担保権の存在を証する確定判決を取り消す訴え（例，抵当権設定登記手続を命ずる確定判決に対する再審の訴え），③担保権の登記の抹消を求める訴え（例，抵当権設定登記の抹消登記手続を求める訴え）などがある。

　これらの訴えは，**担保執行の停止・執行処分の取消しの制度**に組み入れられている。すなわち，①の訴えに基づく担保権の不存在を確認する確定判決の謄本，②の訴えに基づく担保権者の請求を棄却する確定判決の謄本，または，③の訴えに基づく担保権設定登記の抹消登記手続を命ずる確定判決の謄本が提出されると，執行裁判所は，不動産担保権の実行手続を停止し（民執 183 条 1 項 1 号または 2 号），既にした執行処分を取り消すことになる（同 183 条 2 項）。

　また，**担保権実行禁止の仮処分**は，担保執行の一時停止の制度として機能しており，この仮処分命令の謄本を執行裁判所に提出し，当該担保執行の一時停止を得た状況下で（民執 183 条 1 項 6 号），本案の訴え（①，②，または③の訴え）を追行し，確定勝訴判決を得て，その謄本（取消文書）を執行裁判所に提出すれば，担保執行は停止され，それまでになされた執行処分が取り消されるわけである。

(d)　**第三者異議の訴え**

　債務名義制度とは無関係な第三者異議の訴えは，担保執行にも準用されている（民執 194 条・38 条）。そして，確定した請求認容判決の謄本は，不動産担保権の実行の手続の停止および執行処分の取消しを命ずる旨を記載した裁判の謄本（同 183 条 1 項 5 号）に該当し，執行取消文書とされることにより（同 183 条 2 項），担保執行の停止・執行処分の取消しの制度に組み入れられている。

(6)　**競売停止・取消文書**

　執行文の付与された債務名義の正本に基づいて実施するのではないため，強制執行の停止・取消文書の規定（民執 39 条・40 条）は不動産担保執行には準用できない。そこで，民執法 183 条は独自の規定を設けている。

　まず，**執行取消文書**として，①担保権のないことを証する確定判決・確定判

決と同一の効力を有するものの謄本（民執 183 条の 1 項 1 号），②担保権の存在
を証する確定判決等（同 181 条 1 項 1 号）などを取り消し，もしくはその効力が
ないことを宣言し，担保権の登記の登記事項証明書の登記の抹消を命ずる確定
判決の謄本（同 183 条 1 項 2 号），③被担保債権の弁済・弁済猶予等を記載した
裁判上の和解調書等の公文書の謄本（同項 3 号），④担保権登記の抹消に関する
登記事項証明書（同項 4 号），⑤不動産担保権の実行の手続の停止および執行処
分の取消しを命ずる旨を記載した裁判の謄本（同項 5 号）などがある（⇨ 298 頁
(c)）。

　強制執行の停止・取消文書と変わらないものもあるが，④のように，担保不
動産競売が登記事項証明書によって開始される点に鑑み，より簡易な文書によ
る強制執行の停止・取消しを認め，債権者・債務者（所有者）間の公平を図っ
たものもある。

　執行停止文書としては，担保権実行手続の一時停止を命ずる裁判の謄本（民
執 183 条 1 項 6 号），および担保権の実行を一時禁止する裁判の謄本（同項 7 号。
⇨ 298 頁(c)）がある。

(7)　不動産の価値の維持

(a)　概　　説

　担保不動産競売も不動産の交換価値を把握し実現して担保権者，その他の債
権者に満足を与える手続なので，差押えが把握した当該不動産の価値の減少を
防ぐため，**売却のための保全処分**などが準用されている（民執 188 条・55 条・55
条の 2・56 条・68 条の 2）。すなわち，地代等代払許可制度，売却のための保全
処分，相手方を特定しないで発する保全処分，占有移転禁止の保全処分，買受
けの申出をした差押債権者のための保全処分などについては，不動産強制競売
でのルールが，担保不動産競売にも妥当する。

(b)　担保不動産競売開始決定前の保全処分

　以上の保全処分は，差押債権者らに認められた制度であり，競売手続の開始
が前提とされている。しかし，抵当権実行の場合，抵当権者と債務者との弁済
に関する交渉などから，担保不動産競売の開始申立てが近いと知った債務者
（所有者）が，申立ての直前に競売の妨害を画策することが多く，手続開始前の

保全処分が必要とされた。実務上，競売申立てと同時に売却のための保全処分の申立てをし，競売開始決定と同時に保全命令を発令することで対処してきたが，これにも限界があったため，**担保不動産競売開始決定前の保全処分**が，創設された（民執187条）。

申立人は担保不動産競売の申立てをしようとする者であり，管轄裁判所は執行裁判所（基本事件となる競売事件はまだ係属していないので，目的不動産の競売申立てを管轄する地方裁判所である。民執188条・44条）である。申立ての時期は，被担保債権の弁済期が到来し担保権実行の実体的要件が具備された時から，担保不動産競売開始決定が発令されるまでの間である。このような保全処分は債務者（所有者）の使用収益に制約を加えるので，担保権の実行が可能で，そのような制約の正当化根拠が備わっている場合に，発令の時期を限定したのである。

保全処分発令の実体的要件は，債務者，不動産の所有者または占有者が価格減少行為をする場合において，特に必要があるときである（民執187条1項本文）。売却のための保全処分と異なり，「特に必要があるとき」という限定があるが，これは，その発令を，手続が開始され，売却のための保全処分の発令されるのを待っていては，目的不動産の価値が減少してしまう場合に限定することを意味する。また，当該価格減少行為による不動産の価格の減少またはそのおそれの程度が軽微である場合には，保全処分の発令は認められない（同187条1項但書）。この点は，売却のための保全処分と同じである。保全命令の内容も，売却のための保全処分と同じで，**作為・不作為命令，執行官保管命令，公示保全処分**である（同187条1項本文）。なお，執行官保管命令，占有移転禁止の保全処分の相手方は，目的不動産を占有する債務者（所有者）については売却のための保全処分と同じであるが，それ以外の占有者については，その占有の権原が保全処分の申立てをした者に対抗できない場合に限る旨の限定がある（同187条2項2号）。発令された保全処分は，後に開始される担保不動産競売手続で引き続き効力を有することになる。

この保全処分は担保不動産競売が将来なされることが前提であるので，申立てをするには，民執法181条1項1号～3号の文書の提示が必要である（民執187条3項）。また，この保全処分の発令の告知を受けてから3か月以内に申立

人が担保不動産競売開始を申し立てたことを証する文書を提出しなければ，保全処分の相手方または所有者の申立てにより当該保全処分は取り消される（同187 条 4 項）。

　なお，判例（最大判平成 11・11・24 民集 53 巻 8 号 1899 頁，最判平成 17・3・10 民集 59 巻 2 号 356 頁）は，第三者が抵当不動産を不法に占有したり，正当な権原で占有しているがその占有権原が競売手続を妨害する目的で設定されたりして，競売手続の進行が害され，適正な価額よりも売却価額が下落するおそれがあるなど，抵当不動産の交換価値の実現が妨げられ，抵当権者の優先弁済請求権の行使が困難となるような状態がある場合の，抵当権者への救済手段について，判示している。第三者が不法に占有する場合については，ⓐ所有者の不法占有者に対する妨害排除請求権を代位行使して当該不動産を抵当権者へ明け渡すよう求めること，ⓑ抵当権に基づく妨害排除請求として抵当権者が当該状態の排除を求めること，が認められる。また，ⓒ抵当権者に実体法上の妨害排除請求権，明渡請求権なども認めている。

　詳細は，民法の教科書に委ねたいが，これらは，上述した担保不動産競売開始申立前の保全処分と同様の機能を果たすものである。以上のように，担保不動競売申立前の保全処分以外にも，執行妨害を排除する手段を認めているわけである。

(8)　売却準備手続・売却手続・配当手続

　その後の手続の流れは，不動産強制競売手続と同様である。繰り返しになるが，ごく簡単に説明すれば，以下のようになろう。

　まず，**売却準備手続**が行われる。手続が開始され，差押えが効力を生ずると，配当要求の終期が定められる。配当要求の終期までになされた配当要求と，同じ時期までになされた債権届出に基づき，配当の対象となる債権とその額が確定される。他方，当該不動産の現況を調査し，評価をさせ，売却の基準価額を定め，配当要求の終期到来後に，これらの調査結果と，前述の債権関係調査の結果を踏まえて，無剰余措置をとるか，当該売却が超過売却に当たらないかの判断がなされる。無剰余措置をとらず，超過売却にも当たらないと判断されれば，売却の条件が決定され，物件明細書が作成される。なお，売却条件につい

て，担保権・用益権等の処遇は強制執行と同じであるが，法定地上権は異なる。

　物件明細書が作成されると売却準備手続が終わり，**不動産の売却**が実施される（売却手続）。裁判所書記官が，不動産の売却方法を定め（期間入札が一般的で，買受申出がないときに特別売却をする），売却の日時・場所などを定めた上で，執行官に対し売却を実施させ，不動産の内覧を実施し，開札期日で最高価買受申出人を決め，次順位買受申出がなされ，売却決定期日において売却許否の決定（売却許可決定・不許可決定）がなされ，売却許可決定が確定すると，買受人は買受代金を納付し，これにより目的不動産の所有権は買受人に移転し，これに伴う登記の嘱託がなされる。買受人は不動産引渡命令による保護を受ける。そして，事件は，**配当手続**へと移る。

　不動産の代金が納付されたとき，執行裁判所は，配当を行うべき場合には配当期日を，弁済金交付を行うべき場合は弁済金交付の日を定め，配当期日を定めた場合，執行裁判所は，配当を受ける債権者および債務者を呼び出し，裁判所書記官は，各債権者に対し，債権の額や執行費用の額などを記載した計算書を執行裁判所に提出するよう催告した上で，配当期日を開催する。配当期日では，裁判所が，執行費用，配当を受けるべき各債権者の配当の順位と額などを決定し，裁判所書記官が決められた内容を配当表として作成する。

　配当表につき実体上の不服がある債権者，債務者，所有者は，配当期日に出頭して配当異議の申出をした上で，配当異議の訴え・請求異議の訴えを提起することになる。配当期日において，配当異議の申出がない部分については，配当表に従った配当が実施され，配当異議の申出のあった部分については，配当期日から1週間以内に配当異議の訴えなどが提起されたことが証明されなければ，申出が取り下げられたとみなされて，配当が実施される。訴えの提起が証明されれば，配当額に相当する金額が供託され，訴訟の結果に従った処理がなされる。他方，配当表につき手続上の不服がある場合には，執行異議の申出をする。

2 担保不動産収益執行

〈担保不動産収益執行のケース〉
　Y社は，A市内の繁華街に近い便利な場所に比較的広い土地を持っているが，その土地に大規模なテナントビルを建てることにした。そこで，Y社は，X銀行から10億円の融資を受け，前記ビルと敷地に第1順位の抵当権を設定した。しかし，リーマンショック以降，Y社の本業である観光・交通事業の方が必ずしも芳しくなく，前記貸金に対する支払も滞っている。また，前記テナントビルの管理業務も手薄になってきた。かといって，近時における地価の大幅な下落により，X銀行が抵当権を実行して前記ビルと敷地を競売しても，10億円の貸金債権を全額回収できる見込みはない。この場合に，X銀行が，しばらく競売を実行せず，現在のテナントに前記ビルを賃貸させたまま，貸金債権の回収を図る適当な方法はあるか。

(1)　制度導入の趣旨

　平成15年の担保・執行法制の改正まで，債務名義を有する債権者は，不動産の強制競売によって債務者の所有する不動産の交換価値から債権の満足を受けることができるほか，強制管理（民執93条以下）によって収益価値からも債権の満足を受けることもできたが（⇨200頁 **3-8**），抵当権者が抵当不動産の収益価値から満足を受けるための制度は設けられていなかった。しかし，最近では，たとえば，大規模なテナントビルが抵当不動産の場合，これを不動産競売で売却しようとしても時間がかかるため，抵当権者が，賃料のような抵当不動産の収益から優先弁済を受けることができる制度を求める声が高まっていた。また，従来から考え方が分かれていた抵当不動産の賃料に対する物上代位による抵当権の行使の可否について，最高裁（最判平成元・10・27民集43巻9号1070頁）が肯定説を採用してからは，抵当権に基づく物上代位による賃料債権の差押えが実務上定着したといってよい。このような情勢の変化を受けて，平成15年改正民執法は，抵当権の実行方法の多様化の観点から，抵当権者その他の担保権者が担保不動産の収益から優先弁済を受けるための強制管理類似の制度として，**担保不動産収益執行**の制度を創設した（同180条2号）。また，あわせて関連する民法の規定も整備（改正）した。

5-1 民法371条の改正と解釈上の問題点

民法旧371条の規定は，これまで抵当権の効力が抵当不動産の競売開始による差押え後の天然果実に及ぶことを定めた規定であると解されてきた。しかし，平成15年改正民執法が，担保不動産収益執行制度を創設するにあたっては，抵当権の効力が担保不動産収益執行の開始後の天然果実および法定果実に及ぶことを民法上明確にしておく必要があると考えられる。そこで，現行民法371条は，被担保債権の債務不履行時から，抵当権の効力が天然果実と法定果実に及ぶ旨を明記している。

しかし，その結果，新たな問題も生じた。すなわち，平成15年改正前の民法旧規定にいう「果実」は，天然果実（民88条）を意味し，賃料などの法定果実は含まないと解されていた（大判大正2・6・21民録19輯481頁，大判大正6・1・27民録23輯97頁）。これに対して，改正後の民法371条は，天然果実および法定果実の両方に適用がある。担保不動産収益執行手続は，抵当権の効力を担保不動産そのものだけでなく，賃料などの収益にまで及ぼし得るとするものであり，この収益を対象とする手続を開始するために被担保債権の債務不履行が前提であることを示したのが，現行民法371条である。

もっとも，現行民法371条にいう債務不履行「後に生じた抵当不動産の果実に及ぶ」の意味については，なお検討を要する。同371条の文言を厳格に解する限り，債務不履行前に生じていた賃料には抵当権の効力は及ばないはずであるが，改正審議に関わった参事官の見解では，抵当権者が果実から満足を得るため抵当権実行（担保不動産競売手続開始または担保不動産収益執行開始）を申し立てた段階で，既に発生していた賃料債権がなお残存していれば，抵当権者はこれに対しても優先弁済権を行使し得るものとされている。この見解は，債務不履行前に発生していた果実に対しても抵当権の効力を認めるものである。その根拠としては，民事執行法が，担保不動産収益執行手続に，一般債権者に認められている強制管理の規定を準用し，強制管理の規定では，差押段階で残存している賃料債権からの満足が容認されていることが挙げられている。

しかし，抵当権者の優先的弁済権の範囲を，一般債権者が債務者の財産から満足を得るための強制執行の一つにすぎない強制管理における執行対象財産の範囲と同様に解さなければならない必然性はない。むしろ非占有担保としての抵当権の特質，すなわち，抵当権が目的不動産の所有者の使用・収益権能に干渉することができるのは，本来は抵当権実行以降であるという点を考慮すると，抵当権の効力が及ぶ果実の範囲は，少なくとも被担保債務の債務不履行を受けて，抵当権の実行が開始された後に発生したものに限定するのが妥当である。

(2)　担保不動産競売との関係

　担保不動産収益執行は，不動産担保権（質権，先取特権を含む）の実行方法として，担保不動産競売（民執45条以下）と並ぶ独立した方法として位置づけられており（同180条2号），担保権者は，事案に応じて，いずれかまたは双方を選択して申し立てることができる。開始の要件（同181条），開始決定に対する担保権の不存在または消滅を理由とする執行抗告（同182条），不動産担保権の実行手続の停止・取消し（同183条）についても，担保不動産競売と同様の規定が適用される。したがって，担保不動産収益執行は，抵当権等の登記された登記簿謄本の提出により開始されるが，開始決定に対する執行抗告において抵当権の不存在や消滅を主張することができ，他方，抵当権等の抹消登記簿謄本を提出することによって容易にそれを取り消すことができる。

(3)　担保不動産収益執行の手続

　担保不動産収益執行の開始決定以後の手続については，強制管理の規定（民執93条〜111条）が包括的に準用されている（同188条）。したがって，執行裁判所が開始決定に基づき管理人を選任し，管理人が収益を収取し，配当を実施する点は，強制管理と共通である。また，両手続における管理人の権限等も同一である。ただ，平成15年改正民執法は，担保不動産収益執行の導入に伴い，強制管理，担保不動産収益執行および物上代位による賃料債権の差押えの手続との調整を図るために，強制管理の規定について所定の改正を行っている。

　まず第一に，強制管理または担保不動産収益執行の開始決定がなされた不動産について強制管理または担保不動産収益執行の申立てがあったときは，執行裁判所が二重開始決定をする旨の規定が設けられた（民執188条・93条の2）。それによると，強制管理または担保不動産収益執行のいずれの事件が先行しても，原則として先行の手続が進行するものとされている。第二に，平成15年改正民執法は，担保不動産収益執行制度を創設するにあたり，抵当権に基づく物上代位による賃料債権の差押えを否定することはせず，事案に応じて両者を担保権者が選択できることにした。そのため，物上代位による賃料債権の差押えと強制管理・担保不動産収益執行との調整に関する規定を置いている（同188条・93条の4）。それによると，担保不動産収益執行等の開始決定により債

権差押命令の効力は停止するものの，債権執行手続で配当受領資格を有する担保権者は，各別の行為をしなくても，担保不動産収益執行等の中で抵当権の順位に従って弁済を受けることになる。第三に，平成15年改正民執法は，担保不動産収益執行において配当を受けるべき債権者の範囲につき，不動産強制競売の場合のように，登記のある担保権者は当然に配当を受けられるという扱いにしないで，担保権者であっても，自ら担保不動産収益執行を申し立てない限り，配当を受けられないとしている（同188条・107条4項参照）。

5-2　不動産の管理と管理人の権限

　管理人は，一種の執行共助機関であり，対象不動産を処分する権限はない。しかし，対象不動産の管理や果実の収取・換価のために必要な裁判上または裁判外の行為は，職務上，当然にすることができる（民執188条による95条1項の準用）。また，債権者に対して配当等を実施する（同188条による107条の準用）。

　管理人は，このように対象不動産の収益を自らに給付するよう求める請求権限を有しているが，収益の給付請求権そのものは依然として債務者（所有者）に帰属している。したがって，抵当権に基づく収益執行の対象不動産の賃借人は，開始決定の送達を受けた後も，抵当権設定登記（による収益執行開始可能性の公示）前に取得した反対債権（賃貸人に対する債権）の弁済期が到来すれば，その反対債権を自働債権とする相殺をもって管理人に対抗することができる（最判平成21・7・3民集63巻6号1047頁［百選43事件］）。

第3節　動　産　競　売

＜動産競売のケース＞

　A社は，テレビ等の家電製品の製造メーカーである。B社は，家電製品を販売する家電量販店である。A社はB社に，パソコン100台を1台あたり10万円（合計1000万円）で納入する売買契約を締結した。売買契約においては，A社が令和3年5月10日にパソコン100台を納入し，売買代金1000万円は，同年5月31日までにB社がA社の銀行口座に振り込むことにより支払うことになっていた。

　ところが，同年6月1日を過ぎても，B社からの売買代金1000万円の振込みはなかった。A社担当者がB社担当者に問い合わせたところ，販売が振るわず

弁済資金を捻出できないということであった。また，Ａ社が納入したパソコン100台のうち，14台は販売済みであり，30台はＢ社各支店で在庫として保管されており，56台が東京都新宿区にあるＢ社本店の倉庫に残っているとのことであった。

　そこで，Ａ社は，動産売買先取特権に基づき，Ｂ社本店倉庫に残っている56台のパソコンについて動産競売の申立てをすることを決意した。しかし，Ｂ社が任意に56台のパソコンを提出することや，差押承諾書を提出することを拒否したため，Ａ社は同年6月10日に，執行裁判所に対し，動産競売開始許可決定を申し立てた。

1　趣　旨

　動産が担保権の対象となっている場合の，当該動産に対する担保権の実行手続を，**動産競売**という。動産競売の執行機関は，執行官である（民執192条・122条1項）。動産競売の根拠となる担保権としては，**動産質権**，**動産先取特権**，**一般の先取特権**がある。

　これらのうち，動産質権は，流質契約により私的に実行されることが多く，動産質権に基づく動産競売は稀である。実務上重要なのは，動産先取特権のうちの動産売買先取特権である。

　動産競売の手続は**基本的に動産執行に準じており**，規定も動産執行の規定が多く準用されている（民執192条参照）。規定の準用においては，原則として「債務者」は「担保目的動産の所有者」と読み替えられる（物上保証等の場合を取り込むためである。なお，本節では，**「執行債務者」**と表現した）。

2　開始の要件

　動産競売開始の要件は，(1)適式な申立てがあること，および(2)①担保目的動産自体の提出，②動産占有者による差押承諾証書の提出，または③執行裁判所による動産競売開始の許可決定の謄本の提出（差押えのための差押場所等の捜索と同時またはこれに先立つ当該決定の執行債務者への送達も必要である）のいずれかがあること，である（民執190条1項）。

(1)　申　立　て

申立てについては，書面によることを要し，民執規 170 条 1 項・178 条 1 項に必要な記載事項が列挙されている（目的動産の場所を特定する必要があるのが特色である）。

(2)　申立て以外の要件

平成 15 年改正前の民執法では，①担保目的物自体，または②占有者による差押承諾証書の提出がある場合にのみ，動産競売開始が可能となっていた（旧民執 190 条）。しかしこれだと，動産質権のように担保権者が担保目的物を占有しているような場合はともかく，担保権者が目的物を占有していない場合には，事実上目的物自体を提出することは不可能であり，占有者による承諾を得ることも困難である以上，担保権の実行がほぼ不可能になってしまうという問題があった（特に，類型的に担保権者が担保対象動産の占有を有さず，また，その取引上の重要性の高い動産売買先取特権が問題となっていた。旧民執法下でも動産売買先取特権に基づく動産競売の開始を可能とするための様々な実務上の工夫が考案されていたが，いずれも難点があるといわれていた）。

この問題点の指摘を受け，平成 15 年の民執法改正で，③のルートが追加された（民執 190 条 2 項）。具体的には，①担保権の存在を証する文書（無限定であり，私文書でもよいとされる）を有する担保権者は，執行裁判所にその文書を提出して，動産競売開始の許可を申し立てることができる，⑪申立てを受けた裁判所は審理の末，担保権が存在すると判断した場合には，動産競売開始の許可決定を出すことができる（当該許可決定は，債務者に送達される。同 190 条 3 項），⑪⑪この許可決定が出された場合には，担保権者がその決定書の謄本を執行機関である執行官に提出し，執行官による差押えのための差押場所等の捜索と同時にまたはこれに先立ち許可決定が執行債務者に送達されれば，執行機関たる執行官は，それに基づいて動産に対する担保権の実行を開始することができる，というものである。このようにして，担保権者以外の者が目的物を占有していて，その占有者が担保権の実行を承諾しないという場合でも，担保権の存在を証明する文書を提出することにより，担保権の実行が可能となった。担保権の存否という実体判断を執行官にさせるのは妥当でないという判断から，

執行裁判所の許可決定というルートを経るものとされた。

> **5-3**　**動産競売開始許可決定に対する執行抗告**
>
> 　民執法190条2項の動産競売開始許可決定に対しては，執行債務者は執行抗告をすることができる（民執190条4項。申立てを却下する決定があった場合には，申立担保権者も，執行抗告を提起できる）。この執行抗告において，執行債務者が，担保権の存在を証明する文書の提出がないこと，目的不動産が自己の占有下にないこと（同190条2項但書参照），を取消事由として主張できることに争いはない。
>
> 　しかし，担保権の不存在・消滅など（いわゆる実体事由）も取消事由として主張できるかどうかには，積極・消極の両説が主張されている。
>
> 　実践的には**消極説**は，動産競売開始許可決定に対する執行抗告において，動産競売開始決定の申立時に提出された書証のみに基づき動産競売開始許可決定の当否が判断されることを意味し，**積極説**は，執行債務者がそれ以外の証拠を提出して担保権の存否を争うことができることを意味する。なお，積極説は，動産競売許可決定に対する執行抗告で実体事由を主張できるとすることに対応し，執行官による差押えに対する執行異議で主張できる実体事由（⇨311頁(4)）は，許可決定確定後に生じた事由に限られる，とする。
>
> 　積極説の実践的意義は高く評価できるが，しかし，執行抗告での実体事由の主張を認める民執法182条が，動産競売許可決定に対する執行抗告につき準用されていないことに鑑みれば，この点は消極に解するのが法解釈論としては一貫するといわざるを得ない。

③ 動産競売の開始（差押え）

(1) 差押え

　前記 ② の要件を充たす場合には，執行官は，目的動産を差し押さえる（一般の先取特権の場合には，執行官は差押場所から差し押さえる動産を選択する）。開始要件が前記(2)③（⇨309頁）によって充たされる場合には，執行官は，動産執行の場合と同様，執行債務者の占有場所への立入権限・捜索権限があり，そのための必要な処分ができる（民執192条・123条2項）。

(2)　差押えの効果

差押えの効果は，動産執行と同様，差押対象である動産についての処分の手続相対的無効である。執行官が相当と認めるときは動産占有者に動産を保管させ，かつ使用を許可することができること（民執192条・123条3項・4項・124条），差押物が執行官の措置によらずに第三者の占有下に入った場合に引渡命令が認められることも（同192条・127条），動産執行と同様である。

(3)　差押えの制限

担保権の対象財産が特定している動産質権・動産先取特権では，超過差押えの禁止，差押禁止財産とその範囲の変更に関する規定は適用ない（民執192条における同128条・131条・132条の準用排除）。担保権の対象が特定していない一般の先取特権では，動産執行同様，これらの規定の適用がある（同192条・128条・131条・132条）。なお，無剰余差押の禁止は，動産質権・動産先取特権・一般の先取特権のいずれであるかを問わず，適用がある（同192条・129条）。

(4)　差押えに対する不服申立て

執行官による差押えに対しては，執行債務者（物上保証の場合には，被担保債権の債務者も）は，執行異議により不服申立てをすることができる（民執11条1項後段・191条）。この執行異議においては，手続の違法のほか，担保権の不存在・消滅など（実体事由）も主張することができる（同191条⇨296頁(c)，317頁(2)）。

(5)　二重差押えの禁止

動産競売でも，二重差押えが禁止され，同一動産（ないし同一の動産所在地）につき，差押申立てが競合した場合には，事件の併合がなされる（民執192条・125条）。

(a)　競合する二事件が，ともに一般の先取特権に基づく動産競売である場合の扱いは，動産執行と同一である（差押場所につき，ほかに差し押さえられる動産がある限り，それを差押え，事件を併合する。後発事件の申立ては，先行事件において配当要求の効力を生じる〔**配当要求効**〕。また，先行事件が申立ての取下げ等により終

了した場合には，後発手続が進行する〔**潜在的差押効**〕）。一般の先取特権に基づく動産競売と，動産執行（仮差押えを含む）とが競合した場合も同様である。

　(b)　競合する二事件がともに質権・動産先取特権に基づく動産競売である場合には，差押対象動産につき，事件の併合がなされる（当該動産につき，後発事件につく配当要求効，潜在的差押効が生じる）。

　(c)　①質権・動産先取特権に基づく動産競売と，②動産執行（仮差押えを含む）ないし③一般先取特権に基づく動産競売が競合した場合にはどうか。②・③が一つの場所にある複数の動産を一括して差し押さえるのに対し，①がそこにある動産のうち一部動産のみを個別に差し押さえるために，調整が問題となる。

　たとえば，〈ケース〉（⇨ 307 頁）において，A 社のほか B 社の債権者に G_1，G_2 がおり，G_1 は一般債権者であり，G_2 は B 社の被用者であり給料債権を有する債権者であるとする。B 社の本店倉庫には，A 社により納品されたパソコン 56 台（以下「甲」とする）のほか，他社の納品したプリンタ 20 台（以下「乙」とする），スキャナー 15 台（以下「丙」とする）が保管されている。ここで，A 社は動産売買先取特権者（民 321 条），G_2 は一般先取特権者（同 308 条）である。

　(i)　A 社が，甲商品につき動産売買先取特権に基づき差押えをした後で，G_1 が B 社の本店倉庫にある動産につき差押えを申し立てたとする。この場合には，G_1 の申立てに基づく動産執行を担当する執行官は，甲商品について執行官は G_1 のために差押えをし，かつ A 社による動産競売に G_1 による動産執行の事件を併合する（ただし，あくまで執行官が甲商品も G_1 の債権の引当ての対象にしようと考えた場合の話である）。事件は A 社の動産競売事件として進行し，G_1 につき配当要求効・潜在的差押効が生じる。A 社による差押えに，G_2 による一般の先取特権に基づく B 社の本店倉庫にある動産についての差押申立てが後行した場合にも，同様である。

　(ii)　G_1 による B 社の本店倉庫にある動産についての差押申立てに基づき執行官が甲・乙・丙の三商品のすべてを差し押さえた後に，A 社が甲商品につき動産売買先取特権に基づき差押えを申し立てたとする。この場合には，執行官は，甲商品についてのみ事件の併合をすべきであり，甲商品につき A 社のために配当要求効・潜在的差押効が生じると解されている。G_1 による動産執行事件について，甲商品と乙・丙商品とで事件を分離し，甲商品につき A

社による動産競売との事件を併合した上で，乙・丙商品についてはG₁のために別事件として動産執行が続行するということになろうか。G₂による一般先取特権に基づく差押え，A社による動産売買先取特権に基づく差押えがその順序で競合した場合も同様である。

4 換　価

動産競売における換価は，**動産執行と同様**である（民執192条・134条～138条）。競り売り，期日入札，その他特別の方法により，執行官が売却方法を決め，実行する（手形の場合につき，同192条・136条）。

なお，売却の効果につき，競売のもととなる担保権の不存在が売却の効果に影響を及ぼさない旨を定めた民執法184条は動産競売には準用されないが，民法上の即時取得の規定（民192条）により，買受人は保護される。

たとえば，〈ケース〉（⇨307頁）においてA社が動産競売の申立てをし，当該申立てに基づき競売が実施され，Vがパソコン56台を競落し代金を納付したとする。このとき，Vによる代金納付前にB社がA社に対し売買代金1000万円を弁済していた場合，競売はその基礎を失い売却の効力を生じないこととなるが（したがって本来Vは商品の所有権を取得できない），Vが売買代金弁済の事実を過失なく知らなかった場合には，民法192条の適用がありパソコンの所有権はVに移りB社は所有権を失う。

5 債権者の満足（配当等）

債権者の満足段階（配当等）の規律も，基本的に，**動産執行と同様**である（⇨210頁**4**，212頁**5**）。

(1) 配当等を受けるべき債権者

配当を受けるべき債権者は，動産競売の開始申立てをした担保権者のほか，所定の時期（売却による換価の場合には，売得金の交付時。民執192条・140条）までに配当要求をした先取特権者・質権者（同192条・140条・133条），および，事件の併合を受けた先取特権者・質権者・有名義債権者・仮差押債権者（同192条・140条・125条3項・4項）である。

⑵　配当等のための手続

配当等のための手続も，**動産執行と同様**である。

⒜　配当等を受ける債権者が1人であるか，複数であっても配当原資ですべての債権者の債権を満足できる場合には，配当等を受けるべき債権者に対して執行官が金銭を交付する（弁済金の交付。民執192条・139条・141条）。

⒝　それに対し，配当を受ける債権者が複数であり，かつ配当原資ですべての債権者の債権をまかなえない場合には，執行裁判所が配当を行う（民執192条・142条）。

第4節　債権およびその他の財産権に対する担保権の実行（債権担保執行）

〈債権担保執行のケース〉

　動産競売（⇨307頁以下・第3節）の設例において，B社は，A社から令和3年4月12日に1台あたり20万円の液晶テレビ200台を購入する売買契約を締結し売買代金4000万円を全額支払ったが，納入されたテレビのうち100台が不良品で電源を入れても画面が映らないという瑕疵があったため，100台分の代金2000万円の返還請求権を有するとも主張している。

　ところで，B社に勤務しているGの令和3年6月分の給料30万円が支払期日である6月15日になっても支払われなかった。そこで，Gは，B社のA社に対するこの2000万円の代金返還請求権のうち100万円分について，同年6月21日に一般の先取特権に基づき債権の担保執行として差押命令を申し立てた。

債権その他の財産権に対する担保権の実行とは，債権（賃料債権や売掛債権といった金銭債権，動産等の引渡請求権など）その他の財産権（著作権，特許権など）が担保の対象となる場合の担保権の実行手続をいう。

このうち基本となるのが債権を担保の対象とする担保権の実行（**債権の担保執行**という）なので，以下では債権の担保執行に絞って説明を加える。

1 趣　　旨

債権が担保の対象となる場合の担保権の実行手続が，債権の担保執行である。執行機関は，執行裁判所である。

債権の担保執行の根拠となる担保権としては，**債権質，一般の先取特権**があるほか，不動産の先取特権・質権・抵当権に基づく**物上代位**により，債権の担保執行がなされる場合がある。債権の担保執行の主戦場は，物上代位であるといってよい。判例による，破産手続開始後の動産売買先取特権に基づく物上代位の肯定（最判昭和 59・2・2民集 38 巻 3 号 431 頁〔倒産百選〔6 版〕56

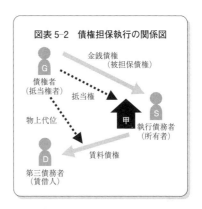

図表 5-2　債権担保執行の関係図

事件〕。⇨ 326 頁(2)），抵当権に基づく賃料債権への物上代位の肯定（最判平成元・10・27 民集 43 巻 9 号 1070 頁〔民法百選Ⅰ〔8 版〕87 事件〕。⇨ 323 頁(a)）により，盛んになったといわれる（物上代位については⇨ 320 頁以下・第 5 節）。

なお，**債権質**については，民法 366 条による直接実行が可能であり，こちらを用いるのが通例であるが，民執法による債権の担保執行の手続によることも可能である（転付命令・売却命令等を得たいという場合には，債権の担保執行による実益があるとされる）。

債権の担保執行の手続は**基本的に債権執行に準じており**，規定も債権執行の規定が多く準用されている（民執 193 条 2 項参照）。規定の準用においては，原則として「債務者」は「担保目的債権の債権者」と読み替えられる（物上保証等の場合を取り込むためである。なお，本節では，**執行債務者**と表現した）。

2 開始の要件

債権の担保執行の開始要件は，⑴適式な申立ての存在，⑵法定文書の提出である（民執 193 条 1 項）。

⑴ 申　立　て

申立ては，書面でする必要があり，記載事項は，民執規 170 条 1 項，179 条1 項に列挙されている（第三債務者を特定する必要がある点が特徴である）。

⑵　法 定 文 書

　債権の担保執行で要求される法定文書は，**担保権の存在を証する文書（担保権存在証明文書）**である（民執 193 条 1 項）。担保権存在証明文書の理解については，かつては準名義説（単独で直接かつ高度の蓋然性をもって担保権の存在を証明する，債務名義に準じる文書のみがこれに該当するとする見解）と書証説（私文書でよく，かつ単一の文書である必要はなく複数の文書の合わせ技で構わないとする見解）の対立があったが，現在では書証説に軍配が上がっていると考えられる。現在の実務でも書証説による運用が確立している（給料の先取特権の実行についての東京高決平成 22・4・21 判タ 1330 号 272 頁［百選 22 事件］，動産売買先取特権に基づく物上代位についての名古屋高決昭和 62・6・23 判時 1244 号 89 頁［百選 73 事件］等。また，担保執行開始要件としての法定文書全般についての位置づけにつき⇨ 287 頁(c)）。

　なお，物上代位（⇨ 320 頁以下・第 5 節）においては，担保権の存在だけでなく，物上代位権の存在を証する文書の提出が必要だとされる。このとき，物上代位権の存在を証明する文書は私文書でよいが，基礎となる担保権がたとえば抵当権のような場合には，その存在を証明する文書としては民執法 181 条 1 項 1 号～ 3 号の文書が要求されると解されている（民執 193 条 1 項前段括弧書）。たとえば，S の所有する不動産甲について抵当権を有する G が，甲を D に賃貸している S の賃料債権につき物上代位をする場合には，物上代位の基礎となる担保権を証明する文書として，不動産甲につく G のための抵当権の登記に関する登記事項証明書（同 181 条 1 項 3 号）などが，また，物上代位権を証明する文書として，S・D 間の不動産甲についての賃貸借契約書などが利用されることとなろう。

　ところで，権利の移転について登記等を要する「その他の財産権」（民執 167 条 1 項）を目的とする担保権（一般の先取特権を除く）についての実行手続においては，不動産担保権の実行手続と同様の法定文書（同 181 条 1 項 1 号～ 3 号・2 項・3 項⇨ 293 頁(c)）が必要である（同 193 条 1 項前段括弧書）。

③　債権の担保執行の開始 ─────────────────

　開始の手続・効果は，基本的に，**債権執行と同様**である。

(1)　差押命令

開始要件が備わっている場合，執行裁判所は，差押命令を発する。差押命令の第三債務者への送達の時点で，債権差押えの効力が生じる。差押えの効力の及ぶ債権の範囲は，被差押債権全部である（一部の差押えの場合には，差し押さえられた部分である）。債権質につき，民法366条2項が，債権額に対応する部分のみ取り立てることができるとするのとは，異なる。

(2)　差押命令に対する不服申立て

差押命令に対しては，執行債務者（物上保証の場合は，被担保債権の債務者も）は執行抗告により不服申立てをすることが可能であり（民執193条2項・145条6項），この執行抗告においては，担保権の不存在・消滅など（実体事由）を主張することができる（同193条2項・182条⇨296頁(c)，311頁(4)）。

> **5-4　実体事由を主張できるのは，執行抗告か，執行異議か**
>
> 　平成15年改正前の民執法（以下「旧法」）下では，①債権の担保執行としての差押命令に対する不服申立ては，執行抗告のみが可能であり，その中で実体事由も主張できる，②債権の担保執行としての差押命令に対しては，執行抗告・執行異議が可能であるが，前者は手続瑕疵のみを理由とすることができ，実体事由を理由とした不服申立ては後者（執行異議）による必要がある，とする見解が対立していた（以上のほか，執行抗告・執行異議の双方が可能であり，どちらにおいても実体事由を主張できるとする融通説も唱えられていた）。①説に立つ判例として，東京高決昭和60・3・19判時1152号144頁［百選74①事件］，②説に立つ判例として，高松高決平成2・10・15判時1377号69頁［百選74②事件］があった。
>
> 　①説では，実体事由の主張できる不服申立手続における手続保障は厚くなるが，不服申立てを提起できる期間は制限される。それに対し，②説では，手続保障は薄いが，不服申立期間に制限がなくなる。
>
> 　①・②説の対立の実践的な意義はこの点にあるが，対立の原因は，旧法下では，旧法193条2項が，差押命令に対する執行抗告の提起を認める旧法145条5項を準用しつつ，同じく旧法193条2項が準用する旧法182条が，執行異議の中で実体事由を主張できると規定していたことにあった。後者の，「執行異議の中で実体事由を主張できる」とする規律を強く読めば，執行抗告では実体事由は主張できないことになるので，前記②説が素直な帰結になる。他方，前者の差押命令に対しては執行抗告が可能であるという規律を強く読めば，旧法

182条は，「執行異議」を「執行抗告」と読み替えて準用すべきことになり，前記①説が帰結されることになる。

　しかし，平成15年の民執法改正により担保不動産収益執行の制度が導入され，その開始決定に対して執行抗告が認められることになったこと（民執188条・93条5項）に対応し，民執法182条は，執行異議または執行抗告の中で実体事由も主張できる，という文言に改められた。その結果，執行抗告の中で実体事由が主張できることに疑いがなくなり，前記②説が根拠を失い，①説をとることの疑義が払拭された。なお，民執法182条が準用されていない動産競売開始許可決定に対する執行抗告については，依然として異なる考察が必要となる（⇨310頁 **5-3** ）。

(3) 差押えの効力

　差押えの効力は，第三債務者，執行債務者の双方に及び，第三債務者には**弁済禁止効**が，執行債務者には，**処分禁止効**（処分の手続相対的無効）が及ぶ。

(4) 差押えに関する規律

　担保権の対象財産が特定しているので，原則として，超過差押えの禁止，差押禁止財産とその範囲の変更に関する規定の適用はない（民執193条2項における146条2項・152条・153条の準用排除。この点は，債権執行とは異なる）。ただし，執行のもととなる担保権が一般先取特権である場合には，担保権の対象財産が特定していないので，これらの規定の適用はある（民執192条における146条2項・152条・153条の準用）。無剰余差押禁止の原則は，債権執行同様，明文の規定はないが，原則としては認められると考えてよかろう。

④ 換　　価

　換価の手続も基本的に，**債権執行と同様**であり，①取立て，②転付命令のほか，③譲渡命令・売却命令・管理命令・その他の換価方法が認められ，担保権者の申立てに応じていずれかが採用される。

⑤ 債権者の満足（配当等）

　債権者の満足段階（配当等）の規律も，原則，**債権執行に準じる**（⇨240頁(5)）。

(1)　配当等を受けるべき債権者

配当等に参加できる債権者は下記のとおりである（民執193条2項・165条）。

①まず，配当要求により配当を受ける債権者として，有名義債権者と，文書により先取特権を証明した債権者がいる。

②次いで，仮差押えをした債権者，差押えをした債権者は，配当に加わることができる。差押債権者には，執行正本に基づき差押えをした一般債権者のほか，民執法193条1項により差押えをした先取特権者，債権質権者がある。

(2)　配当加入終期（民執 193 第 2 項・165 条）

まず，他の債権者による差押えがないうちに，転付命令が第三債務者に送達されるか，第三債務者が差押担保権者に対して弁済をすれば，他の債権者は手続に参加できず，差押えをした担保権者のみが満足を得る。

次いで，差押えをした担保権者による取立訴訟の訴状が第三債務者に送達されるか，第三債務者が供託をすれば，その時点で，他の債権者の参加は締め切られる。

また，換価手続として売却命令が用いられた場合には，売得金を執行官が取得した時点で，他の債権者の参加は締め切られる。

(3)　配当等の手続
(a)　取立ての場合

取立てに対しては，第三債務者は，他の債権者の競合がない限り，担保権者に対し弁済をするか，**権利供託**をするかの選択が可能である（民執193条2項・156条1項）。他の債権者の競合があれば**義務供託**がなされる（同193条2項・156条2項）。供託金からの配当は，執行裁判所が主宰する（同193条2項・166条1項1号）。

以上が原則であるが，差押えのもとになっている担保権が被差押債権に対する質権である場合には，第三債務者は，当該債権質権者の同意がない限り，権利供託・義務供託のいずれによっても債権質権者に対する弁済義務を免れることはできないと解するのが一般的である（逆に債権者競合の場合にも供託義務は生じない）。民法366条1項により第三債務者は債権質権者に対し直接弁済する

義務を負っており，民法366条1項の債権質権者の直接取立権は，債権質権者が債権の担保執行としての差押えをした場合でも消失しないと解されているからである。しかし，第三債務者保護の観点から，この場面でも民法366条3項による供託との混合供託を認めるのが妥当であろう（⇨244頁(c)）。

(b)　転付命令・譲渡命令の場合

転付命令，譲渡命令の場合には，転付・譲渡の対象とされた被差押債権の額の分だけ，被担保債権も弁済されたことになる（転付命令につき，民執193条・160条。譲渡命令につき，同161条7項・160条）。このようにして担保権者は被担保債権について満足を受ける。

これらの場合，債権の担保執行のもととなった担保権が不存在であっても，担保権者は，被差押債権を取得する（民執193条2項・184条⇨288頁(3)）。

(c)　売却命令の場合

売却命令により売却がなされた場合には，売得金を原資として，配当等がなされる。その手続は執行裁判所が主宰する（民執193条2項・166条1項2号）。

売却命令の場合にも，担保権が不存在であっても，債権の売却を受けた者は被差押債権を取得する（民執193条2項・184条⇨288頁(3)）。

第5節　物上代位

〈物上代位のケース〉

動産競売（⇨307頁以下・第3節）の設例において，B社により販売済みとなっていた14台のパソコンのうち，4台は，B社支店の店頭において現金払により一般消費者に対し販売されていたが，10台は，生命保険会社であるC社が社内で使用するために1台あたり20万円で購入しており，C社による購入代金200万円の支払は，令和3年6月30日に，C社がB社の銀行口座に振り込む形でなされることになっていた。

このことを知ったA社は6月15日に，動産売買先取特権に基づく物上代位権の行使として，B社のC社に対する売掛債権200万円を差し押さえることとし，執行裁判所に対して差押命令を申し立てた。

1 趣　　旨

担保の目的物の売却，賃貸，滅失，損失等により，目的物の所有者が対価や損害賠償請求権や保険金請求権を取得する場合がある。これらの担保目的物所有者が受けるべき「金銭その他の物」に対しても担保権の効力が及び，このような「金銭その他の物」から担保権者が優先弁済を受けることができる場合がある。これを「**物上代位**」と呼ぶ。

物上代位は，先取特権（民 304 条），質権（同 350 条・304 条），抵当権（同 372 条・304 条）において認められている。これらのうちでは，抵当権に基づく物上代位（中でも特に賃料債権に対する物上代位），先取特権に基づく物上代位（特に動産売買先取特権に基づく物上代位）が盛んであり，重要である（⇨ 314 頁 **1**）。

なお，抵当権には追及効があることから，売却の対価に対しては抵当権に基づく物上代位はできない，とされる。

2 実 行 手 続

⑴　**物上代位の要件**

民法 304 条は，担保権者が物上代位をするには，債務者が受けるべき金銭その他の物の「払渡し又は引渡しの前に差押えをしなければならない」と規定する。

すなわち，物上代位は，担保目的物所有者が担保目的物の買主等の第三債務者に対して有する「金銭その他の物」の給付を求める請求権（債権）に対する**差押え**を要件とする。

このように差押えが要求される趣旨については，⒜特定性維持説，⒝優先権保全説，⒞第三債務者保護説の対立がある。

⒜　**特定性維持説**

担保権の優先弁済効は，物上代位の対象物に観念的には当然に及んでいるという考えを出発点とする説である。しかし，物上代位の対象物が担保目的物所有者の一般財産に混入した後も物上代位が可能であるとしてしまうと，担保目的物所有者・担保目的物所有者の一般債権者を害することを理由に，物上代位の対象債権が債権のまま特定可能である限りでのみ物上代位は可能であるとし

た上で，差押えは，この特定を維持するものである，と説明する立場である。

(b) 優先権保全説

担保権の効力は，物上代位の対象物には観念的にも及んでおらず，物上代位は担保権保護のために政策的に認められたものにすぎないという考えを出発点とする説である。この説は，担保権者は，差押えによりはじめて，物上代位対象債権の譲受人等の第三者に対する優先権を主張できるとする。そして，物上代位にどこまでの優先的地位を与えるべきかは，究極的には前記第三者の利益との利害調整を踏まえた政策的判断により決せられるという。

(c) 第三債務者保護説

物上代位対象債権が担保目的物所有者に対して弁済された後にも，対象債権に対する物上代位が可能であるとしてしまうと，第三債務者が二重の弁済を強いられることになることを理由に，このような二重弁済の危険から第三債務者を保護するために，いわば第三債務者に対する対抗要件として差押えは要求されるのである，とする説である。

以上のうち，(a)特定性維持説が学説上は通説であるといわれる。判例は，従前は(b)優先権保全説に立っていたが，近時になり，抵当権に基づく物上代位については(c)第三債務者保護説に立つことを明らかにした（最判平成 10・1・30 民集 52 巻 1 号 1 頁［民法百選 I［8 版］88 事件］。⇨ 324 頁(b)）。他方で，動産売買先取特権に基づく物上代位については，依然(b)優先権保全説をとることを明らかにしている（最判平成 17・2・22 民集 59 巻 2 号 314 頁［重判平 17 民 3 事件］。⇨ 326 頁(2)）。このような区別は，物上代位の根拠となる担保権として，抵当権は公示があるので，差押えにより物上代位自体を公示する必要がないこと，それに対し動産売買先取特権は公示のない担保権であるために，差押えにより物上代位自体を公示しないと第三者を不測に害するおそれがあること，に求められている。

(2) 手　　続

物上代位の要件としての「差押え」（民 304 条）は，**債権の担保執行にいう差押命令**（民執 193 条 1 項）のことをいうと理解されている。既に開始している手続に対する配当要求は，民法 304 条にいう「差押え」に当たらない，というの

が判例である（最判平成 13・10・25 民集 55 巻 6 号 975 頁［百選 79 事件］）。

したがって，物上代位には対象債権についての差押命令が必要であり，物上代位の実行手続は債権の担保執行によることになる。すなわち，物上代位の実行手続としては，物上代位の対象となる債権につき，担保権の実行としての差押命令の申立てを行い差押命令を得た上で，債権の担保執行手続に従って取立等の手段を経て満足を得る，という経過をたどることになる。

なお，物上代位がなされる前に対象債権が弁済されてしまえば，物上代位は空振りに終わる。そこで，物上代位の実行としての差押えがなされる前の段階で，**物上代位の保全**（担保目的物所有者に対する物上代位対象債権の弁済の差止め）が認められないかどうかが問題となる。方法としては，①仮差押え，②係争物に関する仮処分としての処分禁止の仮処分，③仮の地位を定める仮処分としての処分禁止の仮処分が考えられるが，①には担保目的物所有者が倒産した場合には用いることができないという難点，②・③には本案訴訟が観念し難いという保全法内在的な問題がある。②の方法を否定した判例として，東京高決昭和 60・11・29 判時 1174 号 69 頁がある。立法的手当てはなされておらず解釈論として議論がなされているが，決着はついていない。

3 物上代位が問題となる局面

物上代位に関する判例の立体像をつかむため，抵当権・先取特権の順に，物上代位の可否が問題となった判例を以下に取り上げる。

(1)　抵　当　権
(a)　抵当権者による賃料債権に対する物上代位

抵当権は，目的物の使用収益権を目的物所有者に与える点に特性があること，抵当権登記以降に対抗要件を備えた賃借権等は，抵当権者に対抗できないので抵当権者が損害を被ることはないこと，賃料債権に対する物上代位を肯定すると，目的不動産の第三取得者が不測の損害を被るおそれがあること，を理由に，抵当権に基づく目的不動産の賃料債権に対する物上代位を否定するのが学説上の**多数説**であった（それに対し**肯定説**は，賃料は本来抵当権が把握している交換価値のなし崩し的実現であること，賃料とは，抵当権設定者が目的物の用益権能を第三者に

移転した場合の対価であり，それを抵当権の対象としても抵当権設定者自身の用益権能を害したことにならないこと，を理由としていた）。しかし，最判平成元・10・27民集 43 巻 9 号 1070 頁［民法百選 I〔8 版〕87 事件］は，これを肯定し，以後，抵当権に基づく賃料債権に対する物上代位を肯定する立場で判例は固まった。

(b)　被代位債権の譲渡との対抗関係

物上代位対象債権が譲渡された後に，この債権に対して物上代位をしていくことは可能か。**優先権保全説**からは，物上代位は不可能，という帰結になろうが，最判平成 10・1・30 民集 52 巻 1 号 1 頁［民法百選 I〔8 版〕88 事件］（賃料債権に対する物上代位の事案）は，**第三債務者保護説**に立つことを明らかにし，物上代位は可能であるとした。同判決が，その理由の一つとして抵当権が公示されていることを挙げており，また，同最判に追随した最判平成 10・2・10 判時 1628 号 9 頁（同じく賃料債権に対する物上代位の事案）が，対象事案において物上代位のもととなる抵当権の登記時よりも債権譲渡の対抗要件具備時が後であることを理由に物上代位が優先する旨を判示したことから，被代位債権の譲渡と物上代位は，債権譲渡の対抗要件具備時と物上代位の基礎となる抵当権の登記時との対抗関係として処理されることになったといえる。

(c)　被代位債権に対する差押えとの対抗関係

前述(b)の債権譲渡に関する帰結を，差押えに当てはめれば，物上代位対象債権について差押えがあった場合に，物上代位が可能かどうかは，物上代位のもととなる抵当権の登記時と差押命令の第三債務者への送達時の先後により決すべきことになる。事実，かかる対抗関係により問題を処理したのが，最判平成 10・3・26 民集 52 巻 2 号 483 頁［百選 77 事件］（賃料債権に対する物上代位の事案）である。

(d)　被代位債権に対する転付命令との対抗関係

前述(b)(c)にあるような対抗関係による処理（第三者が被代位債権につき所定の地位を得た場合，その地位につき対抗要件を備えた時点と，物上代位の基礎となる抵当権の登記時の先後により，第三者と物上代位権者の優劣を決する）を転付命令に当てはめれば，転付命令後の物上代位の可否も，転付命令の第三債務者への送達時と，物上代位のもとになる抵当権の登記時の先後で決すべきことになろう。

しかし，最判平成 14・3・12 民集 56 巻 3 号 555 頁［百選 78 事件］（用地買収

に対する保証金債権に対する物上代位の事案）は，転付命令の第三債務者送達時までに，抵当権者が被転付債権を差し押さえなければ，当該債権についての物上代位の効力は生じない，と判示した。すなわち，転付命令と物上代位の優劣は，転付命令の第三債務者送達時と，抵当権の登記時の先後により決せられるのではない，というのである。この判決に対しては，(b)(c)における判例の立場との整合性につき疑問が提起されている一方で，執行制度の安定性に対する信頼保護を重視する立場から賛成する見解もある。

(e)　被代位債権債務者による相殺との対抗関係

判例の前述(b)(c)の立場（物上代位との優劣は，物上代位の基礎となる抵当権の登記時との先後により決する）は，物上代位対象債権の債務者による相殺の局面にも及ぼされている。すなわち，物上代位に基づく取立てに対し，被代位債権の債務者が，被代位債権の債権者に対する反対債権をもって相殺する旨の抗弁を提出した場合，この相殺の可否は，反対債権取得時と，物上代位のもととなる抵当権の登記の先後により決する旨判示された（最判平成13・3・13民集55巻2号363頁［重判平13民5事件］〔賃料債権に対する物上代位の事案〕）。

(f)　敷金への当然充当との対抗関係

以上のように，物上代位の効力を可及的に認めようとする姿勢の判例が目立つ一方（(d)以外の判例はそのように位置づけられよう），物上代位の効力を抑制する方向の判例もある。

そのひとつが，最判平成14・3・28民集56巻3号689頁［重判平14民3事件］であり，同判決は，抵当権に基づき賃料債権に対して物上代位がなされた場合でも，賃借人が賃料を払わないまま賃貸借契約が終了し明渡しがなされた場合には，未払賃料が敷金に当然に充当され残額につき敷金返還請求権が発生することにより，未払賃料は消滅することになる以上，物上代位をした抵当権者は賃借人から賃料の支払を求めることはもはやできない，と判示した。

(g)　転貸の場合の転貸人への賃料支払義務に対する物上代位

いまひとつは，賃借人が目的不動産を第三者に転貸した場合についての最高裁決定である。目的不動産利用者と債務者との間に転貸人を介在させると，目的不動産利用者の支払う対価は，「債務者が受けるべき金銭その他の物」ではなくなる。これを利用し，転貸人を介在させることにより物上代位を不可能に

する執行妨害が相次いだ。これに対する対策として，抵当権設定登記後の転貸借賃料債権に対しては物上代位が可能である，という理屈により転貸人の賃料債権に対する物上代位を肯定する下級審裁判例もあった。しかし，最決平成12・4・14 民集 54 巻 4 号 1552 頁 [重判平 12 民 2 事件] は，「所有者の取得すべき賃料を減少させ，又は抵当権の行使を妨げるために，法人格を濫用し，又は賃貸借を仮装した上で，転貸借関係を作出したものであるなど，抵当不動産の賃借人を所有者と同視することを相当とする場合には，その賃借人が取得すべき転貸賃料債権に対して抵当権に基づく物上代位権を行使することを許すべきものである」とした上で，「抵当不動産の賃借人を所有者と同視することを相当とする場合」を除き，転貸賃料債権に対する物上代位は許されない，と判示した。即ち，一般的に物上代位の効力を転貸賃料債権に及ぼすのではなく，濫用的な転貸借の場合にのみ物上代位の効力を及ぼす，という形で前記執行妨害に対抗する立場を打ち出したわけである。物上代位の効力の拡大に抑制的な姿勢をみせているといえよう。

(2) 先 取 特 権

先取特権については，動産売買先取特権に基づく物上代位につき，①物上代位対象債権が譲渡され（対抗要件が具備され）た後は，物上代位は不可能であるが（最判平成 17・2・22 民集 59 巻 2 号 314 頁 [重判平 17 民 3 事件]），②一般債権者により物上代位対象債権が（仮）差押えされた後でも，物上代位は可能である，とするのが判例である（最判昭和 60・7・19 民集 39 巻 5 号 1326 頁 [百選 75 事件]。動産所有者につく破産手続開始後も動産売買先取特権による物上代位が可能であるとした最判昭和 59・2・2 民集 38 巻 3 号 431 頁 [倒産百選 [6 版] 56 事件] からの整合的な帰結である。ただし，他の一般債権者の差押えに基づく債権執行手続が開始した場合には，その配当要求終期までに物上代位者は差押えをする必要があり，それは差押命令の申立てでは足りず，差押命令が第三債務者に送達されている必要があるとする。最判平成 5・3・30 民集 47 巻 4 号 3300 頁 [百選 76 事件]）。**優先権保全説**に立った上（⇨ 322頁(b)），債権譲受人は保護すべき第三者に該当するが，（仮）差押債権者は保護対象とならない，と考えることによる。

抵当権に基づく物上代位の場合には，債権譲渡・差押えともに，抵当権設定

登記との対抗関係により処理される（⇨ 324 頁(b)(c)）のとは対照的である。物上代位の基礎となる担保権に**公示**があるか否かが区別のポイントとされるが，逆に，公示手段を有しない動産売買先取特権を，公示手段を有する抵当権よりも差押えとの対抗関係に関し優遇する前記帰結には，必ずしも釈然としないものがある。

4 担保不動産収益執行との関係

⑴　賃料債権に対する物上代位の問題点

　賃料債権に対する物上代位自体の問題点としては，①物上代位は，当該不動産の管理費にも及んでしまい，不動産所有者に不動産管理費がわたらないことになるので，当該不動産の管理が十分になされないことになり，不動産の荒廃化を招く，②抵当権の順位が自動的に反映されない（被差押債権に対して，先順位抵当権者が同様に物上代位をすれば，先順位抵当権者が優先するが，そういうことがない限り，後順位の担保割れしている抵当権者が事実上優先弁済を受けられることになってしまう），といった点が挙げられていた。

　そこで，平成 15 年改正民執法の立法段階では，抵当権者による賃料債権に対する物上代位を否定することも議論された。しかし，結局これは見送られることとなった。平成 15 年の民執法改正は，抵当権者による賃料債権に対する物上代位にお墨付きを与えたわけではないといわれるが（ただし，平成 15 年民執法改正による民法新 371 条が抵当権の被担保債権の債務不履行後の果実に抵当権の効力が及ぶ旨規定したことにより，抵当権による賃料債権に対する物上代位を否定する学説の論拠のうち抵当権目的不動産の使用収益権は不動産所有者に帰属するという論拠は基礎を失ったと指摘されている），否定をしなかった以上，確立した判例法理はそのまま残ることになろう。

　他方，抵当権者が不動産の賃料債権から満足を受ける手段として，平成 15 年民執法改正により新しく担保不動産収益執行の制度が導入された（詳細は⇨ 304 頁 **2**）。担保不動産収益執行の制度が認められても，物上代位という選択肢が残された以上は，結局，前記①②は，問題点として残ったといえる（加えて，担保不動産収益執行においても，先順位抵当権者は当該手続から当然に満足を受けるわけではないため②の問題が内在している）。

　なお，同趣旨の目的を実現する手段となる物上代位と担保不動産収益執行は，後者はマンション等大規模で多数の賃貸借関係が同時に結ばれるような事案や，新規に賃貸借関係を結ぶ必要がある事案に用いられ，前者は比較的小規模で執行前から賃貸借契約が存続している場合に用いられる，という形で棲み分けがなされるのではないか，という指摘がなされている。

(2)　具体的調整

　前記のように，物上代位も，担保不動産収益執行も，賃料債権を対象とするものであるために，具体的事案において物上代位と担保不動産収益執行が競合する場合が出てくる。その場合の調整は以下のようにして図られる。

　すなわち，担保不動産収益執行の開始決定があったときは，既に行われていた物上代位に基づく差押命令の効力は停止する（民執188条・93条の4第1項）。したがって，物上代位権者は，第三債務者より被差押債権の弁済を受ける権利を失う。その代わり，当該物上代位権者は，担保不動産収益執行手続において，配当を受ける地位を与えられる（同188条・93条の4第3項）。

　物上代位と担保不動産収益執行との競合場面では，担保不動産収益執行が優先する形の処理が採用されたわけである。

　ただし，担保不動産収益執行の開始決定が，物上代位に基づく債権の担保執行手続の配当加入終期後（たとえば賃借人による供託後）に，第三債務者（賃借人）に送達された場合には，物上代位の効力はそのまま残る（民執188条・93条の4第1項但書）。担保不動産収益執行手続の効果は，当該物上代位の対象となっている債権には及ばず，当該債権については物上代位に基づく債権の担保執行手続のみが係属することになる。当該債権を基準としてみれば，当該債権に対する執行手続での配当加入終期がいったん締め切られた後で開始した手続の債権者を，当該債権から満足を受ける者に付け加えるのは相当ではないと判断されたことによる。第三債務者の不利益を回避することにもつながるであろう。

1節・2節 ＊ 以下の *1〜5* は一連の設問である。

1 Bは，Cに対して１億円の金銭債務（以下「C・B債権」）を負っていた。履行期が到来しても支払えず，CはBに厳しく履行を迫った。そこで，Bは，Aの実印を含む書類一式を盗用し，Aが所有する甲地につきAからBへの所有権移転登記手続を行った。そして，Cが履行期を１年猶予するのと引換えに，BはCに対しC・B債権につき甲地の上に抵当権を設定した（以下「本件抵当権」）。その１年後，Bは再び債務不履行に陥ったため，Cは本件抵当権を実行すべく甲地につき担保不動産競売の申立てをした。

　Cは，担保不動産競売の申立てをするにあたり，どのような書類（文書）を提出しなければならないか（⇨ 292頁(2)，286頁(b)）。

2 執行裁判所は，担保不動産競売の開始決定を出し，甲地につき差押登記もなされた（以下「本件競売手続」）。しかし，Bは，本件抵当権設定行為を，Cによる強迫を理由に取り消した（民96条１項）。

　① Bは，この取消しによる抵当権の不存在を，どのような手続で主張すればよいか（⇨ 286頁(b)，296頁(c)，297頁(5)）。

　② Bは，執行裁判所に，担保権の不存在を主張し，本件競売手続を止めてもらいたい。どうすればよいか（⇨ 298頁(b)）。

3 執行裁判所は，Bの申立てを却下した。そこで，Bは，Cに対して，本件抵当権の不存在を確認する訴えを提起した。Bは，また，本件競売手続の一時停止も得た。しかし，裁判所は，Bの請求を棄却する判決を出し，この判決は確定した。

① BのCに対する訴えは，どのような機能を持つ訴えか（⇨ 286頁(b)，298頁(c)）。

② Bはどのような手段により一時停止を得たのか（⇨ 298頁(c)）。

③ 仮にBが勝訴し，この判決が確定した場合，Bはどのようにして本件競売手続の停止を得ることができるか（⇨ 299頁(6)）。

4 本件競売手続は進行し，Dが最高価買受申出人となり，売却許可決定がなされ，これが確定し，Dが売却代金（5000万円）を納付し，これは弁済金交付により全額Cへの弁済に充てられた。手続のある段階で本件競売手続を知ったAは，何としても甲地を取り戻したいと考えた。

① Aの取り得る手段を検討しよう。Aは誰に対してどのような民事訴訟を起こせばよいか。本件競売手続の進行の段階によりAの取り得る手段は変わってくるか（⇨ 105頁 **7**，288頁(3)，299頁(d)）。

② 前記①で答えた各民事訴訟で，裁判所はどのような判決を出すべきか。

③ 仮に，A・D間の民事訴訟で，裁判所が，DはAに対し甲地につき所有権移転登

記手続をせよと命ずる判決を出し，この判決が確定したとする。D は，裁判所に納付した代金を，誰から取り戻せばよいか（⇨ 181 頁(c)，290 頁(1)）。

5　話は前後するが，本件抵当権が設定された 1 年後，B が再び C・B 債権につき債務不履行を起こした頃より，B は C による本件抵当権の実行を予想し，E に甲地を貸し渡し，産業廃棄物などを置かせ，とても買受人が現れないような状態にしていたとする。

① 担保不動産競売の申立てをしようと考えている C としては，どのような手段をとればよいか（⇨ 300 頁(7)）。

② C は，競売開始後も，B が甲地を第三者に占有させるのではないかと心配である。C はどのような法的手段を講じればよいか（⇨ 145 頁(3)，300 頁(7)）。

3 節

1　〈ケース〉（⇨ 307 頁）の A 社はなぜ，執行裁判所に動産競売開始許可決定を申し立てたと推察されるか。また，動産競売開始許可決定とは何か（⇨ 309 頁(2)）。

2　〈ケース〉（⇨ 307 頁）における A 社が具体的にどのような文書を提出すれば，動産競売開始許可決定を得ることができるか（⇨ 309 頁(2)，316 頁(2)。名古屋高決昭和 62・6・23 判時 1244 号 89 頁［百選 73 事件］参照）。

4 節

1　〈ケース〉（⇨ 314 頁）における A 社が具体的にどのような文書を提出すれば，差押命令を得ることができるか（⇨ 316 頁(2)。名古屋高決昭和 62・6・23 判時 1244 号 89 頁［百選 73 事件］参照）。

2　S の D に対する甲債権について S の債権者 P のために質権が設定されているとする。P は，甲債権につき債権の担保執行を申し立てた。その後 P による取立訴訟が提起される前に，S の一般債権者 G_1，一般先取特権者 G_2 による配当要求がなされた。甲債権につき D は供託をするべきか，それとも誰かに弁済をするべきか，弁済をするべきであるとすれば誰に弁済をするべきか（⇨ 318 頁 **5**）。

3　S の D に対する甲債権について S の債権者 P のために質権が設定されているとする。S の一般債権者 G が甲債権を差し押さえ，甲債権につき転付命令を得た。その後，P が甲債権につき債権の担保執行を申し立て取立訴訟を提起し，当該訴訟の訴状が D に送達された。甲債権につき D は供託をするべきか，それとも誰かに弁済をするべきか，弁済をするべきであるとすれば誰に弁済をするべきか（⇨ 318 頁 **5**。最決平成 12・4・7 民集 54 巻 4 号 1355 頁［百選 61 事件］参照）。

5 節

1 S の所有する甲土地につき，S の債権者 H のために抵当権が設定され，登記されていた。甲土地は D が S から賃借していた。抵当権の設定登記から 2 年後に S につき破産手続開始決定が出され，その後に S の D に対する賃料債権につき H が物上代位に基づく差押命令を取得した。D は S の破産管財人と H のいずれに賃料を支払うべきか（⇨ 323 頁 **3**）。

2 甲土地を S 社が所有しており，D が S 社から賃借している。G_1 は S 社の元従業員であったが，退職金 2500 万円が未払となっていた。S 社には甲土地以外にめぼしい財産がない。S 社の一般債権者 G_2 が，甲土地の賃料債権につき差押命令を申し立て，当該差押命令が出され D に送達された。その後，G_1 は 2500 万円の賃料債権を被担保債権とする一般の先取特権について甲土地について登記を経由した上で，甲土地の賃料債権につき一般の先取特権に基づく物上代位の実行としての債権の担保執行を申し立て，差押命令を取得した。D は，G_1 と G_2 のいずれに賃料を支払うべきか（⇨ 323 頁 **3**）。

参 考 文 献

1 節・2 節

1 相澤眞木＝塚原聡編著『民事執行の実務・不動産執行編〔第 4 版〕(上)(下)』（金融財政事情研究会，2018）。

2 中野＝下村・民事執行法 373 頁以下・593 頁以下。

3 山本和彦＝小林昭彦＝浜秀樹＝白石哲編『新基本法コンメンタール・民事執行法』（日本評論社，2014）436 頁以下。

4 道垣内弘人編『新注釈民法(6)』（有斐閣，2019）748 頁［古積健三郎］。

3 節

□ 動産先取特権に基づく動産競売全般について

1 道垣内弘人ほか『新しい担保・執行制度〔補訂版〕』（有斐閣，2004）130 頁以下。

4 節

□ 質権に基づく債権の担保執行について

1 鈴木忠一＝三ヶ月章編『注解民事執行法(5)』（第一法規，1985）321 頁。

2 田中康久『新民事執行法の解説〔増補改訂版〕』（金融財政事情研究会，1980）467 頁。

3 東京地裁債権執行等手続研究会『債権執行の諸問題』（判例タイムズ社，1993）262 頁以下。

5 節

□物上代位全般について

1 森田修『債権回収法講義〔第 2 版〕』（有斐閣，2011）225 頁以下。

2 中野 = 下村・民事執行法 696 頁以下。

3 道垣内弘人『担保物権法〔第 4 版〕』（有斐閣，2017）65〜70 頁，147〜160 頁。

第 *6* 章

民事保全手続

第1節　はじめに

＜民事保全のケース・1＞

　XはYに1億円を貸し渡したが，期限が来ても返してもらえないので，1億円の貸金返還請求訴訟を提起すべく準備をしていた。勝訴判決が確定すれば，Yが所有する唯一価値の高い財産である甲地を差し押さえるつもりであった。登記簿をみると抵当権などの設定もなく，強制執行をしても何の問題もないと思われた。ところが，ある日，不動産仲介業を営むA不動産の広告がXの自宅に入り，それをみると，甲地が1億円で売りに出されていた。甲地が現金化されると，現金の行方はつかみにくいので，Xの強制執行のプランは不可能になる。Xは，どのような手段を講ずればよいか。

＜民事保全のケース・2＞

　XはYより土地（乙地）を1億円で買い受けた。契約を締結し，手付金を支払い，あとは残代金の支払と引き換えに所有権移転登記をするだけという段階になって，Yは，急に，代金を1.5倍に増額してくれなければ所有権移転登記には応じられないと言い出した。そこで，Xは，Yに対し，乙地につき所有権移転登記手続請求訴訟を提起しようと準備中であったが，ある日，不動産仲介業を営むA不動産の広告がXの自宅に入り，それをみると，乙地が1億5000万円で売りに出されていた。不動産が売却されると，乙地のXへの所有権移転登記は不可能になりかねない。Xは，どのような手段を講ずればよいか。

> ＜民事保全のケース・3＞
> 　Ｘは，Ｙと雇用契約を締結し，Ｙの下で働いていた。しかし，Ｙの事業の業績
> は思わしくなく，役員報酬を削減し，新規採用の抑制，希望退職者の募集等を行っ
> たが，なお人員整理を行わなければ事業を継続できない状態となった。そこで，Ｙ
> は，Ｘに対し，いわゆる整理解雇を行った。しかし，Ｘは，当該解雇は整理解雇
> の四要件を充たさず無効であると考えており，解雇の無効を確認する判決と賃金の
> 支払を命ずる判決を求めて訴えを提起しようと準備中である。しかし，判決が確定
> するまでには相当日時がかかり，その間給料が入らなければＸとその家族は生活
> できないし，長期間仕事から離れると職場復帰も難しくなるし，その間の精神的苦
> 痛も甚だしい。Ｘは，どのような手段を講ずればよいか。

1 民事保全の目的

　民事訴訟の本案の権利の実現を保全するための**仮差押え**と**係争物に関する仮
処分**，そして民事訴訟の本案の権利関係につき**仮の地位を定めるための仮処分**
を，民事保全という（民保1条）。そして，この民事保全について規律するのが
民事保全法である。

　私法上の紛争が生じ権利者が権利を強制的に実現したいと考えた場合，訴え
を提起し，口頭弁論，証拠調べの手続などを経て，勝訴判決を得て，確定すれ
ば，これを債務名義として強制執行開始を申し立てることになる。しかし，訴
えの提起から判決の確定までには，訴訟の迅速化が進んだ現在でも，相当な日
時が必要である。それまでに生じた事情の変更により，確定した勝訴判決を得
てもこれを債務名義とする強制執行が不可能となる場合（＜ケース1・2＞）や，そ
もそも勝訴判決を得られなくなるため強制執行も不可能となる場合（＜ケース2＞）
があり得る。また，勝訴判決を得ても，当該権利の実現が困難ないし実質的に
不可能となる場合（＜ケース3＞）もあり得よう。民事保全は，このような事態を
回避すること，すなわち，民事訴訟の本案の権利の実現を保全することを，目
的としている。

2 民事保全の種類

(1) はじめに

　民事保全には，①仮差押え，②係争物に関する仮処分，③仮の地位を定める
ための仮処分という，三つの類型がある（民保1条）。概念的には，まず仮差押
えと仮処分に大別され，仮処分はさらに係争物に関する仮処分と仮の地位を定
める仮処分に分類される。しかし，その機能に着目すれば，仮差押えと係争物
に関する仮処分は被保全権利の強制執行が不可能となるのを回避する点で同じ
であるのに対し，仮の地位を定めるための仮処分は，強制執行は可能でも実質
的に無意味になる場合や，強制執行を前提としないものも含まれる点で，前二
者とは異なっている。

(2) 仮差押え

　仮差押えは，金銭債権につき，強制執行ができなくなるおそれがあるとき，
または強制執行をするのに著しい困難を生ずるおそれがあるときに，強制執行
を保全するため，**債務者の特定の財産を仮に差し押さえる制度**である。民執法上
の差押えとは，債務者に対し処分禁止効（処分の手続相対的無効）を有する点で
同じであるが，差押え後の手続（売却準備・売却・配当などの手続）が存在しな
い点で異なっている。仮差押債権者は，自らの申立てにより開始された強制執
行か，他の債権者が開始した強制執行において，配当を受けるのである（詳細
は⇨158頁(b)，189頁(4)，374頁(c)）。

(3) 係争物に関する仮処分

　係争物に関する仮処分は，物（金銭以外の物）または権利の給付請求権（例.
物の引渡請求権・明渡請求権，所有権移転登記手続請求権）の強制執行を保全するた
め，**目的物の現状を維持する制度**である。つまり，目的物の現在の物理的状
態・法律的状態が変わることにより，当該給付請求権につき本案訴訟で勝訴判
決を得るのが不可能となること，もしくは当該給付請求権の強制執行が不可能
または著しく困難になることを避けるため，対象となる物の処分を禁止する，
占有の移転を禁止する等の現状維持を行うのである。

(4)　仮の地位を定めるための仮処分

仮の地位を定めるための仮処分は，争いある権利関係につき暫定的な法律状態を形成・維持することにより，**債権者に著しい損害または急迫の危機・不安が生じることを回避**し，最終的には本案訴訟で権利者の勝訴判決が確定した時に**当該権利の実現が（実質的に）困難または不可能となっていることを回避する制度**である。ただし，実際の制度の運用は，本案の権利の実現の保全よりも，著しい損害または急迫の危機・不安が生ずることの回避に重点が置かれている。

(5)　特殊保全処分

民事保全は，いずれの類型も，本案訴訟を前提としている（その具体的意味については⇒341頁(3)）。**本案訴訟**とは，保全の対象となる権利の存否を終局的に確定する通常の訴訟手続のことである。これに対し，民事手続の中には，民事保全と同様に仮の救済を与える制度でありながら，本案訴訟を前提としないものがある。これを，**特殊保全処分**という。民事執行手続における執行停止・取消しなどの仮処分（民訴403条，民執36条〜38条ほか），不動産執行または不動産担保執行手続における保全処分（民執55条・55条の2・68条の2・77条・187条），破産手続，民事再生手続，会社更生手続における手続開始前の保全処分（破24条・25条・28条など，民再26条・27条〜31条，会更24条・25条・28条ほか）などが，これに該当する。

これらの保全処分が認められる場合には民事保全は認められない。当該問題を解決するため特別な手続が設けられている以上，一般的な民事保全ではなく，その手続によって処理するのが合理的手続運営となるからである。

3　〈ケース〉による説明

民事保全の目的と意義（種類）を，〈ケース1〜3〉（⇒333頁，334頁）に即して説明すれば，以下のようになろう。

〈ケース1〉で，Xがいくら急いで本案の訴えを提起しても，審理の最中に甲地が売却されてしまえば，YはXに金1億円を支払えと命ずる判決が確定した時点で，甲地に対する強制執行は不可能となっている。Yが得た代金1億円につき強制執行すればよいという考えもあろうが，Yが代金をどこかに移

して隠匿すれば，それも不奏功に終わる。そこで，Xの申立てにより裁判所が甲地を**仮に差し押さえる**（その旨の登記もされる）。すると，仮にYが甲地を第三者に売り渡しても，X勝訴の判決が確定すれば，Xはこれを債務名義として，甲地に対して不動産強制競売手続を開始し，そこで配当を受けることができる。仮差押えにも処分禁止効があるからである。

〈ケース②〉では，Xがいくら急いで本案の訴えを提起しても，審理の最中にYが乙地をZに売却し，Y・Z間の所有権移転登記も完了し，この事実が口頭弁論で主張されれば，Xの請求は棄却され（Yに登記名義がない以上XのYに対する移転登記請求権は成り立たない），乙地につきYからXへ所有権移転登記手続をするという本案の権利の（広義の）強制執行は不可能となる。しかし，Xの申立てにより，裁判所がYに対し乙地の処分を禁止する命令を出すと（その旨の登記もされる），その後，Yが乙地をZに譲渡しその旨の所有権移転登記がなされ，当該事実が口頭弁論で主張されても，X・Y間の所有権移転登記手続請求訴訟でX勝訴の判決が確定し（当該訴訟では，Y・Z間の所有権移転登記の事実は，処分禁止命令に反し無効であるから，無視され，登記簿上の所有者はYのままである），乙地につきYからXへ所有権移転登記手続をする段階で，YからZへの所有権移転登記は，処分禁止命令に反し無効であるとして，抹消されることになる。乙地の処分を禁止する命令を，**処分禁止の仮処分**（係争物に関する仮処分の一つである）という。

〈ケース③〉の場合，Xの申立てにより，裁判所は，Xの被用者としての地位を仮に定め，Yに対し解雇の翌日から本案判決確定の日までの賃金相当額の仮払を命ずることができる。これを，本案の権利関係につき**仮の地位を定めるための仮処分**という。被用者としての地位を仮に定める部分は既判力も執行力もなくYの任意の履行に期待するほかないが，賃金相当額の仮払を命ずる部分は執行力を持ち強制執行が可能である。本案の判決が確定するまでに，職場の状況・雰囲気の変化によりXの復帰が事実上不可能となったり，経済的困窮によりXの家族が離散したりしてしまえば，X勝訴の確定判決が実現しようとした結果も実現不可能になる。そこで，このような現実の危険や不安（職場の状況等の変化・家族の離散）を除去し，本案の権利の実現を保全するため，一定の法律状態（Xの被用者としての地位，本案の請求権の一部の実現）を暫定的

に形成・維持するわけである。

> **6-1** 　仮処分の本案化と仮処分の本案代替化
>
> 　現行法制定前の民事保全では，保全の発令手続は，それに対する不服申立手続と共に，判決手続または決定手続で行われていた。決定手続で処理された場合は問題なかったが，判決手続で審理された場合，期日に期日が重ねられて審理は長期化し，保全の判決が確定した時点で本案の審理は事実上望み得なくなっていた。このような（病理的）現象を**仮処分の本案化**という。本案の権利の実現を保全する手続のために本案が審判されないのは不合理であるという認識から，新たに制定された民保法では**オール決定主義**（⇨ 342 頁 **7** ）などが採用され，事件処理の迅速化が図られたわけである。
>
> 　民保法の下で保全事件は十分に迅速化され，仮処分の本案化の問題は解決されたとみられる。しかし，仮の地位を定めるための仮処分の場合，迅速な処理にもかかわらず，保全命令発令後の本案の訴え提起は非常に少ないとされ，このような現象を**仮処分の本案代替化**と呼んでいる。同時に，この場合には，保全異議や保全取消しの申立ても少なく，申立てが却下された場合の即時抗告も少ないと指摘されている。
>
> 　ある論者は，この現象を，仮の地位を定めるための仮処分の審理方式には判決手続とは違った意味で強力な紛争解決機能があるからだと，説明する（⇨ 354 頁(b)）。ただし，強力な紛争解決機能が発揮されるには，一定の条件が充たされることが必要である。この論者の立場からは，必要とされる条件を整備しながら，仮の地位を定めるための仮処分に適した事件をさらに取り込んでいくことが，合理的な民事紛争解決制度の運営であることになろう。もちろん，手続保障が必ずしも十分でない以上，判決手続に完全に取って代わるべきだという趣旨ではない。
>
> 　しかし，この見解に対しては，仮の地位を定めるための仮処分の本案代替化は実質的に法律上の争訟から手続保障を奪うものである，仮の地位を定めるための仮処分手続で当事者は必ずしも十分に主張・立証ができているわけでなく，敗れた当事者が納得している事件は少数で例外的である等の批判も存在する。

4　民事保全手続の構造

　民事保全手続は，①**保全命令手続**と，②**保全執行手続**に分けられる。また，①の保全命令手続は，ⓐ保全命令を発令する手続（**保全命令発令手続**）と，ⓑ保全命令に対する不服申立手続（**保全異議，保全取消し，執行抗告**）からなってい

図表 6-1　民事保全手続の構造

民事保全	保全命令	**6章2節** 保全命令の発令	仮差押命令
			仮処分命令
		6章3節 保全命令に対する 不服申立て	保全異議
			保全取消し
			保全抗告
	6章4節 保全執行	仮差押えの執行	不動産に対する仮差押えの執行
			動産に対する仮差押えの執行
			債権およびその他の財産権に対する仮差押えの執行
		仮処分の執行	占有移転禁止の仮処分命令の執行
			処分禁止の仮処分の執行
			職務執行停止・代行者選任の仮処分の執行

＊ 本書で解説がなされている箇所を◯章◯節のように示した。

る。保全執行手続は，保全命令の内容を強制的に実現する手続である。通常の民事訴訟手続および民事執行手続と対比するなら，保全命令手続は民事訴訟手続に対応し，保全執行手続は民事執行手続に対応することになろう。

5 民事保全の機関・当事者

　民事保全においては，保全命令の機関は裁判所であり（民保2条1項），保全執行の機関は裁判所または執行官である（同2条2項）。それ以外に職務を担当する者は，執行機関ではなく，執行の補助機関である（例，同47条4項の強制管理の方法により行われる不動産仮差押えの管理人）。執行官自体が，保全の執行を行う裁判所の補助機関となる場合もある。

　民事保全の当事者は，債権者，債務者である。保全命令発令手続は処分権主義が妥当するので申立てにより開始され，二当事者対立構造となるが，手続開始申立てを行った当事者を債権者，その相手方となる当事者を債務者というのである。

　債権者，債務者には，当事者能力と訴訟能力が要求される（民保7条，民訴28条・29条・31条・32条）。保全執行手続では，債務者は基本的に執行を受忍する立場にあることから，原則として訴訟能力は要求されず，例外的に受忍する立場を超える場合には（例，送達の受領，不服申立て，審尋）訴訟能力が要求されるとする見解もあるが，保全執行手続全体を通して債務者に防御の機会を実

質的に保障しなければならないと考えられるので，訴訟能力も民事保全手続全体を通して要求されると解すべきである。

6　民事保全の特徴

民事保全の特色として，迅速性，密行性，付随性，仮定性（暫定性）を挙げることができる。

(1)　迅　速　性

民事保全は，本案訴訟で判決が確定するのを待っていたのでは当該権利の実現が（実質的に）不可能となってしまう場合にこれを回避する制度である。したがって，保全命令の発令も，保全執行も，迅速になされることになる。すなわち，保全命令は口頭弁論を経ずに発令でき（民保3条），債務者審尋も原則として行わず，保全命令の実体的要件についても証明ではなく**疎明**が要求されるのみであり（同13条2項），保全命令に記載する理由も要旨を示せば足りる（同16条。⇨353頁(a)，355頁(3)，359頁(1)）。また，保全執行も，原則として執行文の付与は不要であり，執行期間は債権者に保全命令が送達されてから2週間に制限され，債務者への送達前でも可能とされる（以上，同43条1項～3項。⇨369頁 **1**）。このような性質を，**民事保全の迅速性**という。

ただし，迅速性の要請から債務者の手続保障が不十分であってはならない。仮の地位を定めるための仮処分では口頭弁論または債務者審尋が必要とされ（民保23条4項本文），保全異議では口頭弁論または双方審尋を経なければならず（同29条），これが保全取消しや保全抗告にも準用されるなどしている（同40条1項・41条4項）のは，このような配慮に基づくものである（⇨354頁(b)，364頁(2)）。

(2)　密　行　性

債務者に事件の係属を知らせることなく審理し保全命令を発令できる点を，**民事保全の密行性**という。仮差押えと係争物に関する仮処分（それぞれの申立て却下決定に対する即時抗告を含む）が持つ属性で，保全命令の申立書は債務者に送達されず，保全命令は口頭弁論も債務者が立ち会う審尋の期日も経ることな

く発令できるので（民保23条4項本文参照），債務者は保全執行か保全命令の送達を受けてはじめて事件の係属を知ることになるわけである。債務者が目的物を処分するなどして将来の強制執行が不可能になるのを防ぐ制度である以上，債務者に知らせることなく保全命令を発令するのは当然であろう。しかし，保全執行や保全命令送達後は秘密にする理由がなく，債務者への手続保障の要請もあるので，保全異議，保全取消し，保全抗告には密行性は妥当しない（同29条・40条1項・41条4項。⇨363頁**1**）。

　他方，仮の地位を定めるための仮処分には，原則として密行性は妥当しない（民保23条4項本文）。債務者に事件の係属を隠す必要性は低いし，審理も比較的複雑で債務者に手続保障を与えなければならないからである（詳細は⇨354頁(b)）。しかし，債務者に事件の係属を知られては仮処分の目的が達成できない場合には，例外的に密行性が妥当している（同項但書。⇨354頁(b)）。

(3) 付 随 性

　民事保全は，本案訴訟とは別個・独立の手続であるが，その目的から明らかなように，本案訴訟の存在を前提とし，本案訴訟に従属している。たとえば，保全命令が発令されると，保全命令を発令した裁判所は，債務者の申立てにより，債権者に対し，一定の期間内に本案の訴えを提起するよう命じ，債権者がその期間内に本案の訴えを提起しなければ，当該保全処分は取り消される（民保37条）。また，本案訴訟の判決が確定すれば，保全処分は失効したり（当事者に対する拘束力を失ったり），取り消されたりすることがある（⇨362頁(c)）。民事保全のこのような性質を，**付随性**という。

(4) 仮定性（暫定性）

　民事保全は，被保全権利が本案訴訟で確定され，強制執行で実現されるまで，仮の救済を与える制度であり，被保全権利を最終的に確定し実現するものではない。このような性質を，**仮定性（暫定性）**という。

　民事保全の仮定性は，より詳しくいえば，①保全命令・執行は債権者の最終的な満足までには至らない，②保全命令における判断は本案訴訟を拘束しない，③保全命令・執行により生じた事実上・法律上の変動は本案訴訟に影響を与え

ない等の原則からなるといわれる。

6-2　満足的仮処分（断行の仮処分）と仮処分の仮定性

仮の地位を定めるための仮処分のうち，本案の権利の全部または一部を実現したのと同様の結果を債権者に得させるものを，**満足的仮処分**という。そして，満足的仮処分のうち，物の給付請求権を被保全権利とするものを**断行の仮処分**という（物の給付その他の作為または不作為を命ずる仮処分命令は債務名義となりこれに基づき強制執行できる。民保52条2項。⇨375頁(1)）。

満足的仮処分は民事保全の仮定性の例外であるといわれるので，以下では，建物収去土地明渡しの仮処分を例にとり，この点を検討することにしよう。

建物収去土地明渡しの仮処分の場合，建物を取り壊して収去する点で最終的満足に至っているので，明らかに前記①の原則に反している。この意味で，民事保全の仮定性の例外である。しかし，保全執行後の本案訴訟（建物収去土地明渡しを求める訴え）では，保全命令の判断に拘束されることなく，建物は存在すると仮定して，建物収去・土地明渡請求権の存否が審判され，存在すると認められれば保全執行の結果が正当化され，存在しないと認められるなら損害賠償が認められるので，②③の原則は維持されている。すなわち，本案訴訟は保全命令の判断（建物収去・土地明渡請求権が存在する）に拘束されずに審判されるので，②の原則は維持されている。また，保全執行によりもはや建物は存在しないが，本案訴訟では建物は存在するものとして審判される（本案訴訟で請求棄却が確定すれば損害賠償で処理することになる）。したがって，③の原則も維持されている。

以上のように，満足的（断行の）仮処分には，仮定性（暫定性）と，その例外が，併存している，とみることができよう。

7　オール決定主義（決定手続原則）

民事保全の手続に関する裁判は，口頭弁論を経ないですることができる（民保3条）。つまり，保全命令発令手続，不服申立手続，保全執行手続のいずれにおいても，裁判は決定手続で行われる。これを，**オール決定主義**という。

民事保全法制定前は，民事保全は決定手続で処理される場合と判決手続で処理される場合があった。仮の地位を定めるための仮処分（例，労働仮処分，公害関係仮処分）は，判決手続で審理された場合，その発令手続の長期化が深刻な問題となっていた（⇨338頁 6-1）。また，判決手続で審判することになって

いた不服申立手続には，長期化の問題のほか，本案と同一裁判所に係属し，同一に進行し，同時に判決されるという事件が多かったため，独自の存在意義が疑われるという問題も生じていた。

そこで，民保法は，保全執行のみならず，保全命令発令や不服申立てについても決定で裁判をするという，オール決定主義を採用した。これにより，迅速な事件処理が可能となり，不服申立事件が本案と同一の裁判所に係属しても，存在意義が疑問視されることもなくなったわけである。

さらに，決定手続では，書面審理を基本としつつも，審尋，釈明処分の特例，第三者審尋，任意的口頭弁論などの手段が併用され，心証開示もされながら，集中的な審理がなされるため（⇨351頁(1)，353頁(2)），判決手続とは異なった意味での強い真実発見機能があると指摘されている点も，看過されてはならない（仮の地位を定める仮処分，保全異議，保全取消しでは必要的審尋が要求されるなど，手続保障にも配慮がなされている。民保23条4項・29条・40条1項）。

以上のように，オール決定主義は，民事保全における，迅速性の要求と，真実の発見の必要性の調和の実現を目指すものである。

第2節　保全命令発令手続

1 は じ め に

保全命令発令手続は，債権者の申立てにより開始される。裁判所は，保全の訴訟要件（管轄，当事者能力，訴訟能力，当事者適格，申立ての適法性など）と実体的要件（被保全権利の存在と保全の必要性）が存在するか否かを審理し，双方共に存在すると認められる場合には，担保決定をして，債権者に担保を立てさせた後（担保を命ずる方法は他にも存在する。⇨355頁(1)），保全命令を発令する。保全命令では，保全処分自体のほか，仮差押えの場合は仮差押解放金を，仮処分の場合は一定の要件の下で仮処分解放金を定める。裁判所が保全の要件が充たされないと判断した場合は，申立てを却下する。いずれの場合にも，債権者・債務者に送達がなされる。

以下では，まず，保全の実体的要件について説明し，次に，保全命令発令手

続を手続の流れに沿って説明したい。

② 保全の実体的要件

保全命令発令の実体的要件は，①**被保全債権の存在**と，②**保全の必要性**である。これらの疎明がなければ，保全命令は発令されない。被保全権利の存在が保全の必要性の論理的な前提ではあるが，両者は対等な要素である。

被保全権利と保全の必要性は別個独立の要件であり，その判断も別々に行われる。したがって，（仮に被保全権利の存在が認められるなら）保全の必要性は極めて大きいと判断される場合であっても，被保全権利の疎明の程度が不十分であれば，保全命令の発令は許されない。しかし，被保全権利の疎明の程度が極めて高度な場合は，保全の必要性の程度が比較的低くても保全命令が発令される場合があるといわれる（⇨ 346 頁(b), 347 頁(c)）。

(1)　被保全権利の存在

保全されるべき権利または権利関係を，**被保全権利**という（民保 13 条参照）。被保全権利が存在しないなら保全制度により保護すべき利益が存在しないことになるのだから，これが保全の実体的要件とされるのは当然である。被保全権利は，仮差押え，係争物に関する仮処分，仮の地位を定めるための仮処分で異なる。

(a)　仮差押えの被保全権利

仮差押えの場合，被保全権利は金銭の支払を目的とする債権である（民保 20 条 1 項）。仮差押えという執行方法からくる当然の限定である。金銭債権であれば，条件付であっても，期限付であっても，被保全債権とされる（同 20 条 2 項）。

(b)　係争物に関する仮処分の被保全権利

係争物に関する仮処分の場合，被保全権利は，係争物，すなわち金銭以外の物または権利に関する給付を目的とする請求権である。係争物に関わるものであれば，物権的請求権（例，所有権に基づく所有権移転登記請求権）でも債権的請求権（例，賃貸借契約終了に基づく目的物返還請求権）でもいいし，作為請求権（例，建物収去土地明渡請求権）でも不作為請求権（例，当該土地上に建築を禁止す

る請求権）でもいい。また，条件付であっても期限付であっても被保全債権と
される（民保20条2項・23条3項）。基本的に，占有移転や処分を禁止すること
により当事者を恒定し強制執行を保全する制度であり，ここから対象となる請
求権に一定の制約がみられるわけである。

(c)　仮の地位を定めるための仮処分の被保全権利

　仮の地位を定めるための仮処分の被保全権利は，仮差押えや係争物に関する
仮処分の場合のような執行方法からくる制約はなく，争いがある権利あるいは
権利関係であれば，金銭債権（例，〈ケース3〉の賃金債権），物の引渡請求権（例，
建物の明渡請求権）から，法的地位（例，株式会社の取締役の地位，〈ケース3〉の被用
者の地位）に至るまで，幅広く認められる。また，作為請求権（例，俳優の劇場
出演義務）も，不作為請求権（例，競業避止請求権）も，被保全権利となる。ま
た，条件付であっても期限付であっても被保全債権となる（民保20条2項・23
条3項）。

　なお，同じ被保全権利でも，仮差押え・係争物の仮処分の対象となることも
あれば，仮の地位を定める仮処分の対象となることもある。たとえば，賃金債
権については，仮差押え（賃金債権の強制執行を保全するため会社の財産を仮に差し
押さえる）をすることも可能であるし，賃金債権の仮の支払を求めて仮の地位
を定める仮処分をすることも可能である。また，建物収去土地明渡請求権につ
いては，当事者を恒定するため，建物の処分禁止の仮処分を得ることも可能で
あるし，建物収去・土地明渡しを仮に実現するため（断行の仮処分となる），仮
の地位を定めるための仮処分を得ることも可能である。

(2)　保全の必要性

　民事訴訟により本案の権利につき判決が確定するまでに，暫定的な措置（民
事保全に定められた措置）を取らなければ，権利の実現が（実質的に）不可能また
は困難になるという事情を，**保全の必要性**という。民事保全は民事訴訟による
本案の権利の実現の保全を図る制度であり（⇨334頁**1**，336頁**3**），保全命令
発令にあたり保全の必要性の疎明が要求されるのはその制度趣旨からの当然の
帰結である。

　保全の必要性は，仮差押え，係争物に関する仮処分，仮の地位を定める仮処

分により，その内容を異にしている。また，抽象的な概念であり，そこから直ちに具体的な内容を引き出すことは困難なので，個別・具体的な検討が必要である。

(a)　仮差押えの保全の必要性

仮差押えの保全の必要性は，金銭債権につき，強制執行をすることができなくなるおそれがあるとき，または強制執行をするのに著しい困難を生ずるおそれがあるときに認められる（民保 20 条 1 項）。基本的に，債務者の責任財産の変動（譲渡，担保設定，隠匿など）により生ずる。また，仮差押えは，動産の場合を除き，特定の財産につき申し立てられ，特定の財産について発令されるので（⇨ 335 頁(2)），仮差押えの保全の必要性は，動産の場合を除き，仮差押えを受けた当該財産につき前述した変動があり得るか否かという基準で判断されることになる。たとえば，債権者が，ある不動産の強制執行により金銭債権につき満足を得ようとする場合，その不動産が売却により金銭など捕捉し難い財産に変わる（〈ケース 1〉），抵当権設定により余剰価値がなくなる（著しく減少する）等の事情が，保全の必要性を基礎づける。他方，動産の場合，たとえば商品等の動産から満足を得ようとする事例では，商品の全部または一部を移動し隠匿しようとする等の事情が，保全の必要性を基礎づけよう。

ただし，当該責任財産の変動以外の事情が考慮される場合もある。たとえば，債権者が，債務者の所有する甲地の仮差押えを申し立て，その審理の際，既に債権者が，同じ債務者の所有する乙地の仮差押えを得ていることが判明した場合には，甲地についても仮差押えをしないと，強制執行により被保全債権につき完全な弁済を受けることが不可能または著しく困難になるおそれがあるときに限り，保全の必要性が認められる（最決平成 15・1・31 民集 57 巻 1 号 74 頁［百選 82 事件］）。また，連帯保証債権を被保全債権として仮差押えを申し立てた場合，債権者が主債務者から弁済を受けるのが本則である等の点を考慮し，それが困難である旨が疎明された場合に限り保全の必要性を認めるのが，一般的な実務であるとされる。

(b)　係争物に関する仮処分の保全の必要性

係争物に関する仮処分の保全の必要性は，係争物の現状の変更により，債権者が権利を実行できなくなるおそれ，または権利を実行するのに著しい困難を

生ずるおそれがある場合に認められる（民保23条1項）。たとえば，①XがYに対して甲地の所有権移転登記を求めている場合に，Yが甲地につき第三者に所有権移転（所有権移転登記）や抵当権設定（抵当権設定登記）をしようとするとき，②XがX所有の土地上の建物丙を所有するYに対し建物収去土地明渡しを求めている場合に，Yが丙を第三者に譲渡しようとするとき，③XがYに対して動産乙の引渡しを求めている場合に，Yが第三者に乙の占有を移転しようとするとき，Yが乙を毀損したり隠匿したりしようとするとき等に，認められる。

　占有移転禁止の仮処分や処分禁止の仮処分では，被保全権利につき本案で勝訴する一応の見込みが立証された（高度な疎明がなされた）場合は，保全の必要性を緩やかに認定するという見解がある。つまり，占有移転や処分に該当する具体的行為がなされる可能性が疎明されなくても（ ケース② の場合が具体的な危険性が存在する典型である），これらに該当する何らかの行為がなされる抽象的危険性が疎明されれば，保全の必要性があるという。被保全権利が存在しさえすれば，①当事者恒定効により民事訴訟の訴訟承継主義を補完する要請は存在するし，②債務者は原則として債権者の権利行使により生ずる不利益を受忍せねばならないので，この見解は正当であると思われる（⇨ 383頁 **6-4**）。

(c)　仮の地位を定めるための仮処分の保全の必要性

　仮の地位を定めるための仮処分の保全の必要性は，争いがある権利関係につき債権者に生ずる著しい損害または急迫の危険を避けるため，暫定的な権利関係または法的地位を形成する必要があるときに認められる（民保23条2項）。ここでいう損害は，直接的・間接的な財産的損害だけでなく，名誉・信用など精神的な損害など，幅の広い概念である。

　保全の必要性は，当該保全処分がなければ債権者に生ずる不利益（著しい損害または急迫の危険）と，当該保全処分により債務者に生ずる不利益を衡量しながら判断される。ただし，債権者の不利益と債務者の不利益を対等に衡量することはなく，保全の必要性が否定されるのは，当該仮処分により債務者に著しい不利益が生じ，著しく不公平である場合などに限られる。被保全権利の存在が疎明された以上（保全の必要性は被保全権利の存在を前提とする），債務者が当該権利行使により生ずる不利益を受忍すべき要請の方が強いからである。なお，

満足的仮処分（断行の仮処分）は，債権者に大きな利益を与える一方で，債務者に著しい不利益を与えるので，債権者と債務者の利益を公平に調整するため，被保全権利の存在と保全の必要性の双方に高度の疎明がなされた場合に限り，発令されているとされる。

　仮の地位を定めるための仮処分の保全の必要性について，具体例を，若干ではあるが，挙げておきたい。建物退去土地明渡しの確定判決に基づく強制執行が終了した直後，所有者が知らない間に債務者が再び当該建物に戻り居住を開始した場合には，建物退去土地明渡しの仮処分（断行の仮処分となる）の保全の必要性が認められよう。また，通路の敷地の所有者が障害物を設置して通路を完全に塞いでしまい，公道に至るための他の土地の通行権を有する者（民210条参照）が，自宅から公道へ出入りできなくなった場合には，当該通行権を被保全権利とする通行妨害禁止の仮処分の保全の必要性が認められよう。さらに，会社法210条1号もしくは2号に該当する募集株式の発行がなされようとしたため，株主が，会社に対して株式の発行をやめることを請求する権利（会社210条）を保全するため，募集株式の発行等の差止めの仮処分を申し立てた場合には，被保全権利の存在が疎明されれば，保全の必要性は当然に認められよう。本案訴訟を待つわけにはいかない（すぐに株式は発行されてしまう）からである。なお，〈ケース3〉も参照のこと。

3 管　轄

(1) はじめに

　保全命令事件は，本案の管轄裁判所，または仮に差し押さえるべき物もしくは係争物の所在地を管轄する地方裁判所が管轄する（民保12条1項）。当事者の公平・便宜，裁判所の効率的な審判を考慮した結果である。そして，民事保全事件の管轄は，保全命令手続でも保全執行手続でも専属管轄である（同6条）。これは，民保法12条の管轄が複数発生することはあっても，応訴管轄，併合請求の裁判籍，合意管轄は認められないことを意味する（同7条，民訴11条・12条）。また，管轄違いの場合は，保全命令申立ての却下ではなく，管轄違いによる移送がなされる（民保7条，民訴16条1項）。なお，債権者が，複数発生していた管轄の中から一つを選択して申し立てたが，事件処理の著しい遅滞を

避りたり当事者間の公平を図ったりする必要がある場合には，これらの管轄裁判所の間で裁量移送が認められる（民保7条，民訴17条）。

(2)　**本案の管轄裁判所**

本案が既に係属している場合，第一審を担当した（している）裁判所が本案の管轄裁判所となる（民保12条3項本文）。ただし，本案の事件が控訴審に係属する場合は，控訴裁判所である（同項但書）。本案の訴えがまだ提起されていない場合は，本案につき管轄を持つべき裁判所（民訴4条以下）が，本案の管轄裁判所となる。保全命令事件の管轄は専属的であり，合意管轄は認められないが，本案につき合意管轄があれば，本案の管轄裁判所として，当該民事保全事件の管轄を基礎づける。

(3)　**仮に差し押さえるべき物または係争物の所在地を管轄する地方裁判所**

仮に差し押さえるべき物もしくは係争物（以下，対象物という）が有体物（不動産または動産）の場合，その現実の所在地を管轄する地方裁判所が管轄裁判所となる。対象物が債権の場合，第三債務者の普通裁判籍の所在地を管轄する地方裁判所が，管轄裁判所となる（民保12条4項本文参照。同項但書も参照。そのほか，民保法12条4項但書・5項・6項を参照）。

ただし，本案の訴えが民訴法6条1項に規定する特許権等に関する訴えである場合には，保全命令事件は本案の管轄裁判所が管轄する（民保12条2項本文。同項但書も参照）。

4　保全命令の申立て

(1)　**申　立　て**

保全命令の発令手続は，債権者の保全命令の申立てにより開始される（民保2条1項）。処分権主義の現われである（民保7条，民訴246条）。申立ては書面でしなければならない（民保規1条1号）。正確性を担保し迅速な処理を可能にするためである。

保全命令の申立てでは，申立ての趣旨と，被保全権利（権利関係）および保全の必要性を明らかにしなければならない（民保13条1項）。これを受けて，

保全命令の申立書では，当事者の氏名・住所，代理人の氏名・住所，申立ての趣旨，申立ての理由が，必要的記載事項とされている（民保規13条1項）。申立ての趣旨は民事訴訟の請求の趣旨に，申立ての理由は請求の原因に対応するが，申立ての理由には，被保全権利（権利関係）および保全の必要性を具体的に記載し，立証を要する事由ごとに証拠を記載しなければならない（同13条2項）。なお，仮処分については，処分権主義の妥当範囲が争われている（⇨361頁(b)）。しかし，どの見解からも，仮処分の申立ての趣旨において，債権者が求める仮処分命令の具体的内容を記載すべき点に争いはないと思われる。

　民事保全は処分権主義を基礎とするので，保全命令の申立ての取下げは認められる。また，債務者の同意なしで認められる（民保18条）。民事保全は権利（権利関係）を最終的に確定せず，紛争の最終的解決に対する債務者の期待を保護する必要性が低いからである。取下げにより手続は初めから係属していなかったものとみなされる（同7条, 民訴262条1項）。

(2)　申立ての効果

　保全命令の申立ては，訴訟法上の効果と実体法上の効果を有している。

(a)　訴訟法上の効果

　同一事件についての**二重申立ての禁止**が重要である（民保7条, 民訴142条）。事件の同一性の判断基準は，当事者，被保全権利，保全の必要性である。

(b)　実体法上の効果

　仮差押え，仮処分には，**時効の完成猶予効**がある（民149条・154条）。保全命令が発令・執行された場合（申立却下の場合時効の完成猶予は問題とならない），民事訴訟の場合とパラレルに，保全命令申立ての時点で時効の完成猶予が生じると解される。この時点で債権者による権利行使が開始されたといえるからである。

　時効の完成猶予効がいつまで継続するかは問題である。判例は，平成29年改正前民法147条2号につき，仮差押えによる時効中断の効力は仮差押えの執行保全の効力が存続する間は継続すると解していた（**継続説**。最判平成10・11・24民集52巻8号1737頁［百選95事件]）。①民法147条2号が仮差押えを時効中断事由とするのは，それにより債権者が権利行使をしているからであるが，仮

差押えの効力が存続する限り仮差押債権者による権利行使は継続するといえるし，②債務者は本案の起訴命令や事情変更による保全命令の取消しを求め，時効が中断されている状態を除去できるので，このように解しても不公平は生じないというのが，その理由である。そして，民法149条はこの判例のルールを覆すものではなく，「その事由が終了した時」も判例法理における終了時点と同じ時点を指していると，立法担当官の解説にて，説明されている。

　以上からすれば，民法149条の「その事由が終了した時」とは保全命令が取り消された時と解することができるので，時効の完成猶予効は，保全命令が取り消された時から6か月経過するまで続くことになる。

　なお，仮差押えの処分禁止効（⇨372頁(b)）についても，参照のこと。

5　審　　理

(1)　審理の方法

(a)　はじめに

　保全命令の申立ての審理は，口頭弁論を経ないですることができる（民保3条），つまり**決定手続**で審理する。したがって，裁判所は，**書面審理**を基本としつつ，主張を補充し明確化するため，当事者を審尋することができる。同様の趣旨で，当事者と一定の関係にある第三者に対し**釈明処分の特例**を行うこともできる。また，証拠調べのため，当事者双方が立ち会う期日に**第三者や当事者を審尋**することもできる。さらに慎重な証拠調べが必要なら，**(任意的) 口頭弁論**を開くこともできる。そして，それが終われば，また書面審理に戻る。書面審理に，以上のどれを併用するかは，裁判所の手続裁量に委ねられる。そして，必要な審理がなされたと判断すれば（口頭弁論の終結に対応する制度は原則的に存在しない。例外として⇨364頁(2)），保全命令申立てにつき**決定**を出すことになる。以下では，書面審理，審尋，釈明処分の特例，第三者審尋，任意的口頭弁論につき説明した後，仮差押え・係争物の仮処分と，仮の地位を定める仮処分につき，審理の方法をごく簡単に説明したい。

(b)　書　面　審　理

　書面審理は，決定手続における基本的な審理方式であり，当事者より提出された申立書，主張書面，添付書類および書証（疎明資料）を審査する形で行わ

れる。審理方式としては最も簡易・迅速であるが，これのみでは当事者の主張についての審理や証拠調べが不十分なままに終わってしまうこともあり得よう。

(c)　審　　尋

審尋とは，裁判所が当事者に対し書面または口頭で意見陳述の機会を与えて審理をする手続である（民保7条，民訴87条2項）。本案の訴訟手続と対比すれば，弁論に該当し，証拠調べ手続ではない。ただ，口頭弁論ではないので公開する必要はない。当事者の一方を審尋するか双方を審尋するか，後者の場合に，一方のみを交互に審尋するか，双方を立ち会わせて審尋するかは，裁判所の手続裁量に委ねられる。上述のように，審尋は，既になされた事実上・法律上の主張や提出された証拠関係を明確にしたり補充したりする目的で行われ，その意味で釈明処分の一つと位置づけられるので，審尋期日に証拠調べはできないが，（口頭）弁論の全趣旨の扱いとパラレルに，審尋の結果より得られた心証を事実認定（被保全権利の存在や保全の必要性の判断）に用いることは許されると解される（**審尋の事実上の証拠調べ的役割**）。

(d)　**釈明処分の特例**

釈明処分の特例とは，争いにかかる事実関係につき，当事者の主張を明瞭にする必要がある場合に，口頭弁論または審尋の期日において，当事者のため事務を処理し，または補助する者（例，争いある事実関係に請負契約や委任契約などにより関係を有していた者，法人が当事者の場合に争いある事実関係に関与していた業務担当者）で，裁判所が相当と認める者に，陳述をさせる手続である（民保9条）。当事者より事情をよく知る関係者がいる場合に，当事者から間接的に事情を聴取するよりも，その関係者から直接事情を聴取した方が，裁判所は事実関係をよく把握でき，審理は充実化・迅速化する。しかし，当事者でないため審尋できない（審尋は当事者に限られる）し，第三者審尋で処理するなら当事者双方が立ち会うことのできる期日に限られてしまうところから，創設された。審理の全趣旨として事実認定に用いることができる点は，審尋と同じである。

(e)　**証拠調べとしての審尋**

民訴法187条1項は，以下のように規定する。決定で完結すべき事件においては，参考人または当事者本人を審尋することができるが，参考人については当事者が申し出た者に限られる。これは，上述の弁論としての審尋とは異なり，

証拠調べとしての審尋を規定したものである。等しく本人の審尋といっても，こちらの審尋は，本人の供述が直接証拠となる。証拠調べであり，立会権・反対尋問権を保障しなければならないので，この審尋は，相手方のある事件では，当事者双方が立ち会うことのできる審尋の期日においてしなければならない（民訴 187 条 2 項）。

　そして，この規定は，民保法 7 条により，民事保全手続に準用される。したがって，民事保全でも，以上のルールに従って，証拠調べとしての審尋が可能である。任意的口頭弁論と比較して，簡易で弾力的な証拠調べであるといえる。ただし，当事者双方が立ち会うことのできる審尋の期日においてしなければならないので，仮差押えや係争物に関する仮処分の発令手続では，この証拠調べは事実上不可能である（⇨ 353 頁(a)）。

（f）任意的口頭弁論

　民事保全における口頭弁論は，民訴法 87 条 1 項但書の任意的口頭弁論に該当する（民保 7 条）。任意的口頭弁論は，当事者の主張を明確化・補充し，証拠関係を明確化し，証拠調べを実施する等，書面審理を補充する役割を担っている。したがって，公開はされなければならないが，書面審理を補うという役割上，口頭主義，直接主義は妥当しない（主張書面も書証も提出するだけで裁判資料となる）。また，証人尋問等の証拠調べについても，**疎明の即時性**（同 7 条，民訴 188 条）などによる制約を受け（在延証人でなければならない），証人等の呼出しはなされない。証人尋問をする際も，主尋問，反対尋問，裁判長による尋問の順序を変更し，反対尋問や裁判長の尋問から始めることが多いといわれる（民保 7 条，民訴 202 条 2 項・215 条の 2 第 3 項）。保全命令の申立ての審理では，証人などの陳述内容（証人尋問の主尋問に相当する）は事前に書証として提出されているのが通常だからである。

（2）類型別の審理

（a）仮差押え・係争物に関する仮処分の審理

　仮差押えや係争物に関する仮処分は，事件の係属を債務者に知らせることなく保全命令を発令しなければ，その目的を達成することはできない。これらの制度は，債務者が目的物を処分したり，占有を移転したりすることにより，将

来の強制執行が不可能（著しく困難）になるのを防ぐ制度であるが，債務者に
事件の係属を知らせると，保全命令発令までに，債務者は目的物の処分や占有
移転をする可能性があるからである。他方，被保全権利や保全の必要性につい
ての判断は比較的容易であり，債務者に生ずる危険のある損害も担保により塡
補可能である。そこで，仮差押えおよび係争物に関する仮処分の場合，保全命
令発令手続は，（債務者に事件の係属を知らせることになる）債務者や第三者の審
尋，任意的口頭弁論などを経ることなく，書面審理と債権者の審尋だけで審理
する事件が，大部分である。証拠調べとしての審尋，任意的口頭弁論も，必要
であれば行うことになるのは，当然である（密行性は失われよう）。

(b)　仮の地位を定めるための仮処分の審理

　仮の地位を定めるための仮処分の場合，債務者に事件の係属を隠す必要性は
低い一方で，被保全権利や保全の必要性の審理が比較的複雑であり，債務者に
手続保障を与えなければならないため，口頭弁論または債務者が立ち会える審
尋の期日を経なければ発令されないこととされている（民保23条4項）。ただ
し，債務者に事件の係属を知られては仮処分の目的を達成できない場合は，例
外的にこのような期日を経る必要はない（同項但書）。

　そこで，この場合，審理は，原則的には，書面審理を基本とし，必要に応じ
て，審尋，証拠調べとしての審尋や，任意的口頭弁論を利用しつつ，行われる
ことになる。ただし，審尋・証拠調べとしての審尋が持つ強力な紛争解決機能
から，任意的口頭弁論はあまり利用されないといわれている。すなわち，当事
者双方が立ち会う審尋においては，裁判官と両当事者は，直接的に，向かい合
って，集中的に，主張と証拠を突き合わせ，事実や証拠評価につき共通の理解
を形成していく。争いのある部分については，さらに事実や証拠の突き合わせ
をし，裁判官の当該争点に関する判断も争点ごとに当事者に示され，それが解
決される（共通の認識ができる）と，さらに次の争点へと進んでいく。以上のよ
うな形で審理が進んでいくので，事件がこのような審理形態に適合し，裁判官
や代理人に適任者が就くなどの条件が充たされるなら，当事者による十分な主
張・立証が実現され，これが敗れた当事者の納得にもつながるといわれている
（⇨338頁 **6-1** ，342頁 **7** ）。

　なお，審理を終結するにあたっては相当の猶予期間を置かなければならない

等とする民保法 31 条の規律は，ここにも妥当すべきである。

(3)　審理の対象

　審理の対象は，保全の適法要件（形式的要件）と保全の実体的要件である。**適法要件**としては，債権者，債務者の当事者能力，訴訟能力，当事者適格，申立てを受けた裁判所に管轄のあること，保全命令の申立ての適法性などの訴訟要件（民事訴訟の訴訟要件が保全でも適法要件とされる）等を，挙げることができる。

　保全の**実体的要件**は，前述（⇨ 344 頁(1)，345 頁(2)）のように，被保全権利の存在と，保全の必要性である。

　適法要件はその存在が**証明**されなければならないが，保全の実体的要件については**疎明**が要求されている（民保 13 条 2 項）。実体法上の権利を最終的に確定する民事訴訟の原則的証明度は高度の蓋然性で，裁判所は，高度の蓋然性かこれを超える心証度を形成した場合に，当該要証事実を存在すると認定する。これに対し，実体法上の権利を保全するため迅速かつ暫定的な処分を行う民事保全においては，裁判所は，一応確からしいという程度の蓋然性かこれを超える心証度を形成した場合に，当該要証事実を存在すると認定する。これが疎明である。迅速で暫定的な判断という趣旨に応じて，疎明を行う場合，即時に取り調べ得る証拠のみを証拠方法にできる（同 7 条，民訴 188 条）。

　なお，保全の類型により，必要とされる疎明の程度が異なるとされることがある。たとえば，仮差押えや係争物に関する仮処分の場合，債務者に手続保障を与えない上，仮差押えや処分禁止の登記等の不利益も与えるので，被保全権利に比較的高い疎明（本案に勝訴する一応の見込み）が要求されるとする見解がある。また，満足的（断行の）仮処分の場合，債権者には大きな利益を，債務者には大きな不利益を与えることになるので，被保全権利の存在や保全の必要性につき高度の疎明を要求しているといわれている。

6　保全命令の担保

(1)　はじめに

　保全命令は，①担保を立てさせて，または②担保を立てさせないで発令し，

さらには③相当と認める一定の期間内に担保を立てることを保全執行実施の条件として，発令することもできる（民保14条1項）。①の場合が原則的であり，③のような立担保もみられるが，②の場合は例外的だとされる。①の場合，裁判所は申立ての認容を決めると，債権者に対して担保の提供を命じる決定（担保決定）を行い，これを債権者に告知し，債権者より立担保を証明する文書の提出を受けて，保全命令を発令することになる。③の場合は，保全命令発令後，債権者は立担保を証する文書を執行機関に提出して，執行を開始することができる（同46条，民執30条2項）。

(2)　担保制度の趣旨と機能

　保全命令発令のための担保は，**違法・不当な保全命令・執行により債務者に損害が生じた場合に，債務者が債権者に対して有することになる損害賠償請求権を担保する趣旨である**（最判平成8・5・28民集50巻6号1301頁［百選102事件］）。すなわち，保全命令の実体的要件は疎明で足りるとされ，仮差押えや係争物に関する仮処分は一般に債務者の関与なくして発令されるため，保全命令発令と保全執行はなされたが，不服申立手続で被保全権利や保全の必要性が認められない場合（違法な保全命令・執行となる）や，本案判決で被保全権利の存在が認められない場合（不当な保全命令・執行となる）も，あり得よう。このような場合に債務者が債権者に対して有する損害賠償請求権を担保するのが，この制度の趣旨である。

　このほか，担保の制度には，民事保全制度を正当化する機能や，濫用的申立てを防止する機能があるといわれる。前述のように，民事保全制度は，保全命令で認められた被保全権利や保全の必要性が不服申立手続で否定される場合や，被保全権利が本案判決で否定される場合を想定している。そこで，保全命令で示された判断が後に覆された場合に債務者が迅速かつ確実に損害の塡補を受ける制度を構築し，債権者だけに有利なのではなく，債権者と債務者の公平が保たれた手続として，民事保全制度の正当性を確立しようとしたのである。また，債権者に担保を立てさせて経済的な負担を課すことにより，濫用的な申立てを容易にできないようにしている。

(3) 損害賠償請求権

債務者が債権者に対して有する損害賠償請求権は，**不法行為に基づくそれで**あると解される。学説上は，債権者，債務者いずれの過失・帰責事由もない場合，違法・不当な保全命令により生じた損害は債権者が負担するのが公平であるとして，無過失責任と解する見解が有力である。しかし，判例は，過失責任と解しつつ，保全命令が取り消されるか，本案で債権者の敗訴判決が確定した場合には，他に特段の事情のない限り債権者の過失が推定される（過失の一応の推定）とする（最判昭和43・12・24民集22巻13号3428頁，最判平成2・1・22判時1340号100頁［百選101事件］）。無過失責任とすると債権者に酷な場合があり，過失の一応の推定を覆す特段の事情を厳しく認定することで，債権者と債務者の公平は図られるとして，判例を支持する見解も有力である。

損害賠償債権の範囲は，不法行為法の一般理論に従って決定されよう。債務者の権利行使や管理処分が妨げられたことによる損害，仮差押（仮処分）解放金供託の費用，不服申立手続の費用，債務者の信用毀損，精神的苦痛に基づく損害などが，これに含まれる。

(4) 担保の要否・額の判断基準

担保を立てさせるか否か，立てさせるとしてその額をいくらにするかは，裁判所が裁量により決定する。理論的には，担保の額は，当該保全命令・執行が違法・不当であった場合に債務者に生ずると予測される損害の額を基本（限度）とし，これに保全命令が取り消されたり本案訴訟で債権者が敗訴したりする蓋然性などを加味して決定することになる。

(5) 担保提供の方法・場所

担保の提供は，金銭または裁判所が相当と認める有価証券を供託する方法（民保4条1項），裁判所の許可を得て法定の要件を充たす支払保証委託契約を銀行等と締結する方法などによる（同4条1項本文，民保規2条）。ただし，当事者が特別の契約をしたときは，その契約による（民保4条1項但書）。なお，担保の提供者は申立債権者が原則であるが，第三者による担保提供も裁判所が相当と認める場合は許される。

　担保の提供場所は，金銭または有価証券の供託の場合，（担保決定をした）裁判所または保全執行裁判所の所在地を管轄する地方裁判所の管轄区域内の**供託所**である（民保4条1項。例外につき同14条2項）。支払保証委託契約の場合にはこのような制約はないが，担保を立てるべきことを命じた裁判所の許可を得なければならない（民保規2条）。

(6)　債務者による担保物に対する権利行使

　債務者は，損害賠償請求権につき，供託された金銭または有価証券の上に，他の債権者に先立ち弁済を受ける権利を有する（民保4条2項，民訴77条）。すなわち，債務者は，供託所に対して，供託された物の還付を受け，そこから優先的な満足を受ける権利を有するわけである（**還付請求権説**）。

　具体的な権利行使方法は，以下のとおりである。まず，担保提供者（債権者）の同意があれば，これを証する書面（同意書）を提出して，供託所より直接供託物の還付を受け，そこから損害賠償債権につき優先的な満足を得る。それができない場合には，担保権の存在を明らかにする書面を添付して（具体的には損害賠償請求権の存在・額を明らかにすれば担保権の存在なども明らかになる），供託所に供託物払渡請求書を提出する。書面としては，損害賠償債権に関する確定判決，和解調書，調停調書等が挙げられるが，担保権実行手続であるので，債務名義である必要はない。その後の手続は，同意書を提出する場合と同様である。

　債務者が権利行使をしない場合は，担保物は担保提供者に返還される（民保4条2項，民訴79条3項，民保規17条）。

(7)　担保の取消し

　保全命令の担保は，違法・不当な保全命令・執行により債務者に生ずる損害賠償請求権を担保するものであるから，担保権者（債務者）の損害賠償請求権の不存在が確定した場合や，担保権者（債務者）が担保の取消しにつき同意した場合などには，担保取消決定（民保4条2項による民訴79条の準用）や，担保取戻しの許可（民保規17条）等により，担保提供者への返還がなされる。

7 裁　判

(1)　は じ め に

　裁判所は，保全の適法要件と実体的要件が存在するか否かを審理し，すべてが存在すると認められる場合には保全命令を発令し，そうでない場合には保全命令の申立てを却下する。

　保全命令の申立てに対する裁判は**決定**であり，決定の裁判をするには決定書を作成しなければならない（民保規9条1項）。決定書には，事件の表示，当事者・代理人，担保の額，担保提供の方法などのほか，主文，理由または理由の要旨を記載する（同9条2項。理由・理由の要旨については民保16条本文）。

　理由・理由の要旨は，主要な争点と，これに対する裁判所の判断から構成される（民保規9条3項）。決定の理由は，当事者（とりわけ負けた当事者）に当該決定の正当性を説得する上で重要であり，当事者が不服申立手段を講ずるか否かを決めるにあたり，重要な判断の資料となる。決定が口頭弁論を経てなされた場合は，両当事者の利益が鋭く対立することが多いので，**理由**を示すこととされた（民保16条本文参照）。他方，口頭弁論を経ない場合には，**理由の要旨**を示せば足りる（同16条但書）。仮差押えや係争物に関する仮処分の発令のように，緊急性があるためごく簡単に記載するほかない場合のあることを考慮した結果である（なお，民執規10条〔調書決定〕も参照）。

　実務上は，以下のような取扱いであるとされている。仮差押えおよび係争物に関する仮処分の保全命令の場合，迅速性の要請から，「債権者の申立てを相当と認め」という程度の記載が多い。仮の地位を定める仮処分の場合，口頭弁論を開かないときでも，双方審尋がなされているので，理由をより具体的に述べるときもあるが，「債権者の申立てを相当と認め」という記載で済ませることも多い（裁判所の心証は審尋の中で示されていることが多い）。他方，却下決定の場合は，債権者が即時抗告をするための判断資料である点，抗告審での審理の資料となる点を考慮して，より詳細に理由が記載されることが多い。

(2)　保 全 命 令

　保全命令申立てを認容する場合は，保全命令（仮差押命令・仮処分命令）を発

令する。

(a)　仮差押命令

　仮差押命令は，主文で債務者所有の財産を仮に差し押さえる旨を宣言する。そして，動産の場合を除き，仮差押えの対象を特定せねばならない（民保21条）。

　判例は，民事保全法制定前，仮差押命令は，債務者の責任財産のいずれかを債権者のために差し押さえることを許容する裁判であり，仮差押えの執行の段階で，はじめて仮差押えの対象となる財産が特定されるという理論（**抽象的仮差押命令説**）に従っていた（最判昭和32・1・31民集11巻1号188頁）。保全命令発令手続を判決手続に，保全執行を民事執行に対応させて，理論構成するなら，以上のように考えられよう。しかし，この最判後も，民事保全実務は判例に従わず，仮差押命令発令の段階で目的物を特定していたとされる。仮差押命令発令手続の段階で目的物が特定されないと，債務者に生じ得る損失の算定ができず担保の額が決まらない，超過仮差押えの判断ができない等の問題があったほか，目的物を発令手続で特定し，仮差押えの必要性を目的物ごとに判断するのが，合理的だからである。民保法21条は以上のような実務の伝統を明文化したものである。

　動産の場合，仮差押命令は目的物を特定せずに発令し，執行官が現場で特定する（動産は1個の価値が比較的低いので，すべてを特定するのは現実的でない）。ただし，特定して発令しても違法ではないと解される。

　仮差押命令においては，仮差押解放金を定めなければならない（民保22条1項）。仮差押えは，金銭債権の執行を保全するので，債務者が被保全債権に相当する金銭を供託すれば，その必要性はなくなるであろう。そこで，仮差押命令において，仮差押えの執行停止や，既になされた仮差押執行の取消しを得るため，債務者が供託する金銭（金額）を定めることにした（供託場所については同22条2項）。これが，**仮差押解放金の制度**である。供託は金銭に限られる。

　債務者が定められた金額を供託し，これを証する文書（供託書の正本）を執行裁判所に提出すると，裁判所は仮差押執行を停止し，既になされた執行があればこれを取り消す（民保51条1項）。しかし，仮差押命令自体は，債務者の供託金取戻請求権の上に存続し（供託金取戻請求権は処分禁止効に服する），債権

者は本案訴訟で確定判決を得るなど，被保全債権につき債務名義を取得した上で，供託金取戻請求権を差し押さえて，満足を得ることになる。逆に，仮差押命令が取り消されれば，処分禁止効は消滅するので，債務者は供託金取戻請求権を行使することができる。

(b)　仮処分命令

民保法 24 条は，裁判所は，仮処分命令の申立ての目的を達するため，債務者に対し一定の行為を命じ，もしくは禁止し，もしくは給付を命じ，または保管人に目的物を保管させる処分その他の必要な処分をすることができると，規定する。これは，裁判所は，仮処分命令において，仮処分の具体的方法を裁量で決定できるという意味だと，解されている。この規定の趣旨については，見解の対立がある。民事保全には処分権主義が妥当する（民保 7 条，民訴 246 条）一方で，仮処分の内容・効力は多種多様であるため，当該事案に最適な仮処分を選択・決定されるよう，裁判所に裁量を認めざるを得ない面もある。これに対応して，処分権主義を重視する見解と，裁判所の裁量を重視する見解に，分かれるわけである。処分権主義を重視する見解は，「裁判所は，申立てを超える内容の仮処分を発令することは許されず，申立ての範囲内で事案処理に適した仮処分を決定できる」とし（**申立制限説**），裁判所の裁量を重視する見解は，「裁判所は，仮処分命令の具体的内容に関しては債権者の申立てに拘束されず，裁量により個々の処分を決定でき，その限度で処分権主義は排除されている」とし（**提案説**。債権者の申立ては提案に過ぎないとする），両者の間に位置する**折衷説**も存在する。判例は提案説に立つともいわれるが，民事保全は私権を対象とし処分権主義が妥当すべきであることを考慮するなら，紛争の真相を最もよく知る当事者（債権者）の申立てを尊重し，裁判所の裁量をその範囲内にとどめる申立制限説が妥当である。

仮処分命令では，被保全権利が金銭の支払を受けることにより行使の目的を達することができるものである場合に限り，**仮処分解放金**（機能は仮差押解放金と同じ）を定めることができる（民保 25 条 1 項）。財産権は基本的に金銭に評価し得るが，たとえば不動産の処分禁止の仮処分を求める債権者に対し，一定額の金銭（仮処分解放金）の支払と引き換えに仮処分を断念するよう命ずるなら，仮処分の目的は達成されないであろう。したがって，「金銭の支払を受けるこ

とをもってその行使の目的を達することができる」場合は厳格に解釈されるべきである。

(c)　送達・効力の発生時期と消滅時期

保全命令は，**当事者に送達**される（民保17条）。決定の形式の裁判は，相当と認める方法で告知すれば足りるのが原則であるが（同7条，民訴119条），保全命令は債権者に執行を認める点で保全制度において最も重要な裁判であるし，保全執行期間や不服申立期間の始期を明らかにする必要があるからである。民事保全の密行性の要請に鑑み，まず債権者，若干の日時をおいて債務者に送達するのが，実務だといわれる。先に債務者に送達してしまうと，保全執行までに目的物を処分される等のおそれがあるからである。

保全命令の効力発生時期は，債権者に送達された時である（民保7条，民訴119条，民保43条3項）。これに対して，保全命令の効力の消滅時期については，仮の地位を定めるための仮処分命令は，債権者勝訴の本案判決が確定すれば，その目的を達成して，その効力は消滅する。他方，仮差押え，係争物に関する仮処分は，その必要性から，引き続き効力を維持すると解されている（⇨372頁(b)）。他方，債権者敗訴の本案判決が確定した場合については，事情の変更による保全取消しがなされるまでは効力を維持すると解する見解と，本案判決確定の時点で債務者は保全命令の効力から解放されるが，既になされた執行処分の外形（仮差押登記など）を除去するには事情の変更による保全取消しが必要であると解する見解が，対立する。

(3)　申立却下の裁判

民事保全の適法要件，実体的要件のいずれかが欠ける場合，申立却下の裁判がなされる。保全命令の申立てを却下する決定については，送達は義務づけられていないが，実務上は，債権者への告知は送達によりなされている。不服申立て期間の始期を明確にするためである。他方，債務者に対しては，口頭弁論または審尋の呼出しがされた場合を除き，告知されない（民保規16条1項）。民事保全の密行性に配慮した規定である。

第3節　不服申立手続

1 はじめに

　保全命令に対する不服申立てには，保全異議と保全取消しがある。
仮差押命令や係争物に関する仮処分は，密行性の要請から，債務者を関与させ
ることなく発令でき，実務上も通常，そのように運用されている。この手続保
障の欠缺は補わなければならないし，保全命令発令後は密行性も要求されない
（既に保全執行は終了している。⇨340頁(2)）。そこで，債権者・債務者双方を関与
させ，当該保全命令を発令した裁判所の下で，保全命令発令手続の続審として，
当該保全命令の当否を審理・判断するのが，**保全異議**である。なお，原則とし
て手続保障欠缺補充の必要性はないが（民保23条4項参照），仮の地位を定める
仮処分にも保全異議は認められる。

　他方，保全命令発令後，債権者が本案の訴えを提起しない，債務者が本旨に
従った弁済をした，債権者が本案で敗訴判決を受けこれが確定した等の事情が
生じ，保全命令を維持する理由がなくなったため，これを取り消すのが，**保全
取消し**である。保全命令を発令した裁判所，本案の裁判所等が管轄し，保全命
令の発令とは別個・独立の事件である。

　保全命令の執行は，保全異議や保全取消しの申立時には，既に開始されてい
る。しかし，これを続行させていたのでは，保全異議や保全取消しの目的が達
成されない場合もある。そこで，保全異議や保全取消しの申立てがあった場合，
保全命令取消しの原因となることが明らかな事情と，保全執行により償うこと
ができない損害を生ずるおそれが疎明されれば，裁判所は，保全異議・保全取
消しにつき裁判をするまでの間，申立てにより，担保を立てさせ，または立担
保を条件として，保全執行の停止，または既にした執行処分の取消しを命ずる
ことができる（民保27条1項・40条1項）。

　保全異議，保全取消しの申立てに対する裁判に不服がある場合，**保全抗告**が
できる（民保41条1項）。保全抗告についても，執行停止・取消制度の準用が
ある（同41条4項・27条1項）。

図表 6-2　保全命令に対する不服申立手続

手続の種類	不服申立人	内　容
6章3節 2 保全異議 (民保 26 条〜36 条)	債務者	保全命令につき不服のある債務者が，当該命令の当否を再度審理するよう求める不服申立手続
6章3節 3 保全取消し (民保 37 条〜40 条)	債務者	保全命令発令後，保全命令を維持する理由がなくなったために，債務者が保全命令の取消しを求める手続
6章3節 4 保全抗告 (民保 41 条・42 条)	債権者 債務者	保全異議・保全取消しの申立てに対する裁判につき，不服のある債権者・債務者が行う，上級審に対する不服申立手続

※ 本書で解説がなされている箇所を ◯章◯節 のように示した。

　保全異議，保全取消し，保全抗告において保全命令が取り消され，取消しの効力が生じた場合，債務者が保全命令を取り消した決定の正本を保全執行裁判所に提出すれば，裁判所は執行を停止し，既にした執行処分を取り消すことになる（民保46条，民執39条1項1号・40条1項）。

　なお，保全命令の申立てを却下する裁判に対する不服申立ては，即時抗告である（民保19条1項）。

2 保 全 異 議

(1) 申 立 て

　債務者が保全命令を発令した**裁判所に対し**申し立てる（民保26条）。保全命令が有効である限り，時的制限はない。保全異議の申立てを取り下げるのに債権者の同意は不要である（同35条）。管轄は，保全命令を発令した裁判所にある（同26条。専属管轄。⇨348頁(1)）。管轄違いの場合は移送される（同7条，民訴16条1項）。なお，債務者が保全命令を発令した裁判所に申し立てた場合でも，著しい遅滞を避け，または当事者間の衡平を図るため必要である場合には，申立てまたは職権により保全事件につき管轄を有する他の裁判所に移送できる（民保28条）。

(2) 審 理

　審理の対象は，保全命令発令の要件である（実体的要件については⇨344頁 **2** を参照）。

　決定手続で審理されるので（⇨342頁**7**），書面審理を中心に，審尋，釈明処分の特例，証拠調べとしての審尋，任意的口頭弁論などを併用して審理する（⇨351頁(1)）。ただし，手続保障を補充するという趣旨から，裁判所は，口頭弁論，または当事者双方が立ち会うことのできる審尋の期日を経なければ，保全異議の申立てにつき決定できない，とされる（民保29条）。実務の運用としては，書面審理と審尋が中心で，証拠調べの方法も書面審理がほとんどで，証人等の尋問はあまり実施されていない，とされている。

　審理を終結するには，相当の猶予期間をおいて，審理を終結する日を決めなければならない（民保31条本文）。ただし，口頭弁論または双方審尋期日では，その場で当事者の意向を確かめた上で，直ちに弁論を終結できる（同31条但書）。両当事者が主張・立証を尽くせたか確かめた上で審理を終える，つまり不意打ちを防止し手続保障を充実させるための制度である。

　なお，保全異議は続審構造であるので，保全命令申立事件で提出された資料は，すべて保全異議事件の裁判資料とされる（債権者は保全命令申立手続で提出した主張書面・書証を債務者に直送する。民保規26条）。

(3)　裁　判

(a)　保全異議申立てに対する決定

　保全異議の申立てに対する決定は，保全命令の**認可**，保全命令の**変更**，または保全命令の**取消し・却下**である（民保32条1項）。保全異議は既に発令された保全命令発令手続の続審的位置を有するからである。この決定には理由を付さなければならない（同32条4項・16条本文）。十分な手続保障のため，理由の要旨では足りないとされているのである（同32条4項は16条但書を準用していない）。ただし，あまりに詳細な理由を記載しなければならないとすると，作成に時間を要し，迅速性が害されてしまう。したがって，主要な争点とそれに対する判断を示せばよいと解すべきである（民保規9条3項）。

　保全命令を認可する決定，変更する決定の場合，債権者が追加担保を立てることを保全執行の実施・続行の条件とすることができ（民保32条2項），保全命令を取り消す決定の場合，債務者が担保を立てることを条件にできる（同32条3項）。

　保全異議申立てについての決定は，当事者に送達しなければならない（民保32条4項・17条）。そして，決定は送達のときに効力を生ずると解される（同7条，民訴119条。告知は送達により行われる）。

　保全執行には，民執法39条1項各号（ただし5号・8号を除く），40条が準用されている（民保46条）。したがって，民保法27条1項の保全執行停止の裁判の正本が提出されれば，保全執行は一時停止される（執行処分の取消しもなされ得る。同46条，民執39条1項7号）。また，保全命令取消決定の決定の正本の提出があれば保全執行裁判所は既になされた執行処分を取り消すことになる（民保46条，民執39条1項1号・40条1項）。しかし，こうなれば債権者は保全抗告をしても無意味となる。そこで，裁判所は，送達より2週間を超えない範囲で，取消しの効力発生を猶予できる（民保34条本文）。その間に，保全抗告を提起し，保全命令取消決定の効力停止の裁判（同42条）を求めることになる。

（b）　原状回復の裁判

　仮処分命令に基づき，債権者が物の引渡し・明渡し，金銭の支払を受け（民保52条2項。⇨〈ケース③〉），または物の使用・保管をしている場合，裁判所は，債務者の申立てにより，保全異議において仮処分命令を取り消す決定において，債権者に対し，債務者が引き渡した物，明け渡した物の返還，債務者が支払った金銭の返還，債権者が使用・保管している物の返還等を，命ずることができる（同33条）。これを**原状回復の裁判**といい，引渡し等を基礎づけた仮処分命令が効力を失うことを考慮した結果である。問題は，裁判の基礎となる原状回復請求権をどのように理論構成するかである。債権者敗訴の本案判決が確定したわけではなく，実体法上の請求権の存否は未だ明らかでないので，不当利得返還請求権と構成するのは困難である。そこで，不当利得返還請求権を保全するため，実体法的な法律関係とは別個に，**訴訟法上の原状回復請求権を暫定的に形成したもの**，と解すべきである（最判昭和63・3・15民集42巻3号170頁［百選88事件］を参照。法的性質の共通性に鑑み，実定法上の根拠は民訴260条2項の類推適用に求めることができる）。

3 保全取消し

⑴　はじめに

　保全取消しは，保全異議のような続審構造的位置づけではなく，**債務者が申立人となり債権者が相手方**となって開始され，取消事由が審理の対象となる別個独立の手続であり，保全命令発令手続の裁判資料が引き継がれることもない，とされる。しかし，保全取消しは，同一審級内の不服申立てという点で保全異議と同じであるところから，保全異議について規定された，執行停止等の裁判（民保27条），事件の移送（同28条），審理方法（同29条・31条），原状回復の裁判（同33条），取消決定の効力（同34条），申立ての取下げ（同35条），判事補の権限（同36条）などが，保全取消しに準用されている（同40条1項）。

⑵　**本案の訴え不提起等による保全取消し**

　保全処分は，本案の権利を保全するための仮定的・暫定的措置であり，民事保全制度は，保全処分を得た債権者が本案訴訟で被保全権利を確定することを前提としている。また，保全命令・執行という不利益を受けている債務者が可及的速やかに本案訴訟の審判を受ける利益も尊重せねばならない。そこで，設けられたのが，本案の訴え不提起等による保全取消しである（民保37条）。その手続は，以下のとおりである。

　まず，保全命令を発令した裁判所は，債務者の申立てにより，債権者に対し，相当と認める一定の期間内（2週間以上であることを要する）に，本案の訴えを提起するとともに，その提起を証する書面を提出し，既に提起しているときは，その係属を証する書面を提出するよう，命じなければならない（民保37条1項・2項）。これを，**起訴命令**という。債権者が定められた期間内に所定の書面を提出しない場合，裁判所は，債務者の申立てにより，保全命令を取り消さなければならない（同37条3項）。所定の書面が提出された後，本案の訴えが取り下げられた場合，却下された場合も，書面を提出しなかったとみなされ，保全命令は取り消される（同37条4項）。

　本案訴訟の提起と認められるためには，民事保全の被保全権利と，本案訴訟の訴訟物との間に，請求の趣旨の同一性が認められることが必要であるが，訴

訟物の同一性までは要求されない。また，民事訴訟に限らず，家事調停の申立て，労働審判手続の申立て，仲裁手続の開始なども本案訴訟の提起とみなされる（民保37条5項）。支払督促の申立ても，同様に解されている。

(3)　事情変更による保全取消し

保全命令の実体的要件は，被保全権利の存在と保全の必要性である。これらが保全命令の根拠となる以上，保全命令発令（正確にはその審理の終結）後これらの要件の一方または双方が消滅した場合には，保全命令は取り消されるべきである。事情変更による保全取消し（民保38条）は，以上のような趣旨に基づく。債務者が，保全命令を発令した裁判所または本案の裁判所に，保全命令取消しの申立てをすることにより開始される（同38条1項）。事情の変更として，弁済，相殺などにより被保全権利が消滅したこと，仮差押えや処分禁止の仮処分の対象となる財産の売却が中止されたことを挙げることができよう（ケース1・2で甲地や乙地の売却が中止された場合を想起せよ）。このほか，債権者が本案判決で敗訴しその判決が確定したことも，事情の変更に該当する（保全命令発令手続終了前に確定した場合でもよいと解されている）。判決は未確定であっても，上級審で取り消される可能性はないと判断される場合も，同様である（最判昭和27・11・20民集6巻10号1008頁［百選91事件］）。

(4)　特別の事情による保全取消し

仮処分命令により債務者に償うことのできない損害が生ずるおそれがある場合，その他特別の事情がある場合に，債務者の申立てにより，仮処分命令を発令した裁判所または本案の裁判所が，担保を立てることを条件に，仮処分命令を取り消す制度である（民保39条）。ここでの担保は，仮処分を取り消すことにより債権者に発生すると予測される損害を担保するものである。

特別の事情として，事業の継続に不可欠な商品や原材料につき占有禁止の仮処分や処分禁止の仮処分がなされたり，事業の継続に不可欠な工作機械につき執行官保管を命ずる占有移転禁止の仮処分がなされたりした結果，債務者の事業の継続自体が不可能ないし困難になる場合を，挙げることができよう。

4 保 全 抗 告

　保全異議または保全取消しの申立てについての裁判（原状回復の裁判も含まれる）に対しては，その送達を受けた日から2週間の不変期間内に保全抗告をすることができる（民保41条1項本文）。申立権者は，保全異議または保全取消しの申立ての裁判について**不服のある債権者または債務者**である。原状回復の裁判に不服ある債権者・債務者も同様である。申立書は原裁判所に提出する（同7条，民訴331条・286条1項）。保全抗告を受けた原裁判所は，保全抗告の理由の有無につき判断することなく，事件を抗告裁判所に送付しなければならない（民保41条2項）。原裁判所による再度の考案（民訴333条）は禁止されているのである。

　保全抗告の申立てについての審理は，保全異議，保全取消しの続審であり，その審理・裁判については，執行停止，審理の終結，決定書への理由の記載，原状回復の裁判など，保全異議に関する規定が多く準用されている（民保41条4項）。保全抗告に対する決定は当事者に送達される（同41条4項・17条）。そして，決定は送達のときに効力を生ずると解される（同7条，民訴119条。告知は送達により行われる）。保全抗告の裁判については，さらに抗告することができない（民保41条3項）。迅速性の要請が強い民事保全においては（⇨340頁(1)），三審制を保障する必要はないからである。ただし，高等裁判所のした保全抗告についての決定に対して，最高裁判所に許可抗告することは妨げられない（最決平成11・3・12民集53巻3号505頁［百選93事件］）。

第4節　保 全 執 行

1 総　　説

　保全命令が発令され，債権者に送達されると（⇨362頁(c)），当該保全命令は効力を生じ（民保7条，民訴119条），手続は保全執行の段階へと移る。なお，これと同時に不服申立手続も進行し，保全執行の停止・取消しがなされる可能性のある点に注意が必要である（⇨363頁**1**）。保全執行については，民保法が

特別に規定する以外は，民執法の規定が準用されている（民保46条ほか）。保全執行は民事執行と主要な部分を共有しているが，暫定性，迅速性，密行性などの民事保全の特質に関わる部分には修正が施されているのである。以下で，ごく簡単に解説する。

(1)　保全執行の申立て

民事執行が申立てにより開始されるのと同様に，保全執行も申立てにより開始される。保全執行にも**処分権主義**が妥当しているからである。申立ては**書面**で行われなければならない（民保規1条6号）。しかし，保全命令と保全執行が密接な関係を有していることを理由に，保全命令を発令した裁判所が当然に執行機関となる場合は，保全執行申立書の提出は原則として不要とされる（同31条但書）。保全執行の申立ては保全命令の申立ての際に停止条件付でなされているとみることができるからである。

保全執行についても取下げが可能であり，その効果が民事保全事件係属の遡及的消滅である点は同じである。保全執行が終了するまではもちろん，本執行移行後も，取下げは可能であると解される（最判平成14・6・7判時1795号108頁［百選96事件］）。

(2)　保全執行の要件

保全執行は，保全命令の正本に基づいて実施される（民保43条1項本文）。原則として執行文の付与は不要であるが（執行期間が2週間であるので公証の必要性に乏しい。⇨以下(3)），承継執行文が必要な場合には執行文の付与された正本に基づき実施する（同43条1項但書）。

(3)　保全執行の時期

保全執行は，債権者に対して保全命令が送達された日から2週間を経過したときは，これをしてはならない（民保43条2項）。このように執行が許される期間を**執行期間**という。民事保全は権利の迅速な保全を目的とする制度であるし，保全命令は執行文の付与なしで執行できるなど強力な効力を有するので，このような期限設定をしたのである。

また，密行性の要請から，保全執行は債務者に対する保全命令送達前であっても開始できる（民保43条3項）。

⑷ 執行開始要件としての担保

保全命令は，①担保を立てさせ，②相当と認める一定期間に担保を立てることを条件として，または③担保を立てさせないで発することができる（民保14条1項）。①が一般的であるといわれるが，②による場合もある（⇨355頁⑴も参照）。この場合，立担保が保全執行開始要件だと解されるので，債権者が担保を立てたことを証明した場合に限り，保全執行が開始される（民保46条，民執30条2項）。

2 仮差押えの執行・効力

⑴ 不動産に対する仮差押えの執行

⒜ はじめに

不動産に対する仮差押えの執行は，①**仮差押えの登記**をする方法，②**強制管理**をする方法，③**両者を併用**する方法がある（民保47条1項）。①の場合は仮差押命令を発令した裁判所が保全執行裁判所となり（同47条2項），②の場合，不動産の所在地を管轄する地方裁判所が保全執行裁判所となる（同47条5項，民執44条）。③の場合は，両者が併存することになる。

仮差押えの効力は，差押えと同様，**処分禁止効**（処分の手続相対的無効）である。また，仮差押えした当該不動産につき，他の債権者が開始した強制執行において，配当を受ける地位を基礎づける（配当を受けるべき債権者になる場合と，配当要求をして配当を受けるべき債権者になる場合がある。民執87条1項・51条1項）。以下では，仮差押えの登記をする方法を中心に説明し，強制管理をする方法は **6-3** で扱うことにしたい。

> **6-3** 強制管理の方法による仮差押えの執行
>
> 　強制管理の方法による仮差押えの執行では，執行裁判所は，強制管理の開始決定をし，その中で債権者のために不動産を仮に差し押さえる旨を宣言し（民保47条5項，民執93条1項），これを当事者に送達する（民保17条）。そして，差押えの登記の嘱託をする（民保47条5項，民執48条）。

　執行裁判所は，開始決定において，債務者の収益の処分を禁止し，債務者が賃貸料の請求権その他の当該不動産の収益にかかる給付を求める権利を有するときは，これを債務者に給付すべき第三者に対し，その給付の目的物を管理人に交付するよう命ずる（民保47条5項，民執93条1項）。この命令は第三者にも送達される（民保47条5項，民執93条3項）。また，執行裁判所は開始決定と同時に管理人を選任する（民保47条5項，民執94条）。

　以後の手続も，強制執行としての強制管理と同様であるが，その性質上**配当手続は存在せず**，管理人は配当に充てるべき金銭を供託し，その事情を保全執行裁判所に届け出る（民保47条4項）。

　その後は，開始された本執行の中で配当を受けることになるが，配当を受けることができるか否かは，仮差押債権者が本案で勝訴するなど被保全債権につき債務名義を取得するか否かにかかっている。

(b)　仮差押えの処分禁止効

　仮差押えは処分禁止効を有する（民保47条5項，民執46条2項）。民執法の規定の準用からも明らかなように，仮差押えの効力の内容は差押えのそれと同様である。すなわち，仮差押登記の後に債務者が行った処分（所有権の移転，用役権の設定，担保権の設定など）は，仮差押不動産につき仮差押債権者自らが開始した強制執行や，他の債権者が開始した強制執行において，その効力を主張できない。このような強制執行における買受人の所有権取得には対抗できないが，強制執行が取り消されたり取り下げられたりした場合には効力を認められるわけである。また，対抗できない場合も，債務者が通常の用法に従って不動産を使用・収益することを妨げない。したがって，債務者が仮差押えの後で当該不動産を賃貸した場合，当該賃借権は本執行の買受人に対抗できないが，債務者は買受人の所有権取得までに収受した賃料を買受人に引き渡さなくてもよい。

　このように，仮差押えの処分禁止効は，本執行において問題になる。すなわち，仮差押不動産が差し押さえられ強制執行（本執行）が開始されれば，当該仮差押債権者は当然に配当を受けるべき債権者となり（民執法87条1項3号），本執行に組み入れられ，そうすると，仮差押えの処分禁止効も本執行に組み入れられ，他の配当を受ける債権者もその効果（利益）を受けることになる。そこで，以下では，仮差押えの処分禁止効と本執行の関係につき，説明することにする。

仮差押えの処分禁止効は，仮
差押えが存続する限り存続し，
保全異議・保全取消しなどによ
り，仮差押えが消滅すれば消滅
する。仮差押不動産につき開始
された強制執行（本執行）にお
いては，本執行の差押えの処分
禁止効とともに，仮差押えの処
分禁止効は，以上のルールに従
って存在する（**併存説**。最判平成

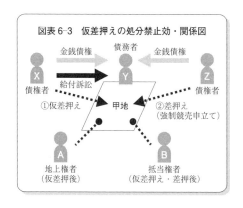

図表6-3　仮差押えの処分禁止効・関係図

金銭債権　　債務者　　金銭債権

X　　　　　　　　　　　　Z
債権者　　給付訴訟　　　　　　　　債権者
①仮差押え　　甲地　　②差押え
　　　　　　　　　　（強制競売申立て）

A　　　　　　　　　　　　B
地上権者　　　　　　　　　抵当権者
（仮差押後）　　　　　（仮差押え・差押後）

14・6・7判時1795号108頁［百選96事件］。ただし債権仮差押えの事案である）。す
なわち，仮差押不動産に強制執行（本執行）が開始された場合でも，仮差押え
は存続するため（本執行の開始により仮差押えは目的を達成して消滅するとの見解も
有力であったが，判例はこの見解をとらない），仮差押えの処分禁止効と差押えの
処分禁止効が，本執行において併存することになり（併存説），いずれかの処分
禁止に触れる処分は本執行で効力を認められず，本執行が消滅すれば仮差押え
の処分禁止効だけが存続し，逆に仮差押えが消滅すれば，本執行において仮差
押えの処分禁止効違反を主張できなくなる。

　このルールを，具体的に説明すれば，以下のようになろう。Xは，Yに対
して金銭債権を有しており，Yが所有する甲地を仮差押えした後，Yに対し
て本案の給付訴訟を提起した。仮差押えの後，Yは，甲地につきAに対して
地上権を設定した。他方，Zも，Yに対して金銭債権を有していた（債務名義
も有していた）が，甲地につき強制競売を申し立て，裁判所は甲地を差し押さ
える旨を宣言した。その後，Yは，甲地につきBに対し抵当権を設定した。
そして，XがYに本案の給付訴訟で勝訴し，この判決が確定した，とする。
この事案では，Aも，Bも，本件強制競売において，自分の権利を主張できな
い。つまり，甲地の買受人に対しても，配当を受けるXやZに対しても，そ
の権利を主張することはできない。Aは仮差押えの処分禁止効に触れ，Bは仮
差押えと差押えの処分禁止効に触れるからである。

　仮に，Zが強制競売の申立てを取り下げるなら，本執行の効力が消滅し，差

押えの処分禁止効も消滅するが，仮差押えの処分禁止効は存続する。したがって，その後，Ｘが本案勝訴判決に基づき甲地に対する強制執行を開始した場合，その強制競売においてＡもＢも自らの権利を主張できない。仮差押えの処分禁止効に触れるからである。他方，Ｚが開始した本件強制競売係属中に，ＸがＹに対する本案訴訟で敗訴し，仮差押えが取り消された場合，本件強制競売において，Ａはその権利を主張できるが，Ｂは主張ができない。仮差押えの処分禁止効は消滅しているが，差押えの処分禁止効は存続しているからである。

（c）　配当を受ける地位

仮差押えの執行は，**仮差押えの登記を以って終了**し，その後に売却準備・売却・配当手続は続かない。仮差押債権者は，前述したように，仮差押不動産につき，自ら開始した不動産強制競売か，他の債権者が開始した不動産強制競売において，配当を受けることになる。

すなわち，仮差押えの執行は，このような不動産強制競売における当該不動産の売却により効力を失い（民執59条3項），その登記も抹消される（同82条1項3号）。そして，仮差押債権者自らが強制執行を開始した場合には，差押債権者として当然にその売却代金より配当を受け（同87条1項1号），他の債権者が強制執行を開始した場合には，仮差押えをした債権者で差押登記前に登記された者として（同項3号），あるいは差押登記後に登記された仮差押債権者で配当要求をした者として（同項2号），配当を受けるのである。

ただし，後二者の場合，配当の時点で仮差押債権者が被担保債権につき債務名義を有していないときには，配当はできないので，仮差押債権者に対する配当に相当する金額は供託され（民執91条1項2号），仮差押債権者勝訴の本案判決が確定するなど，被保全権利につき債務名義が獲得されれば，仮差押債権者はその供託金から配当を受けることになる（同92条1項。反対の場合は同92条2項）。前者の場合は，既に債務名義を得ている（そうでなければ自らが強制執行を開始することはできない）ので，このような問題は生じない（以上については⇨158頁(b)，189頁(4)，194頁(9)）。

(2)　動産に対する仮差押えの執行

目的物所在地を管轄する地方裁判所に所属する執行官に対し，執行の申立て
をする。申立てには，仮差押えの執行をすべき動産が所在する場所を記載する。
そして，執行官が目的物を占有する方法で執行する（民保49条1項）。

(3)　債権およびその他の財産権に対する仮差押えの執行

保全執行裁判所が，第三債務者に対し，債権者への弁済を禁止する命令を発
する方法による（民保50条1項）。保全執行裁判所は，仮差押命令を発令した
裁判所である（同50条2項）。弁済を禁ずる命令は，第三債務者に送達しなけ
ればならず，送達により執行は完了する（同50条5項，民執145条3項・5項）。
その後は，不動産に対する仮差押えで述べたところが概ね妥当しよう。

3　仮処分の執行・効力

(1)　は じ め に

仮処分の効力は，原則として裁判の内容による。また，仮処分の執行方法に
ついては，原則として，**仮差押えの執行**または**強制執行**の例による（民保52条1
項）。たとえば，物の給付その他の作為または不作為を命ずる仮処分命令の執
行（断行の仮処分）の場合は，仮処分命令が債務名義とみなされ（同52条2項），
これを債務名義として，仮処分命令の内容が，民執法の規定に従い，実現され
ることになる（⇨342頁 **6-2**）。

しかし，民保法は，申立て事件数が多く定型的な仮処分の執行方法について
は，個別の規定を設け（民保53条以下），その効力や執行方法につき定めてい
る。以下では，これらの定型的な仮処分の効力と執行につき，簡単に説明した
い。

(2)　占有移転禁止の仮処分

(a)　は じ め に

占有移転禁止の仮処分は，目的物の引渡しまたは明渡しを求める請求権を保
全する，係争物に関する仮処分である。様々な類型があり得るが，民保法62
条の効力を生じるためには，当該仮処分命令が，①債務者に対しその物の占有

移転を禁止すること，②債務者の占有を解いて執行官に引き渡す旨を命じること，③執行官にその物を保管させること，④債務者に占有を禁止し執行官が保管していることを執行官に公示させることという，四つの内容を含んでいることが必要である（民保25条の2第1項・62条1項）。この上に，さらに，⑤執行官が当該目的物の使用を債務者に許す旨を付け加える場合も多い。この場合，債務者が目的物の現実の占有を有するが，執行官も引き続き国家機関として観念的（間接的）な占有を有することになる。

(b) 効力・その1

占有移転禁止の仮処分の効力は，占有の移転を禁止された債務者が目的物の占有を第三者に移転しても，本案訴訟においては，占有の移転は存在しないこととされ，債務者は占有の喪失を主張できない，という点にある。すなわち，最判昭和46・1・21民集25巻1号25頁［百選100事件］は，「不動産に対するいわゆる占有移転禁止の仮処分決定は，仮処分債務者が不動産の占有を他に移転することを禁止し，もつて本案訴訟の確定判決に基づく当該不動産の引渡または明渡の執行を保全することを目的とするものであるから，右仮処分決定に基づく執行を受けた仮処分債務が，右決定に違反して第三者に当該不動産の占有を移転しても，仮処分債務者は，仮処分債権者に対してその占有喪失を主張することは許されないものというべく，したがつて，仮処分債権者は，仮処分債務者の占有喪失につきなんら顧慮することなく，右仮処分債務者を被告としたままで，本案訴訟を追行することができるものと解するのが相当である」と判示する。

仮に，Xが，Yに対し，Xが所有しYが占有する動産（以下，甲という）の返還を求めて本案訴訟を提起したが，訴え提起の前に，Yに対し，甲の占有移転禁止の仮処分（上述①〜⑤の内容を含んでいるものとする）が発令・執行されていたとしよう。すると，本案訴訟の口頭弁論終結前にYが甲の占有を第三者であるZに移転した場合でも，裁判所はこれを存在しないものと扱い（そうでないなら請求棄却判決を出すほかはないことに注意），YはXに対して甲を引き渡せと命ずる請求認容判決を出すことができる。

(c) 効力・その2

占有移転を禁止された債務者が本案訴訟係属中に目的物の占有を第三者に移

転した場合，上述のように債務者は本案訴訟において目的物の占有喪失を主張できないが，債権者勝訴の本案判決が確定すると，目的物の占有移転は本案訴訟の口頭弁論終結後に生じたものと扱われる（民保62条はこれを前提としている）。すなわち，⇨(b)の設例において，XのYに対する引渡請求権に関するX勝訴の確定判決の執行力は，Yに対してのみならず（民執23条1項1号），Zに対しても及ぶことになる（民保62条1項・2項。この規定は執行力が拡張される場合を民執23条1項に付け加えるものである）。まず，Zが承継人（前主との合意により目的物の占有の移転を受けた者を「承継人」という）の場合，Zは仮処分の執行につき善意でも悪意でも，執行力の拡張を受ける。次に，Zが非承継人の場合，占有移転禁止の仮処分の執行につき悪意の場合に限り，執行力はZに及ぶ（民保62条1項1号）。ここに，非承継人とは前主との合意によらずに目的物の占有を取得した者のことで，動産の窃取や不動産の侵奪もこれに該当する。自らの意思によりYの地位を引き継いでいないので，善意の場合にYの地位（本件請求認容判決の執行力）をZに引き継がせる正当化根拠がないからである。ただし，以上は理論上のルールである。条文は，適用上の便宜を考慮して，以下のように規定されている。まず，①占有移転禁止仮処分の執行後に目的物を占有した者は，当該執行を知って占有したものと推定される（民保62条2項）。そこで，②債権者が目的物の占有が当該執行後に第三者に移転したことを立証すれば，当該執行を知って目的物の占有を取得したとして，民保法62条1項1号により，第三者にも執行力が及ぶ。しかし，③第三者が自らの当該執行に関する善意を立証し，これに対して，債権者が，第三者が目的物の「承継人」であることを立証すれば，同62条1項2号により，第三者にも執行力が及ぶ。

　以上を，設例で説明すれば，次のようになろう。占有移転禁止の仮処分の効力は，手続的には，民執法27条2項の承継執行文の付与により実現される。すなわち，Xは，本案訴訟につき確定勝訴判決を得ると，その時点で甲の占有がZにあることを証する文書を提出して，民保法62条1項1号の適用を受け，民執法27条2項により当該確定勝訴判決に承継執行文の付与を受け，Zに対して強制執行することができる。甲の占有がZに移った点を証しているので，Zは民保法62条1項1号の「当該係争物を占有した者」に該当するし（仮にZが承継人であっても，承継の事実のうち占有が移っている部分だけを主張・立

証しているので同62条1項1号に該当すると説明することができる），Zの悪意も推定される（同62条2項）からである。Zは，執行文付与に対する異議申立手続（民執32条）において，自分は当該仮処分執行につき善意であることを主張・立証して，承継執行を免れることができる（民保63条）。ただ，決定手続（執行文付与に対する異議申立手続）で善意を立証することは容易ではないし，自らが非承継人であることを前提とした立証がなされる事例は稀だと思われる。Zが善意を立証すれば，XはZが承継人であることを主張・立証して承継執行を求めることになり（民保62条1項2号），Zはこれを争うことになる（同63条）。このほか，Zは，自分に甲を占有する権原があること（例，甲の所有権を即時取得した）を主張・立証して承継執行を免れることもできる（同63条。最初からZが承継人であることが主張・立証されていれば問題はそれで解決するが，本文の主張・立証方法の方が効率的であろう。⇨66頁(2)）。裁判所がZの異議申立てを却下した場合，Zは執行文付与に対する異議の訴えを提起して以上の事項を争うことができると解される（民執34条。⇨103頁(6)）。

　占有移転禁止の仮処分の効果は以上に尽きるのであって，仮処分の執行後YがZに占有を移転しても，執行官がこれを取り戻すことはできない（**占有移転禁止効の相対性**）。

(d)　効力・その3

　以上のように，占有移転禁止仮処分は執行力を拡張する効力を有する。では，既判力の拡張についてはどうであろう。

　たとえば，Xが，Yに対し，Xが所有しYが占有する動産・甲の引渡しを求めて，訴えを提起し，XはYが所有する甲を買い受けたと主張し，Yはこれを否認したが，X勝訴の判決が確定した，とする。訴え提起前にXの申立てによりYに対して甲の占有移転禁止仮処分が執行されていたが，本案訴訟係属中にYはZに甲を引き渡していた場合，Xは承継執行文を得て，Zに対して甲の引渡しの強制執行を開始できる。ここで，Zは，請求異議の訴えを提起して，①自らが甲を即時取得した旨を主張・立証するだけでなく，②XがX・Y売買を主張・立証できない限りZの請求が認容されるべきであると主張できるかが，問題となる（なお，Xは対抗要件を具備していたとする）。②については，X・Y間の訴訟の確定判決の既判力がZにも拡張されるなら主張できな

いし，拡張されないなら主張できることになる。後者の場合，確定判決は執行証書と同等の債務名義と化すことになるが，これは民執法が想定する結果ではないと思われる。

　このように，既判力の拡張がないなら，XがYに対して獲得した既判力ある法的地位（XのYに対する甲の引渡請求権が既判力の基準時に存在したことを前提に後の訴訟は行われ，基準時前の請求権を消滅させる事由等は遮断される）は，Yが甲の占有をZに移転することにより，容易に消滅させることができる。これは当事者間で不公平なだけでなく，訴訟不経済でもあり，民事訴訟の紛争解決能力を著しく損なうことにもなろう。民事保全については，当事者恒定効の問題となろう。占有移転禁止仮処分を含め，Xは既判力ある法的地位の喪失を防ぐ法的手段を持たないことになる。

　しかし，X・Y間の訴訟の既判力を拡張するには，いくつかのハードルがある。

　まず，Zが民訴法115条1項3号に該当するかが問題となる。占有移転禁止仮処分の効力により，YからZへの甲の占有移転は「口頭弁論終結後」になされたと解することができるとしても，Zが「承継人」に該当するかは問題である。承継人は，基本的には訴訟物たる権利または義務を承継した者であるが，Xが所有しYが占有する甲の引渡しを求めた事例で，YがZに甲の占有を移せば，【X→Y請求権】と【X→Z請求権】は別個の権利・義務となるので，これには該当しない。そこで，曖昧な概念となるのを承知の上で，紛争の主体たる地位の承継，あるいは訴訟物に関連する実体法上の地位の承継と解して，Zを承継人に含めることになる。

　しかし，このような解釈は，訴訟承継のレベルでは問題を解決できても，既判力の主観的範囲のレベルでは解決できない。なぜなら，Zは承継人に該当すると解しても，X・Y間の訴訟の訴訟物はX・Z間の訴訟のそれと訴訟物同一・前提関係・矛盾関係のいずれにも立たないため，前者の確定判決の既判力は後者には及ばないのではないかという疑義が生じるからである。ここからの議論は，⇨50頁 **2-8** を参照のこと。

(3)　処分禁止の仮処分

(a)　はじめに

　処分禁止の仮処分は，債務者の目的物に関する法律上の処分を禁止して，特定物についての給付請求権を保全する，係争物に関する仮処分である。処分を禁止する命令に反する債務者の処分は，無効となる。ただし，この無効は，当該処分禁止の仮処分が登記（登録）されなければ，第三者に対抗できない。また，その無効は，必要最小限度に抑えるため，手続相対的無効とされている。以下，民保法が規律する処分禁止の仮処分につき，簡単ではあるが，説明したい。

(b)　不動産の登記請求権を保全するための仮処分

　不動産に関する権利につき登記（仮登記を除く）を請求する権利（登記請求権）を保全するための処分禁止の仮処分は，処分禁止の登記をする方法により行う（民保53条1項）。処分禁止命令に反した処分は無効ではあるが，処分禁止効を公平で合理的な範囲に画するため，その無効は相対的とされている。すなわち，処分禁止命令に反した処分も債務者と相手方の間では有効であり，その旨の登記も可能である。しかし，債権者・債務者間では無効であり，両者の間での本案訴訟はこれを存在しないとみて審理・判決することができる。そして，債権者勝訴の本案判決確定後，債権者がこれに基づき登記を行う場合には，当該登記を妨げる範囲で，当該処分も無効とされ（同58条1項），当該処分の登記も抹消されることになる。

　〈ケース2〉で説明すれば，まず，裁判所は，Xの申立てにより，Yに対し乙地の処分を禁止する命令を出し，その旨の登記がなされる（民保53条1項）。その後，Yが乙地をZに譲渡した場合，処分禁止の仮処分に反したことに基づく処分の無効は相対効であるので，当該処分はY・Z間では有効であり，Zへの所有権移転登記もなされる。しかし，X・Y間ではY・Z譲渡は無効であるから，X・Y間の本案訴訟においても，Y・Zの所有権移転登記はないものと扱われ（そうでなければ民法177条によりXの請求は棄却されよう），他の要件も備わり，Xの請求は認容されるべきであると判断すれば，裁判所は，X勝訴の本案判決を出す。これが確定し，YからXに乙地につき所有権移転登記をする段階で，本件仮処分の処分禁止効により乙地のYからZへの譲渡は無効

とみて，YからZへの所有権移転登記は抹消されることになるわけである。ただし，この場合，防御の機会を与えるため，Zにその旨の通知をしなければならない（民保59条1項。抹消登記手続を進めるための要件である）。

(c)　所有権以外の不動産上の権利の保存・設定・変更に関わる登記請求権を保全するための仮処分

　このような仮処分は，処分禁止の登記とともに，保全仮登記する方法により執行される（民保53条2項）。この仮処分が(b)の仮処分と異なる点は，被保全権利を保護するため，債務者の処分の効力の一部を制限すれば足り，処分全体を無効とする必要がないことである。たとえば，被保全権利が抵当権設定登記請求権であるとするなら，債務者が当該不動産を譲渡しても新たな所有者に当該抵当権を対抗できればよいし，債務者が他の抵当権を設定しても当該抵当権が新たな抵当権に順位において後れなければよく，債務者の処分自体を無効とする必要はないわけである。そこで，処分禁止の登記と保全仮登記を併用し，債権者が本案の確定勝訴判決に基づき被保全権利に基づき登記をする場合，保全仮登記に基づく本登記をする方法によることとされた（同58条3項）。これにより，先の例では，当該抵当権は，処分禁止の登記後に設定された抵当権に順位で先立つつ，処分禁止後の所有権の譲受人に対しても対抗できる（所有権移転登記よりも先に設定登記されたことになる）。

(d)　建物収去・土地明渡請求権を保全するための仮処分

　建物収去・土地明渡請求権を保全するため，その建物の処分禁止の仮処分が発令された場合，仮処分の執行はその建物につき処分禁止の登記をする方法により行う（民保55条1項）。建物による土地の占有はその建物を所有することにより基礎づけられるから，建物の所有者を固定することにより建物収去・土地明渡しの訴えの被告の地位を恒定する。この仮処分の本来の目的は土地の占有移転禁止であるが，その方法として建物の処分禁止を行うのである。ただ，民保法53条の登記請求権を保全するための処分禁止と区別するため，55条が規定された。なお，所有者以外の者が建物を占有し（例，建物に賃借人が住んでいる場合），この者に対しても建物退去・土地明渡しの訴えを提起する場合には，被告を恒定するため占有移転禁止の仮処分を得ておく必要がある。しかし，これは，建物収去・土地明渡しの訴えの当事者恒定とは別の問題である。

債権者は，本案訴訟につき確定勝訴判決を得た場合，処分禁止の登記後に建物を譲り受けた者に対し，建物収去・土地明渡しの強制執行ができる（同64条。執行力を拡張する規定である）。手続的には，民執法27条2項により承継執行文の付与を得て，行うことになる。この場合，債権者は，建物所有権の承継を基礎づける事実を立証して，承継執行文の付与を受ける。占有の移転ではないので，悪意の非承継人は観念し難い。

(e)　**不動産以外の登記・登録制度のある物または権利の登記・登録請求権を保全するための仮処分**

これについては，民保法53条が準用される（民保54条）。

(4)　職務執行停止・代行者選任の仮処分

法人の代表者，その他の役員が法律上有効に選任されたか否かが争われている場合，当該代表者などが職務執行を継続すると，複雑な法律問題が生じ，著しい損害が生ずるおそれがある。たとえば，取締役を選任した株主総会の決議に瑕疵があるとして決議取消しの訴え（会社831条）が提起されている場合に，その取締役が代表取締役で，後に決議が取り消されれば，当該代表取締役が行った行為の効力をめぐり，複雑な法律問題が生じよう。そこで，このような場合に，代表者らの職務の執行を停止し，法人の業務執行などのため必要があるときには，その代行者を選任する。これが，法人の代表者等の職務執行停止・代行者選任の仮処分である。

法人の代表者その他法人の役員として登記された者について，その職務の執行を停止し，またはその職務を代行する者を選任する仮処分は，**登記の嘱託**をその執行方法とする（民保56条）。仮処分の効力は，理論的には，仮処分命令自体により形成的に生じるものと解される。しかし，この仮処分の効力は第三者に対しても及び，仮処分に反してなされた行為は無効となるため，登記をすることによりこのような仮処分を公示するとともに，第三者との関係で実体法上は対抗要件としたのである（一般法人299条1項，会社908条1項）。ただし，当該法人に関する法律において仮処分の登記が要求されていない場合には，登記の嘱託は必要でない（民保56条但書）。

6-4　訴訟承継主義と仮処分による当事者の恒定

　訴訟係属中に訴訟外の実体関係の変動により訴訟当事者が紛争の主体たる地位を失うことがある。XがYに対し動産（甲）の引渡しを求めて訴えを提起したところ，訴訟係属中に，Yが甲の占有をZに移転した場合が，その典型例である。甲の占有を巡る紛争の当事者の一方がYからZに変動したことは，明らかであろう。

　このような場合をどう取り扱うかについては，当事者の変動（YからZへの甲の占有の移転）を無視して訴訟を追行させる法制もあるが（YはZの訴訟担当的立場に立ち，既判力はZにも及ぼされる），わが国は，紛争の主体の変動が訴訟に影響を及ぼすことを認める**訴訟承継主義**に立っている。先の例では，X・Y間の訴訟でYからZへ甲の占有が移転した事実が明らかになれば，参加承継または引受承継が可能となり（民訴51条），X・Y間の訴訟は，X・Z間の訴訟に変わることになる。訴訟承継がなされず，X・Y間の訴訟が続くなら，Xの請求は棄却される（Yは甲を占有していないので【X→Y請求権】は成立しない）。仮に占有移転の事実を看過してXの請求を容認する判決が出されたとしても，Yは乙を占有していないので，無意味な判決となる。

　訴訟承継主義には，承継人の利益を不当に害しない（先の例では十分な手続保障のないままZにX・Y間の訴訟の既判力を拡張することがない）等の長所はあるが，被告に承継が生じる度に原告は被告を変えて訴訟追行しなければならないという短所もある。

　処分禁止の仮処分や，占有移転禁止の仮処分は，**当事者恒定**を図り，訴訟承継主義の以上のような短所を補う機能を持っている。先の例でいえば，XがYに対し甲につき占有移転禁止の仮処分を得ると，訴訟係属中のYからZへの甲の占有移転は，X・Y間の訴訟の口頭弁論終結後に生じたものとみなされ，Yに対し甲をXに引き渡すことを命ずる判決が可能となり，判決確定後，承継執行文付与の手続（民執27条2項）により，XはZに対し甲の引渡しの強制執行をすることが可能となる。以上の過程で，X・Y間の訴訟が終了するまでは当事者がYに恒定されていることは明らかであろう。もちろん，Zは，執行文付与に対する異議の申立て，または執行文付与に対する異議の訴え（請求異議の訴え）において，即時取得により甲の所有権を取得したこと等を主張し，自らの権利を守ることが可能である。

練 習 問 題

1節〜4節

1(1)　BはAに対して5000万円の売掛代金債権を有していた。履行期が到来しても，Aが支払を拒むので，BはAに対して，売掛代金請求訴訟を提起しようと準備をしていた。勝訴した場合は，Aが所有する甲地（時価1億円）に対して強制執行をするつもりであった。ところが，Aが甲地を第三者に売却するための交渉を進めているとの事実が判明したため，Bは甲地の仮差押命令を申し立て，裁判所は甲地の仮差押命令を発令し，その旨の登記もなされた。

① 仮差押命令発令の要件は何か（⇨ 343頁 **1**，344頁 **2**）。

② 裁判所が仮差押命令の発令に際しBに担保の提供を命ずる場合，どの時点で，どのように命ずるか（⇨ 355頁 **6**）。

③ 仮差押命令は，どのような内容から構成されているか（⇨ 359頁 **7**）。

④ この事例では，何が仮差押命令の執行に該当するか（⇨ 371頁(1)）。

⑤ 以下の場合，Aは，本件仮差押命令に対し，どのような不服申立てをすべきか（⇨ 363頁以下・第3節）。

　　ア）Aが甲地を第三者に売却する交渉をしていない場合。

　　イ）AがBに対する債務を仮差押命令の申立前に弁済していた場合。

　　ウ）AがBに対する債務を仮差押命令発令後に弁済した場合。

　　エ）AのBに対する本案訴訟でBが勝訴しこの判決が確定した場合。

(2)　その後，Aに対し3000万円の金銭債権を有するCが（Cは債務名義を有していた），甲地に対する不動産強制競売の申立てをし，裁判所は甲地を差し押さえ，その旨の登記もなされた。Aに対し2000万円の金銭債権を有するDは，本件不動産強制競売から配当を得たいが，債務名義を有していない。そこで，Dは，急遽，甲地に対する仮差押命令を申し立て，裁判所はこれを発令し，その旨の登記もなされた。

①「Dは，急遽，甲地に対する仮差押命令を申し立て」とあるが，この場合保全の必要性は認められるか（⇨ 346頁(a)）。

② B，Dは，それぞれ本件不動産強制競売からどのようにして配当を受けるか。いずれについても，配当を実施する時点で，B・A間，D・A間に，本案訴訟が係属していたものとする（⇨ 158頁(b)，189頁(4)，194頁(9)）。

2(1)　Xは，Yよりある商品100個（以下「本件商品」という）を買い受け，先に代金1000万円を支払った。ところが，Yは，約束の期日に商品を引き渡そうとしない。そこで，Xは，Yに対し，本件商品の引渡しを求めて訴えを提起した。ただ，これに先立ち，Yを被告として恒定するため，保全処分を申し立てようと考えた。Y

はその頃，経営危機にあり，商品の二重売買の噂が流れていたからである。

① Xは，どのような保全処分を申し立てればよいか。つまり，その保全処分は，どのような内容の主文をもっていなければならないか（⇨ 361 頁(b)，375 頁(2)）。

② 本件では，保全の必要性は認められるだろうか。裁判所が，Xの引渡請求権については高度の蓋然性を以てその存在を認めたが，Yが商品の二重譲渡をしているという噂は根も葉もないものだという心証を得た場合は，どうか（⇨ 345 頁(2)）。

⑵ その後，裁判所は，占有移転禁止の仮処分命令を発令した。ところが，X・Y間の本案訴訟（Yは本件商品をXに引渡せとの判決を求める訴え）係属中に，Yは本件商品をZの下に移してしまった。この事実は，Yにより口頭弁論で主張され，YはXの請求の棄却を求めた。しかし，裁判所は，Xの請求を認容する判決を出し，この判決は確定した。

① Yが本件商品を占有していないにもかかわらず，裁判所がXの請求を認容したのはなぜか。YからZへの本件商品の占有移転は，いつ起きたことになるのか（⇨ 383 頁 **6-4**）。

② Xは，「Yは本件商品をXに引渡せ」との主文の確定判決を債務名義として，Zが占有する本件商品に対して，動産引渡しの強制執行をすることはできるのか。できるとすれば，どのような手続を取り，そこでどのような事実を主張・立証するのか（⇨ 47 頁(1)，375 頁(2)，[百選 100 事件] の解説）。

③ 以下の場合，Zはどのようにして，この強制執行を阻止できるのか。

ア）ZがYより本件商品を購入した場合。

イ）ZがYに対する金銭債権の代物弁済と称して，Yの承諾を得ることなく倉庫の中の本件商品を持って帰った場合（⇨ 375 頁(2)）。

3 XはYらに自らが所有するアパートを賃貸していたが，老朽化し建て替える必要が生じたので，Yを除くすべての賃借人に退去してもらった。Yは退去を拒否していたが，ちょうど賃貸期間が満了したため，XはYに対し建物明渡訴訟を提起し，勝訴し，この判決は確定し，強制執行によりYは建物を退去した。ところが，その1週間後，Yは無断で自分が住んでいた部屋（以下「本件アパートの一室」）に住み始めた。即時退去を求めると，YはXとの間で1年間の賃貸借契約を締結したといってこれを拒否した（当時Xは高齢で本件アパートの管理や民事裁判は長男のAが行っていた）。そこで，Xは，再び，Yに対し，建物退去を求める訴えの準備を始めた。しかし，建物解体作業開始が迫っていることもあり，Yに早くアパートから退去してもらいたいと考えている。

① Xはどのような仮処分命令を申し立てればよいか（⇨ 347 頁(c)）。

②「Yは本件アパートの一室より退去せよ」との主文の仮処分命令はどのようにして執行されるのか（⇨ 342 頁 **6-2**，345 頁(c)，347 頁(c)，369 頁 **1**，375 頁(1)）。

③ Xは，Yに対し，「Yは本件アパートの一室より退去せよ」との判決を求めて，本案の訴えを提起した（請求原因は，Xが本件アパートの一室を所有していることおよびYの占有，Yの抗弁はX・Y間の賃貸借，とする）。訴訟係属中，「Yは本件アパートの一室より退去せよ」との主文の仮処分命令が執行され，Y退去の後，アパートは取り壊された。本案訴訟で，証拠調べの結果から，YはXとの間で1年間の賃貸借契約を締結した事実が認められると判断した場合，裁判所はどのような判決を出すべきか（⇨ 341 頁(4)，342 頁 **6-2**，［百選 87 事件］の解説）。

参 考 文 献

1 節〜4 節

1 須藤典明ほか『民事保全〔四訂版〕』（青林書院，2019）。

2 山崎潮『新民事保全法の解説〔増補改訂版〕』（金融財政事情研究会，1991）。

3 八木一洋＝関述之編著『民事保全の実務〔第 3 版増補版〕』(上)(下)（金融財政事情研究会，2015）。

4 瀬木比呂志『民事保全法〔新訂第 2 版〕』（日本評論社，2020）。

5 関述之『民事保全手続』（金融財政事情研究会，2018）。

事項索引

判 例 索 引

＊出典については，公刊のものを優先して掲げた。なお，現在発刊されていない「下級裁判所民事裁判例集」「高等裁判所民事判例集」を出典として掲げた判例で，同判例集以外の判例集にも登載されている場合については，読者の便宜を考慮し，出典を併記することとした。

■ 大審院・最高裁判所

民事執行・民事保全法〔第 2 版〕

2010 年 3 月 10 日　初　版第 1 刷発行
2021 年 4 月 5 日　第 2 版第 1 刷発行
2023 年 7 月 10 日　第 2 版第 2 刷発行

著　者　　中　西　　　正
　　　　　中　島　弘　雅
　　　　　八　田　卓　也
　　　　　青　木　　　哲

発 行 者　　江　草　貞　治

発 行 所　　株式
　　　　　　会社　有　斐　閣
東京都千代田区神田神保町 2-17
郵便番号 101 0051
https://www.yuhikaku.co.jp/

印刷・株式会社理想社／製本・大口製本印刷株式会社
© 2021, M. Nakanishi, H. Nakajima, T. Hatta, S. Aoki. Printed in Japan
落丁・乱丁本はお取替えいたします。
★定価はカバーに表示してあります。

ISBN 978-4-641-17947-9